KB138213

조선교통사 제1권

일러두기

1. 서울의 지명은 을사늑약(1905) 이전까지 조선시대 수도인 한양으로 표기하고, 을사늑약 이후부터 일제 강점기까지는 경성, 해방 이후는 서울로 표기하였다.
2. 국가명은 시대에 따라 조선, 한국으로 나누어 표기하였다. (단 문서 초록의 경우 조선시대이더라도 원문이 한국일 경우 한국으로 표기함)
3. '한일합병' 또는 '한일합병 조약'은 강제성을 나타내기 위하여 한국병합늑약, 한국병합조약 등의 표현이 거론되고 있으나, 아직 표기가 통일되지 않아서 국어사전과 백과사전에 실린 '한일합병'을 그대로 사용하였다. 참고로 국권피탈과 경술국치는 1910년 전반을 가리키는 말로, 조약 자체보다 범위가 넓어서 배제하였다.

조선교통사 제1권

초판 1쇄 인쇄일_2012년 5월 16일
초판 1쇄 발행일_2012년 5월 22일

지은이_센코카이(鮮交会)
기획·편찬_한국철도문화재단
옮긴이_최영수, 황세정
감수_이용상
펴낸이_최길주

펴낸곳_도서출판 BG북갤러리
등록일자_2003년 11월 5일(제318-2003-00130호)
주소_서울시 영등포구 여의도동 14-5 아크로폴리스 406호
전화_02)761-7005(代) | 팩스_02)761-7995
홈페이지_http://www.bookgallery.co.kr
E-mail_cgjpower@yahoo.co.kr

값 25,000원

ISBN 978-89-6495-035-7 94300
978-89-6495-034-0 (세트)

이 도서의 국립중앙도서관 출판시도서목록(CIP)은 e-CIP홈페이지(http://www.nl.go.kr/ecip)와 국가자료공동목록시스템(http://www.nl.go.kr/kolisnet)에서 이용하실 수 있습니다.(CIP제어번호 : CIP2012002128)

조선교통사

朝/鮮/交/通/史

제1권

센코카이(鮮交会) 지음
한국철도문화재단 기획·편찬

BG 북갤러리

발간사 I

일본과 한국은 지리적으로 가까운 위치에 있어 고대로부터 인문, 문화의 교류도 빈번한, 가까운 나라였다는 것은 역사적으로도 잘 알려져 왔다.

조선반도는 1899년 경성과 인천 간의 철도가 개통되었다. 그 후 45년간 선각자들이 산야를 측량하고 터널을 파고 교량을 통해 철도를 개통하여 전국에 증기기관차를 달리게 하였다. 철도교통은 민간의 손에서 시작하였지만 시대의 요청에 따라 군용선의 건설로부터 이후 조선반도의 자원개발, 경제발전을 위해 한반도의 지역적 교류에 크게 기여했다. 그러나 태평양전쟁 발발 이후 수송력 증강을 위한 사명으로 그 운영이 수 사례 변화하는 경험을 했다. 또한 조선총독부 철도국은 1933년 이후 그동안의 철도사업 이외에 해사, 해운, 항만, 세관 등을 추가하여 교통행정의 일원화를 도모하는 교통국으로 조직이 변화하였다.

이러한 경영에 참여하였던 많은 직원들이 40년이 지난 지금에 당시의 상황을 자세하게 기록하고 내용을 집대성하는 교통사의 간행을 여망해 왔다.

여기에 각지에 산재해 있는 자료와 실제로 수십 년 전의 기억을 더듬어 하나의 책으로 만들어 낸 것으로, 회원일동의 기쁨이다.

이 교통사는 과거, 1899년부터 1945년까지 45년간의 조선철도교통의 귀중한 업적을 그대로 기술한 것이다.

금년 재단법인 선교회 설립 20년을 맞이하여 기념사업으로 편찬한 《조선교통사》를 각 방면에서 많이 읽어주기를 희망하며 《조선교통사》의 간행에 있어 감사의 인사를 드린다.

1986년 4월 1일

재단법인 선교회 이사장 야마모토 요이치(大和与一)

발간사 II

우리의 철도 역사는 110년이 넘는 우리나라 근대화의 견인력으로 역할을 해왔고, 해방 이후 산업화와 경제성장의 동력이 되었다. 최근에는 고속철도의 개통과 녹색성장의 주요한 교통수단으로 자리매김하고 있다. 그동안의 철도 발전에서 미흡한 점이 있다면 철도를 하나의 문화로 인식하고 우리의 삶과 밀접한 관련이 있다는 것을 밝히고 정리하는 일이었다. 이에 한국철도문화의 발굴과 보급을 위해 한국철도문화재단은 2008년 12월 10일 국토해양부 재단법인으로 설립되었다. 그동안 한국철도문화재단에서는 국토해양부와 함께 '한국철도문학상'을 제정하여 금년에 4회를 맞이하고 있다. 또한 정기적인 '철도문화 세미나'를 개최하고 철도관련 문화보급을 위한 노력을 경주해 왔다.

이 책은 우리 문화재단 사업의 일환으로 추진되었다. 문화재단은 철도문화보급을 위하여 출판 사업을 추진해 왔는데 첫 번째 사업으로 우리나라 철도교통사의 주요 사실을 정확하게 밝히는 취지로 이 사업을 추진했다.

이번에 출판하는 번역서인 《조선교통사》는 철도를 중심으로 한 일제강점기의 교통에 대한 기본적인 사료를 가장 정확하게 집대성한 책으로 평가된다. 그동안 많은 학자들이 이 책의 자료를 참고하였지만 일본어로 되어 있어 널리 인용되는 데 한계가 있었던 것이 사실이다. 이 책의 출판으로 철도에 대한 역사 연구가 더욱 활발해지기를 기원해 본다.

이 책의 발행에 있어서는 우진산전의 김영창 회장께서 경제적인 도움을 주셨다. 감사의 인사를 드리며 번역에 수고한 최영수, 황세정 씨에게 그리고 감수를 맡아 준 문화재단 이사인 이용상 교수에게도 감사의 인사를 전한다.

2012년 4월

한국철도문화재단 이사장 김동건

서문

우리나라 철도는 1899년 9월 18일 개통되어 현재까지 약 110년 이상의 역사를 가지고 있다. 초기 철도 개통과 함께 우리나라 철도는 일제강제기 36년을 보냈다. 철도는 우리나라의 근대화를 촉진하였고, 우리나라의 초기 인프라로서 큰 영향력을 미쳤다. 해방 후 철도는 자립의 길을 걸으면서 산업화의 원동력과 대중교통수단으로 자리 잡았다. 2004년에는 고속철도를 개통하여 이제 세계 철도시장에도 다른 나라들과 당당히 어깨를 겨루는 위치에까지 올라갔다.

우리나라 철도 역사를 보면 한반도가 열강의 각축장이 되면서 각국은 철도를 이권의 하나로 생각하고, 이를 강력하게 추진하였다.

결국 한반도가 일본 제국주의 치하로 들어가면서 우리나라 철도는 제국주의의 침탈의 수단이라는 태생적인 한계를 가지고 그 기능을 수행했다고 할 수 있다.

그러나 과거는 오늘날까지도 계속되어 철도 역사 연구와 발전사에서도 사실 규명과 해석 면에서 쉽지 않은 논쟁의 소지가 있어 온 것이 사실이다.

2004년 일본 간사이대학에서 1년간 외국인 연구원으로 있으면서 본인은 우리나라 철도정책과 발전방향에 대해 깊이 고민하면서 과거의 여러 가지 자료를 찾는 기회를 가졌다. 그 가운데 일제강점기의 우리나라 철도를 접하면서 우리 철도가 과연 무엇인가, 어떤 기능으로 한반도에 영향을 미치게 되었는가를 깊게 생각해 보게 되었다. 그러면서 단순하게 일제침탈의 수단으로만 해석이 가능한가라는 의문이 들었다. 사회간접자본인 철도는 누가 어떻게 활용하느냐에 따라 그 성격은 달라질 것이지만 철도가 가지고 있는 본래의 성격은 남아 있는 것이 아닌가, 이러한 특징은 다른 나라의 철도와 어떤 다른 점이 있는가라는 등의 의문을 가지면서 자료를 접하게 되었다.

당시 수집한 자료가 선교회에서 발행한 《조선교통사》였는데 관련된 도면 등을 함께 얻게 되었다. 귀국 후 뜻을 같이하는 동학들과 당시에 수집된 자료와 조사된 자료를 묶어서 '철도사 목록집' 으로 출간하기도 하였고, 수집된 자료를 제본해 철도기술연구원 자료실에 비치해 놓는 일 등을 함께 하였다.

그 후 철도 역사와 관련된 자료 수집을 하면서도 철도사에서 가장 많은 사실을 다루고, 이를 집대성한 《조선교통사》를 번역하여 이를 세상에 알리고, 구체적인 사실에 근거한 연구가 진행되어야 한다는 생각이 머리를 떠나지 않았다.

이러한 숙제를 같이 해준 것이 본인이 근무했었던 철도기술연구원이었다. 철도기술연구원에서 기본과제로 본서를 초벌 번역해 주었는데 이때 정재정 교수님, 이종득 교수님, 이혜은 교수님 등이 감수를 해 주셨다. 또한 연구원에 같이 근무했던 문대섭 박사님, 남은경 선임님, 정병현 교수님 등이 도와주었다.

그러나 아직도 세상에 이 책을 내 놓기에는 좀 더 치밀한 번역이 필요하여 차일피일 출판을 미루었다.

2012년 금년에 들어와서 본서의 출판을 결심하고 한국철도문화재단과 우진산전 김영창 회장님의 후원으로 이를 출판하게 되었다. 번역은 전문번역가이면서 이 방면에 번역 경험이 있는 최영수, 황세정 씨가 맡아주었다. 그리고 배은선 씨가 꼼꼼하게 교정을 보아 주었다. 심심한 감사의 인사를 드린다. 이 책의 출판을 흔쾌히 허락해 주신 북갤러리의 최길주 사장님께도 감사의 인사를 드린다.

본 번역서는 전체 중에서 앞 300페이지만을 먼저 번역하여 《조선교통사》 제1권으로 출판한다. 주요한 내용으로는 초기 철도의 경영, 조직, 건설과 개량사업의 내용을 다루고 있다. 현재 예상으로는 약 3권에 걸쳐 번역서를 출판할 예정이다.

원문에 부분적으로 일본의 시각이 매우 짙게 배어있는 부분이 있었으나 원문을 그대로 번역하는 것으로 그 방향을 정하고 수행하였다. 또한 원문의 조선이라는 표현은 원문이 한국일 경우 한국으로 표기하였다.

본서의 출판으로 일제강점기의 철도 연구가 본격화되고 한국 철도의 성격 규명에 조금이나마 도움이 되었으면 하는 마음이 간절하다. 또한 후학들도 이런 연구에 동참해 보기를 기대해 본다.

2012년 4월

연구실에서 **이용상** 씀

《조선교통사》 제1, 2, 3권 전체 목차

《조선교통사》 제1권 목차

제1편
철도 창시시대

제2편
국유철도의 경영

제3편
국유철도의 조직

제4편
국유철도 건설·개량 및 보선

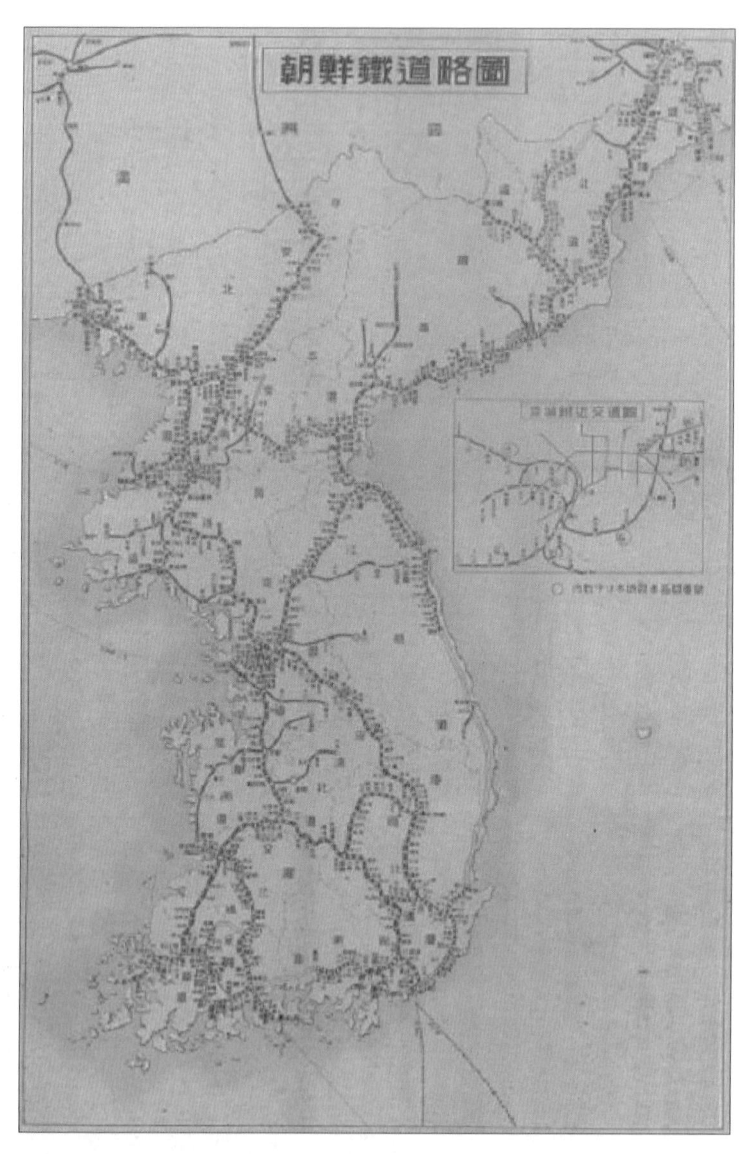

한국 철도 노선도(1944)

제1편
철도 창시시대

제1장
초기의 철도 부설권 교섭과 계획

일본 조야의 선각자

문화와 자연이 서로 인접하여 예로부터 교류가 빈번하였던 조선과 일본의 관계는 메이지시대(1867~1912)에 이르러 근대 문화의 선구가 되는 교통기관이 발달함에 따라 정치, 경제, 산업 등의 각 분야에서 더욱더 긴밀도를 더하여, 서로 떼려야 뗄 수 없는 관계에 이르렀다. 일본 지식인 중에는 조선과 일본의 공존을 위해 조선의 교통에 관심을 기울이는 사람이 적지 않았다. 1885년에는 미야자키(宮崎) 현의 마쓰다 고조(松田行藏)가 뜻을 품고 조선으로 건너갔다. 지방 사람들에게 의료를 제공하며 4년간 많은 고난과 싸우면서 조선 국토의 대부분을 발로 걸어 지방구석까지 출입한 그는 민정을 시찰하고, 지세 · 교통 · 경제 상황을 조사했다. 또 일찍부터 세계의 정세에 통달해 있던 우편장관 마에지마 히소카(前島 密)가 일본 철도에 이어 만주를 지나 중국 대륙, 나아가 시베리아를 경유하여 유럽에 이르는 철도의 부설을 예상하고, 한반도 종단열차를 일본의 국력으로 부설할 것을 열심히 주장하여 크게 여론을 환기한 사실이 있었다.

1892년 부산 주재 총영사 무로타 요시아야(室田義文)는 이전 해에 조선 사정 시찰을 위해 건너왔던 참모총장 가와카미 소로쿠(川上操六)의 뜻을 따라 외무대신 에노모토 타케아키(榎本武揚)에게 제안하여 후일 반드시 경부철도 부설의 시기가 도래함을 예상하고, 미리 선로 답사를 해두어야 할 필요성을 역설하였다. 8월에는 체신성 철도국장 이노우에 마사루(井上 勝)의 추천에 의해 철도 기사 고노 다카노부(河野天瑞)를 파견하여 한양~부산 간의 선로를 예측하였다. 같은 기사 일행은 부산 방면부터 답사에 착수하여 약 2개월에 걸쳐 총길이 약 386km의 답사를 완료하였다. 이 답사는 일본이 한반도의 철도 건설에 구체적으로 손을 대게 된 발단이 된 것으로, 고노 다카노부의 답사 보고는 후년 경부철도 건설에 이바지함이 컸다.

청일전쟁과 철도 부설 계획

이리하여 한반도 철도 경영의 의논이 점차 뜨겁게 되었다. 당시 조선에서는 대원군과 명성황후의 알력 이래 내정 문란이 계속되고 있었기 때문에 청국의 원세개가 한양에 주재하면서 조선에 대한 정책에 임하였는데, 일본의 국책과 서로 어울리지 않는 것이 많아 결국 동학농민운동으로 이어졌고, 이것이 불씨가 되어 청일의 국교는 더욱 어렵게 되었다. 이러한 한반도의 정세를 지켜보던 일본은 조선의 철도 건설 필요성을 인정하고, 1894년 7월 외무대신 무쓰 무네미쓰(陸奧宗光)는 다케노우치 쓰나(竹內 綱)에게 그 뜻을 전하고 정세 시찰을 위해 조선으로 파견하였다. 다케노우치 쓰나는 당시 조선 정부에 초빙되었던 오미와 조베(大三輪長兵衛) 및 오자키 사부로(尾崎三郎) 등과 함께 한양~부산 간의 철도 부설을 계획하였다. 또 오미와 조베는 조선 정부에 재직 중이었던 마스다 노부유키(增田信之)와 경인철도의 부설을 계획하였는데, 모두 구체화되지는 못했다. 다케노우치 쓰나는 조선의 정세 시찰을 끝내고 조선-일본 양국의 국방과 경제 공동의 문제해결을 위해 경부·경인 양 철도를 일본의 국력에 의해 부설하는 것이 급선무임을 통감하고, 귀국 후 조야 간을 바삐 돌아다니며 역설하였다.

한편 청일 간의 국교는, 더욱더 악화되어 1894년 8월 1일 일본은 청국에 대하여 선전포고하였다. 이로 인해 조선의 철도 건설은 급격히 구체화하게 되었다. 일본은 군사 행동의 필요상 한양~부산 간 및 한양~인천 간에 급히 군용철도를 병설하기로 하고, 대본영(大本營, 청일전쟁 당시 설치된 일본의 최고 통수기관)은 10월, 당시 운수통신원 철도기사 겸 공학박사였던 센고쿠 미쓰기(仙石 貢)를 파견하여 경부 · 경인 양 철도를 답사하게 하였다. 센고쿠 미쓰기를 포함한 기술자 일행은 인천에 상륙 후, 병참사령부 지원 아래 양 철도의 답사 및 조사를 완료하였다. 그 결과 대본영은 우선 한양~인천 간에 공사비 200만 엔을 가지고 군용철도를 부설할 것을 결정하고 센고쿠 미쓰기에게 건설을 일임했으나, 전국은 급속히 일본의 승리로 기울었다. 그리고 그 종국이 예상되었으므로, 군용철도의 건설은 중지되었다.

조선-일본 잠정합동조관의 성립

청일전쟁은 일본의 대승으로 인해 한반도에서 청국의 세력이 퇴보하고, 일본의 국력은 커지게 되었다. 전쟁 발발에 의해 자극되어 다년의 방황에서 깨어난 조선의 위정자는 내정 쇄신과 인문 개발의 필요성을 깨닫고, 그 중에서도 철도 건설이 무엇보다 시급하다는 사실을 인정했지만 해가 거듭될수록 악정의 영향으로 재원은 고갈되고, 조선 스스로 경영할 실력이 없어 그 건설 자금을 외국에서 구하는 정세가 되었다. 이때 일본 정부는 국방 경제 공통의 문제해결을 위해 일본이 철도 건설을 실시하는 것이 양국 상호 이익을 위해 가장 적절한 시책이라는 것을 깨달았다. 이미 청나라 군사를 개성까지 몰아낸 1894년 8월 20일 조선에 있던 오토리 게이스케(大鳥圭介) 공사를 통해 조선의 내정 개혁에 관한 조관 체결에 즈음하여 우선 경부 · 경인철도의 부설권을 얻었다. 이것이 이른바 조선-일본 잠정합동조관으로, 일본이 해외에 철도를 운영하게 된 첫걸음이 되었다.

잠정합동조관에 대한 열강의 항의

잠정합동조관의 체결은 마침 청일전쟁이 시작된 때 이뤄졌기 때문에 그 상세한 항목은 정하지 않고 단순히 장래의 건설 예약에 그치게 되었다. 이노우에 가오루(井上 馨) 내무대신이 공사로 부임하면서 1895년 1월 상세 교섭을 시작하였으나, 쉽게 해결되지 않았다. 이에 일본 정부는 우선 경인철도에 대하여 협정을 체결하기로 하고, 같은 해 4월 노량진~인천 간의 철도 부설에 관한 신조약안을 공사에게 보내 다시 교섭을 시작하였으나, 조선 정계의 분규와 구미열강의 이권 획득운동 등이 계획의 진행에 적지 않은 장애가 되었다. 전부터 한반도에 대하여 세력 부식을 기도하고 있던 구미열강은 잠정합동조관의 체결로 인해 철도 부설권이 일본에 귀속된 것에 대하여 불만을 품고 있었다.

세부협정의 협상이 진행되면서 드디어 철도 부설 내용이 확정되는 형국에 이르자 1895년 5월 4일 독일 · 프랑스 · 러시아 3국이 일본에 요동 반도의 환급을 제의한 날, 영국 · 미국 · 독일 · 러시아 4개국 대표는 연명하여 조선의 외무대신에게 철도 · 전신 등의 이권을 모두 한 나라에만 준허하는 것은 다른 각국 상민에게 불이익을 준다고 경고했다. 그러나 외무대신은 이에 대하여 훗날 정부의 행동에 제한을 받게 될 우려가 있는 언사를 피하고 그저 호의에 감사하다는 극히 간략한 회신을 보냈으며, 4개국 공사도 이를 추궁하지 않으면서 사건은 그대로 종결되었고, 조관은 형식상 그 존재를 유지하였다. 그러나 이 경고가 미친 실질적인 영향은 실로 막대하여, 훗날 부설권 교섭의 진행에 큰 지장을 초래하는 결과를 낳았다.

제2장
열강의 부설권 교섭과 일본 정부의 대책

경인철도 부설권 특허와 항의

4국 간섭에 의해 일본 정부의 한반도 철도 부설계획은 좌절되었고, 조선의 정계에 다시 동요가 생기자, 이 틈을 타 러시아는 왕실 내에 깊이 관여하여 세력 확장을 꾀하였다. 1896년 2월 러시아의 힘을 빌려 무력적 정변을 감행하고 친일파를 살육, 처벌 또는 일본에 망명시킨 이후 조선 정부의 일거수일투족은 모두 러시아의 세력 안에 있게 되었으며, 모두 러시아의 지도를 받는 사태가 되었지만, 일본은 이를 두고 볼 수밖에 없었다.

일본 국민은 이른바 3국 간섭에 몹시 격분하였고, 보복을 가하자는 여론이 들끓으면서 국론은 군비확장에 집중되었다. 그러나 일본 정부는 대만의 영유와 함께 북수남진(北守南進)론이 대두하면서, 일시적으로 조선철도 건설을 돌아볼 여유가 없어졌다. 전후 피폐해진 재정으로 인해 철도 경영에 실제로 착수하려는 의지도 적었으며 세부협정에 관한 한국 정부의 태도가 요점이 명확하지 않은 사이, 1896년 3월 29일 조선 정부는 경인철도의 부설권을 미국인 모스(James R. Morse)에게 넘겨주었다. 이것은 명백히 국제적 신의를 무시한 행위로, 당시 고무라 주타로(小村壽太郎) 공사는 즉시 공문을 통해 잠정조관의 존재를 주의시키고 강력한 항의서를 제출하였다. 또한 수차례의 협상 끝에 사죄장을 받아내었지만, 이로 인해 기득권익은 완전히 유린되었다. 일본 육군은 이를 국방상의 중대 사항으로 보고, 부설권을 매수하도록 정부에 의견서를 제출하였다.

경의철도 부설권의 소실

프랑스 피브릴르(Fives Lile) 회사는 경의철도 부설 특허를 획득하기 위해 로비를 하면서, 이를 조선 정부에 요구하였다. 조선 정부는 경인철도를 미국인 모스에게 허가한 이상, 그 요구를 거절할 명분이 없어 결국 1896년 7월 3일 피브릴르사 대표인 그릴르(Grille)와의 사이에 경의철도 계약을 체결하였다. 그러나 회사는 자금조달이 여의치 않아 1899년 초가 되어서도 선로 측량조차 착수하지 못하였다. 이에 러시아 정부에 부설권 판매 교섭을 시도하였으나, 당시 러시아가 만주철도에 전력을 기울이고 있어 이를 사절하자 같은 해 5월 일본 공사관에 이러한 뜻을 제의하였다. 일본 정부는 특히 중개하는 수고를 마다하지 않고 외무성을 통하여 양국의 교섭을 시작하였는데, 그릴르가 부당 조건을 고집하여 의견의 일치를 보지 못하는 사이 3년의 기공 기한이 끝나 결국 그릴르의 부설권은 소멸하게 되었다. 한편 러시아는 그 해 4월 경원 및 종성의 광산채굴권을, 9월에는 압록강 유역 및 울릉도의 벌목권을 획득하였다. 또한 그릴르는 경부철도, 경원철도 및 경목철도의 부설권 획득에 분주하였다.

각국의 책동을 배제

이러한 상황이 되자 조선 내에서는 국권을 강화해야 한다는 주장이 점차 대두되었고, 그에 따라 철도의 자력 건설론이 유력해졌다. 1897년 경원철도 부설권에 관한 각국의 요구가 잇따르자 조선 정부는 외국인에게 1년간 철도 및 광산의 특허 금지 명령을 내리고, 1898년 11월 1일에는 이미 인가를 받은 것을 제외하고는 외국인에게 일절 허가하지 않겠다는 방침을 정했다. 그러나 일본의 기득권에 해당하는 조선-일본 잠정합동조관에 의거하여 경부철도 계약이 체결되기에 이르자 러시아 · 독일 · 미국 등 각국은 경원철도 부설권을 둘러싸고 한국 정부를 압박하였다. 또한 독일 영사는 1899년 진남포에서 평양을 거쳐 원산에 이르는 철도 부설권 및 경원철도에 대한 자본 공급의 이권을 요구하였으며, 러시아는 1903년 경의철도의 부설권을 요구하였으나 모두 일본의 엄중한 경고에 의해 거절되었다.

국내 철도규칙의 제정 공포

1896년 한반도에 철도의 출현이 불가피하다는 것을 인정한 조선 정부는 법령 정비의 필요성을 느끼고 같은 해 7월 처음으로 국내 철도규칙을 제정, 공포하였다. 이는 조선에 있어 부설 경영하는 일반 철도에 관하여 기본이 되는 내용을 규정한 것으로, 제3조에 궤간을 4척 8촌 반(143.5cm)으로 하는 것을 제정하고, 경인철도도 이에 준하여 기공하게 되었다. 그 후 조선에서 러시아의 세력이 점차 강대해짐에 따라 궤간을 시베리아철도와 동일한 5척(152.4cm) 궤간으로 변경하여 채용하였으나, 훗날 경부철도 합동 조약 체결에 즈음하여 일본이 본 규칙 제3조를 근거로 4척 8촌 반을 주장하였다. 이에 1898년 9월 19일 이를 다시 개정하여 4척 8촌 반으로 되돌아왔다.

또 조선은 1900년 4월 궁내부에 철도원을 설치하여 철도 감독 사무를 개시하고, 같은 해 9월 경의 · 경원 양 철도의 궁내부 직영안을 결정하였다. 또한 이를 실시하기에 앞서 서북철도국을 설치하고 프랑스 공사관의 서기관 르페브르(G. Lefevere)를 감독으로 삼고 프랑스인 기사 2명을 두었다. 프랑스는 이에 대하여 프랑스 자본의 공급을 제안하여 거절당했음에도 불구하고, 훗날 경의선 건설 과정에서 프랑스 회사와 철도 재료 구입의 계약을 체결하여 분쟁을 일으켰다.

경의철도

조선 정부는 프랑스인 그릴르의 경의선 부설권이 소멸된 이후, 이를 과거 경원철도의 특허를 받은 박기종 일파가 조직한 대한철도회사에 인허하였다. 이는 새롭게 철도 경영의 재력을 더한 것이 아니라 이권회수론이 성행하자 이를 틈타 명의상의 권리를 획득하여 훗날 이익을 꾀하려는 의도였다. 뒤를 이어 이용익 등이 계획한 경의 · 경원 양 철도의 직영안이 채택되면서 서북철도국은 경의선의 측량에 착수하였다. 1902년 3월에 마포를 기점으로 하여 토공에 착수하고, 같은 해에 한양~송도(개성) 간의 기공식을 가졌는데, 자금 조달이 어려워져 공사가 중지되면서 철도 건설은 위기를 맞이했다. 이에 1903년 2월 러시아 공사가 돌연 조선 정부에 서북철도 부설권을 러시아인 군츠부르크에게 특허하도록 제안하였으나, 일본 공사인 하야시 곤스케(林 權助)의 절충으로 결국 그 요구를 거절시킬 수 있었다. 한편 이미 경의선 인허를 받은 대한철도회사는 경의철도 부설권이 회사에 속해 있다고 주장하여 정부의 확인을 받았다. 이에 하야시 공사는 대한철도회사와 교섭하여 우여곡절 끝에 한양~의주 간 철도 건설에 필요한 일체의 자금을 명의상의 자본주인 아미도 도쿠야(網戶得哉)가 지출하기로 하고, 우선 비용을 채우기 위해 회사 창립비 명목으로 15만 엔을 교부하였다. 한편 경부철도 창건에 분주했던 다케노우치 쓰나는 경의철도주식회사 및 영의철도(의주~영구 간)주식회사의 실현을 기도하고, 고무라 외무대신의 인허를 얻었다. 이에 같은 해 11월 한양에서 이용익 등과 협의하여 조선 정부를 상대로 경의철도 부설권 특허 운동을 시작하였다. 그러나 논의가 아직 끝나지 않은 1903년 12월 급한 연락을 받고 도쿄로 돌아가 정부로부터 경부철도 공사를 재촉하는 명령을 받고 나서 완공을 서두르게 되면서 경의 · 영의 철도 계획은 흐지부지되었다.

1904년 2월 마침내 러일전쟁이 발발하자 일본은 군사를 만주로 전진시키기 위해 군용철도의 부설이 필요하다고 판단했다. 고무라 외무대신이 하야시 공사에게 "본선의 부설은 군사상의 필요에 따라 조선 정부의 승인을 요하니,

한양 이북의 수 km 구간은 이미 조선에 기공되어 있는 선로를 사용할 수 있도록 조선 정부에 통고하고 부설에 관한 제반 편의를 얻을 수 있도록 요구할 것" 이라고 훈령을 내리고 즉시 공사 준비에 착수하면서 이 철도 부설 문제는 급격한 변화를 맞이했다.

아미도 도쿠야 명의의 대부금은 훗날 이를 반환할 때까지 경원선 부설 자본을 다른 곳에 의존하지 않는다는 뜻의 보증을 얻어 본 건을 완료하였다.

마산철도

1898년 6월 외부참사관이었던 박기종이 발기한 부하철도회사가 부산~하단(낙동강가) 간 약 9km의 인허를 얻어 영남지선철도회사를 조직하고, 1902년 6월 마산~삼랑진 간의 철도 부설 인가를 받아 이재완을 사장으로 삼았으나, 자금이 부족하여 하야시 공사에게 조건을 걸고 일본 측에 출자를 제안하였다. 하야시 공사는 본성(本省)의 승인을 얻어 같은 해 12월 명의 자본주 다카기 마사요시(高木正義, 제일은행 서울출장소 주임)와 이재완이 출자 계약에 조인했다. 1903년 4월 본선의 조사를 의뢰받은 경부철도주식회사 가사이(笠井) 기사장은 초량에서 삼랑진을 지나 마산에 이르는 구간을 답사하고 그 결과를 하야시 공사에게 보고하였다. 설계에 의하면 본선은 길이 약 41km로, 낙동강에 약 1km 길이의 가교가 필요하며, 총 공사비로는 300만 엔이 예상되었다. 본선은 그 후 일부를 시공하고, 1904년 5월 삼랑진과 낙동강변 사이에 2km의 가선을 부설하여 이를 경부철도회사가 경영하였는데, 결국 노선 전체를 완공하지는 못했다.

러일전쟁 발발과 함께 일본은 군용철도 목적으로 마산~삼랑진 간의 철도 부설을 결정하였다. 육군 측량대가 영남지방의 측량을 시작하고, 한국 정부 및 영남지선회사로부터 질문을 받았으므로, 1904년 9월 하야시 공사는 이하영 외무대신에게 본선 군용철도의 부설 착수 통지를 보내고, 회사에 대해서는 동시에 자본주의 명의를 가지고 불가항력에 의한 계약의 이행불능을 통고

하였다. 이하영은 군용철도감부에 영남지선회사와 타협하여 그 손해를 완화하도록 희망하였으나, 동 회사의 출자는 모두 일본 자본가의 대부에 의한 것이므로, 그 염려는 쓸모없는 것이라고 회답하였다.

경원철도

일본 측은 당초 경인 · 경부 양 철도 부설을 계획하고 경원선의 부설권을 요구하지는 않았으나, 장래의 경영 방침에서 보면 경원선의 부설을 일본 측이 확보하는 것은 가장 필요한 것으로, 한 번 그것이 타국의 손에 넘어가면 정책상 불리해지는 것은 명백했다.

1899년 이미 열국이 경원선의 부설권을 강요하고 있었으므로, 일본도 이 기회에 적극적인 행동을 할 필요가 있다고 판단하여 6월 17일 이누이 조지로(乾 長次郎), 요시카와 사타로(吉川佐太郎)의 명의를 갖고 히오키(日置) 대리공사가 경원선 부설권을 요구하도록 하였다. 그러나 한국 정부는 타국의 요구를 거절하는 관계로, 일본 정부의 요구도 거절하고 장래 스스로 필요한 선로를 경영하며, 타국인에게 특허하지 않는 것을 밝히고, 동시에 한양에서 원산 및 경흥에 이르는 철도 부설을 국내 철도용달회사에 특허하였다.

국내 용달회사는 1899년 7월 혜화문 밖(서울 동소문) 삼선동을 기점으로 하고 원산 가도를 따라 의정부를 지나 양주군 비우점에 이르는 약 40km의 측량을 실시하였는데, 자금을 조달할 수 없어 중지하였다. 1903년 9월 일본 정부는 동 회사에 대하여 경의철도 자금대부계약을 체결하는 데 있어 경원철도 부설을 위해 사채를 쓰는 경우에는 제일 먼저 일본 측과 협의하는 것을 승인하게 하였는데, 이 계약은 경의 간 군용철도 부설에 의해 불필요하게 되었으므로, 1904년 3월 해약 통지와 동시에 이미 이 회사에 대여하였던 15만 엔을 기초로 경원선에 관한 출자권을 보류하였다.

1904년 8월 일본 정부의 출자권을 보류한 한양~원산 간에 군용철도 부설의 논의를 결정하고, 하야시 공사는 9월 2일 고무라 주타로 외무대신의 전명에 의해 한국 정부에 다음과 같은 글을 보내고, 경원선 및 원산 이북의 철도는 군용철도로 부설을 실시하였다.

서한

"제국 정부는 이번 군사상의 필요에 따라 한양부터 회양을 지나 원산에 이르는 사이에 군용철도를 부설 또는 도로를 건설하는 것을 결정하여 이를 귀 정부에 통첩하며, 아울러 앞으로 필요에 따라 북청 및 종성을 지나 두만 강가에 선로를 연장하는 것을 경쟁 또는 병행하여 철도를 부설하는 것을 보류하도록 하고, 경원 간 철도 부설에 있어 필요한 토지 수용과 기타에 관해서는 경의 간 군용철도와 동일 사례에 따라 귀 정부에 상당 편의를 공여하는 것을 기대한다."

경목철도

1898년 6월 한양에서 목포에 이르는 철도를 한국 정부에서 부설하는 안을 결정했지만, 이것은 당시 마침 영국, 프랑스 등의 각 나라가 이 노선의 부설권을 청구한 것에 대하여 그 예방 수단으로 한 것일 뿐 자력으로 실시할 힘이 없어 그대로 방치되었다.

1904년 6월에 이르러 한국 정부는 운수회사 총사무장 서오순에게 경부철도에 연결할 지선으로 직산에서 강경, 군산에 이르는 구간 및 공주, 목포 사이의 철도 부설권을 인허하였는데, 명백히 경부철도 조관의 정신에 반하는 것이었으므로 하기와라(萩原) 대리공사는 고무라 외무대신의 훈령을 통해 한국 정부에 항의하고 부설권을 타국에 양도하지 않을 것을 설명하게 하고, 이후 교섭을 중지하였다. 서오순은 그 후 답사 결과 기점을 변경하여 조치원에서 강경에 이르는 지선으로 하고, 1906년 10월 측량을 완료, 유명 인사를 창립위원에 더하여 그 출자에 의해 1906년 11월부터 토공하며 사업의 경영을 시도하였으나, 결국 회사의 성립을 볼 수는 없었다. 그 후 한국 정부는 사정에 의해 부설권 인허를 취소하고, 1909년 5월 이를 위한 실비배상으로 12만 9,000엔을 서오순과 그 외 관계자에게 주어 이 건은 완료되었다.

철도 부설 문제의 종결

이리하여 군용철도인 경의철도, 마산철도에 이어 경원철도의 부설에 착수하였으나, 잠정합동조관 체결 이래 10여 년간 열강의 이권 획득운동의 대상이 되어 외교 교섭에 우여곡절을 거듭한 철도 건설 문제는 러일전쟁이라는 국제간 대파국의 출현에 의해 조약 및 계약 등의 형식은 군사 작전 시설의 파도 아래 매몰될 운명이 되었다. 1905년 9월 포츠머스 강화조약의 체결로 전쟁의 결과에 근거한 동아시아 정국의 대변혁에 의해, 세계열강 간의 이해관계에도 변화가 생기게 되었다. 한일 양국도 점점 서로의 자연과 문화에 익숙해졌고, 그 결과 양국은 함께 결합하는 것에 대해 한층 강고히 했다. 이것으로 철도의 부설에 관한 각 문제는 모두 해소되고, 새로운 국면을 맞이하게 되었다.

제3장
일본 국민간의 철도 부설운동

민간운동의 발단

경의, 마산 및 경원철도는, 군용선으로 부설을 결정한 것에 반하여 경부·경인철도는 러일전쟁 이전의 민간운동으로 발단되었다. 당시의 일본 국민 사이에서 매우 치열했던 해외 발전에 대한 열의와 노력을 인정하지 않을 수 없다. 1895년 3월 다케노우치 쓰나, 오자키 사부로, 오미와 조베 등이 경부철도주식회사 및 조선중앙은행의 설립을 기도하고 당시 내각총리대신에게 제의하였으나, 일본 정부는 다음해인 1896년 1월 중앙은행 설립만을 승낙하였다. 그러나 1896년 3월 오미와 조베가 조선 정부의 농상공부대신 조병식과 회견했을 때 오미와 조베가 마스다 노부유키와 함께 자본금 100만 엔을 가지고 회사 설립을 발기하고, 경인철도의 부설권을 청구한 사실을 알게 된 조 대신은 "최근 미국 공사로부터 경인철도의 부설을 청구 받고 궁정에 10만 불, 관계대신에 5만 불을 헌납하겠다고 제안 받았으나 이를 거절한 사정상 동 철도를 조선 정부가 부설하기에는 100만 불의 부설 자금을 마련하는 것이 불가능하므로, 귀국으로부터의 차관 계약에 의해 이를 거절할 수 있도록 해주면 우리나라의 위급을 구제하는 일이 된다."라며 자금조달을 의뢰하였다.

오미와는 또 4월 1일 조 대신과 재회하여 차관 조달의 조약을 체결하는 서약서를 수교하고, 고무라 주타로 공사를 방문하여 그 내용을 설명, 미국의 경인철도 특허 운동을 거절하도록 교섭을 요구하였다. 고무라 공사는 4월 4일 외무대신 이완용과 면회하였는데, 잠정조관은 3년을 경과하였으나 일본은 아직 공사에 미착수하였으므로 그 효력은 이미 소멸한 것으로 본다는 뜻의 대답을 듣고 그 불성실한 태도에 분개하여 항의하였다. 한편 오미와 조베는 한양 거류민 대표 야마구치 다헤이(山口太兵衛) 등과 함께 조선 정부 내관사를 몰래 정찰한 정보를 통하여 미국인 모스가 얻은 경인철도 부설권은 이미 3월 29일 조선 정부로부터 허가를 얻은 것이며, 경부철도 또한 경의철도의 특허를 받은 프랑스인 그릴르가 운동을 개시한 사실이 판명된 점에 크게 놀라 고무라 공사를 방문하여 정보를 보고하고, "경인철도는 어쩔 수 없다고 해도 경부철도의 부설 특허만은 일본이 갖고 있어야 한다."고 기술하고, 동시에 한양 거류민 동지인 야마구치 등 십 수 명의 연서를 가지고 경부철도 부설특허청구서를 일본 영사관을 거쳐 조선 정부에 제출하였다. 또 야마구치 등은 조선-일본 잠정합동조관에 의해 프랑스인 측의 운동을 저지하도록 조선 정부와 교섭할 것을 일본 공사에 간청하고, 한양 상업회의소를 중심으로 하여 경부철도의 급한 부설 운동을 개시하였다.

정부의 자중

이리하여 한양 거류민의 운동이 활발해지자 오미와 조베는 급히 도쿄에 돌아가 1894년 이래 함께 경부 · 경인철도 경영을 발기한 오자키, 다케노우치 등 여러 동지와 협의한 뒤, 서둘러 경부철도회사 창립 발기인을 모집하고 철도 부설권 특허 청구를 할 수 있도록 우선 정부 당국에 제청하여 인허 찬조를 청원하였다. 1896년 6월, 이토 히로부미(伊藤博文) 총리와 무쓰 무네미쓰(陸奧宗光) 외무대신은 오미와 등 3명의 진정에 대하여,

"금일 경제계의 공황을 맞아 내국 상당 유력 철도의 주식 모집에 응하는 자가 없다. 특히 국민은 외국의 철도 경영에 경험이 없고 이를 위험하게 보며, 조선은 인구 희박, 물산 빈약하여 철도 영업의 이익은 거의 없다고 보인다. 또 조선 내 철도의 경영은 열국과의 국제적 관계상 신중한 고려를 필요로 하므로 제의를 쉽게 인허하기 어렵다."

라고 하였다. 다케노우치 쓰나가 다시 이토 총리를 방문하여 의견을 개진하자 이토 총리는 다케노우치와 오자키를 불러 "발기인 100명 이상을 모집한다면 귀공 등의 제의를 인허하겠다."고 확답하였다.

서울 거류민단의 활동

한편 한양 거류민 대표였던 야마구치 다헤이, 마쓰모토 다케히라(松本武平) 등은 6월 초순 상경하여 오미와 조베 등과 만나 별도로 관민 유력자를 차례로 방문하여 경부철도 부설의 급무(急務)를 설명하고 찬조를 구하였다. 이에 대하여 마에지마 히소카, 시부사와 에이이치(澁澤榮一), 오쿠마 시게노부(大隈重信), 오키 다카시(大木喬), 오에 다쿠(大江 卓), 오이시 마사미(大石正巳), 나카노 부에이(中野武營) 등은 모두 그 취지를 양해하고 열심히 찬성 원조할 것을 언명하였다. 이에 비하여 후쿠자와 유키치(福澤諭吉)는 당시 경제계의 상황을 염려하여 시기상조라 주장했으나, 언론계의 〈도쿄니치니치신문〉의 후쿠모토 니치난(福本日南) 및 〈요미우리신문〉의 나카이 긴조(中井錦城)는 모두 지면에서 성원을 더하여, 야마구치 일행이 펼친 운동은 정부와 민간의 인정을 받게 되고, 특히 참모총장이었던 가와카미 소로쿠는 군사상으로도 그들의 노력에 감사의 뜻을 표하였다.

발기인은 경부철도주식회사의 창립 발기인 모집에 분주하였는데, 도쿄주식거래소 이사장, 동 상업회의소 부회장 오에 다쿠가 솔선하여 찬성의 뜻을 나타내며 사업을 원조할 것을 약속한 것이 이 운동에 일대 위력을 더하여 6월 하순에는 재계 유력자 155명의 발기인을 모을 수 있었다.

발기인 총회를 열다

1896년 7월 6일 도쿄니혼바시클럽에서 발기인 총회를 개최하고, 시부사와 에이이치를 위원장으로 회사 설립을 추진함과 동시에 일본 정부에 대한 청원 및 한국 정부에 대한 특허 청구를 진행했다. 발기위원은 외무대신에게 한국 정부에 대한 조회를 청원하고 오자키 사부로, 오미와 조베 두 사람을 조선으로 보냈다. 그들은 1896년 7월 16일 한양에 도착, 하라 다카시(原敬) 공사를 대동하고 외무대신 이완용과 회견, 경부철도 부설 특허 조항의 협정에 대하여 교섭하였다. 이 대신은 잠정조관에 근거하여 일본 측의 권리를 승인하였으나, 그 후 하라 다카시 공사가 수차례 협정을 재촉했음에도 불구하고 당초의 태도와는 달리 말을 바꾸며 결정을 내리지 않고 공연히 시일을 연기하였다.

결국 가토 마스오(加藤益雄) 공사가 부임, 독립·황국 양 단체의 알력 소요를 진정시키기 위해 종횡무진 노력하여 고종의 깊은 신뢰를 얻었다. 얼마 안 가 조선과 러시아의 관계에 변화가 생기자 조선도 점차 일본 측에 접근해 왔다. 다른 국가도 일본에 호의를 나타내는 상황이 되었다. 가토 공사는 이러한 기회를 놓치지 않고 경부철도 부설 교섭을 개시하였고, 문제는 점차 호전되었다.

이토(伊藤) 입성

1897년 10월 12일 조선은 국호를 대한제국으로 바꾸었는데, 이듬해 8월 청국 방문 도중 이토 히로부미가 한양을 방문하기로 결정하자 가토 공사는 조선의 독립을 확약한 이토의 공적에 대하여 성의를 피력하도록 조선 정부에 권고하여 양국 친화의 정신을 사실상으로 표명하는 것의 필요성을 진언하고, 이토 히로부미가 한양에 오기 전에 본안을 해결하도록 주도면밀히 수단을 마련하였다. 조선 정부는 머뭇거리며 이것을 해결하지 않고 공연히 시일을 끌었으나, 결국 더 이상 연기는 불가능하다는 것을 깨닫고 조선 정부는 이토 히로부미가 입성하기 전날인 8월 24일 가토 공사에게 사자를 특파하여 공문서를 통해 경부철도 특허에 동의한다는 뜻을 전달하였다.

제4장
경인철도의 건설

인수조합의 성립

경인철도의 건설은 이미 외국인에 의해 일부 진행 중이던 공사를 양도받아 완성시킨 것이다. 이보다 먼저 경부철도 발기위원 등은 1894년 조선 · 일본 잠정합동조관에 의한 경인철도의 기득권이 미국인의 손에 넘어간 사태를 깊이 유감으로 생각하며 그 경과를 주시하고 있었다. 1896년 특허를 얻은 미국인 모스는 미국의 자금조달이 뜻대로 이루어지지 않았으므로, 오카와 헤이자부로(大川平三郎)를 통하여 경부철도 발기위원 시부사와 에이이치에게 부설권 양도의 희망을 전하고, 동시에 고무라 외무차관으로부터도 권리 매각의 의사를 밝힌 통지가 있었다. 시부사와 위원은 경부철도 계획에만 고심하며 쓸데없이 세월을 보내는 것보다는 경인철도를 양도받아 이 공사에 자금을 우선 투입한 후, 서서히 경부철도 공사에 착수하는 것이 좋다고 생각하여 고무라 차관의 알선에 의해 외무성 고문 데니슨(H. W. Denison) 및 하와이 공사 아르윈을 통하여 교섭을 개시하게 되었다. 이것이 인수조합 성립의 발단이었다.

1897년 2월, 위원 다케노우치 쓰나는 모스와 요코하마에서 회견, 그 희망의 개요를 청취하였다. 시부사와 위원 등 여러 명은 4월 1일 오쿠마 시게노부 외무대신을 방문하여 경부철도 발기 이래의 경과와 경인철도 인수 희망을 상세히 진술하고 찬동을 얻었으므로, 2일 시부사와 에이이치는 모스를 초대하여 동의를 얻고, 오쿠마 외무대신과 양도 방법에 대해 협의한 결과, 6일 외무대신은 도쿄, 요코하마 및 오사카의 유력 인사를 초대하여 본 철도 인수 계획의 자문을 구하고, 시부사와 위원으로부터 종래의 경과와 향후 처리 방안을 보고받았다. 그 결과 이에 찬성하기로 결정되었다. 당일에 출석한 사람은 다음의 16명이었다.

이와사키 야노스케(岩崎弥之助), 하라 젠자부로(原 善三郎), 오타니 가헤이(大谷嘉兵衛), 오쿠라 기하치로(大倉喜八郎), 오에 다쿠(大江 卓), 오자키 사부로(尾崎三良), 다케노우치 쓰나(竹內 綱), 나카노 부에이(中野武營), 나카미가와 히코지로(中上川彦次郎), 야스다 젠지로(安田善次郎), 마에지마 히소카(前島密), 마스다 다카시(益田 孝), 미쓰이 다카야스(三井高保), 아라타 헤이고로(荒田平五郎), 시부사와 에이이치(澁澤榮一), 모리무라 이치자에몬(森村市左衛門)

4월 8일, 위에 나온 16명은 제국호텔에서 제2회 회의를 열고 조성 문제에 관하여 협의한 끝에 하나의 신디케이트(syndicate)를 조직하게 되었고, 수차례 협의를 거쳐 5월 4일에 경인철도인수조합을 설립했다.

경인철도의 양도

조합 설립과 함께 1897년 5월, 인수 계약을 체결하게 되고 조합 규약에 근거하여 시부사와 에이이치, 마스다 다카시 및 우류 신(瓜生 震) 3명을 위원으로 선임하였다. 조합은 오카무라 데루히코(岡村輝彦) 및 오카와 헤이자부로(大川平三郎)를 요코하마에 파견하여 계약 서안에 대해 협의한 후 외무성에서 데니슨의 입회 아래 양도 계약을 체결했다.

이 계약은 특허권자가 조선 정부의 특허 명령에 근거하여 1897년 3월 22

일 현재 해당 철도 부설공사를 시작하여 시공 중인 한양에서 제물포(인천)에 이르는 철도의 특허 및 일체의 권리, 특권, 면제 및 재산 등을 조합에 매각 양도하는 것을 약속한 것으로, 특허권자 및 인수조합의 의무로각종 사항을 규정하고, 양자 간의 계약의 해제 그 외에 관하여 상세한 규정을 정하였다.

이 계약에 근거하여 조합은 12일 착수금 5만 불(103만 6천 엔)을 지불하여 완전히 양도 계약이 성립되고, 조합은 계약에 근거하여 기사를 파견, 공사 현장감독을 맡게 하였다.

그러나 모스는 다음날인 13일 갑자기 조합에 대하여 기탁금을 증액하여 30만 불로 하자고 요청하며, 만약 안 된다면 착수금과 상당 배상금을 지불하고 계약을 해지하겠다고 말했다. 이에 앞서 미국 본국에서 인도 기한까지 필요로 하는 자금을 모집하도록 백방으로 노력하였다. 그러나 미국에서는 해외 먼 곳의 기업에 대하여 투자할 자가 거의 없었고, 계약 불이행의 경우를 고려하여 보증금의 액수가 불충분하다고 20만 불 이상을 증액하지 않으면 자금의 공급에 응할 자가 없었으므로, 어쩔 수 없이 이 요구를 받아들이게 되었다.

그러나 조합은 일단 체결한 계약의 조항을 변경할 의사는 없었고, 이를 거절하고 계약 전부를 파기하려 했으나, 내친걸음이라 시부사와 에이이치 및 마에지마 히소카는 조합을 대표하여 외무성에 조합의 결의를 발표하였다. 오쿠마 외무대신은 고려한 결과 그 요구를 거절했을 경우 부설 비용 지급의 길을 잃어 본 사업을 완성시키지 못하고, 조합과의 계약을 파기하여 러시아, 프랑스 또는 영국 자본가 중 이 사업을 기대하는 자에 대하여 이를 매각할 것이 확실하다고 믿었다. 그리고 해당 철도 및 그 부속 재료물건 등을 저당으로 하여 요코하마정금은행으로부터 100만 불을 대여하여 이 사업을 완성시켜 조합에 인도하기로 하였다. 일본 정부의 조치로 경인철도는 일본의 손에 들어가게 되었으나, 인수조합의 전도에 대해서는 다소 불안이 남았다. 원래 조합 성립의 동기는 우선 경인철도를 통해 한반도에 일본의 경제적 물자 확보의 기초를 굳히기 위해서였는데, 완성 시에 경제 사회의 변동 때문에 당사의 계획에 차질을 가져올 경우, 조합의 전도에 대하여 보조, 보상의 필요가 있는 점과, 외무 · 대장 양 대신에 대해 공사가 완성되었을 때 주식회사 설립으로 이어지지 않을 경우에는 특히 자본의 총액, 즉 100만 엔을 빌려주도록 하는 변제 방법 등 그 외에 관하여 청원하였다. 정부는 이 청원을 받아들여 10월 28일 자금 대부의 예약을 지령하였다.

자금문제는 원만히 진행되었으나, 공사상의 문제에 관하여 선로의 구배 및 곡선의 완화, 인천 정거장의 위치 등에 대하여 의견의 차이도 있었지만, 계약상 제대로 갖추어지지 않아 완수되지 않았다. 그러나 한강 교량 축제의 증고 및 정거장 설비의 개량 등은 모두 그 의무인 것을 통지하여 이를 승낙하게 하였다.

전매 제의

1898년 3월 5일 미국인 모스는 다시 시부사와 사무소를 찾아 프랑스 신디케이트 대표자 그릴로부터 300만 엔으로 경인철도 양수의 제의가 있었으며, 만약 조합이 동의한다면 보증금을 즉시 반환하는 것은 물론, 조합의 종래 지출한 경비 일체를 배상하고 그 이익의 얼마를 분배하겠다고 제의하였다. 조합 위원은 중대한 일이었기 때문에 즉답을 피하고 후일 회답하기로 약속하였으나, 그 의사 결정에 앞서 8일 시부사와 위원은 이토 총리대신을 방문하여 모스의 제의를 보고하고 장래의 조치에 관하여 정부의 지휘를 청하였다. 정부는 한 번 이를 획득한 이상 잃어서는 안 된다고 판단하여 조합에게 모스를 설득하여 매각을 중지하도록 지령하였다. 그러나 매각을 중지하면 수십만 엔의 이익을 잃기 때문에 먼저 승낙한 공사 개량비의 부담은 이를 허락하지 않으면 안 되는 사태가 되어, 조합이 개량 공사비 약 40만 엔의 부담을 질 수밖에 없었으므로 안팎으로 궁지에 몰렸으나, 정부에 청하여 개량 공사비 80만 엔 증자의 내락(內諾)을 얻었으므로, 3월 12일 전매에 동의할 수 없음을 통지하였다.

한편 공사 설계에 관해서는 그 후 조합과의 사이에 견해를 달리하는 곳이 많아 결국 10월 1일 현 상태에서 즉시 매매거래 제의가 있어 조합 당사자도 이전부터 직접 경영할 필요를 인식하고 있었다. 그리고 시부사와 위원도 새롭게 현황을 시찰한 결과, 조합 자영의 필요성을 절실히 느끼고 아다치 다로(足立太郎)를 총지배인으로 임명하여 공사 현장을 시찰시키는 한편, 외교상 문제가 없는 것을 확인한 후 제의에 응하기로 하였다.

부설권, 조합의 소유로 돌아오다

가격에 대하여 여러 차례 교섭을 거친 후, 1898년 12월 17일 드디어 거래 계약을 확정하고 31일 외무성을 거쳐 조선 정부와 교섭하여 승인을 얻었다. 일본 정부는 제12 의회에 180만 엔의 추가 예산안을 제출하고 양원의 협찬을 거쳤으며, 다음해 1월 31일 시부사와 위원 및 아다치 지배인은 요코하마 정금은행에서 모스와 회견, 철도 양수 대금 170만 2,000엔을 지불하고 정식 철도 양도 증서를 수령하였다. 이것으로 경인철도는 완전히 조합이 소유하게 되었다.

경인철도합자회사의 성립

경인철도인수조합은 일체의 거래를 완료하고 남은 공사를 스스로 시행하여 경영하게 되자, 부설권의 양수를 목적으로 하여 조직한 조합을 새롭게 합자회사로 할 필요성을 느끼게 되었다. 1899년 5월 정관을 만들고 동시에 종래의 조합 위원장 시부사와 에이이치를 중역 사장으로, 마스다 다카시 및 우류 신을 중역으로 선임하고, 사원은 종래의 조합원 15명 및 인수조합의 권리 의무 및 총지배인 이하의 직원 전부를 회사직원으로 계승하였다. 경인철도합자회사의 자금은 정부 대부금 180만 엔 외에 자본금 72만 5,000엔으로 하였고, 그 중 기불입 11만 1,000엔은 성립 때 인수조합에서 인계하여 그 후 36만 엔은 5회로 나누어 불입하였다. 회사는 1900년 하반기 및 1901년 상반기의 이익금을 연 5푼으로 배당하였으며, 이후 이익금의 배당을 5푼으로 하고, 그 중 일부를 공사 보수에 지출하였다. 이 배당은 정부로부터의 180만 엔 무이자 대출의 특별 보호에 의해 이루어진 것이었다. 상기 불입금액에 정부 출연금을 가산한 자금에 대한 영업 이익의 비율을 보았을 때 1900년은 약 2푼이었는데, 1901년 4푼, 1902년 4푼 8리가 되어 1903년 상반기는 5푼 5리를 기록하였다.

인계 전후의 공사

경인철도의 부설은 처음 미국인 콜브란(Henry Collbran)을 기사장으로 하여 한양~인천 간의 선로 실측에 착수, 철도 용지에 대해서는 조선 정부로부터 철도의 건설 및 운전상 필요한 상당 면적에 대해 무상 대여를 받는 허가 계약이었으므로 정부와의 관계에는 별다른 문제가 없었으나, 인천 근교의 사유지를 둘러싸고 분쟁이 생겨 선로를 다소 변경하였다. 실측 결과 한양~인천 간 길이 약 41km, 최급구배 50분의 1, 최소곡선 10도, 궤간 4피트 8인치 반(1,435mm)의 노선을 결정하였다.

1897년 3월 인천에서 2마일 떨어진 경인도로상 우각리에서 기공식을 갖고 350명의 일꾼으로 토공을 개시하였다. 그러나 미국인 모스는 원래 거액의 자금을 보유한 것이 아니라 단순히 이권 획득을 목적으로 행동한 자로, 미국으로부터의 자금조달에 실패하여 공사의 진척은 매우 늦었다. 5월, 경인철도 인수조합과의 계약 성립 후에는 한양 방면에서도 공사를 개시하였다.

인수조합은 계약 체결 후, 공학박사 센고쿠 미쓰기에게 감독 기사장을 위탁하고, 감독 기사 요시다 다이지로(吉田大次郎)를 6월 말 조선으로 보내어 현장감독한 결과, 설계 및 공사상 많은 결함이 있어 결국 1898년 12월에 이르러서야 거래 계약을 확정하였다. 이리하여 조합은 1899년 1월 1일 직영 공사를 개시하였는데, 인계 당시 각 구간 토공은 반도 이루어지지 않았고, 한강 교량은 양단 교대 및 교각 3곳을 축조 중이었다.

건설공사 직영으로

직영 후 조합의 총지배인 아다치 다로가 현지에서 건설에 노력하였으나, 마침 엄동의 시기가 되고, 청부인인 콜브란과의 회의가 길어지게 되자, 1899년 3월 중순에 직원을 현장에 파견하고 4월 인천에 사무소를 개설하였다. 인계 후 종래의 설계를 변경하여 선로의 최급구배를 100분의 1, 최소곡선을 6도로 하고, 레일은 56파운드(25.4kg)를 이용, 침목은 두께 6인치(15.2cm), 폭 9인치(22.8cm), 길이 8피트(243.8cm)인 것을 1마일(1.6km)마다 2,600정 부설하는 비율로 하는 계획 아래 공사에 착수하였다.

그 후 조합은 합자회사로 조직이 변경되어 공사를 계속하였는데, 종래 미국인의 청부 공사는 한국인 인부를 혹사시키기 때문에, 이에 종사하는 것을 좋아하지 않았다. 설계도 조잡하여 전선에 불비한 점도 많고, 특히 한강 교량은 기초공사가 불완전하여 도저히 그대로 공사를 속행할 수 없었다. 회사는 일본의 철도건설 실적과 조선의 상황을 참고로 보수공사에 착수함과 동시에 남은 구간을 4공구로 나누고, 한강 교량 교각 우물통의 연와 및 콘크리트 등의 철거에 착수, 4월 23일 새롭게 인천에서 기공식을 하고 공사를 진행하였다.

궤도 부설에 있어 이에 종사하는 일본인 선로 인부는 여행권의 교부 및 기타 사정에 의해 6월 상순 7명이 도착했을 뿐이었으므로, 인부 7명을 빌리고 인천 하역인 및 한국인 인부를 모집하여 그 부족분을 채웠는데, 인부의 용역에 신경 쓴 결과, 모두 기꺼이 작업에 임하여 6월 10일부터 궤도 부설에 착수하고 19일부터 일부 건설용 열차를 운행하였다.

조선철도 운영의 효시

때는 우기로 접어들어 공사의 진척이 뜻대로 되지 않았으나 노력하여 공사를 진행, 1899년 9월 18일 인천~노량진 간 21마일 8피트(33.8km)를 준공하고 가영업을 21마일의 지점까지 개시하였다. 즉, 한반도 철도 영업의 효시였다.

9월 30일 다시 부설에 착수하여 노량진에서 1마일 7쇄 50절(약 2km)의 한강 좌안(서남측)의 가교점에 도달하였다. 한강 우안(동북측)과 경성 정거장 간의 공사는 1900년 5월 26일부터 착수하여 6월 말 한강 교량의 준공과 동시에 궤도 부설을 마치고, 같은 해 7월 8일 경성~인천 간 26마일 26체인(1체인은 약 20m, 41km여)을 개통하였다.

같은 해 11월 12일 경성(서대문)역 부근에서 성대한 경인철도 전통 기념식을 거행하였다. 당시의 정거장은 인천, 축현, 우각동, 부평, 소사, 오류동, 영등포, 노량진, 용산, 남대문 및 경성 11곳이었다.

경인선은 평탄한 지세를 달리며 터널도 없고, 토목공사 등도 매우 소규모인 것이었는데, 유일하게 한강 교량공사에는 큰 곤란이 따랐다.

한강은 만조 시 가교점의 수면 폭이 약 370m, 최대 깊이 4.9m로 종래의 기록에 의한 최대 홍수면은 평수면 11m로 교각의 구조는 견고하고 고도의 것이어야 했다. 처음 특허 계약에 준거하여 한 쪽에 폭 4피트의 인도를 설치하였으나, 논의 끝에 이를 철거하였다. 공사 중 회사는 한강 교량공사에 의외로 장시일이 필요했기 때문에 특히 기한 내의 전선공사 완성은 곤란하다고 예상하고 외무성을 통하여 6개월 간 준공 연기의 인가를 얻었는데, 예정에 앞서 2개월 반 만에 준공을 볼 수 있었다.

경부 · 경인 양사의 합병

경부 · 경인의 양 철도는 그 기능상으로나, 또 자본 계통으로나 뗄 수 없는 관계로, 동일 주체의 경영으로 돌아오게 될 운명이었다. 경인철도 건설공사의 진행에 따라 동선 북부의 공사 재료는 인천에 도착하여 경인철도에 의해 운송하는 것이 편리했던 점, 또 영등포 정거장의 공용 등의 문제 발생에 의해 그 관계는 밀접도를 더하고, 또 장래에는 영등포~경성 간 선로의 공동 사용에 관한 문제도 예상되었으므로, 양사 간부 사이에 두 철도의 통일에 관한 협의를 진행하게 되었다.

합병 문제의 제기와 함께 경인철도합자회사 내에 합병 반대론이 대두, 가장 열심인 주창자 야스다 젠지로는 경인철도는 영업개시 이래 이미 수년이 경과하였고 그 업적이 양호한 것에 비하여 경부철도는 막 창업했을 뿐, 전도에 관한 전망도 없으므로 무조건 합병하는 것은 불가하다고 주장하였다. 그러나 양사의 수뇌의 지위에 있었던 시부사와 에이이치가 야스다를 설득하여 1902년 12월, 양사 사이에 합병 가계약을 체결하기에 이르렀다.

이듬해인 1903년 2월 경부철도 주주 총회는 가계약을 승인하였으나, 경인철도 사원 총회의 다수의 의향이 무리하게 합병을 강행할 필요는 없다고 일시적으로 결의를 연장하였으나, 1903년 7월 10일 사원 총회에서 정부 차입금에 대한 일부 조건에 대하여 합병을 승인하고, 전년 말 현재의 자산(현금 제외) 및 영업권을 244.1만 엔으로 경부철도에 매각하는 결의를 이루어, 경부철도주식회사에 이를 통지하였다. 그 후 정부의 방침도 결정되어 7월 23일 경인 · 경부 양사 연명으로 합병의 인가를 정부에 신청하고, 10월 30일 인가를 받았다.

경부철도주식회사는 경인철도합자회사가 국고에서 차용한 180만 엔의 부채를 인계하고, 잔액 64만 엔은 현금으로 지불하고, 경인철도에 속한 정부 연부 반납금 및 제반의 권리 의무를 계승하여 1903년 10월 31일 도쿄에서, 11월 4일 현지에서 각각 인계를 완료하였다.

이상과 같이 경인철도의 매수는 실현되었지만, 이에 관련하여 경인철도 종사원의 급여에 관한 문제가 생겼다. 이것은 양사의 상여금제도가 다르고, 또 할증 수당도 경인철도 종사원은 일본의 급여에 비하여 약 5할 전후 늘어난 것에 비하여 경부철도는 8할 늘어난 것을 표준으로 하였기 때문에, 합병에 동반되는 급여 불균형이 발생하였다. 따라서 통역 외의 불급 종사원은 마침 개시된 경의철도 건설을 위한 임시군용철도감부(監部)로 전출하는 자가 속출하여 인사난(難)을 야기하게 되었다. 이에 대해 보선과장 다니구치 고지로(谷口小次郎)는 동사의 지배인 스기타 이치로(杉田一郎)가 상경하여 자리를 비운 와중에 독단으로 과장 이상을 제외한 전 종사원의 급여를 일제히 50% 인상하겠다고 발표하여 종사원의 마음을 안정시키고 전출자를 붙잡으려 하였다. 이후 새로 부임한 후루이치(古市) 총재가 이를 용인하고 중역도 그 사정을 이해하면서 이 문제는 마무리가 되었다.

제5장 경부철도주식회사

경부철도합동조약의 체결

조선 정부는 신중히 고려한 결과, 철도 부설에 필요한 토지를 조선에서 제공하고 자본 및 기술 등은 일본에서 부담하여 양국 협력을 통하여 대업을 달성하자는 취지 아래 1898년 9월 8일 경부철도합동조약에 조인하였다. 이로써 다년간 염원이었던 본건은 우여곡절을 거쳐 일단락 맺게 되었다.

이 조약에서 조선 정부는 '한양~부산 간에 철도를 부설 사용하는 건 및 경과하는 곳의 하천에 축교하는 권리' 를 경부철도회사 발기인에게 허가하고, 동 정부의 매수권을 유보함과 동시에 자본 및 기술 등은 일본 측에서 부담하는 것으로 하고, 양국이 상호 협력하여 본 사업을 달성하려 하는 취지 아래 규정된 것이었다. 이 조약에서 조선 정부로부터 얻은 특전은 다음과 같다.

(1) 선로, 정거장, 창고, 공작물 등에 필요한 용지는 조선 정부로부터 대가없이 빌린다.

(2) 철도에 필요한 기계 및 각종 물건을 외국으로부터 수입하는 것의 관세 및 철도 용지에 관계된 세금을 면제하며 철도 영업에 관한 각종 이익에는 징세하지 않는다.

(3) 각 지방의 지선 건설은 조선 정부 및 조선 국민이 건설하지 않는 한 외국 국민에게 허가하지 않는다.

상기 계약 중에는 주주를 양국의 정부 및 국민으로 한정한 조항이 있었으므로, 창립위원들은 거액 자본의 일본 국내 모집이 곤란할 것임을 알고, 일본 정부도 또한 외자 수입을 유리한 계책이라고 생각하여 계약 수정의 절충을 거듭하였는데, 오에 다쿠는 프랑스가 기획한 수에즈 운하가 자본의 관계로 결국 영국의 점유로 돌아간 예를 들며 강경한 반대 의견을 제출하였다. 그 후 경부철도 보조 명령도 나와 외자가 필요하지 않게 되었으므로, 계약 수정 문제는 자연 소멸되었다. 당시 일부의 의견에 따라 외국 자본을 충당했다면, 이어서 일어난 러일전쟁의 속성 및 그 후의 경영에 관하여 어떠한 곤란이 야기되었을지, 상상하기 어렵지 않은 일이었다.

창립 준비

1898년 9월 경부철도합동조약이 성립되었으므로 다음해 1899년 2월 발기위원은 위원 오에 다쿠를 조선에 파견하고, 체신성 철도국 기사 구노 도모요시(久野知義), 참모본부 육군 중좌 오사와 가이유(大澤界雄), 그 외 기술원과 협력하여 현지를 조사하게 하였다. 오에 위원이 4월에 돌아와 7월에 답사 보고서, 선로도, 건설비 계산이 완성되었으므로, 발기인은 회사 창립의 방침을 정하고 자본금의 모집에 착수하려 하였다. 그러나 당시 일본 경제계는 거액의 자본 모집이 곤란했을 뿐만 아니라 외국에 대하여 투자하려 하는 자도 거의 없어, 회사의 설립은 매우 곤란한 상태였다. 특히 계약의 기공 기한 3년 반이 경과하였으므로, 발기인은 정부에 대하여 회사 설립에 관해 여러 차례 특별 보호를 청원하였다. 그러나 이 계획으로 러일 간 국교를 해칠 염려가 생겨 쉽게 진척되지 않았으므로, 위원들은 연서로 야마가타 아리토모(山縣有朋) 총리대신에게 청원함과 동시에, 같은 해 11월 제14회 제국의회 개회에 앞서 귀중양원(貴衆兩院) 의원에게 간청한 결과, 동 의회 의원 측에서 경부철도 속성에 관한 건설안을 제출하게 되어 다음해 1월 21일 양원의 대다수로 채택되었다. 이어 정부는 '외국에 철도를 부설하는 제국회사에 관한 법률안'을 제출하였는데, 이 또한 대다수로 양원을 통과하였다. 이것이 외국 철도의 경영에 관하여 의회가 협찬한 최초의 일이었다. 창립 준비 관계자는 의회의 협찬을 거쳐 잠시 근심을 덜었다. 그리고 1900년 2월 1일 발기인 총회를 열고 창립위원 13명을 선거하여 창립 사무 및 실지 측량을 실행할 것을 결의하였다.

회사에 대한 정부의 보호

정부는 1900년 3월 이래 사카타니 요시로(阪谷芳郎) 대장성 차관, 나카무라 유지로(中村雄次郎) 육군 차관 및 후루이치 고이(古市公威) 체신성 차관을 위원으로 하여 외국에 철도를 부설하는 제국회사에 관한 제도 및 경부철도 보호 조건에 관한 조사를 실시하였는데, 같은 해 9월 14일 법률 제87호로 먼저 의회의 협찬을 거친 '외국에 철도를 부설하는 제국회사에 관한 법률'의 공포가 있었다. 그 요지는 다음과 같다.

> 제국 국민으로 외국에 철도를 부설하고 운수업을 운영하기 위해 제국 내에 설립하는 회사에 대하여 칙령으로 특별 규정을 설치, 이것에 준거하도록 할 수 있음.

이 법률에 근거하여 칙령 제366호로 동일 특별 규정이 공포되어, 기술한 회사는 원칙으로서 상법 및 부속 법령의 지배를 받을 것을 정한 것 외 각종 특례를 인정받게 되었다.

창립위원이 9월 21일 새롭게 회사의 불입 주식자금 및 사채에 대한 보급 이자의 교부를 청원한 것에 대하여 정부는 발기인 시부사와 에이이치 등에게 '경부철도주식회사 보조' 명령서를 교부하였다. 이 명령서의 내용 중 주된 사항은 다음과 같다.

⑴ 그 회사의 자본 총액을 2,500만 엔으로 한다.

⑵ 설립 등기일로부터 기산하여 15년은 운수 개시 전에는 불입금에 대하여 1년 6푼의 이자를 교부하고, 운송 개시 후의 이익이 1년 6푼에 달하지 못했을 때에는 정부는 그의 부족을 보조한다.

⑶ 사채를 발행했을 때에는 그 불입 등기의 다음 달부터 그 회사가 사채에 대한 이자와 동일한 비율로 정부가 이자를 보조한다. 단지 그 보조액은 현재 사채의 액가에 대하여 연 6푼에 상당하는 금액을 한도로 한다. 이자 보조 기한은 사채 불입 등기일로부터 기산하여 15년으로 한다.

⑷ 정부가 이자를 보조해야 할 주식액 및 사채는 합하여 25만 엔을 한도로 한다.

경부철도회사의 성립

회사에 대한 보조 명령에 의해 기초가 확립되었으므로 1900년 10월 발기인 총회를 열고, 다음 가 정관을 결정하였다.

⑴ 자본금을 2,500만 엔으로 하고 최초 500만 엔에 해당되는 주식을 모집한다.

⑵ 주식은 1주 50엔으로 하고, 최초 10만 주를 모집하고 점차 증가시켜 50만 주로 한다.

⑶ 주식의 불입은 1주에 대하여 5엔으로 한다.

창립 위원은 이 계획을 근거로 우선 발기인의 인수주를 정하였는데, 그 수는 3만 3,000주, 인원 190명이었다. 이어 일반 주주의 모집에 착수하여 위원은 도호쿠, 홋카이도, 주고쿠, 규슈 방면까지 가서 설득, 그 외 각 방면에서 찬동을 구하고, 국민의 국가적 관념에 하소연하여 전국의 주주를 모집하였다. 다음해 1901년 3월 제1회 주식 모집 마감결과 응모 총수 20만 9,000주로, 소요의 2배에 달하는 성황을 이루었다.

한편 정부의 본 철도 보조에 관한 1901년도 부가 예산은 3월 23일 의회를 통과하여 이자 보조가 확정되었기 때문에, 4월 30일을 기하여 제1회 불입을 실시하여 6월 도쿄 간다미토시로초(神田美土代町) 청년회관에서 창립총회를 열었다. 당시 총 주 수는 10만 주, 주주 총 인원 5,900명이었다. 회사는 같은 달 29일 설립 등기를 완료하였다. 7월 2일 중역회에서 중역 회장에 시부사와 에이이치, 상무 중역에 오자키 사부로, 다케노우치 쓰나, 구사카 요시오(日下義雄)의 3명을 호선하여 1896년 이래의 현안이었던 경부철도는 일본 국민간의 힘에 의해 건설의 첫발을 내딛은 것이다.

경부철도 속성령의 공포

경부철도주식회사는 1901년 9월, 북부 및 남부 양 방면에서 공사에 착수하였는데, 공사 진행 중인 1903년 11월 경인철도를 합병하여 그 영업을 계속하면서 공사를 진행하였다. 이 회사의 건설 자금은 당초 주식 불입금과 사채에 의해 계획하여 제1회 모집의 10만 주는 1주에 전후 2회 10엔 불입, 제2회 모집의 33만 5,000주는 1주에 5엔을 불입하였는데, 경제계의 상황에 비추어 거액의 사채 모집은 곤란했기 때문에 정부로부터 사채 원리 상환의 보증을 얻도록 청원하였다. 이에 대하여 정부는 1903년 2월, 대강 다음과 같은 지령을 내렸다.

(1) 채권 1,000만 엔에 한하여 이자 연 6푼 이내, 발행일로부터 10년 거치, 30년 이내에 수의 상환 조건으로 이를 발행하는 것을 인허한다.
(2) 정부는 전 항의 채권에 대하여 회사의 철도 기타의 총 재산을 저당으로 하여 원리 상환 보증으로 한다.

이로 인해 회사는 같은 해 4월 말, 남은 주 6만 4,000주를 모집하였다. 그

런 한편 제2회 모집 주식에 대하여 제2회 불입금 5엔을 징수하고, 이어 같은 해 8월 사채 400만 엔을 모집하고, 제3회 모집 주에 대해서도 불입하여 자금조달에 힘썼다.

1903년 가을, 동아시아의 정세가 점점 악화됨에 따라 일본 정부는 외교·군사상 수송기관을 정비할 필요를 느끼고, 같은 해 10월 말 경부철도를 서둘러 건설하기로 결정했다. 12월 2일 지난 명령을 개정하여 1905년 중에 전 노선을 개통하기로 결정하고 감독을 더욱 엄격하게 하는 규정을 정하였다. 그러나 시국은 점점 긴박해져 이 철도의 전통은 먼저 예정된 기한을 기다리지 못하게 되었다. 그리하여 더 얼마간의 보조가 필요하다고 인정해, 의회의 소집을 기다릴 여유도 없었으므로 정부는 재정상의 필요 처분으로 긴급 칙령 발포를 청하고, 같은 달 28일 다음과 같이 칙령 제291호를 공포하였다.

제1조 군비 보충에 필요한 경비 지불을 위해 정부는 일시 차입금으로 특별회계에 속하는 자금을 끌어다가 사용하고 또 국고 채권을 발행할 수 있다.

제2조 경부철도주식회사의 선로공사 속성에 필요한 자금 조달에 편의를 주기 위해 정부는 동 회사가 발행하는 채권에 대하여 원리 지불을 보증할 수 있다.

전 항에 의해 보증해야 할 채권은 액면 1,000만 엔에 한하여 그 이자는 1년 6푼 이하로 하고, 그 원금은 3년 거치 그 후 5년 이내에 변상하기로 한다.

제3조 경부철도주식회사가 공사를 속성하기 위해 특히 필요로 하는 비용의 보상으로 정부는 동 회사에 대하여 175만 엔을 보조할 수 있다. 단 어쩔 수 없는 사유에 의해 그 금액으로 본 항의 비용을 변상할 수 없는 경우가 생길 때에는 145만 엔 이내를 보조할 수 있다.

이 칙령을 근거로 정부는 같은 날 회사에 대하여 늦어도 1904년 12월 31일까지 경부선을 개통시킬 방침으로 공사의 빠른 계획을 세울 것 및 주금 불입액의 증가를 명하였다. 한편 같은 날 칙령 제292호로 경부철도주식회사 직제에 관한 건이 공포되어 총재 1명, 이사 7명 이내, 감사역 4명 이내를 두고, 총재 및 이사를 정부가 임명하는 것으로 하였다. 그리고 업무 감독을 위해 경부철도주식회사 감리관제도를 두었다. 같은 날 공학박사 후루이치 고이를 총재로, 나카쇼지 렌(仲小路廉)과 가와사키 히로미(川崎寬美) 및 다케노우치 쓰나 상무취제역을 상무이사로, 시부사와 에이이치 취제역 회장, 마에지마 히소카 취제역 및 민영철을 이사로 명하고, 오에 다쿠와 이노우에 가쿠고로(井上角五郎), 오노 긴로쿠(小野金六) 및 나카야마 후미키(中山文樹)는 계속하여 감사역에 재임하였다.

회사는 명령에 따라 12월 28일 속성공사에 착수함과 동시에 공학박사 오야 곤페이(大屋權平)를 초빙하여 공사장으로 임명하고, 정밀한 설계 및 예산을 작성하였다. 사업비가 총 2,950만 엔에 달하여 자본금 2,500만 엔, 속성 보조금 175만 엔, 특별 보조금 45만 엔을 합하여도 230만 엔이 부족하였으며, 자금조달이 쉽지 않아 1904년 7월 그 보조금을 정부에 청원하였다. 정부에서도 심사 결과 그 부족함을 인정하였으나, 또 다시 보조금을 증액하기 어려운데다 증자하여 증가 주식을 정부가 인수하는 것도 온당하지 않다고 판단하여 결국 8월 13일 회사에 대하여 일정 조건 아래 158만 엔을 무이자로 대출하라는 명령을 내렸다.

이리하여 한반도 중요 종관선의 하나인 경부선의 건설은 점점 빠르게 구체화하기에 이르렀다.

제6장
경부철도의 건설

궤간 및 궤도의 결정

경부철도의 궤간은 경부철도 합동계약에 따라 4피트 8인치 반의 표준 궤간을 적용하기로 되어 있었는데, 회사 창립 계획이 진척됨에 따라 각 방면에서 각종 이설 및 논의가 생겨났다. 즉, 일본 내에서도 협궤식을 채용하고 있는 데 비하여 여객 화물이 희박한 조선에 광궤가 필요하지 않고, 또 경부철도의 자본은 2,500만 엔으로 협궤식 시설을 완성시키는 데에도 불충분한데 거액의 부설비 및 영업비를 필요로 하는 광궤식을 채용하는 것은 유리한 계책이 아니라는 주장도 있었다. 철도작업국 측은 전적으로 궤간 1,000mm를 주장하였는데, 군부측은 일본 국유철도의 궤간 3피트 6인치(1,067mm)를 사용하면 일본 재래의 궤도와 차량 등은 그대로 조선에 전용하는 것이 가능하여, 장래 경의철도 및 만주철도의 완성 시기에는 건설비의 절약이 충분히 연락상의 불리를 보상할 것이라고 주장하였다.

당시 중국의 철도는 궤간 4피트 8인치 반, 시베리아 철도는 5피트(1,524mm)를 이용하고 있었으므로, 장래 대륙 철도와 연락하여 세계 교통의 간선이 되는 사명을 가진 이 철도는 '단순한 식민지 철도로 볼 것이 아니라 널리 내다보아 표준궤간을 채용해야 한다.' 는 것이 가사이 기사장의 의견이었다. 회사 내부에도 이견이 있었지만, 기사장의 열의가 결국 시부사와 회장의 마음을 움직였다. 시부사와 회장은 비상한 결의와 영단으로 회사의 방침을 확립하고, 스스로 대외 교섭에 나서 육군 및 철도작업국 측과 수차례 절충을 거듭한 결과, 결국 양자의 승인을 얻어 표준 궤간 4피트 8인치 반과 75파운드(37kg) 궤도의 채용을 결정하였다.

훗날 조선철도 노선이 부산을 기점으로 하여 만주 · 중국 · 몽골 지역은 물론, 멀리 양쯔강 연안까지 차량을 직통 운행할 수 있었던 것은 모두 이러한 궤간 결정에서 비롯된 것이었다.

처음은 약간의 차이지만 나중에는 큰 차이가 생긴다는 말처럼, 당시 만약 3피트 6인치의 협궤로 철도를 건설했더라면 조선 · 만주 · 중국의 직통 운전은 말할 것도 없고, 시세의 추이에 따라 격증하는 수송량의 달성은 곤란했으며, 근본적으로 대규모의 개량 계획을 필요로 했을 것임이 틀림없다. 돌아보면 경부철도주식회사가 표준궤간을 결정 채용한 것은 후일의 조선철도를 위해 다행인 일이었다.

궤도는 먼저 일본제철소 제품을 사용했으나, 곧 미국 제품을 사용하였다.

속성기 전의 공사

예로부터 서울~부산 사이에는 3개의 도로가 있었다. 첫 번째는 서울에서 충주~안동~경주~울산을 거쳐 부산에 이르는 동로(東路), 두 번째는 동로의 충주에서 분기하여 문경~상주~대구~밀양을 지나는 중로(中路), 세 번째는 청주~영동~금산~성주~현풍을 거쳐, 창원에서 김해를 지나 부산에 이르는 서로(西路)였다.

경부철도의 선로는 먼저 고노 다카노부의 답사선이 있고, 후에 청일전쟁 중 센고쿠 박사 일행의 조사선이 있으며, 또 회사의 창립 전 예산의 대강 결정을 위해 오에 다쿠, 구노 기사 등의 예측선이 있었는데, 경부철도의 계획이 점점 구체화되면서 공학박사 가사이 아이지로(笠井愛次郎)를 기사장으로 하여 다수의 기술원과 함께 1900년 3월 선로 실측을 개시하였다. 이들 각 선은 서로의 전반과 중로의 후반을 잇는 선 또는 이에 근접하는 것으로, 회사는 각 선을 비교 고려한 결과, 예로부터 한반도의 보물 창고라고 불리는 충청 · 전라도의 경제적 지위를 중시하고, 또 서울~목포 간 및 서울~부산 간의 경쟁 철도의 출현을 적극적으로 피하려 하는 구노 기사 등의 예측선에 약간의 수정을 가한 가사이 기사장의 실측선(일부분이 개량된 현재선)을 그대로 채용하였다.

1901년 6월 성립된 회사는 자금 관계상 일시 착수 구간을 단축하였으나 양단으로부터의 기공이 유리하다고 보아 같은 해 8월 21일 영등포에서 북부 기공식을 거행하고, 같은 해 9월 21일 초량에서 남부 기공식을 거행하였다.

용지 분란

철도용지는 경인철도의 경우와 같이 모두 한국 정부가 이를 제공하는 약정이었으므로 민유지는 일단 국가가 수용하기로 했으나, 일부 외국인이 관계된 토지는 상당히 귀찮아질 염려가 있었다. 그래서 창립위원은 한국 정부에 의뢰하여 분란의 염려가 있는 남대문 · 부산 · 초량의 정거장 구역을 획정 표시하고 토지 매수를 금지하도록 주지시켰다.

그러나 1901년 공사 착수 직전이 되자 한국 관민의 태도는 지난해와 현저하게 달라졌다. 즉, 회사가 요구한 철도용지가 지나치게 넓으며 묘지 · 인가의 이전이 부당하다고 하였다. 따라서 같은 해 7월 남대문 부근에 거주하는 인민은 정거장을 용산으로 변경하도록 강하게 요구하였으며, 또 수원 부근의 묘지를 통과하는 도로 횡단 문제나 묘와 연결되는 지하도로 문제 등이 발생했다. 한편 정부 역시 철도용지에 대해서는 토지 수용법 발포가 필요하다고 보아, 그 조사를 실시할 때까지 용지 인도를 연기하는 등 형세가 용이하지 못한 점이 있었지만, 점차 회사 중역의 절충에 의해 이해를 얻어 원만히 진행되게 되었다. 회사는 공사의 진행과 동반하여 민유지의 용지 대금을 입체 지급하였는데, 이후 한국 정부와의 사이에서 예상하지 못했던 각종 어려운 문제가 발생하고, 이 밖에도 일반적으로도 생활 풍속의 차이, 엄동, 홍수, 양국 화폐제도의 차이 등으로 인하여 공사 시행상 많은 어려움을 겪었다.

공사는 북부에서는 1901년 9월 영등포~명학동(현재의 군포 부근) 간, 이듬해 7월 명학동~진위(현재의 오산~진위의 중간) 간, 1903년 5월 진위~부강 간의 각 구간을 기공하고, 남부에서는 1901년 10월 초량~구포 간, 이듬해 8월 구포~밀양 간, 1903년 4월 밀양~성현 간의 각 노선을 기공하였다. 이리하여 1903년 12월 28일까지 북부는 32마일(51.5km), 남부는 33마일(53.1km)을 개통하였다.

속성공사

러일의 풍전등화와 같은 상황 가운데 빠른 철도공사에 대한 명령이 떨어져, 초량에 임시건설부를 설치하고 속성 작업 전반을 총괄하게 하여 1904년 1월, 건설 사무를 공사, 재료 구매 및 재료 배급으로 나누어 공사장에 오야 곤페이, 구매장에 아다치 다로, 배급장에 가사이 아이지로를 배치하여 각 담당을 관장시켰다. 일본에서도 구노 도모요시, 오카무라 하쓰노스케(岡村初之助), 그 외의 직원이 도착하여 있었으므로 구노 기사를 북부, 오카무라 기사를 남부의 각 공사 감독에 임명하고 종래의 진용을 일신하여 급히 부설에 착수하였다.

속성 명령 하달 당시의 공사 미착수 구간은 성현~부강 간 121마일(194.7km)이었는데, 공사는 종전과 마찬가지로 영동 정거장 북단을 중심으로 하여 남북으로 크게 나누고, 다시 이것을 10공구로 나누어 그 진척에 노력하였다. 공사 재료는 주로 일본 및 해외에서 구하였는데, 수송 선박의 부족과 재료 탑재선의 침몰, 또는 좌초의 재해를 당하였다. 육상 수송에 있어서는 도로 폭이 좁고 요철도 심하며, 교량도 없었기 때문에 차량을 사용할 수 없어, 재료 운반에 큰 곤란을 겪었다. 또 공사 시행에 있어 하천은 동절기

수개월간 결빙하고, 하절기에는 범람하는 등 공사 실시 기간이 매우 짧다는 곤란한 상황에 처하였으나, 재료 운반을 위해 북부는 금강, 남부는 낙동강의 선운을 이용하여, 또 상사문~왜관 간 경편 궤도를 부설하고, 성현 굴길에는 동구에서 서구에 이르는 길이 5km여, 밀양~유천 간 6km여의 가선을 설치하는 등 공사 미완성 구간의 전선을 토공하고, 궤도의 공사 기일을 서두르고, 굴길, 교량 등 개통이 쉽지 않은 곳에는 가선 또는 가교를 설치하여 건축열차운전에 힘쓰는 등 조금씩 공사의 지체를 면할 수 있었다. 공사는 큰 진척을 보였으나 우기에 예상 외의 수해가 생기고 더위가 심하여 병자가 속출할 것을 우려하였으나, 종사원의 노력에 의해 1904년 11월 10일 서울 기점 127.42마일(205.3km) 심천역 남방의 지점에서 남북 궤도의 연결을 보기에 이르렀다. 공사 착수 이래 이 구간의 속성공사는 약 270일 만에 준공하였으므로 평균 그 진행 속도는 1일 1.6km였다.

회사는 전년 12월의 속성 명령에 근거하여 1904년 중에는 전선 개통 계획을 세웠으나, 전쟁 상황의 진전과 함께 본선 속성이 점점 급히 필요하게 되어, 정부는 회사에 대하여 그 개통 기일을 앞당기도록 명령을 내렸다. 회사는 1904년 3월 상신서를 제출하여 1904년 중에 이를 속성하는 것은 곤란하며 전쟁에 의한 물가, 임금의 등귀와 공사 재료 수송의 애로 때문에 일반적인 방법으로는 이 이상 준공기의 앞당김이 불가능했으므로 중간 70마일(112km)은 일시 24파운드 궤도의 협궤 가선으로 연결하면 같은 해 10월에는 개통이 가능하다는 뜻을 진언했다. 정부도 이 계획 변경을 인정하여 경편 철도 재료를 주문하였다.

그러나 러일 전쟁의 전황 진전과 함께 황해의 제해권이 일본의 손으로 돌아와 군의 상륙지는 점차 북방으로 옮겨졌으므로, 협궤 속성의 필요도 없어지고 또 그 후 정세의 변화에 의해 1904년 중에 광궤로 개통이 가능하다는 오야 곤페이 공사장의 의견도 있어, 정부도 당초의 설계에 의해 진행하는 것으로 결정하고, 회사가 주문한 경편 철도의 차량, 궤도 등이 계속하여 도착하였다. 그러나 이것들은 그 후 안봉철도 그 외의 군사 경편선에 이용되었다.

오우라 체신대신의 현지 시찰

1904년 9월 오우라 가네다케(大浦兼武) 체신대신은 부산에 상륙하여 초량을 출발, 속성공사의 실상을 자세히 시찰하면서 서울에 도착하였다. 그는 많은 종사원이 밤낮을 노반공사 또는 궤도 부설 작업에 임하고 있는 사실과 특히 성현 부근의 반복선 시설에 대하여 크게 칭찬하였다. 대신은 성현 반복선의 조감도 및 사진 수 매를 찍어 돌아온 뒤 이를 메이지 천황에게 바쳐 감상하도록 했다.

공사 진척 상황

1901년 기공 이래, 경부선은 5구간으로 나누어 공사에 착수, 1902년 10월 이후 1905년 3월에 이르는 사이 순차 완성하여 각 공구 간의 연락을 완결하였다. 초량~영등포 사이는 1905년 1월 1일부터 운수 영업을 개시하고, 경인철도에 의한 영등포~서울 간을 고려하여 서울~부산 간의 연계를 완성하였다. 같은 해(1905) 5월 25일, 즉 동해해전의 2일 전 남대문 정거장 구내 광장(훗날의 古市町 철도국장 관사 부근)에서 성대한 개통식이 거행되었다.

경부철도 개통식

이날 일본에서 후시미와카미야 히로야스왕(伏見若宮博恭王) 전하, 한국에서 의양궁 이재각 전하가 참석하고, 오우라 체신대신을 비롯하여 하세가와 육군 대장, 하야시 공사, 상 · 하 의원, 한국 각부 대신, 영국 · 미국 · 독일 등의 각국 공사, 영사 그 외 내외 귀빈 등 천여 명이 참석하는 대성황을 이루었다. 1894년 잠정합동조관의 체결로부터 십 수 년, 우여곡절을 거친 끝에 정부의 보호와 민간 유지가 헌신적인 노력과 당사자의 고심 경영 등이 결실을 맺으면서 경부철도 건설은 일단락되었다. 또한 조선-일본 교통의 연쇄로서 양국의 교의가 점점 친목을 더하게 되었고, 이 철도의 낙성은 조선철도사에 대서특필할 사실일 뿐만 아니라, 일본 국력의 발전에 한 신기원을 긋는 것이 되었다.

1905년 3월부터 남은 구간인 서울~영등포 사이의 복선 부설 및 부산~초량 사이의 건설공사에 착수하였는데, 마침 같은 해 우기에 수십 년만의 대규모의 폭풍우가 발생하여 연선의 하천이 범람하였다. 이로 인해 공사가 지체되고, 기존 선로와 교량 및 기타 공작물이 큰 손해를 입어 기본 공사만을 진행하였으나, 결국 통감부 통일 전에 준공하지 못했다. 부산~초량 구간은 1908년 4월에 개통하고, 영등포~남대문 구간은 1912년 9월 한강 제2교량이 준공된 후 복선 운행을 시작하게 되었다.

제7장
군용철도 경의·마산선의 건설과 경원선의 기공

임시군용철도감부의 편성과 작업 개요

러시아에 대한 선전 포고 아래 대군이 북진하는 데 있어 군수품 수송을 위해 경부철도의 속성 건설과 함께 서울~압록강 간 의주가도에 급속한 군용철도 부설이 필요하게 되어, 병참 총감 직속 아래 임시군용철도감부의 편성을 지시받게 된 것은 1904년 2월 21일이었다. 동시에 철도감 야마네(山根) 소장 이하의 직원을 임명하고 철도대대 및 공병 5개 대대를 그 지휘 아래 두어 3월 4일 인천에 상륙, 5일 서울에 도착하여 각 부서를 정하고 즉시 공사 준비에 착수하였다. 또 공병 제6대대도 같은 달 하순 개성에 도착하였다.

감부는 1904년 3월 14일 한국 주둔군 사령관 아래로 옮겨졌으나 6월 1일 병참 감부와의 연락 및 작업 기점 벽란도(현 토성역 부근의 예성강 해안) 및 철도(현 겸이포 부근)와 수로 교통이 편리하므로 이를 인천으로 이전하고, 재료 배급계를 용산에 남겼다. 8월 9일 편성 개정과 함께 다시 병참 총감의 직속으로 돌아가 8월 14일 마산선의 부설 결정과 함께 상장관 이하 31명의 부원을 증원하여 마산포철도건축반을 설치하고 그 건설에 임하게 하였으나, 1905년 4월 13일 이를 마산포철도반으로 개칭하였다.

감부는 상륙 이래 전국에 유리하도록 공사를 서둘렀으나, 경의선의 공사가 반 정도 진행된 상황에서 공병 제4대대는 소속 사단에 복귀하여 요동으로 이동하고, 이에 대하여 제1, 제2, 제12사단의 보조병이 공사에 임하고, 그 뒤 공병 제6대대 및 철도대대의 2개 중대, 전기 각 사단의 후비 공병 중대도 또 각 방면으로 이동하는 등, 부대의 교대 출입이 빈번하여 공사 계획이 조금씩 변경되고 작업 진행에 지장이 있었다. 그러나 견실하면서 신속한 군대의 작업은 공사를 빠르게 진척시켰다.

경의선의 속성

경의선의 선로 선정에 대해서는 전시 긴급 때문에, 엄밀한 조사를 실시할 틈도 없어 5만분의 1 지도에 의해 도상 설계의 방법을 취하고 후일 실측하는 방법을 선택하였다. 1904년 2월 27일 대본영의 내령에 의해 인천에 상륙한 철도 기사 이시카와 고쿠다이(石川石代), 가토 이사무(加藤 勇) 및 사관 이하 30여 명의 측량반은 우선 용산~개성 사이의 측량을 4월 11일 종료, 개성~평양 간 및 평양~순안 간은 4월 4일 도착한 별동대의 철도 기사 가토 이사무 이하 35명의 측량원에, 인천 이외의 중간 상륙지의 설정을 제1 목적으로 하여 조사를 진행하고 있던 철도 감부원 공병 소좌 와타나베 겐지(渡辺兼二) 등 22명의 측량원이 더해져 5월 중순 이를 종료하였다.

당시 야전군은 멀리 요동반도로 나아가 병참선은 점점 증대되는 정세였으며, 동절기의 북동 항만의 동결 때에 후방 연락을 확보해야 하는 필요상, 반도 종단 철도의 완성뿐만 아니라 나아가 동청 철도에 연락을 긴급히 하는 한편, 경부철도 속성공사 완성의 시기도 가까웠으므로, 감부는 우기에 들어가기 전에 본선의 측량을 완료하려 5월 하순, 순안 이북 압록강 좌안 사이의 실측에 착수하였다.

압록강 교량 지점에 대해서는 공병 대위 야마고에 도미사부로(山越富三郎)가 의주 및 대안의 지세 조사 후 가교 지점을 결정하였다. 이리하여 경의 전 노선의 연장을 결정하였으나, 같은 해 4월 이시카와 고쿠다이 기사는 측량반에 대하여 다음의 기술상의 규정 및 주의를 내렸다.

(1) 선로 선정은 구배 100분의 1, 곡선 반경 20쇄를 한도로 해야 하지만 급속 개통을 필요로 하기 때문에 최초 구배 40분의 1(할 수 없으면 30분의 1, 곡선 반경 10쇄)을 한도로 한다.
(2) 시공기면 폭은 15척으로 하고, 축장은 높이 15척 이상은 5척이 늘어날 때 기면 폭 1척을 증가시키고, 좌우 경사는 1할 5푼을 표준으로 한다.
(3) 정거장 용지는 길이 800척, 폭은 300척으로 한다. 단 기관차고 등을 설치한 것은 적절하게 증가를 필요로 한다.

이 철도 용지는 1904년 2월 체결된 한일 의정서의 정신에 근거하여, 군사 전략상 필요한 지점을 임기 수용하게 하는 명문에 따라 감부로부터 한국 정부에 청구하게 되었으나, 군사적 및 전후 경영의 입장 등으로 그 절차를 진행하여 사유지의 대금 및 가옥, 분묘 등의 이전비는 일본 정부가 지불하였다.

재료 수송 지선의 특설

경의선 건설에 있어 서해안 각 지점에 기점을 설치하고 다수의 재료 수송선을 부설하였는데, 이는 본 철도공사상 특이한 점이었다. 상륙지점으로서 공사 착수 당초부터 이용된 것은 마포(용산 부근) 및 인천이었는데, 인천은 내항의 수심이 얕아 각종 불편이 있었으므로, 응급책으로 총 공비 27만 엔으로 소월미도 남면을 매립하여 가상륙장 및 재료 적치장을 설치, 월미도~인천역 간에 전 길이 2,700척의 월미도 교량 및 재료 운반용 철도 지선 3km여를 설치하여 1906년 8월에 완성하였는데, 이것이 후일의 월미도 개발의 시초였다.

또 대동강에 상륙장을 설비하고 만주로 통하는 지선을 부설하게 되어, 당시 인천에 상륙할 예정이었던 설비 공병 4개 중대 중 1중대 및 부원 공병 소좌 와타나베 겐지, 철도 기사 가토 이사무 이하 22명의 측량반을 급히 철도로 보내었다. 그러나 적당한 재료 상륙지점을 찾는 데 고심하였는데, 와타나베 소좌는 청일전쟁 당시 제5사단 주력이 도하했던 한 지점을 선정하고, 이어 황주~겸이포 사이의 지선을 부설하였다(겸이포라는 지명은 야마네 철도감이 와타나베 겐지 소좌의 공을 기려 그 이름을 딴 것이다). 이 외 황해 연안에 벽란도, 신안주 및 다른 6곳의 재료 운송 지선을 부설하였는데, 그 중 1선만을 경편철도로 하고 다른 것은 모두 표준궤간으로 하였다. 간선의 공사 완성 후 그 대부분은 폐선되었는데, 겸이포 지선, 마포 지선, 신안주 양륙장 지선 등은 그대로 존치되었다. 공사 재료 중 구하기 쉬운 것은 현지 조달을 계획하였으나, 민간 인력이 피폐하여 공업이 부흥하기 어려운데다 산이 이어지는 연선에서는 이를 얻기가 어려워 대부분을 일본에 의존한 탓에 육로수송이 힘들어 공사는 어려움을 겪었다. 그러나 일본군의 만주 진출 후에는 압록강변의 자재를 다수 확보할 수 있게 되어 재료 수요를 충당하여 사업의 진행상 큰 편익을 얻었다.

경의선의 건설 완공

이 철도는 용산~개성 구간의 건설에 우선 착수되었으며, 이어서 개성~평양 및 평양~신의주 구간의 공사가 추진되었다. 공사는 당초부터 조기 완공을 목표로 했기 때문에 측량과 건설공사의 착수가 거의 동시에 진행되었으며, 재료 배급은 각 지역에 설치된 재료 수송지점을 통한 해로, 혹은 수로에 의한 재료 배급을 기다려 각 구간의 공사를 차례차례 진척해나갔다. 그 공사 진행상황을 보면 1904년 3월 31일 용산~마포 구간의 노반공사에 첫 삽을 뜬 이래, 약 7개월이 경과한 10월 28일에는 이미 임진강변까지 건축되어 열차가 운행되었으며, 그 후 대동강 가교를 남기고 개성~평양 구간이 1905년 1월 14일에 준공되고, 같은 해 1월 26일에는 평양~신안주 구간이 준공되었다. 같은 해 2월 15일에는 임진강 교량이 완성되었으므로, 대동강의 도선 연락으로 3월 10일에는 용산~신안주 구간에 하루에 1회 왕복하는 지정 열차가 운행되기 시작했다.

1905년 4월 3일 대동강 교량은 시운전에 성공함으로써 경성~신안주 구간이 완전히 연결되었는데, 나아가 북방 공구에 대해서는 4월 28일 대령~청천 양 강의 교량을 남기고 남북을 연결하여 용산~신의주 구간 선로의 준공을 알렸다. 그동안 임진강 및 대동강 교량은 공사 중 여러 가지 어려움을 만나 극심한 추위와 싸우면서 작업을 추진한 것이다.

청천강~대령강 양 강의 교량은 1904년 10월 공사에 착수했는데, 당초 목표한 바와는 달리 결빙기에 일시적으로 작업이 중지됐다. 이듬해 3월 유수(流水)로 인해 기 완공된 부분이 파괴되어 그 설계를 변경하였고, 양 강 모두 상류로 우회시켜 약 7마일 반(12km)을 연장하였는데, 교량은 약 1,500피트(0.46km) 단축할 수 있게 되었다. 양 교량이 준공되어 1906년 4월 3일 여기에 경의군용철도의 간선 및 지선 합계 328마일(527.9km)이 완성되어, 모든 노선에 걸쳐 열차가 직통 연락을 하기에 이르렀다.

경의철도 창설기념비의 건설

군용철도감부는 1906년 8월, 경성~평양 간 철도 개통을 기념하기 위해 평양역전 광장에 높이 35피트의 화강석 방추형의 '경의철도 창립기념비'를 세웠다. 비명은 통감 이토 히로부미의 휘호를 새겼으며, 비 주위에는 노획한 러시아 철도의 객차 부품을 이용하여 만든 철책을 설치했다.

경의철도 건설비용

군용 경의철도의 건설을 주로 하고, 긴 터널을 피하면서 교량 등도 가건축으로 하고, 측량 및 공사의 일부는 군용철도감부의 손에 의지했으므로, 노선의 길이가 긴 것에 비하면 의외로 저렴하게 부설할 수 있었다. 당초 예산으로는 합계 1,025만 엔이 잡혀 있었으며, 기타 공사에 할당된 공병대 비용과 직접 육군성으로부터의 재료비, 수송비 합계 약 960만 엔을 합산하면, 약 2,000만 엔 정도가 들어 1마일(1.6km)당 6만 1,000엔이 든 것에 지나지 않았다.

공사의 진척은 용산~신의주 구간 328마일(약 530km)에 대해, 1904년 3월 31일 용산~마포 구간의 착공에서부터 1906년 4월 3일까지의 약 733일 동안 진행하였다. 그동안 1일 평균 약 730m 정도의 빠른 속도로 진행되었으며, 특히 용산~신안주 구간은 실로 1일 평균 900m의 진척이었다.

마산선의 건설

러일전쟁의 전국이 확대하고, 특히 발틱 함대가 들어온다는 소문이 있어서, 만주 야전군과의 연락을 위해 일본 정부는 마산~삼랑진 구간 철도를 신속히 건설하기로 결정했다.

1904년 8월 14일 마산포 철도 건설의 명령을 받은 철도감부는 철도 기사 이시카와 고쿠다이 외 4명을 인천에서 파견하였으며, 이어서 토지 가옥의 매수 외 인부 징집 등의 사무를 처리하기 위해 공병 소좌 와타나베 겐지 및 1등 주계 구로누마 히코타로(黑沼彦太郎)를 파견하였으며, 마산포 철도 건축반을 편성했다. 건설을 위해 공병 중좌 도키오 젠자부로(時尾善三郎)를 비롯하여 31명은 9월 초순 부산에서 삼랑진을 거쳐 선로를 답사하면서 마산포에 도착하여 측량을 완료했다. 전 노선이 5공구로 분할되었고, 1공구를 제외한 나머지 모두는 외주 용역으로 노반공사가 착수되었다. 이 철도는 낙동강 해안에서 경부철도로 연결되어 먼저 궤간 4척 8촌 반(143.5cm)의 궤도를 부설할 수 있는 노반을 건축했지만, 이에 18파운드 협궤 경편 궤도가 부설되었으며, 교량, 구교 및 복통은 가구조로서 최급 기울기를 40분의 1, 최소 곡선을 반경 20쇄로 하였다. 이 철도는 겨울이 오기 전에 준공할 예정으로 경부철도회사로부터 회송된 10마일(약 16km)분의 경편 궤도를 가지고 5마일(약 8km)의 부설 작업을 종료하였으며, 마산포에 육지 매립 및 다리도 완성했지만, 12월 15일 공사를 중지하라는 전령을 받게 된다.

같은 달 18일 본선을 4척 8촌 반으로 개축하라는 명령이 내려와, 이에 필요한 궤도, 침목 등이 1주일 후 마산포에 도착했다. 곧바로 개축공사를 실시하기 위해 1905년 1월 22일에 마산포에서 궤도 부설이 착수되었으며, 낙동강변과 삼랑진 구간 약 2km의 선로가 4월 1일 이후 경부철도회사에 1년에 2,200엔 정도의 요금을 지불함으로써 사용이 가능해졌다.

공사 중 비로 인해 진영 부근에서 노반이 침하하여, 복구에 수십 일이 걸리는 등 여러 어려움이 있었으나 이를 극복했다. 5월 24일 궤도를 낙동강변으로 이끌어, 다음날 전체 길이 1,805척의 낙동강 가교량(목교)을 준공하여 시운전을 했으며, 5월 26일부터 마산포~삼랑진 간에 열차의 직통 운행을 개시했다.

그러나 가교공사 중 물에 씻긴 교량말뚝의 주위는 그대로였기 때문에, 6월 13일부터 보수공사에 착수하여 7월 하순 종료했다. 그러나 9월 4일의 홍수로 교량이 다시 파괴되었으며, 또한 전 선로에 수해를 입어 복구에 시일을 요했다. 어렵게 우기를 극복하고 완전 복구가 된 것은 10월 21일이며, 그동안 감부의 고통은 매우 심했으나, 곧 전 노선이 개통되었다.

경원선 착공

1904년 6월 한국 주둔군 사령부는 임시철도대대 공병 중위 데라오 기로쿠(寺尾喜六)에게 경성~원산 간 도로를 정찰시켰으며, 같은 해 8월 말 다시 공병 소좌 와타나베 세이이치(渡辺誠一)를 파견하여, 도로 정찰과 아울러 철도 부설을 정찰했다. 같은 해 9월 4일 경원선 부설 명령을 받은 임시군용철도감부는 원산에 와타나베 소좌를 반장으로 원산철도건축반을 두고, 원산~용지원 간 약 35km 구간의 공사 계획에 임하게 되었다.

와타나베 소좌는 같은 해 10월 서울에서 출발하여 외주 업자를 동반, 철도의 보수 구역을 분담하고 공사를 실시했으며, 또한 원산~용지원 간의 선로 측량을 12월에 완공했다. 공사는 11월 10일 원산 부근에서 착수했지만 혹한기에 들어서면서 중지되었다. 다음해 다시 공사를 개시하여, 7월 하순 원산에서 약 16km의 노반공사 및 교량 가설을 완성했다. 경성~원산 간 철도 노반공사 및 도로 보수비용이 앞서 언급한 예산 20만 엔 한도를 초과하여 중지되었으며, 11월 12일에 사무소가 폐쇄되었다.

용산 방면에서는 용산건축반에 의해 1904년 11월 용산~의정부 간 약 31km의 측량을 완공했지만, 기점 부근에서 외국인 소유의 토지수용 교섭에 날짜를 소모하였고, 이어 혹한기를 맞이함으로써 토공의 착공까지 이어지지는 않았다. 의정부~용지원 간은 당시 감부에 의해 여러 차례 거듭 지연되었지만, 1905년 2월 끝내는 측량반이 파견되었다. 이 측량반은 삼방관, 평강을 통과하는 선을 결정하였으며, 5월에 임무를 마치고 돌아왔다. 8월 초 용산에서 기공했는데 11월 일시적으로 이를 중지, 다음해 4월 1일 다시 용산에서 약 6km의 구간에 공사를 실시하여 토공을 준공했다.

임시군용철도감부의 업적

1904년 3월 감부가 인천에 상륙한 후 1906년 통감부 인계에 이르기까지 이룩한 공사 개요를 총괄하면 다음과 같다.

(1) 1906년 4월 3일 용산~신의주 간을 연결하여 열차 운행을 개시하고, 이어서 개량공사를 시행했다.

(2) 1905년 10월 21일 마산선을 전체 개통하고, 계속하여 낙동강 교량을 옮기는 공사에 착수했다.

(3) 경원선 용산 및 원산 양 방면으로부터 공사를 추진하여 그 일부를 착수했다.

이렇게 감부의 사업은 경의선 건설로 인해 그 대부분을 성취하였으며, 마산선 또한 공사를 마쳤다. 또한 경원선의 건설과 1905년 말부터 새로 기획된 압록강 교량의 공사를 남기고, 1906년 9월 1일 전부를 통감부 철도관리국에 인계 후 8일 각 소속으로 복귀함으로써 그 중요한 역할을 성공적으로 완수했다.

제8장
철도 개통에 의한 영향

철도 출현 이전의 내륙 교통

철도가 출현하기 이전 조선의 교통은 1876년 일본이 조선과 체결한 수교조약에 기초하여, 일본의 우편 조령에 의해 우편 취급소를 중요한 곳에 설치하여 우편을 개시하였다. 이후 1884년에는 전신까지 취급을 하게 되나, 일반교통은 매우 미흡한 상태에 있었다. 조선 정부의 시설로는 도로의 구축에 관한 과역법, 통신에 관한 우편규칙과 그에 따른 우편사 등이 있었으며, 민간에는 들것 · 짐말 · 가마 등을 이용하는 자유노동자, 매우 영세한 강(江) 운송업자 및 여객 화물은 중계기관이라고도 할 수 있는 객주 등이 있었다. 그러나 교통 수요가 적어 교통이 매우 황폐한 상황이었다.

도로는 과역법에 의해 민간 비용으로 구축하는 제도가 있었으나, 사실상 실효성이 없는 법이 되어버려 파괴가 되어도 그대로 방치되었다. 주요 간선 가도조차 인마로 간신히 통과할 수 있는 곳도 많지 않았으며, 하천에는 교량이 설치되지 않아 도보나 배로 건너 다녔다. 더욱이 우기에는 하천이 범람하여 교통이 자주 두절되는 상태였다. 도로가 없는 상황이었기 때문에 여행은 도보 · 가마 또는 짐말에, 화물의 운송도 들것 · 짐말에 의존할 수밖에 없었으며, 역참의 뒤를 이어 생겨난 우편사의 우송(郵送)도 짐말이나 보행을 이용했다.

가마는 장거리의 빠른 여행에 적합하지 않으며, 여러 명의 인부가 필요하기 때문에 임금이 비싸 일부 부유계급자만이 이용하였다. 짐말은 장거리 여행이 가능하여 어느 지역에서나 요구되었으며, 임금도 가마보다 싸고 편리하여 가장 일반적으로 이용되었다.

화물 운송은 소량의 단거리일 경우 대부분 들것을 이용하였으며, 대량의 원거리일 경우에는 짐말을 이용했다. 그러나 짐말이 운반할 수 있는 양도 약 쌀 8가마 또는 석유 3통 정도였고, 장거리 운송의 경우 짐말 업자를 신용하기 힘든데다 연대제(連帶制)도 도입되지 않은 상태여서 반드시 보조인이 필요하다보니 운송 실비가 비싸져서 사실상 대량 화물의 원거리 운송은 거의 불가능했다.

도로 교통이 불안정한 상태에서 하천운송은 내륙 교통의 중요한 역할을 했다. 압록강과 청천강, 금강, 낙동강 등은 그 중류 이하에서 모두 봉선(조선 고유의 범선) 또는 일본 선박을 이용했다. 하천의 상태에 따라 운송 범위가 자주 바뀌었으며, 선박의 구조가 매우 조잡하고 왜소하여 운항에 어려움이 따랐으나, 육로운송에 비해 수송력이 훨씬 뛰어나고 임금도 저렴하여 여객과 화물이 모두 하천운송에 집중되었다. 특히 화물 운송에 많이 쓰였다.

철도 개통에 의한 일반적 영향

조선의 교통은 도로상의 차량시대를 경험하지 않고 바로 가장 효율적인 교통기관인 철도의 출현을 맞이했다. 이는 교통 발달의 일반적인 과정에 나타난 비약적인 사건으로, 교통 및 경제에 직접적인 변혁을 가져왔다. 더욱이 철도의 운영에 일본의 자본과 인적 요소가 투입되었다는 점과 정치 · 군사 · 사회 등에 매우 큰 영향을 초래했다는 점에서 그 인문적 의의가 매우 크다. 즉, 중세 교통수단에 의존하여 분립적 · 간헐적으로 이루어진 하천운송 중심의 교통이 전 국토를 동서남북으로 관통하는 철도의 출현으로 인해 상호 연대를 확고히 하면서 간선 철도를 축으로 하는 일대 교통으로 통합되었다. 그 결과 기존의 교통수단은 없어지거나 축소되었으며, 철도와 상호보완적 관계에 놓인 것만이 간신히 옛 모습을 유지했다.

교통 지리의 대변혁으로 인해, 기존의 산업도 국소적인 지방 자급자족 형태에서 탈피하여 확대된 시장을 겨냥한 지방 특산품의 증대로 이어졌다. 교통 지리적 요소에 새로운 산업을 기획 · 도입함으로써 인구의 집중화 경향도 나타났다. 잘 알려지지 않은 지역이 철도 부설의 영향으로 기존의 요충지를 대신하여 새로운 경제적 요충지로 자리매김하면서 향후 번영할 조짐을 보였다.

제9장
창시시대의 철도운영

경인철도

경인철도는 1899년 9월 18일 인천~노량진 간에 가영업을 개시했으며, 1900년 6월 말 한강 교량이 준공되어 7월 8일부터 인천~경성(서대문) 간 약 26.3마일(42km) 구간에서 운수 영업을 개시했다. 이는 한반도에서의 철도 영업의 첫 걸음이었다.

개업 당초의 열차는 인천~노량진 간을 오전, 오후에 각각 1회 왕복운행을 했는데, 경인간 전체 노선이 개통됨과 동시에 1일 5회를 왕복하게 되었다. 당시의 운행 속도는 30~40km/h였다. 차량은 모갈형(2-6-0) 포화 증기기관차를 시작으로, 목제 여객차, 화물차와 함께 미국 수입차량으로 중앙 완충기를 채용하고 있었다.

여객 운임은 1마일 1인당,

3등	1전 5리	
2등	3전	3등의 2배
1등	5전 6리	3등의 3.75배

였으며, 경성~인천 간 27마일(43.5km) 구간에서는,

3등	40전

2등	80전
1등	1엔 50전

이었다.

화물은 근 취급 임률을 규정하여 147종의 종목을 지정하였으며, 각 화물의 품종에 따라 1개 또는 1개의 최고 근량을 50근 내지 400근까지의 여러 단계로 구분하고, 이에 대해 운송 요금과 상관없이 단일 임률을 부여했다. 거리 비례를 채용하지 않은 이유는 전적으로 경성~인천 간의 화물 운임을 기준으로 규정되었기 때문이다. 이 운임은 1905년 1월 1일 경부철도의 영업개시에 이르기까지 계속되었다.

영업개시 당시에는 노량진 임시역에서 경성에 이르는 구간의 교통 불편과 한강의 배를 이용한 오랜 관습으로 철도를 이용하는 이가 적었지만, 겨울철 결빙 및 홍수로 인한 수운의 중지 등으로 철도의 편의성을 알게 된 후부터는 큰 화물을 제외한 대부분이 사계절 내내 철도를 이용하게 되었다. 그 후 흉작으로 인해 불황 시대를 맞이하기도 했으나, 철도의 여객과 화물은 점진적인 증가 경향을 보였으며, 실적이 뚜렷하게 향상되었다.

그 후 1903년 11월 1일 경부철도주식회사에 매수되어 1906년 국유가 될 때까지의 하루 1마일 평균 수입은 다음과 같이 상당히 양호했다.

1900년 상반기	7.39엔	하반기 16.03엔
1901년	20.51엔	
1902년	21.77엔	
1903년 상반기	24.91엔	하반기 31.42엔
1904년	48.00엔	
1905년	40.42엔	
1906년 상반기	45.04엔	

영업수지 비율은 영업 당시 76%였으나, 그 후 점차 양호해져 경부철도와 합병 당시의 영업 지출은 대부분 수입의 절반 수준이었다.

경부철도

경부철도주식회사는 각 구간의 부분적 개통에 따라, 운송 규정을 두고 유임 또는 무임으로 여객 및 화물을 취급했는데, 1904년 9월에 이르러 전 노선 개업이 예상되어, 10월 총무부를 도쿄에, 영업부를 부산에 설치했다. 예정대로 다음해 1905년 1월 1일부터 초량~영등포 간 268마일(431km)의 운수영업을 개시함과 동시에 종래의 경인선 운임요금제를 폐지하였고, 경부선, 경인선에 시행하는 통일적인 여객, 화물, 수하물의 취급 및 운임 요금을 정했다.

당시 여객운임은 원거리일수록 감해주는 방법을 채택했다.

3등(50마일까지)	1전 8리/1마일
3등(50~100마일까지)	1전 6리/1마일
3등(101마일 이상)	1전 4리/1마일
2등	3등의 2배
1등	3등의 3배

로 정했다.

화물은 통상급(근급), 대화물급(톤급), 동물 및 속달편급(근급)의 4종류로 나누고, 통상 화물 100근은 거리(1마일)당 1리 내지 9리, 대화물 1톤은 거리(1마일)당 1전 내지 5전, 동물(소 · 말) 1마리는 거리(1마일)당 2전 내지 10전, 속달화물은 100근당 40전 내지 1엔 20전의 범위 내에서 각각 그 임률을 정했으나, 화물임률은 대략의 표준을 나타낸 것에 불과하므로, 화물 개당 적당한 할인을 하여 임률의 조화를 꾀했다.

열차운행 상황

당시 제정된 운행 및 신호 규정에 의해 서대문~초량 간 남행 및 북행 2대의 열차를 운행하였고, 북행은 초량을 오전 및 오후에 출발하여 대전 또는 대구까지 운행하고, 다음날 서대문에 도착했다. 남행은 대전 또는 대구를 거쳐 다음날 초량에 도착하여 편도 약 30시간을 요했는데, 이는 일부 가선 외 야간 운행에 위험 구간이 있었기 때문이다. 그 후, 선로 개량에 따라 같은 해 5월 운행 시각을 개정하여 1일 1회 직통 열차로 경부 간을 14시간에 주행했다.

1905년 9월부터는 산요철도가 러일 전역 귀환부대 수송의 일단락으로 인해 열차 및 연락선의 운항 시각을 개정했기 때문에, 경부선도 1906년 4월 16일부터 최고속도로 초량~서대문 간을 11시간에 운행하는 급행열차가 출현하였다. 이로 인해 서울~오사카 간 48시간(2박)을 요했던 것이 40시간으로 단축되었고, 각 1회 왕복하는 복합 열차가 운행되어 경부 간 교통상의 입지를 강화하였다.

당시 경부선의 역 수는 47개 역으로, 그 중 역원배치역은 27개역에 불과하며, 선로를 따라 주변에서 산출되는 농산물은 매년 거래가 증가되는 상황이었다. 그러나 경부 간 직통 급행열차 창설 이후는 점차 철도의 편의성을 인식하여 여객과 화물의 이용도 점차 증가해 갔다. 영업 성적은 영업이 시작된 1905년 7월, 남한방면으로 수해가 발생하여 선로가 복구된 것은 12월이었기 때문에 일시적으로 영업부진의 원인이 되었지만, 그 후 1906년에 이르러 더욱 운행 시간을 단축하여 간선으로서의 기능을 한 단계 높여 업적도 호황을 향해 갔다. 1일 1마일당 평균 수입은 다음과 같다.

1905년 상반기	9.14엔	하반기	9.89엔
1906년	14.00엔		

회사는 한일교통의 편리성을 증진시키기 위해 1905년 9월 11일부터 도카

이도 본선(東海道本線), 산요선(山陽線, 관부 연락선을 포함) 및 규슈선(九州線)과 연대운송(공동운송)을 개시하였다. 또한 같은 해 11월 10일부터 철도감부 소속의 용산~평양 간도 연대운송을 개시하여 경의선 열차를 용산을 거쳐 남대문까지 직통으로 운행하고, 12월 1일부터는 연대 취급 구간을 신의주까지 확장시켰다.

경의 및 마산선

임시군용철도감부는 1905년 3월 용산~신안주 구간을 개통한 후, 운행 사무 취급역 및 1회 왕복 열차를 지정하고, 건축과 보선공사에 지장을 주지 않고 열차에 여유가 있는 경우에 한해, 승차증을 지참한 군사 공용자 또는 감부의 중요 업무 담당자를 우선적으로 탑승시키고 그 외의 공용자, 관공사 및 감부사업에 관계가 있는 자를 탑승시켰다.

1905년 10월 중순, 군용철도 운수규정 외의 규칙을 정해, 11월 1일부터 용산~개성 간, 용산~평양 간 및 황주~겸이포 간에 각 1회 왕복의 혼합열차를 운행하였고, 유임 운송 취급을 개시했다. 이것이 본선의 최초 유임 운수였다. 운송에 요하는 임금은 거리 비례법에 의해,

여객	3등	3전/1마일	
	2등	2배	
	1등	3배	
화물	근급	100근	5리/1마일
	톤급	1톤	5전/1마일

로 하였다.

1905년 12월 1일에 이르러 평양~신의주 간에 유임 운송 정책을 추진하여, 청천강, 대령강의 두 교량 완성에 이르기까지 두 강의 도하에는 작은 증기선을 이용해 연락 운항시켰다. 그리고 다음해 1906년 4월 3일부터 추가로 용산~신의주 328마일(528km) 간의 취급역을 증가하여 부정기 화물열차 1회

왕복을 늘리고, 같은 해 3월 1일 용산~평양 간의 여객 열차 1회 왕복을 늘려 출발시켰으며, 3월 25일 청천~대령 두 강의 교량 완성과 함께 열차 시각을 개정하여 직통 운행을 개시하기에 이르렀다. 이렇게 열차의 운행 횟수를 증가시켜 수송력의 충실을 기함과 함께 경부철도와의 연락 완성으로 군사 요구에 응하는 한편, 일반인의 이용에도 부응하였다.

그 후 통감부에 이관되었는데, 유임 운송 취급을 개시한 1905년 11월부터 통일기 전, 즉 1906년 8월까지 10개월 동안의 운수 성적은 수입 개략 약 58만 엔에 달하였고, 하루에 거리 1마일당 평균 수입은 6엔 8전에 이르렀다. 그동안 군수품 2만 4천 톤, 건축재료 10만 6천 톤을 수송하였고, 철도 초기의 수입으로는 대단히 우량한 성적을 거두었다.

마산선은 1905년 11월 11일부터 일반 여객 화물의 유임 운송을 개시하였고, 마산~삼랑진 간에 하루 2회 왕복 열차를 운행하였으며, 여객 운임은 3등만으로 1마일당 3전을 징수했다. 다음해 2월 11일 거리 1마일당 1전 8리로 가격을 낮추었고, 3등 운임의 2배 운임으로 2등 여객 취급을 개시하였으나, 2월 22일 2, 3등 객차 1량의 소실로 인해 2등을 폐지했다.

운송 개시일로부터 1906년 8월에 이르는 운수 총수입은 약 2만 9천 엔이었으며, 하루 평균 거리 1마일당 수입은 여객 2엔 76전, 화물 31전, 합계 3엔 7전이었다.

창시시대의 차량

〈경인철도〉

1899년 한반도에 최초로 큰 기적소리를 울리며 철로를 달린 증기기관차는 미국 브룩스(Brooks)사가 제작한 모갈(Mogul)형 탱크기관차였다. 영국에서 스톡턴~달링턴 간에 세계 최초의 영업용 열차가 탄생한 것이 1825년이고, 일본의 신바시~요코하마 간의 개통이 1872년이었던 것에 비해, 조선철도는 세계 각국 철도 가운데 47번째로 창시되었을 만큼 역사는 짧았다. 경인철도는 미국에서 수입한 표준궤간(1,435mm)용 차량을 인천공장에서 조립하였다. 당시 일본은 차량 제작 기술이 발달되지 않아 외국의 수입에 의존할 수 밖에 없었고, 인천공장에서 계속 수입품을 조립하였다.

기관차	4량	모갈형 탱크(2-6-0)
객차	12량	목제
합조차 (좌석 및 식당과 같이 2종 이내의 차내 설비를 1개 차량에 병설하는 여객차)	4량	목제
화차	36량	목제

이 밖에도 한국 황제용으로 일본에 1량 발주하여 황제용 차량으로 사용했는데, 이 황제용 차량은 일본이 외국에 수출한 차량 제1호로 기념할 만한 것이었다.

〈경부철도〉

군용철도의 목적으로 서둘러 건설된 경부철도는 가선의 경사선이 많았기 때문에, 프레리 탱크기관차를 주로 미국 볼드윈 회사로부터 수입하여 인천 또는 초량공장에서 조립하였다. (아래 표 참조)

차륜 배치	종별	수량
2-6-2	프레리 탱크	18량
2-8-0	콘솔리데이션 텐더	6량
4-6-0	텐휠 텐더	6량
4-6-0	텐휠 복식 텐더	6량

객차는 보기 관통식, 길이 50피트(15m), 폭 9피트 7인치(약 3m), 중량 55,000파운드(25kg)를 표준 차(하3형)로 했으며, 87량이 수입되었다.

화차는 길이 34피트(10m), 폭 8피트(2.4m), 하중 60,000파운드(27kg)를 표준치로 하여 당초 미국에서 수입했는데, 나중에는 일본의 기차제조회사 제품을 초량 및 인천공장에서 조립하여 273량이 정비되었다.

차량은 일반적으로 중앙 연결 완충기가 이용되었고, 공기 제동장치가 일부에 이용되었다. 화차는 하중 27톤을 표준으로 하였다.

〈임시군용철도〉

경의선, 마산선, 경원선의 속성공사건설이 진행되었다. 미국에서 수입한 기관차의 조립을 위해 겸이포에 공장을 설립하고, 인천에도 소규모 공장을 마련했다. 기관차는 미국 볼드윈(Baldwin) 회사 제품이며, 객차는 미국 카 앤드 파운드리(American Car and Foundry) 회사의 목조차량(하3형)이다. (아래 표 참조)

차륜 배치	종별	수량
2-6-2	프레리 탱크	52량
0-4-0	포휠 텐더	2량

기타 주방이 있는 1, 2등 차량 외 68량, 임대 차량은 유개차 30량, 무개차 290량이 정비되었다.

객차는 목조차로 증기난방, 공기제동기, 유등 장치를 갖추고, 4륜 보기 차량으로 중량은 20톤 내지 23톤이었으며, 정원은 2등 차량이 78명, 3등 차량이 104명이었다.

유개화차는 목제 틀로 중량 12톤, 하중 22톤이었으며, 무개화차도 제동기가 장착되었다.

이상의 차량은 러시아 차량을 개조했던 소형 객차를 제외한 미국 수입제인데, 제작을 서두른 관계로 대체적으로 조잡한 제품이 많아 물의를 일으켰다.

창시시대의 철도공장

〈인천공장〉

1899년 경인철도가 철도건설공사를 시행하게 되어 기관차, 객화차 조립 및 수리를 하기 위해 인천공장을 설치했는데, 이는 한국의 철도공장의 시조라 할 수 있다. 단야, 선반, 도공, 목공, 조립 등의 시설을 정비했는데, 1897년 이래 모스가 준비한 기계의 대부분을 인계받았다. 기계 설비로는,

보일러	20HP	1기
스팀 해머 1/2톤		1대
호일 하이드릭 프레셔		1대
스크류 잉그심		1대
너트 타핑		1대
다이닝 게이지		1대

등으로 조립공장에 불과했다.

당시는 차량 기술이 미숙하였기 때문에 수입 조립주의를 계승하여 인천공장의 충실을 꾀했다. 그 후 1905년 6월에 경부철도에 이어 1908년 4월 통감부 철도국 용산공장으로 통합되어 폐쇄되었다.

〈초량공장〉

경부철도는 경인철도 합병 전부터 경인철도의 인천공장을 이용해 왔으나, 1904년 4월 교량 조립과 객화차 수리를 위해 북부방면은 영등포에 소규모 공장을 설치했으며, 남부방면은 1904년 2월 초량에 기계공장을 설치하고 교량 및 차량을 조립했다. 이 공장은 점차 시설을 확충, 1906년 통감부 철도국 공장에 인계되어 초량공장으로 개칭되었다.

기계공장 · 목공장(벽돌 건축) 외, 대장공장 · 증기보일러실을 가졌다.

포터블 엔진	18HP	2대
세미 포터블 엔진		1대
수관식 보일러	120HP	1대
공작 기계		21조

초량공장에서 미국으로부터 수입된 기관차 조립 수는 1901년에서 1906년까지 36량에 달했다.

목제 유개화차는 1907년에 100량, 1910년에 50량을 새로 만들었다.

〈용산공장〉

1905년 6월 임시군용철도감부가 차량 수리를 위해 용산공장반을 설치하고, 1906년 통감부 철도관리국 이관과 함께 용산공장으로 개칭되었다. 1906년에 포터블 엔진(10HP) 1대 및 공작기계 19조를 설비하였고, 기관차 수선을 실시했다. 다음해 1907년도에 재래의 조립, 선반, 마무리 및 목공의 각 현장을 일부 증축하였고, 보일러제작, 주물의 현장을 신축함과 함께 용선로(cupola) 1조를 신설하여 주물 작업을 실시했다. 1908년에 인천공장의 시설을 인수하여 규모를 확대하였고, 1909년에 객차 수선 공장이 완공되었다. 1910년에는 유개화차 100량을 제작했다.

〈겸이포공장〉

1904년에 경의·마산 두 선로의 건설에 임한 임시군용감부는 겸이포공장반 및 인천분견소를 설치하고, 경의선 건설에 필요한 기구 제작 및 윤전재료, 교행 등의 조립 수리를 실시했다. 당시 겸이포가 공장 설치지로 선정된 이유는 경의선 건설 자재의 상륙지로 설치된 10개소의 중앙에 위치해 있어 자재 조달이 편리한데다, 항구가 있어 바다와 육지 사이의 연락이 용이했기 때문이다. 이 공장은 당초 가건축 약 150평에 보일러와 주물 공장이 있어, 기관차와 객화차 조립 및 수리를 담당했다. 1911년 11월에 평양공장으로 인계된 후 폐쇄되었다.

1904년부터 1906년까지의 차량 조립 대수는,

탱크기관차	52량
텐더기관차	2량
객차	68량
유개화차	30량
무개화차	290량

등이었다.

이들은 러시아의 소형 객차를 제외하고 모두 미국에서 수입된 차량이다. (아래 표 참조)

1910년 겸이포공장의 차량 수선표

차종	입고 대수	출고 대수	하루 평균 입고 대수	하루 평균 재고 대수
기관차	29	28	4.2	24.0
객차	15	16	0.7	16.7
화차	347	328	21.7	31.4

공장 종업원은 기공(공작방이라고도 함)이라고 불렸으며, 1906년 각 공장의 인원은 다음과 같다.

공장명	기공수
초량공장	260명
용산공장	156명
인천공장	137명
겸이포공장	219명
합계	772명

러일전쟁과 당시의 철도 운영

한국은 청일, 러일의 두 전쟁에 있어 일본의 작전상 중요한 거점이 되었지만, 러시아 개전 당시의 철도는 경인선만 있었으며, 경부선은 1904년 7월까지, 북방은 경성~부강 간 약 130km를, 남방에서는 부산~대구 간 약 124km를 건설하여 열차를 운행하고 있던 상태에서 당시 일본군 제1군은 이미 압록강을 건너 구연성에서 승리하고, 마천령 고개를 넘어 요양을 압박하고 있었던 것이다.

경의선은 개전 직후 건설에 착수되어 전쟁 중에 열심히 공사를 서둘러 1905년 1월 14일에는 267.5km를 준공, 용산에서 평양까지, 1월 26일에는 신안주까지 71km의 공사를 완성했다. 더욱이 여러 곳에 교량을 남기고

164.3km를 북상하여, 신의주에 도착한 것은 동해 전쟁에 앞서는 1개월 전인 4월 28일이었다.

경인선은 제12사단의 인천 상륙 후 서울까지의 운송에 사용되었는데, 경부·경의 두 철도의 건설 상황은 앞서 설명한 바와 같았기 때문에, 직접 군사 수송에 사용된 것은 경의철도의 일부 준공 구간에서의 군수품 수송뿐이었다.

이를 위해 해상 병참선의 확보가 절대적으로 필요했으며, 일본 해군은 종종 적함대의 공격 및 항구의 폐쇄를 감행하였고, 개전 후 얼마 되지 않아 황해의 제해권을 일본이 확보하여 전국의 대세를 결정적으로 장악했다. 과거 일본군의 상륙지점은 당초 황해연안의 인천에 요구했지만, 군의 북진에 따라 순차적으로 진남포, 의주, 중국 안동으로 옮겨졌다.

그러면서도 서울~의주 간의 육로 도보에 의한 대부대의 작전 행군 및 병참선의 북상은 험악한 기후와 열악한 도로 상태로 인해 각지에서 많은 어려움을 맞이했으나, 그 고통은 언어로 표현할 수 없을 정도였다. 또한 많은 시간을 소모했기 때문에 어쩔 수 없이 대부분의 병참은 육로 수송을 보조로 하였으며, 대다수는 해로 수송에 의존할 수밖에 없었다. 한편 함경도 방면 부대의 병참은 해로 수송을 보조하였으며, 전쟁 후기에는 주로 육로 수송에 의해 청진~창평 간에 경편철도를 부설하여 수송을 보충했다.

요컨대 경부, 경의 및 마산의 각 철도는 러일전쟁에 있어 군사 수송을 목적으로 급설된 것이지만, 그 준공은 평화를 위한 것이며, 또한 전선이 멀리 북상했기 때문에 전시 중에는 직접 병력동원 및 군수품의 수송에 이용되는 일은 거의 없었다. 그런데 이 철도의 건설은 그 후 한국 국내의 개발은 물론이거니와, 전쟁을 계기로 일대 전환을 보인 일본의 대륙 경영상 중요한 거점이 되었으며, 또한 충실한 국방태세 구축에 큰 효과를 가져다주었다.

제2편
국유철도의 경영

제1장
서론

1899년 경인선의 개통을 시작으로 1945년 태평양전쟁이 종결되기까지 45년간 철도가 한국 통치상에 수행한 역할은 매우 특이하다. 즉, 메이지시대(1867~1912) 초기에 시작된 일본 국유철도의 발달 과정과 크게 다른 점으로는,

(1) 청일전쟁과 러일전쟁을 경험한 후의 일로, 당초에는 군사적 요청이 가장 큰 계기가 되었다는 점
(2) 러일전쟁 결과 일본의 대륙 진출의 발판이 된 점과 훗날 이것이 만주사변, 중일전쟁을 일으키는 불씨가 된 점
(3) 36년간의 통치기간 중 철도의 사명은 한국의 산업 발전과 문화 향상이라는 일면 이외에도 일본의 대륙 경영 기지로서 군사상의 사명을 훨씬 많이 짊어지는 결과를 낳았다는 점
(4) 철도의 경영 구역이 일본의 국토와 거의 대등한 한반도라는 광대하며 특수한 지역으로, 당시 한국 전체의 문화수준이 일본에 비하여 현저하게 뒤떨어진 점, 또한 인구도 희박하여 미개발 지역이 많고 산업도 발달하지 않은 점

등을 들 수 있다.

애초에 일본이 한반도를 식민통치하게 된 발단은 메이지시대(1867~1912)

중기부터 후기에 걸쳐 조선이 일본과 동일 지역에 있으면서 청나라, 러시아, 독일 등 열강 세력의 각축장이 되었으며, 이를 방임할 경우 일본의 존립에도 영향을 미칠 수 있는 상황에 있었다. 한편 일본은 당시 인구 증가와 산업 자원의 확보 없이 열강의 대열에 들어설 수 없어 대륙 진출에서 그 활로를 찾고자 하였다.

이러한 역사적 사실을 바탕으로 일본의 한반도 통치가 시작되었고, 이에 따라 철도 경영도 본격 시행되었다.

철도 경영 과정에서 나타난 조선철도의 가장 큰 특징은 통감부-철도원-총독부(제1차)-만주철도-총독부(제2차)로 그 경영 주체가 수없이 바뀌었다는 점이다.

앞으로 간략하게나마 철도 경영의 전체적인 내용을 설명하기 위해 전반적인 업무에 대해 다루고자 한다. 자세한 내용은 각 편(編)에서 소개하며, 일부 중복되는 내용도 그대로 기술하려 한다.

제2장
철도 초기 경영

제1절 철도의 통일

경부철도의 매수

한국철도의 효시는 1899년 9월 개통한 경인선(노량진~인천)과 1904년 11월에 완공된 경부선(영등포~초량)으로, 두 노선 모두 경부철도주식회사가 경영하였다.

이 밖에도 임시군용철도감부(臨時軍用鐵道監部)가 편성되었다. 임시군용철도감부는 서둘러 공사를 진행시켜 군용철도 목적의 마산선(마산포~삼랑진)과 경의선(용산~신의주)을 잇달아 개통시켰으며, 경원선 건설에도 착수했다.

러일전쟁 전후 혹은 전쟁이 막바지에 달한 시기였으므로, 철도 수송이 시국을 좌우할 만큼 전략적으로 매우 중요했다는 점을 충분히 상상할 수 있다.

1905년 9월 포츠머스 조약이 체결되면서 전쟁은 일단락되었으나 전후의 정국, 특히 만주에 대한 일본의 권익이 열강 제국의 간섭을 받게 되면서 일본의 정국은 돌연 어려움에 봉착했다.

이러한 상황 속에서 일본은 만주 대륙으로 통하는 한국의 철도 경영을 중시할 수밖에 없었다.

당시 한국에는 경부철도주식회사 소속의 경인 · 경부선과 임시군용철도감부 소속의 경의 · 마산선 그리고 임시군용철도감부가 건설 중인 경원선 등이 있었으며, 국유 기업과 민간 기업이 철도 경영을 분담하는 상태였다.

따라서 운수 연락 등에 있어 양자 간에 불편한 점이 많아 이를 통일 경영할 필요가 있었다. 일본 정부 또한 국가적 관점에서 볼 때, 한국의 지리적 조건과 그에 따른 군사상의 이유로 이를 조속히 실시할 필요가 있다고 인정하였다.

당시 일본 국내에서도 한국의 철도를 국유화하여 통일 경영한다는 방안을 결정하였으나, 그 방법에 대해 주무부서인 체신성과 육군, 대장성 사이에 의견의 일치를 보지 못하였고, 외적으로는 러일전쟁으로 일본에 귀속된 동청철도(東清鐵道)의 처분 경영 문제에 직면하는 등 국내외 철도 경영에 지속적으로 문제가 제기됨에 따라 해결책 마련에 분주했다.

이러한 상황 속에서 일본 정부는 일본 국내 철도의 국유화와는 달리 대륙정책의 수행을 위해 필요한 한국철도의 국유화 및 통일 경영을 조속히 결정해야만 했다.

이리하여 주위의 어려운 정세에도 불구하고 국론이 일치되어 1906년 3월 법률 제18호로 경부철도매수법이 공포되면서 통일 경영의 첫걸음을 내딛게 되었다.

그 개요는 다음과 같다.

"경부철도매수법 중,

제3조 매수 가격은 아래에 기술한 바와 같다.

(1) 납입 주식금의 6부에 상당하는 금액을 20배로 한 금액

(2) 경인선은 1902년 후반기 내지 1905년 전반기의 6영업 기간의 건설비에 대한 이익금의 평균 비율을 매수일에서의 건설비에 곱한 금액의 20배 금액

전항 제2호에서 이익금이란 영업 수익에서 영업비 및 수익 감정 이외의 제반 계정에서 발생하는 이익을 공제한 것을 말하며, 이익금의 평균 비율이란 1902년 후반기 및 1905년 전반기의 매 영업연도에서의 건설비의 합계로서 동 기간에서의 이익금의 합계

를 나눈 것의 2배를 말한다."
라고 정하였다.

이어서 매수 기일은 1906년 7월 1일로 정하고, 동시에 통감부 철도관리국이 설치되어 경부철도주식회사 소속의 경인 · 경부 양선을 국유화하여 동 관리국의 소관으로 하였다. 이때의 인계 인원은 총 1,791명이며, 총 투자액은 약 3천 5백만 엔이었다. 초대 장관에는 후루이치 고이(古市公威)가 임명되었다.

군용철도의 이관

임시군용철도감부의 소관인 경의 · 마산 두 노선은 러일전쟁이 끝난 후 군사상의 필요성이 점차 감소한 반면, 일반 수요에 따른 여객화물 수송량이 점차 증가하였다. 이에 임시군용철도감부는 철도의 속성공사를 보완하기 위한 개량공사를 추진하였으나, 1906년 9월 경원선 건설공사와 함께 통감부에 경영을 이관했다.

이 과정에서 인계된 인원은,

임시군용철도감부원	3,499명	
동 마산반	202명	총 3,701명

이었다.

경의 · 마산 두 노선 모두 1905년도 이후 개량공사가 진행되었다. 이관 당시의 재산 가격은,

경의선	1,091만 6,000엔	
마산선	91만 0000엔	총 1,182만 6,000엔

이었으나, 그 후 3년에 걸쳐 군사비로 남은 건설공사 및 개량공사를 시행하였으므로, 1910년 총독부 개청 당시 군사비 지출에 따른 총액은,

경의선	2,912만 655엔	
마산선	226만 2,560엔	총 3,138만 3,215엔

이 되었다.

이리하여 한국의 철도는 국유화로 통일 경영을 이루며 시대의 한 획을 긋게 되었다.

제2절 통감부의 경영

철도관리국 설치

제1절에서 기술한 바와 같이 한국철도의 통일 경영이 시작되었으나, 러일전쟁으로 호황을 누린 일본 경제가 점차 하락세로 돌아서면서 재계도 침체되었고, 이는 한국에 상당히 심각한 경제적 영향을 끼쳤다. 철도처럼 고정자본이 방대한 기업은 제반 산업의 생산 감소와 이에 따른 여객화물 운수량 감소 그리고 높은 수송 원가로 인해 경영에 어려움을 겪었다.

이를 위한 타개책으로 경제 시장 육성에 힘쓰고 적극적으로 여객화물 운수량의 증가를 도모한 것은 한국 경제의 실세에게 있어 상당히 선구적인 계획이었으나, 이를 실시하기에 많은 어려움이 있어 소기의 성과를 거두지는 못하였다.

이리하여 철도 경영은 더욱 소극적이 되었으며, 부득이하게 경비를 절감할 수밖에 없었다. 그 결과 다음에 설명할 철도청 설치는 물론이고 경원선 건설공사 또한 일시 중단되었다.

참고로 철도관리국의 조직은 〈표 3-1〉(제3편 조직)과 같았다.

철도청 설치

앞서 언급한 불황 대책으로 중앙과 지방의 사무 조직을 개편하고, 경비 절감을 위해 행정을 간소화하였으며, 철도관리국을 폐지하고 새롭게 통감부 철도청을 설치했다.

그 조직은 〈표 3-2〉(제3편 조직)와 같았는데, 철도청시대는 불과 6개월 만에 철도원 한국철도관리국시대로 넘어갔다.

통감부시대의 업적

1906년에 착공된 이후 계속되었던 경원선 건설은 일시 중단되었지만, 경부선은 초량~부산 구간의 연장공사를 끝마쳤고, 평남선은 속성공사에 들어갔다(1909년 7월). 나아가 국방 및 산업 개발의 관점에서 한반도의 횡단철도 건설을 계획하고, 경원선과 호남선의 건설을 서둘렀다. 그러나 중앙 정부의 긴축 재정으로 인해 계획은 쉽게 진행되지 못했다.

관계자의 지속적인 노력으로 각료회의에서 한때 부결되었던 경원 · 호남선의 부설 예산 부활에 성공함으로써 철도 정비의 기틀을 마련하는 큰 업적을 세웠다. 두 노선은 1910년도부터 공사에 들어갔다.

운수 영업의 경우, 러일전쟁 후 한국과 일본 간의 교통이 빈번해지고 한국의 재계도 불황에서 벗어나 점차 활황세를 보이면서 여객화물의 수송도 급증했다.

이에 대응하기 위해서 다음과 같은 시책을 실시하였다.

(1) 열차 운행횟수 증가

(2) 경의 · 마산 두 노선을 일반 영업으로 전환했다.

(3) 급행열차에 식당차를 연결해서 여객 서비스를 도모하였다.

(4) 고율인 화물운임의 거리비례법을 폐지하고, 원거리체감법을 채용했다.

그러나 그 후 다시 불황이 찾아오면서 기대했던 만큼의 영업 실적을 거두지 못하자 운행편수를 줄이고 여객화물의 흡수에 힘썼으나 실적은 저조했다.

제3절 철도원의 경영

일본의 중앙 정부는 예전부터 철도의 행정통일이라는 국책이 수립되어 있었다. 러일전쟁 후 일본의 대륙 정책 수행의 일환으로, 통감부 소관이었던 한국의 국유철도를 국책에 따라 합병 흡수하여 1909년 12월 철도원 소관으로 하였다.

철도원은 이에 따라 '한국철도관리국'을 신설하고, 통감부 소관의 철도 업무를 인계받았다. 그 조직은 〈표 3-3〉(제3편 조직)과 같았다. 그 계승을 위해서 한국의 특수 사정을 감안하여 중앙 정부와 통감부 사이에 '각서'가 교환되었다. 그 주요 내용은 다음과 같았다.

(1) 통감은, 필요하다고 인정된 때에는 철도관리국장에게 직접 명령을 내리고 상황에 맞는 적절한 조치를 취한다.

(2) 다음의 경우에는 미리 통감의 동의를 얻는다.

㉮ 철도 경영 및 건설에 관한 계획 및 변경

㉯ 육해(陸海) 연락에 관한 중요 사항

㉰ 운임 및 발착 시간, 기타 운수에 대한 중요 사항

(3) 다음 사항에 대해서는 미리 통감의 승낙을 얻거나 통감부가 직접 실시한다. 이를테면 철도 부설에 따른 토지수용법령 제정 등에 관하여 한국 정부와 교섭을 요하는 사항

(4) 철도관리국장은 통감부 참여관 회의에 참석할 수 있다.

(5) 한국 정부 및 통감에서 내리는 법령 가운데 철도와 관련된 사항은 사전에 철도관리국장과 협의한다.

각서의 내용은 대체적으로 이와 같았으나, 결국 현 상태에서 단순히 형식적으로 소관을 이행한 것에 그쳤다. 따라서 "영업 결손 중 한국철도관리국의 수익 정산 과정에서 발생한 결손은 일반회계에서 이를 보충한다."고 규정되었다.

이와 같이 철도 경영은 통감부에서 중앙 정부 철도원으로 흡수되는 형태가 되었으나, 1910년 8월, 한일합병으로 상황이 바뀌면서 철도원의 소관이었던 기간은 고작 10개월에 그치고 말았다.

철도원 경영시대의 주요 업적

(1) 호남선 대전~연산 간의 건설공사 기공

(2) 철도종사원구제조합을 설립하고 강제가입 · 임의가입제도 채택

제3장
제1차 총독부 직영

제1절 총독부 철도국의 경영

한일합병과 함께 조선총독부가 설치되었고, 이에 따라 한국의 모든 관아는 총독부 산하에 속하게 되었다. 이에 앞서 한일합병 논의가 진행됨에 따라 철도원 소관으로서의 의의는 점차 사라졌다.

지금까지 한국의 철도는 약 3년간의 통감부 철도관리국시대, 약 6개월간의 동 철도청시대, 약 10개월간의 철도원 한국철도관리국시대를 거치면서 경영 주체가 바뀌었다. 이는 일본 정부의 대(對) 한국 정책이 확고한 기초 위에 수립되지 않았으며, 일본의 경제 상황도 안정적이지 않았기 때문에 그때그때의 국내 정세를 반영한 결과였다.

철도에 대해서는 철도국이 설치되어 한때 만주철도에 경영을 위탁했으나, 1945년 태평양전쟁이 종결될 때 경영의 주체는 일관적으로 총독부 산하의 철도국이 맡았다. 총독부 철도국의 조직은 〈표 3-4〉(제3편 조직)와 같다.

제2절 철도 경영의 기초 확립까지의 경과

신설된 총독부 철도국의 제1차 직영기가 1917년 7월까지 이어졌으며, 이 시기에 경영의 기초가 확립되었다.

1911년 11월 압록강 가교가 완공되고 경의선 개량공사도 준공되면서 만주 철도 안봉선의 광궤 개축과 함께 숙원사업이었던 조선~만주 간 직통 열차가 개통되었다. 러시아 · 중국과 철도로 연결됨에 따라 대륙 철도로서 국제적으로 각광을 받았다.

그 사이에 평남선 · 호남선 · 경원선의 전 노선이 개통되면서 남북 종단 간선과 항구의 연락이 가능해졌고, 함경선 일부 노선도 개통되었다.

1915년 10월 서울에서 거행된 '조선철도 천마일(1,609km) 기념 축하회'는 철도 건설 계획의 제1기를 완성하고, 조선의 남북 종단선과 동서 횡단선을 완성하여 교통 체제의 기초가 확립되었음을 의미하는 것으로 매우 의의가 깊다.

대륙의 연결과 한반도에서의 산업 문화 개발의 사명을 담당한 조선철도는 창업기의 군사적 역할 및 개척적인 투자시대에서 벗어나 조선 · 일본 · 만주를 통과하는 승객과 화물의 왕래를 촉진하고, 당시 이미 산업 자본이 충실하였던 일본 경제가 대륙으로 진출하는 길을 열어주었다.

제3절 3선 연락운임 문제(개요)

조선 연락운수의 특징

원래 철도를 비롯한 각종 교통기관은 일정 지역에서 승객과 화물의 이동을 담당하는데, 그 활동 범위가 넓으면 넓을수록 지역 사회의 편익을 가져온다. 그러나 바람직한 경영 정책 방식과 행정적인 관계 등을 고려하지 않을 수 없으므로 그 범위에는 제한이 있을 수밖에 없다.

이러한 제한된 범위 안에서 가능한 한 광범위한 교통 활동을 펼치기 위해서는 인접한 다른 교통기관과 연계하여, 여객과 화주가 단일 경영 주체라고 생각할 만한 일관된 교통 정책을 실시해야 하며, 이를 위해 다른 교통기관과 연락운수에 관한 협정을 맺어야 한다.

이미 언급한 바와 같이 조선에는 일본과 만주를 연결하는 종관철도(경부·경의선)가 완공되었지만 주로 여객 수송을 담당했다. 화물 수송의 경우 당시 일본~만주 대륙 간 교통은 주로 대련(大連)을 경유했다. 그 후 시모노세키~부산 항로와 조선 종관철도 그리고 이와 연결된 안봉선이 개통되었지만, 여전히 대련을 경유하는 경우가 대부분이었다. 이는 대련 집중 정책을 펼친 만주철도의 해항발착특정운임(海港發着特定運賃)과 저렴한 운임이 조선 경유 노선의 운임과 크게 차이가 났기 때문이다. 따라서 이에 대응하기 위해서는 조선 경유 노선의 화물 운임을 인하할 수밖에 없었다.

원래 조선 경유 노선은 대련 경유 노선에 비하여 거리가 크게 단축되는데다 대부분 철도에 의존하기 때문에 수송 기간이나 수송의 안전성 측면에서 훨씬 우수했다.

게다가 1913년 6월 이후 육로 무역의 경우 국경에서 3분의 1의 감세 혜택을 받게 되었다. 그러나 이 정도로는 해상 화물을 육로 수송으로 전환시키기에 부족했다. 자선(自線) 내의 운임을 최대한 할인하여 육로 화물 유치에 힘썼지만, 대련 경유노선에는 미치지 못하였다.

3선(線) 연락 운임 협정의 경위

당시 만주철도의 대련 집중 주의는 대련기선을 비롯한 다른 대련 항로 선박과의 연계에 의한 것으로, 이는 방계회사의 육성과 만주경제의 중추인 대련 시민의 요청이 맞물린 결과였다.

반면 조선철도는 경영 효과 향상을 위해 경부·경의선 등 한반도 종관선을 이용하여 수송 밀도를 증가시킬 필요가 있었다. 원래 조선철도는 대륙에 대한 전략적 목적을 위해 건설된 것으로, 러일전쟁이 끝난 후에도 한반도 종관선은 대륙의 병참 기지를 연결하는 군사전략상 중요한 역할을 담당하였다.

그러므로 이 경로의 경제적 개발 및 수송능력 향상은 국가정책적인 측면에서도 필요한 일이었다.

이런 배경 하에 일본~만주 간 수송 화물의 육로 전환을 위해 조선철도의 요청으로 1913년 3월, 도쿄에서 운임 문제를 주제로 철도원 · 조선철도 · 만주철도의 3자 회담이 진행되었다. 이 회담에서 논의된 부산 경유 특정운임 설정에 대해서 조선철도와 철도원 간에는 의견이 일치되었으나, 만주철도는 이에 승복하지 않고 여전히 대련 집중 주의를 고집했다.

조선철도가 이 점에 대해 만주철도와 여러 차례의 협상을 벌인 끝에, 같은 해 11월 어느 정도의 직통 특정 운임을 협정하였다. 이 협정을 바탕으로 각 관계자 대표가 그 내용과 실시 기일을 1914년 4월 1일로 정하였다. 이리하여 3선 연락 운임 문제는 일단 결말이 났으나, 그 후 만주철도 측에서 갑자기 이를 실시할 수 없으므로 철회 또는 실시 기일을 연장해달라고 요청했다. 재차 3자 대표가 협상을 벌인 끝에 기존의 협정대로 실시하기로 하였다. 그러나 그 후 만주철도 총재가 사내에서 협정에 대한 이의가 제기되어 실시 준비에 착수할 수 없다는 이유로 또 다시 실시 연기를 요청하자 1개월 후인 5월 1일로 실시기일을 연기하고 협정의 유효 기간을 1년으로 정했다.

이후 한때 중앙 정부에까지 논의가 불거졌으나, 3년간에 걸친 분쟁에서 결국 육로 중심의 조선철도 측 주장이 관철되었다. 아이러니하게도 협정 체결 후 얼마 지나지 않은 1917년 7월에 조선철도 경영이 만주철도에 위탁되면서 만주철도는 이를 사내 문제로 처리하였다.

제4장
만주철도 위탁경영

제1절 위탁경영까지의 경과

조선철도는 1917년부터 1925년까지 약 8년간 만주철도에 위탁경영되었다.

위탁 당시의 내각 총수는 데라우치 마사타케(寺內正毅)였는데, 그는 초대 조선총독으로 조선을 통치한 경험이 있으며 러일전쟁과 제1차 세계대전 후의 세계열강 제국의 동향에 주목하였고, 이러한 열강의 대열에 합류하고 일본을 존립 · 발전시키기 위해서는 반드시 일본 내 인구 문제 해결과 산업 자원의 신규 개척이 필요하다고 생각했다.

그가 당연히 떠올린 것이 조선 · 만주를 일체화한 대륙 정책의 확립이었다.

이러한 배경을 바탕으로 중국에 대한 근본적인 국책 수립의 필요성을 인정하고, 그 일환으로 조선 · 만주의 철도 경영 일원화에 대한 적극적인 의견을 가지고 있었다.

원래 조선과 만주는 영토가 서로 접하고 있으며, 인문 · 경제상 깊은 관계를 맺고 있음에도 서로 다른 영토권에 속해 있어 교류에 어려움이 많을 수밖에 없었다. 그러나 운수교통의 관점에서는 이를 동일 구역이라고 보는 것은 매우 자연스러웠다.

한편 조선철도와 만주철도는 당초부터 설립 취지가 달랐으며 조직과 미래에 대한 전망도 차이가 났지만, 조선과 만주의 긴밀화와 일체화에 대비하여 선로 궤간을 통일시켜 연락운수에 지장이 생기지 않도록 배려하였다.

이에 앞서 압록강 철교가 준공되고, 이와 연결된 안봉선의 궤간 개축공사가 끝나면서 양자 간에 각종 협정을 맺어서 원활한 연결을 도모한 것은 자연스러운 과정이었다. 즉, 한국~만주 간 직통 열차를 운행하여 부산~장춘 간에 특별 열차를 운행하고, 안동현에서의 열차 연결의 불편함을 없애고, 특수 화물의 환적(換積) 통관 등에 대해서 특별히 배려하였다.

또한 국제 철도로서 유럽~아시아 각국 간에 각종 연락 협정을 체결하여 국제 교통기관으로서의 정비를 위해서 노력했다.

그러나 두 철도의 경영 주체가 달랐기 때문에 업무의 명령 계통이 양분되고 때로는 연락체계에 결함이 발생하여 제 기능을 충분히 발휘하지 못하였다.

일본을 둘러싼 동양의 정치적 정세로 인하여 조선과 만주의 경제와 교통은 더욱 밀접한 관계를 맺게 되었다. 따라서 두 철도의 경영을 통일시켜 그 규모를 확대하고 대륙 정책 발전을 도모하는 것이 국가 정책상 매우 효과적이었다.

이러한 이유로 1917년 3월, 일본 정부는 조선철도를 만주철도에 위탁경영시키는 방침을 세웠으며, 같은 해 6월 오야 철도국 장관과 다자와 만주철도 부총재가 경영 위탁에 관한 각서를 교환했다.

이리하여 7월 철도 위탁경영에 관한 칙령이 공포되고, 총독부에서 양자가 위탁경영 계약서에 조인하고, 동시에 세부 항목에 관한 부속 협정도 체결하였다.

이에 따라 국유철도의 건설 계획과 사설철도 보호에 관한 업무는 총독부에 남겨두고, 국유철도 및 그 부대사업 운영에 관한 사항은 모두 만주철도에 위탁경영하기로 하였다. 만주철도는 구보 요조(久保要藏) 만주철도 이사를 경성으로 보내 만주철도 경성관리국장으로 임명하고 경영을 맡겼다.

제2절 위탁경영에 대한 계약서

(요지)

⑴ 총독부는 회사에 조선 국유철도의 건설, 개량, 보존, 운수 및 부대 업무 일체의 경영을 위탁한다.

⑵ 회사는 그 경영에 임하고 총독의 지휘 감독을 받는다.

⑶ 국유철도의 손익은 별도로 정산하고, 회사는 거기에서 발생하는 이익이 총독부 지출액의 100분의 6 이하일 경우에는 그 전액을, 100분의 6을 초과할 경우에는 초과 금액의 절반을 총독부에 납부한다. 손실이 발생한 경우에는 이를 다음해 이후의 이익으로 보충한다.

⑷ 건설 및 개량에 필요한 자금은 총독부가 부담한다.

⑸ 회사는 조선 국유철도의 사무 처리를 위해 서울에 이사 한 명을 둔다.

⑹ 본 계약에 의한 위탁 기간은 조인한 날로부터 만 20년으로 한다. 단, 총독부는 필요에 따라서 언제라도 본 계약을 취소하고, 또한 전시 또는 사변 시에는 임시로 처리를 명할 수 있다.

계약 일부의 개정(1918년) 요지는,

⑴ 계약 중 영업 수지를 별도 정산 처리하지 않는다.

⑵ 회사는 매년 일정 금액을 총독부에 납부한다.

위와 같은 내용이었으나, 납부액 정산이 쉽지 않았기 때문에 결국 당분간 회사는 총독부 지출액의 6%에 상당하는 금액을 매년 납부하기로 하였다. 이와는 별도로 보충 공사비용은 회사가 부담하며, 재산은 국유로 하고, 이 금액은 적어도 연간 40만 엔이 넘는 범위에서 실시할 것을 협정했다.

이 개정 계약 중 납부금에 관한 규정의 유효 기간은 1918년도 이후 만 3년으로 1920년도 말에 총독부와 재협정을 맺을 계획이었으나, 때마침 총독부 내에서 위임 해제 의견이 제기되었으며, 제1차 세계대전 이후 경제 불황으로 인해 경영 여건이 어려워지면서 납부금에 대한 의견의 일치를 보지 못했다.

따라서 부득이하게 1921년도에 한하여 총독과 당초에 협정한 내용을 잠정 협정으로 하고, 총독부의 연간 지출액의 6%까지의 수익금을 납부하게 되었다.

1921년 7월, 신임 하야카와 센키치로(早川千吉郎) 사장과 조선총독부는 다음과 같이 협정을 개정하였다.

> "1922년, 1923년, 1924년도에는 1920년도 말 현재 조선총독부 지출액에 대한 100의 6 및 1921년도 이후의 지출액에 대한 100의 4에 상당하는 금액을 매년 조선총독부에 납부할 것.
>
> 매년 공사비 10만 엔 이하의 보충 공사는 회사 비용으로 시행할 것.
>
> 앞 항목의 보충 공사로 인하여 발생하는 재산은 국유로 할 것."

이와 같이 개정된 협정 하에 1925년 3월 말까지 위탁경영이 지속되었다.

제3절 위탁경영 중의 주요 업적

위탁경영 중

건설, 개량공사와 관련하여

㉮ 1916년도부터 시행하고 있는 함경선 건설공사

㉯ 호남 · 경원 각 노선 개량공사

㉰ 평양 탄광선 연장

㉱ 진해선 건설공사 착수

㉲ 1922년 이후 계속사업인 평원선 건설에 착수

운수 · 영업과 관련하여

㉮ 제1차 세계대전으로 재계에 현저한 변동이 나타남에 따라 실적이 일진

일퇴를 거듭하였으나, 그 사이 일본, 만주, 중국 간 연계교통을 긴밀히 하였다.

㉯ 만주철도 본선을 거쳐서 멀리 러시아 · 중국의 철도와 연계하여 국제 철도로서 새로운 체제가 정비되었다.

㉰ 한반도의 현관인 부산의 제1잔교 외에 제2잔교를 준공시켜 바다와 육지의 연결에 필요한 제반 시설을 정비하였다.

㉱ 1923년 장거리 여행자가 많아짐에 따라 전망 1등 침대차, 3등 침대차를 다른 철도보다 앞서 제작, 사용하였다.

이 밖에도 교양 · 후생 시설로

㉮ 경성 철도학교 및 도서관을 창설하고, 종업원 양성 시책 마련에 각별히 힘쓰는 동시에 연선(沿線)에 순회문고, 가족 순회문고, 열차 내 문고 이외에도 아동도서관을 개설하였다.

㉯ 인천 월미도에 조류를 이용한 해수목욕탕, 수영장 신설

㉰ 사우회(社友會)를 창설하고 상담 · 강연 · 오락 · 조달(후에 소비부 ; 消費部) · 운동부를 두었다.

㉱ 공려사(共勵舍, 후에 수산부 ; 授産部)를 설립하고, 조선인 종업원 가족에게 취업의 장(場)을 마련하였다.

㉲ 보건 시설을 확충하였다.

위와 같은 점들을 들 수 있으며, 이는 훗날 조선철도의 크나큰 발전을 위한 기초를 한층 굳건히 하였다.

제5장
제2차 총독부 직영(제1기)
(1925년~1935년)

제1절 총독부 직영 환원까지의 경과

조선 산업 경제의 개발과 발전은 조선인들의 생활 안정과 문화 향상을 가져오며, 나아가 일본의 국력 증진에도 크게 기여하는 일이었다. 따라서 총독부는 대체적으로 생활 · 문화 수준이 낮았던 한반도 전역의 제반 개발 여건을 충실히 정비하기 위해 제반 시설의 신설 · 개량 · 정비에 착수했다.

한편 조선철도는 창시 · 창업시대에 이어서 제1차 총독부 직영시대까지 경영상 군사적 상황을 우선하고 대륙 정책 수행의 선구자적인 역할을 할 수밖에 없는 분위기였다. 그러나 일시적이나마 국제적 긴장이 완화되면서 총독부의 행정도 점차 전환되어 산림 · 치수를 비롯한 철도 · 항만 시설의 확충 및 강화 등 산업 경제의 발전과 자원 개발에 본격적으로 착수하게 되었다.

이러한 정세의 변화와 함께 총독부는 철도를 장악하고 제반 시책을 적극적으로 추진하였으며, 조선의 특수한 사정에 대응하기 위해서 만주철도의 위탁경영을 해제하자는 쪽으로 의견이 기울어졌다.

마침 만주철도 측도 경제 불황으로 철도의 영업실적이 신장되지 않자 당초와 같은 위탁경영의 열의를 상실하였으며, 총독부에 대한 납부금 비율을 낮

춰주지 않으면 무리하게 경영 위탁을 지속할 의사가 없다는 의향이 강하게 나타났다.

이처럼 당사자 쌍방의 생각이 달라지면서 위탁경영의 해제 논의가 급속하게 진행되었다.

이리하여 1924년 8월 말, 조선~만주 간 철도 연락의 책임을 충실히 수행한다는 조건으로 위탁경영을 해제하기로 하였다.

제2절 직영 개시에 따른 제반 문제

이리하여 조선철도는 직영으로 다시 전환되었으나, 경영 주체가 변경됨에 따라 여러 가지 문제가 발생하였다. 그 중에서도 종업원의 신분 변경, 퇴직금, 급여 감액 방지 등은 잘못 처리하면 큰 혼란을 일으킬 수 있는 문제들이었다.

종업원의 만주철도 퇴직금은 총 약 7백만 엔에 이르고, 이를 정부가 부담할 경우 대장성에서 재정상 이를 허용할 것인지에 대한 우려도 있었다. 그러나 정부는 일단 수당 문제는 별도로 취급하기로 하고 위탁 해제를 단행했다.

당시의 안도(安藤) 국장은 1만 3천명의 종업원의 운명을 쥐고 대련 본사와의 절충에 나서서 11월 15일 양자간에 '인사 및 급여에 관한 인계 요강'을 발표했다.

이 요강에 제시된 내용은 종업원 대부분의 요구 사항을 만족시키는 것으로 다음과 같았다.

특별 임용령 제정 : 위탁 계약 해제시 현재의 경성철도관리국원은 전원 총독부에 인계한다. 총독부는 즉시 관리 및 기타 직원으로 채용하도록 특별 임용령을 제정할 것.

인계 후의 급여에 대한 회사와 관청의 제도가 다르지만, 각 직원의 월급은 대체적으로 인하하지 않을 방침이다.

만주철도 퇴직금은 각 사원이 퇴직할 때까지 연 7%에 상당하는 금액을 복리 계산하여 특별 상여금으로 합산 지급한다.

퇴직수당 처리에 관하여 다음과 같은 각서가 교환되었다.

1924년 10월 17일 본부와 만주철도 간에 교환된 각서

조선총독부는 만주철도로부터 인계한 자가 조선총독부 철도국을 퇴직할 때에는 인계시의 만주철도회사 내규에 따라서 퇴직금(약 7백만 엔)을 특별 상여금으로 지급한다.

동(同) 추가 각서

특별 상여는 1925년도부터 1931년도에 이르는 7년 동안 각 연도 말에 약 100만 엔을 지급하는 것으로 간주하고, 만주철도회사는 위의 지급 예상액에 대해서 연 7% 복리로 계산하여 이에 상당하는 금액을 매년도 9월 말일 및 3월 말일 2차례로 분할하여 조선총독부에 납부한다. 조선총독부는 특별 상여금에 복리 계산에 근거한 연 7%의 이자에 상당하는 금액을 가산 지급한다. (이하 생략)

제3절 위탁경영 계약의 내용(1925년 3월 31일)

제1조 조선국유철도의 경영 위탁 계약은 1925년 3월 31일을 기하여 해제하고, 남만주철도주식회사는 조선국유철도를 제3조에 정한 것을 제외하고 무상으로 현재의 조선총독부에 인계할 것.

제2조 회사는 조선국유철도 경영 위임 업무의 집행에 따라 위임 해제일에

보유하고 있는 권리와 의무를 조선총독부에게 인계한다. 단, 잡계정 중 임금, 사원 적금, 사원 신원 보증금, 사원 공제회, 소비부, 환율 및 학교 재산에 관한 계정에 속하는 것, 1924년도 결산에 의하여 소멸되는 것 및 별도로 협정한 것은 제외한다.

제3조 회사가 조선국유철도의 경영 위탁 업무 집행에 의해서 저장한 물품 가운데 위임 해제일에 현존하는 것은 조사 후 그 실비 금액 중에서 본래 조선철도 용품 자금액을 공제한 금액을 조선총독부에 보상하여 인계할 것.

제4조 위의 제2조에서 정한 것 이외에 인계와 관련된 필요 사항은 별도로 협정한다.

제4절 위탁경영 해제에 관하여 총독부와 만주철도 간에 체결된 협정

(1) 조선~만주 간 직통 열차의 운행, 차량의 직통 및 상호 이용

(2) 안동역, 안동기관구와 검차구 및 기타 공동 작업

(3) 여객 화물 운송, 철도 건설, 운행 및 통신 등 철도영업상의 제반 규칙은 가능한 한 연락하여 통일할 것.

(4) 일본 국내에서의 조선 · 만주 안내소 공용

이 밖에도 조선과 만주 두 철도 운수의 편리를 도모하고 일본 국유철도, 조선 내 각 사철철도, 기선, 자동차 등에 대해 국제 연락 운수에 관한 협정을 지속 또는 갱신하였다.

이리하여 조선철도는 총독부의 산업 개발 관련 시설의 확충과 함께 조선 통치의 근본 방침에 따라 시책을 추진하고, 직영의 결실을 맺기 위해서 새로운 단계에 들어갔다.

제6장
철도국 설치와 철도 12개년 계획

직영으로의 재전환에 대해서 총독부 철도국 관제가 공포되었으며, 그 내용은 제3편(조직)에 기술한 바와 같다.

당초 국장 대리로서 시모오카 주지(下岡忠治) 정무총감이 임시 국장직을 맡았으나, 후에 오무라 다쿠이치(大村卓一)가 초대 국장으로 취임하면서 조선철도의 근대화를 향한 첫걸음을 내디뎠다. 그 중 가장 주목해야 할 점은 철도 건설 12개년 계획 책정이었다.

이로써 조선철도는 전 노선에 걸친 건설 및 개량으로 활황을 누리면서 조선철도의 황금시대를 열었다고 할 수 있다.

제1절 철도 12개년 계획의 개요

철도 12개년 계획 수립의 배경

12개년 계획은 '제국철도협회(회장 구니사와 신베이, 國澤新兵衛)' 가 1924년부터 약 1년여에 걸쳐서 조선철도망을 조사하고 철도 경영 개선책과 철도 보급 촉진안을 작성하여 이를 중앙 정부에 건의한 것에서 출발한다.

앞에서 언급한 바와 같이 이 시기에 총독부의 시정 방침이 점차 변화하기 시작했다. 기존의 헌병 경찰제도를 폐지하고 지방자치제도를 추진하였으며, 산업 개발과 무역 진흥 등 경제 성장을 가장 중요한 시책으로 삼았다.

이로써 철도의 정비 확충은 초미의 관심사가 되었다.

당시의 조선철도는 1899년 경인선 개통 이후 20여 년이 지났음에도 불구하고 철도 건설이 진척되지 못한 상태였다. 당시 철도의 총연장 거리는 국철과 사철을 합쳐서 1,770여 마일(약 2,849km)에 지나지 않았으며, 연간 평균 연장 거리도 겨우 38마일(61km) 정도였다. 또한 총연장 거리는 조선의 토지 면적 100만 마일(161만 km)당 12.3마일(20km)로, 일본 혼슈의 59.5마일(96km), 홋카이도의 28.2마일(45km), 대만의 35.3마일(57km)에 비하여 현저한 열세를 보였다. 또한 인구 10만 명당 조선은 9마일(15km)인 것에 비하여 일본 혼슈는 15.7마일(25km), 홋카이도는 64.8마일(104km), 대만은 20.6마일(33km)로 조선의 철도 개발은 확실히 지연되고 있었다.

한일합병 이후 1926년까지 조선의 주요 산업을 살펴보면 미곡은 50% 증가한 500만 석으로 그 가운데 일본으로 반출된 양은 400만 석이었고, 대두 및 잡곡류의 생산은 60% 증가하였으며, 광업과 임업도 20여 % 증가하며 크게 발전했다.

한편 미개척 산업 분야로서는 압록강, 두만강 유역의 원생림 9억 톤, 조선 전역의 약 2천여 광구의 금, 은, 동, 철 등 중요 광물의 매장량은 십 수억 톤 정도였으며, 북선[1] 지방은 석탄과 무연탄 등 많은 자원이 매장된 상태였다.

이에 총독부는 일본의 인구 증가에 맞춰 쌀 생산량을 1,000만 석 증가시키는 데 힘썼다.

이러한 상황에 비추어볼 때 국내 자원이 현저하게 부족한 일본으로서는 조선의 미개척 자원을 개발하는 것이 무엇보다 시급했다. 그리고 이를 달성하

1) 北鮮 : 오늘날의 함경도 지역. 조선시대에는 한반도를 북선(함경도), 서선(평안·황해도), 중선(경기·충청·강원도), 남선(전라·경상도)으로 구분하였다. 그러나 2차 세계대전 이후 일본어에서는 북한을 뜻하는 북조선의 줄임말로, 차별어로 알려져 있다. – 역자 주

기 위해서는 운수 교통의 주축인 철도망의 정비 확충이라는 전제 조건이 필요했다.

12개년 계획 추진

조선의 철도 보급 계획은 총독부 설치 하에 진행되었으며, 국유철도의 주요 간선이 매년 건설되었다. 사설철도도 1912년 조선경편철도령의 제정 · 공포에 의해서 기반을 구축하고, 1913년까지 조선 내 각지에 직원을 파견하여 경편철도 예정 선로를 조사한 후 이를 바탕으로 제1기선과 제2기선을 건설하였다. 1914년에는 사설철도 보조제도를 마련하여 철도 보급에 박차를 가하는 한편, 1919년 전후에는 제1차 세계대전 이후 경제 호황의 물결을 타고 부설을 허가받은 새로운 회사가 잇달아 탄생하였다. 그러나 1920년 이후 불황의 여파로 철도 건설의 자금조달이 뜻대로 이루어지지 않으면서 철도 보급은 탁상공론이 되어 버렸다. 철도 건설이 좀처럼 진척되지 않는 상황에서 산업계와 일반 민중을 중심으로 산업의 발전과 민중 생활의 편리 증진을 위해서 철도 건설을 촉진시켜야 한다는 여론이 팽배해졌다.

1921년 10월 경성에서 개최된 산업 조사회는 조선 내 권위 있는 의견을 모아 전반적인 중요사항을 심의하고, 조선의 산업에 관한 계획 요강을 정리하여 산업 조사회의 결의로 발표하게 되었다. 이 가운데 가장 중요한 사항으로 조선의 국립 · 사립 철도를 신속히 연장 부설해야 한다는 의견이 거론되었고, 관계부서에 진정하여 실현시키는 데 힘썼다. 이에 따라 조선 각지의 산업 회의소와 주요 은행이 산업 조사회에 많은 의견을 제기하면서 조선 전체의 운동으로 확산되기 시작했다.

이어서 제국철도협회는 경성상업회의소 소장에게 조선철도 기본조사 상황을 보고받고, 1924년 동 협회 내에 조선철도망 조사위원회를 신설하였다. 그리고 즉시 활동에 들어가 조선의 실정을 실제로 조사하는 등 수차례의 조사 연구를 거듭하는 동시에 각 방면의 의견을 수렴하여 1년이 넘는 기간에 걸쳐

안건을 작성하였다. 이러한 안건을 참모본부, 조선총독부, 조선상업회의 소연합회, 조선철도협회 및 기타 주요 각 단체에 제안하고 원조에 대한 찬동을 얻어서, 1926년 2월에 '조선에서의 철도보급촉진을 위한 건의'를 내각 총리대신 및 각 관계 장관, 참모 총장, 조선총독에게 제출하였다. 이것이 원동력이 되어서 결국 1926년 3월 15일 제51회 제국의회 중의원에 의원 십 수 명이 제출자가 되어서 '조선에서의 철도 보급 촉진에 관한 건의안'을 제출하였고, 3월 23일에는 귀족원에 의원 여러 명이 제출자가 되어서 동(同) 안을 제출하기에 이르렀다.

그러나 귀족원에서는 만장일치로 가결되었지만, 중의원에서는 격렬한 논쟁 끝에 부결되었다. 귀족원에 건의안이 제출되어 만장일치로 가결된 경우는 매우 드물며, 비록 중의원에서는 부결되었지만 160여 명의 찬성을 얻은 것은 전초전으로서 일단 성과를 거둔 셈이었다.

반면, 조선철도협회는 제국철도협회의 활동 개시와 전후하여 협회 내에 조선철도망 조사위원회를 설치하고 제국철도협회의 운동에 따른 활동을 개시하였는데, 조선상업회의소연합회가 조선의 산업 개발을 위하여 벌인 운동 가운데 철도 문제에 대해서는 양측이 뜻을 모아 운동을 펼치게 되었다. 1926년 1월 말에 양측 대표가 상경하여 조야의 명사에게 양해를 구하고 정당 간부를 차례로 방문하는 등 큰 성과를 거두었다. 제국철도협회가 중심이 되어 운동을 벌였던 이 문제는 협의를 통하여 이후 조선 측이 중심이 되어서 활동하게 되었다.

1926년 4월에는 경성 상업회의소에서 철도망 보급 문제에 관하여 조선 각지의 대표가 참석하는 간담회를 개최하고, 각 주요 도시의 상업회의소 소장, 조선토목건축협회, 조선공업회, 조선광업회, 조선철도협회의 각 대표 및 기타 유력 공직자와 신문 · 통신 관계자 등 70여 명을 초청하여 다각도로 협의한 결과 조선철도망속성기성회(朝鮮鐵道網速成期成會)를 창립하기에 이르렀다. 그리고 기성회의 활동 및 연락의 편리함을 위하여 도쿄에 조선철도 촉진

기성회를 창립하여 이를 본부로 삼고 조선을 지부로 하였다.

조선철도망촉진기성회 창립에 이르기까지는 수많은 우여곡절이 있었으나, 각종 장애를 극복하고 유력 인사들을 모아 조직을 만들 수 있었다.

이렇게 강력한 조직이 구성되면서 조선철도 보급 및 촉진 운동은 1926년 제51회 제국의회에서 귀족원의 만장일치를 얻으며 가결되었으나, 애석하게도 중의원에서 부결되었다. 그러나 이후에도 지속적으로 운동을 펼쳤다. 제52회 의회에서는 반드시 목적을 관철하도록 1926년 10월 예산편성기를 노리고 관민이 일치하여 기존의 운동을 더욱 강력하게 추진하며 총독부안(案)의 승인을 내각에 촉구하였다. 그 결과 11월 10일 마침내 각종 장애를 물리치고 각료회의의 승인을 받았다. 이에 정부는 제52회 의회에 예산안 및 조선사업공채법 개정 법률안을 제출하고 양원 위원회에서 각종 질의응답을 거쳐서 심의를 마친 후, 1927년 3월 귀족원과 중의원을 통과시켰다. 이로써 오랫동안 조선 전체가 갈망한 철도 연장 계획이 국책으로 채택되고, '조선철도 12개년 계획' 이 확립 · 실행되기에 이르렀다.

가결된 계획의 내용을 살펴보면, 기 수립된 계획을 포함한 총 3억 2천만 엔을 투자하여 1927년 이후 12년간 5개 노선에 걸쳐 총 860마일의 신설 노선을 부설하고, 나아가 5개 노선 210마일의 사설철도 매수 및 이에 수반하는 기설선 및 차량의 증설 등이 있었다. 건설선 및 매수선, 기설선 개량은 다음과 같았다.

건설선

(1) 도문선	웅기~당관진	구간	97마일(156km)
(2) 혜산선	길주~혜산진	구간	88마일(142km)
(3) 만포선	순천~만포진	구간	178마일(286km)
(4) 동해선	원산~포항 울산~부산	구간	341마일(549km)

(5) 경전선	진주~전주 원촌~담양	구간	56마일(90km)
		합계	860마일(1,384km)

사철매수선

(1) 조선철도회사 소속	경남선 마산~진주 구간	43.5마일(70km)
(2) 위와 동일	전남선 송정리~담양 구간	22.7마일(37km)
(3) 위와 동일	경동선 대구~학산 서악~울산 구간	92.0마일(148km)
(4) 전북철도회사선	이리~전주 구간	15.5마일(25km)
(5) 도문철도회사선	회령~당관진 구간	36.1마일(58km)
	합계	209.8마일(338km)

기설선의 개량

정거장 설치의 개량 : 화물 및 승강장 건물의 신설, 제1종 연동장치, 급수설비의 개량, 기관차고 개축, 신호소 및 간이역 신설

선로 개량 : 중량기관차 운전, 속도 및 열차 운행횟수 증가에 대응하기 위하여 경부 · 경의선 가운데 75파운드 레일의 약 절반을 100파운드 레일로 교체, 경성~용산 구간의 복복선 공사, 영등포~인천 구간 및 부산진~삼랑진 구간의 일부 복선 공사, 기면 상승 및 기타 방재공사, 목재 방부 공장 신설

통신 설비 개량 : 배차 및 운행 정리를 위해서 경의선에 지령전화를 설치, 경부 · 경의 · 경원 · 함경 각 노선에 장거리 전화 증설

공장 설비 : 경성 및 평양공장 확장, 부산공장 이전 신축

차량 증설 : 기존선의 차량 증설을 개량비로 충당하기로 계획

제2절 12개년 계획에 의한 신설선의 효용 가치

도문선

이 선은 북선의 주요 항구인 웅기를 기점으로 두만강변을 따라서 북서로 나아가 아오지, 경원, 훈융, 온성을 거쳐서 도문철도의 종단역인 동관진에 이르는 국경 철도로, 이 국경 일대는 간도, 훈춘 및 노령 등 일본, 중국, 러시아 3국의 접경지역으로, 이미 군사적 · 정치적으로 매우 중요한 곳이었다.

또한 경제적인 측면에서 볼 때 이 일대에는 2억 톤 이상의 석탄 자원과 3억 척체(尺締 ; 묶음)로 예상되는 목재가 축적되어 있으며, 기타 농업 자원도 풍부하여 가까운 미래에 만주의 길림과 함경북도 회령을 잇는 길회선(吉會線)이 완성되면 국가 정책에 크게 기여할 것이 분명했다.

혜산선

이 선은 함경선 길주에서 함경남북도의 경계를 관통하여 압록강변 혜산진에 이르는 것으로 그 통과로(通過路)는 두만강과 압록강의 상류에 해당하며, 반출 가능한 목재 축적량 1억 5천 척체의 자원이 이 철도를 이용하여 일본 해안으로 운반될 계획이었다.

당시 조선은 국내에 풍부한 삼림자원을 갖고 있으면서도 자급자족을 할 수 없어 연간 3백여 만 척체의 용재와 10여 만 척체의 땔감을 다른 곳에서 공급받으며 1억 2천만 엔을 지불하고 있었다. 이 선이 완성되면 조선의 목재업계도 크게 변모하여, 오히려 일본으로의 반출을 계획할 수 있으며, 국방과 국경 경비에도 큰 도움이 될 터였다.

만포선

이 선은 평안남도 순천을 기점으로 군우리, 신흥, 희천, 무평, 강계를 거쳐서 압록강 연안의 만포진에 이르는 선으로, 이 철도 또한 도문선 · 혜산선과 마찬가지로 국방 및 국경 경비상 필요할 뿐만 아니라 광업 및 목재 생산물이 풍부한 경제선이기도 하였다. 이 철도는 광업 생산을 중심으로 연선의 순천, 개천, 연변, 덕천 등에서 매장량 3억 5천만 톤의 탄전을 개발하고 아울러 각지에 산재한 크고 작은 금광과 개천 지역 철광의 채굴 분위기를 조성하였다. 또한 그 세력권 내에 풍부한 대삼림이 형성되어 있어 본선의 반출 예상 목재 축적량은 대략 1억 3천만 척체 이상이라고 하였다.

동해선

이 선은 원산~포항 구간 및 부산~울산 구간을 연결하는 노선으로, 갈마에서 동해안을 따라서 남하하여 안변, 통천, 고성, 양양, 강릉, 삼척, 울진, 영덕, 영일 등 크고 작은 도시를 지나 조선철도회사 경동선 포항에 이르고 또한 경동선 남단 울산에서 해안을 따라서 부산에 이르렀다.

경동선 매수 후 광궤로 개축함과 동시에 동부 해안선을 완전히 개통하고, 또한 함경선과 이어진 동부의 종관철도를 형성하는 것으로 이번에 계획한 노선 가운데 최장거리였다.

동해선의 부설로 지금까지 거의 교통 산업의 혜택을 받지 못했던 강원도에 문화를 유입시키는 기회를 만들고 또한 풍부한 농산물, 임산물, 수산물, 광산물, 공업 등의 개척에 크게 기여한다.

경전선

이 선은 경남선 진주를 기점으로 하동, 광양, 순천, 곡성, 원촌, 남원, 임실을 거쳐서 전주에 이르렀으며, 전북선의 광궤 개축과 함께 이리(현재의 익산)를 거쳐서 군산에 이르는 1개 노선과 원촌에서 분기하여 전남선 담양에 이르며, 송정리에서 목포 방면으로 연결되는 노선이었다.

이 철도의 목적은 목포항과 부산항을 경제적으로 이어주는 것으로 지금까지 항운이나 우회 육로를 이용했던 두 지역 간의 교통 운수에 새로운 최단경로가 마련되었으며, 그 연선으로 산업 개발 및 다도해의 풍부한 해산물의 오지 이송이 증가하게 되었다.

이상에서 언급한 바와 같이 신설선의 부설은 각 지역의 경제 개발 노선인 한편, 국방 및 국경 경비 등의 관점에서도 매우 높은 가치를 지녔다.

제3절 12개년 계획과 사설철도

일본의 철도 국유화에 따라 조선철도 또한 국유화를 근본 방침으로 삼고, 국가가 사설철도를 순차적으로 매입하여 통일하자는 것이 제국철도협회 건의의 골자였다.

그런데 정부의 재정상 이러한 사설철도의 조장 방법에 대한 충분한 시책을 강구하기 어려웠으며, 이를 육성·발달시키기 위한 정부 보조금도 소극적인 정도에 머물러 영업 성적도 부진하였다. 조선의 사정에 어두운 일본 자본가들이 향후 정부 보조금 기간이 만료된 후 자신들의 투자가 기대만큼의 결실을 맺을 수 있을지 우려하는 경향을 나타낸 것도 당시의 정황을 고려할 때 무리가 아니었다.

이러한 정세로 인하여 국철 육성과 지방 산업 개발을 사명으로 한 사설철도의 연장이 지연되면서 당시 신규 개통 노선은 연간 30~40마일(48~64km)에 그쳤고, 정부도 재정상 보조금을 증액할 수 없어 발전에 큰 어려움이 있었다. 이러한 상황에서 12개년 계획의 결정은 힘든 국면을 타개할 수 있는 좋은 계기가 되었다.

제4절 12개년 계획의 예산

이 계획에 수반되는 경비는 기정 계획에 속하는 1937년도 이후의 경비와 합산하면 총 320,000천 엔에 이르며, 그 내역은 다음과 같다.

건설비 총액	251,571천 엔	개량비 총액	68,429천 엔
기정 건설비	77,429엔	기정 제반 개량비	12,479엔
신규 건설비	174,142엔	신규 개량비	55,950엔
도문선	17,084엔	매수선 개량	15,754엔
혜산선	19,274엔	기설선 개량	22,196엔
만포선	46,639엔	차량 증설	18,000엔
동해선	63,000엔		
경전선	281,485엔		

이 12개년 계획에 대해서 중앙 정부는 재정 긴축 정책을 취했기 때문에 관계자가 큰 어려움을 겪었으나, 당시 이미 제2차 계획이 입안된 점으로 볼 때 일본이 조선의 산업 자원 개발을 크게 중시했다는 것을 알 수 있다.

오무라 다쿠이치 철도국장은 12개년 계획 수립에 앞서서 비적에게 습격당할 위험을 무릅쓰고 직접 조선~만주 간 국경의 현지조사에 나섰다. 또한 조선 전역에 걸쳐서 상황을 시찰하고 제국 의회의 질의응답 중 계획안 심의를 담당한 의원들을 설득하는 데 중요한 역할을 담당하였다. 이는 조선철도 발전의 기틀이 되었다.

제5절 직영 제1기의 주요 업적

직영 제1기는 약 11년으로 오무라 다쿠이치가 철도국장으로 재임한 약 7년 반의 기간과 그의 뒤를 이어 철도국장이 된 요시다 히로시(吉田 浩)의 재임 기간 약 5년 반 중 약 3년 반이 이에 해당한다. 즉, 직영 제1기의 업적은 주로 오무라 국장의 지휘 하에 실시되었으며 요시다 국장이 그 뒤를 이었다.

이 기간 동안을 직접적으로 업무에 관련된 내용과 철도 내부에 관한 내용으로 구분하여 간략히 적으면 대략 다음과 같다.

직접 업무에 관련한 것

1927년에 결정된 철도 12개년 계획을 바탕으로 조선 전역에 걸쳐서 급속하게 건설 및 개량공사가 진행되었고, 사철 6개 노선도 매입하였다.

주요 업적을 열거하면,

(1) 경성역(지금의 구 서울역사) 완공(1925년 10월)

(2) 사철 철도에 대한 인허가 권한을 철도국장에게 이관(1925년 12월)

(그 후 자동차 운수 행정을 통제하기 위하여 관제를 개정함. 1933년 7월)

(3) 철도국의 신조 기관차 1호였던 '데호로' 형 기관차 2량을 경성공장에서 제작 완성(1927년 7월)

(4) 도문 국제철교 가설공사 준공(1927년 10월)

(5) 시베리아를 경유하여 아시아 · 유럽 각국과의 여객 및 수하물의 연대 운수 개시(1927년 8월)

(6) 함경선 전 노선 개통(1928년 9월)

(7) 운송을 합동하여 조선운송주식회사를 창립(1930년 4월)

(8) 북선선 일부를 만주철도에 위탁경영(1933년 10월)

(9) 신조 1등 전망차 준공(1934년 2월)

(10) 부산~신경 구간에 직통 급행열차 '히카리', 부산~펑톈 구간에 직통

열차 '노조미' 운행 개시(1934년 11월)

철도 내부에 속하는 것

(1) 철도국 현업 종사원 공제조합 조직(1925년 4월)

(2) 재단법인 철도조성회 설립(1925년 6월)

(3) 동인회에 위탁경영 중이던 용산철도병원을 직영으로 전환(1926년 4월)

(4) 운수 통계에 미터법 채용(1930년 4월)

(5) 철도국 국원의 제복 제정(1930년 5월)

(6) 철도국 국원 표창규정 제정(1931년 10월)

(7) 철도국 국원 및 그 가족을 대상으로 생명보험이용조합 창설(1935년 3월)

(8) 철도국 문장 개정(1935년 6월)

(9) 철도박물관 신설(1935년 10월)

등이었다.

이들 제반 시책은 1932년 3월 일본의 만주국 수립과 그 후 발발한 중일전쟁 등 주로 대륙 진출과정에 대응하는 것이었다.

제7장
북선선 만주철도 위탁경영 및 일부 환원

1927년도 이후 도문선 건설 및 개량공사를 실시하였고, 1933년 9월 공사가 거의 마무리되었다. 이와 관련하여 북선 및 동북만주지역의 교통망 정비와 나진항 이용 개발이라는 대국적 견지에서 청진 이북의 북선선(北鮮線)을 만주철도에 위탁경영하게 되었다.

이리하여 같은 해 9월 칙령 제258호에 "조선총독은 그 관리에 속하는 철도의 일부 건설, 개량, 보존 및 운수 및 부대 업무를 남만주철도주식회사에 위탁할 수 있다."라는 규정이 공포되었으며, 동시에 조선총독부의 고시에 따라 10월 1일부터 북선선 만주철도 위탁경영을 개시하였다.

위탁 경영의 요지

(1) 총독부는 조선국유철도 함경선 중 수성~회령 구간, 청진선, 회령탄광선, 도문선 및 그 부속 업무 일체의 경영을 만주철도에 위탁할 것

(2) 만주철도는 위탁경영 실시에 있어서 조선 내외 교통 편리의 증진 및 조선 지방 산업 개발을 위하여 최선의 노력을 할 것

(3) 위탁 철도에 관한 건설 개량공사 가운데 기정 예산으로 시행 중인 것과 계획이 결정된 것은 총독부의 시행이 필요할 경우 만주철도에 위탁할

수 있다.

(4) 향후 위탁 철도 개량 및 지선 건설이 필요할 경우 총독부는 그 경영을 만주철도에 위탁한다.

(5) 보완공사는 만주철도가 부담하여 시행하고, 그 재산은 총독부에 귀속되며, 보완비의 범위 및 연간 금액은 별도로 협정한다.

(6) 천재지변 및 기타 불가항력에 의한 재해 응급 및 복구에 관해서는 별도로 협정한다.

(7) 만주철도는 위탁 철도에 관하여 위탁 기간 내에 별도로 협정하는 금액을 총독부에 납부한다.

(8) 철도의 위탁 기간은 1934년 10월 1일부터 만 20년으로 정하고, 기간 만료 1년 전까지 쌍방으로부터 어떠한 반대 의사 표시가 없을 경우 20년간 지속되는 것으로 한다.

조선총독부에 대한 납부금 비율은 위 계약의 부속 협정에 따라 1935년도에는 매년 위탁 철도 투자액의 4%로 정하였으나, 1936년도 이후 분은 해당 노선의 영업 수지를 고려하여 2.5%로 하는 것으로 개정되었다.

만주철도의 위탁 업무

경영을 위탁한 북선 철도는 위에 나온 철도들로 총 거리는 328.5km(그 후 변경하여 329.2km)였다. 만주철도는 이들 철도의 경영을 위해서 청진에 '북선철도관리국'(1936년 10월, 북선철도사무소로 개칭하고 나진으로 이전했다)을 마련하여 업무를 개시하고, 1935년 11월 사설철도인 웅라선(웅기~나진 구간)을 건설 · 개통하였다.

또한 별도로 공사 중이었던 나진항 부두가 일부 준공되자 1935년 11월부터 항만 업무를 개시하여 '동해의 호수화[2]'를 한 단계 진전시켰다. 또한 1936

2) 일본해호수화(日本海湖水化). 만주사변 이후 일본이 동해(東海)를 '일본의 바다'인 일본해(日本海)로 만들기 위해 벌인 운동이다. – 역자 주

년 6월 동북 만주 일대의 화물을 일본으로 반출할 수 있도록 북선 3항을 병합하는 의미에서 조선총독부로부터 청진~웅기 두 항을 임대받아 나진과 함께 관리 · 경영하게 되었다.

북선의 위탁 철도는 일본과 북선, 만주를 연결하는 교통망의 확충을 의미하며, 조선과 만주 지역의 각 철도 및 동해 항로를 통하여 일본의 철도와 연계 협조할 수 있는 중요한 위치에 있었기 때문에 계약 내용에 특히 조선 내외의 교통 편리를 증진하고 조선의 지방 개발을 위하여 최선의 노력을 기울인다는 취지가 기재되어 있었다.

제8장
제2차 총독부 직영(제2기)
(1936년~종전)

제1절 개설

약 10년간의 직영 제2기 동안 요시다 국장은 제1기에 이어서 약 4년간 재임하였고, 그 뒤를 이은 구도 요시오(工藤義男) 국장은 병으로 1년 만에 퇴임하였다. 그 후 야마다 신주로(山田新十郎)가 새로운 국장으로 취임하여 약 4년간 재임하였으며, 1943년 12월부터 종전에 이르기까지 1년 8개월간 고바야시 리이치(小林利一)가 마지막 철도국장으로 근무하였다. 조선의 역대 국장은 창설 초기부터 대대로 일본의 국유철도에서 전출되었으나, 마지막 국장이었던 고바야시에 이르러 처음으로 조선철도부 내에서 기용되었다.

고바야시 국장은 비록 재임 기간이 짧았지만 이미 패전이 결정된 시기에서 전쟁 말기의 각종 사태에 대응하며 종전 처리의 책임자로서의 힘든 임기를 마쳤다.

조선철도의 마지막 10년을 살펴보면, 요시다 국장이 취임했을 당시는 만주국이 수립된 직후로 일본의 대륙 정책 수행이 순조롭게 진행된 시기였다. 국민은 오랜 숙원이었던 대륙 발전이 이루어졌다고 보고 그 중심적 역할을 수행한 육군에 절대적인 신뢰를 보냈다.

그러나 중일전쟁이 날로 확대되면서 전쟁의 장기화에 따른 국력 소모가 심각해지자 전쟁 자원을 해외에서 급히 조달해야 하는 상황이 벌어졌다. 그 결과 일본은 동북아시아 대륙과 동남아시아 각국으로 군사 행동을 확대하고, 1941년 마침내 태평양전쟁에 돌입하면서 전쟁지역은 동북아시아 대륙과 동남아시아 지역으로 확대되었다.

이러한 상황이 되자 조선철도는 일정 기간을 제외하고는 군사정책을 우선으로 운영되었다. 이리하여 철도 경영은 급격하게 전시(戰時)적인 색채가 강화되었으며, 유사시를 대비하여 부내를 정비하고 제도를 개선하는 한편, 기존의 계획을 추진하는 동시에 신규 계획에 따른 건설 · 개량 · 차량 정비를 서둘렀다.

이미 결정되어 실시 중이던 철도 12개년 계획 가운데,

혜산선은	1937년 11월
경전선(전주~순천 구간)은	1936년 12월
만포선은	1939년 10월

에 각각 완공되었고, 중앙선은 1942년 4월, 평원선은 1941년 12월, 백무선은 1944년 12월에 각각 전선이 개통되었다.

또한 경부, 경의선 간선인 복선 개량공사가 끝난 것은 종전 5개월 전인 1945년 3월이었다.

1939년 야마다 신주로(山田新十郎) 국장 시대에 들어와서 시국이 급박해졌으며, 결국 태평양전쟁의 발발로 조선철도를 둘러싼 주위의 정세가 일변하였다. 그에 앞서 1940년 12월, 철도국 조직의 개편을 단행하여 서울, 부산, 함흥에 지방 철도국을 개설하고, 1943년 철도국을 폐지, 교통국을 설치하여 육지, 바다, 하늘의 교통 여객 기능을 향상시키고, 1945년 8월 평양, 순천에 지방 운수국을 개설하였다. 그러나 패전이라는 결과를 생각하면 모두 궁여지책에 지나지 않았다.

제2절 지방철도국 설치

이미 언급한 바와 같이 조선의 국유철도는 건설 및 수송력 증강에 기여하는 제반 시설 정비를 서둘렀으나 국제 정세는 더욱 어려워졌고, 일본은 조선 · 만주를 포함하여 전쟁에 총력을 기울였다.

그 결과 철도국은 1940년 12월 대폭적인 조직 개편을 단행하였다.

서울 · 부산 · 함흥에 지방철도국을 설치하고(그 조직은 제3편 조직표와 동일), 기존의 본국 중심주의에서 벗어나 본국은 주로 종합 계획을 맡고 그 실행은 지방국을 중심으로 실행하는 지방 분산조치를 취했다. 이 조치로 유사시 각 지방국은 독자적인 판단 하에 신속하게 행동할 수 있게 되었다.

제3절 대륙 물자의 육로 수송

태평양전쟁이 점차로 일본에게 불리해지던 1943년 5월, 애투(Attu) 섬 수비대가 목숨을 걸고 싸웠으나, 그 무렵 군은 본토 결전에 대비해서 대륙 전략 물자를 조선의 각 항구를 경유하여 일본 국내로 수송하는 계획을 세우고 있었다. 당시 일본 근해에는 이미 미군 잠수함의 공격이 시작되었으며, 같은 해 10월 시모노세키~부산 간 최신예 연락선인 곤론마루(崑崙丸)가 적의 잠수함 공격을 받아 침몰하였으나, 군은 부산을 중심으로 하는 조선의 각 항구를 해로의 최단 경로로 선택하고 육로 연락 수송의 거점으로 삼았다.

이것이 이른바 대륙 물자의 육운전가수송(陸運轉嫁輸送)으로, 이로써 한반도와 대륙의 수송기관이 하나가 되어 대규모의 수송을 담당하게 되었다.

그리고 바로 그 중심 역할을 담당한 것이 조선철도의 수송력과 남한 항만의 중계 능력이었다.

그리하여 경부와 경의 두 간선의 복선 공사를 서둘러 완공시키는 한편, 여객열차를 대폭 줄이고, 화물 수송을 최우선으로 삼고, 항만 설비의 개축 확장을 서둘렀으나, 남쪽으로 밀려오는 대륙 물자를 처리하기란 쉽지 않았다. 중계 기지의 핵심 시설이었던 부산 부두를 비롯한 조선의 각 항구에서는 종사원들의 필사적인 노력에도 불구하고 일본으로부터의 선박 배치 감소와 편중으로 인하여 화물의 중계 작업이 뜻대로 이루어지지 않으면서 밀린 화물이 산처럼 쌓였다.

1944년 4월 칙령 사찰사 야마시타 가메사부로(山下龜三郎)가 현지에 파견되어 업무를 독려하였으나, 이미 때가 늦어 별다른 수단이 없었다.

이렇게 철도 종사원이 밤낮을 가리지 않고 필사적으로 수송한 방대한 대륙 화물도 전력 증강에 충분히 기여하지는 못하였다.

당시의 화물 수송량은 다음 표와 같다.

1944년도(1945년 3월분은 추정)

품목	수송 톤수(t)
석탄	1,412,142
선철	590,494
강재	138,412
비철	64,597
염	416,156
대두	360,247
대두찌꺼기	175,940
기타	293,809
합계	3,451,797

주) 부산부두 착의 마산~여수 등 각 부두 경유한 것 포함

제4절 북선선 일부의 직영 환원 및 위탁경영방식 변경

북선 지방은 지하자원이 개발됨에 따라 중공업이 크게 발전하였고, 만주의

발전과 함께 산업 및 교통 정세가 급변했다. 특히 전쟁시 중요 자원인 무산 철광이 개발되면서 일본제철주식회사가 청진에 제철소를 신설했다. 당시 광석 수송로에 해당하는 무산~고무산 구간(북선척식철도주식회사선 60.4km, 후에 철도국이 매수)은 협궤로 수송력이 충분하지 못했기 때문에 이를 광궤로 개량하고, 복선화를 추진하여 수송력을 증가시키는 것이 급선무였다.

1933년 10월 이후 만주철도에 위탁경영을 해온 북선선 가운데 상삼봉~수성 구간, 청진선 및 회령, 신계림 구간의 철도 및 청진항 종단 시설의 경영을 1943년 6월에 조선총독부에 환원하여 북선 지방의 교통을 크게 발전시키는 데 힘썼다. 이로써 만주철도 위탁 이후 6년 9개월 만에 북선선의 일부 노선과 1937년 12월 이후 철도와 함께 위탁경영 중이었던 회령~웅기 구간 자동차 노선도 총독부에 환원되었다. 이 환원 구간은 성진철도사무소 소관이 되었으며, 승계 인원은 약 1,600명이었다.

남은 위탁경영 구간인 상삼봉~웅기 구간의 철도시설에 대해서는 기존의 위탁경영 방식을 변경하여 만주철도에 대여하기로 하고, 동 구간(183.3km)에 대한 총독부 투자액 2,300만 엔에 대해서 매년 3.9%의 대출금을 납부하도록 하였다.

이로써 만주철도는 위의 구간을 사설철도로 삼고, 나진과 청진 두 항구를 중심으로 북선 및 동북 만주 지역을 하나로 묶는 교통 정비에 힘썼으나, 1945년 3월 임대 중이었던 북선의 철도시설과 웅기 항만시설은 만주철도에 양도되었다.

제5절 교통국 설치

전세가 점차 치열해지자 일본 정부는 1943년 11월 군수성, 운수통신성, 농상성을 발족시키고 전력 증강에 총력을 기울였다.

조선철도는 철저한 수송력 강화를 목적으로 교통 행정을 일원화시키기 위해 1943년 12월을 기점으로 철도국을 폐지하고 교통국을 설치하였다(조직은 제3편 조직표와 동일). 즉, 철도 운수 이외에 해운 및 육해 접속 지점의 항만 및 항공에 관한 행정을 종합 통일하여 교통국 소관으로 삼고, 아울러 통관 업무를 원활하고 신속하게 진행할 수 있도록 세관 업무도 담당하게 되었다. 이러한 조직 개편은 앞에서 언급한 바와 같이 집중적으로 발생한 대륙 물자를 육로를 통하여 원활하게 운송하기 위해서였다.

고바야시 국장이 취임 직후인 1944년 초에 국원 전체에 전달한 연두훈시는 패색이 짙었던 전국에도 마지막까지 사력을 다하여 직무에 충실하도록 요구하는 내용이었으며, 마치 사지에 부임한 듯한 비장함이 엿보였다.

1944년 2월 '결전비상조치요강'이 제정되었으며, 노무와 자재를 중점적으로 운용하여 전력을 증강시킬 수 있도록 조기 완공이 불가능한 공사는 중지시키기로 결정하였다. 이에 따라 같은 해 5월 이후 경전선, 청라선, 대삼선은 건설 시행중인 특수 구간을 제외하고 시공이 중지되었다.

그러는 동안 교통국 부내에서는 경부 · 경의 · 함경 각 노선에 걸쳐서 여객열차 감축과 화물열차 증가에 힘썼다. 1944년 4월 조선철도회사 황해선 전선(협궤 278.5km)을 매입하여 국유철도 황해선이라고 개칭하고, 사리원~하성 구간 41.7km는 광궤로 개축하는 동시에 이를 운영하기 위하여 같은 달에 해주철도사무소를 신설하였다.

이 밖에도 많은 시책이 잇달아 진행되었는데, 1945년 4월 시모노세키~부산 연락선인 고안마루(興安丸)가 어뢰에 부딪혀 운항이 정지되었고, 이어서 같은 구간의 연락선인 곤고마루(金剛丸), 덴잔마루(天山丸), 쇼케이마루(昌慶丸) 등이 적의 어뢰 공격으로 연달아 침몰 또는 운항 불능 상태가 되었다. 이러한 해상 불안으로 인하여 화물들이 각 항구에서 오도 가도 못하는 상태가 되면서 일본과의 운수 교통은 거의 마비 상태에 빠졌다.

제6절 제2차 총독부 직영(제2기)기의 주요 업적

위의 기간의 중요 업적은 이미 언급한 사항 이외에 대략적으로 다음과 같다.

(1) 남조선철도의 전남 광주~여수 구간 매입(1936년 3월)

(2) 철도국 국가 제정(1936년 3월)

철도국 국가는 집회 때마다 제창되어 정신 통일과 단결 강화에 큰 효과를 가져왔으며, 종전 후 40년이 지난 지금도 조선철도에 근무하다 일본으로 돌아간 일본인들에 의해 애창되고 있다.

(3) 국우회관(局友會館) 신축

(4) 철도국 현업 공제조합의 부대사업으로 주택부를 신설하여, 1936년 10월 급증한 종업원의 주택 공급에 크게 공헌하였다.

(5) 소련을 경유하여 부산, 서울, 평양과 에스토니아, 라트비아, 리투아니아, 독일, 폴란드 간 화물의 연락 수송 개시(1936년 1월)

(6) 중일전쟁이 발발함에 따라 북중국으로 파견하는 부대의 수송을 위하여 전 노선에 군용열차 중심의 임시열차 운행(1937년 8월 4일부터 같은 해 9월 30일까지)

(7) 화물운임을 개정하고 운임률을 간소화하였으며, 차량 취급 최저 톤수를 15톤으로 정하고, 이 밖에도 택급[3]제도를 신설하였다(1938년 2월)

(8) 부산~베이징 구간 직통 급행 여객열차 운행 개시(1938년 10월)

(9) 화북 교통선 간 여객 및 화물, 수하물 연락 운수에 대하여 협정을 체결함(1938년 10월)

(10) 경원선 복계~고산 구간(53.9km)의 전철화공사 준공(1944년 4월)

(11) 관동군 특별대연습 수송(1941년 12월)

(12) 함경 본선의 일부 구간 복선화(1943년 2월)

---

3) 택급(宅扱) : 철도화물 · 화물수송의 일종으로, 15kg 이하의 소형 화물을 발송인의 주소에서 수취인의 주소로 배달하는 서비스이다. - 역자 주

(13) 함흥에 철도병원 건립(1943년 12월)
(14) 서선중앙철도회사 승호리~신성천 구간의 철도를 매입하여 평양탄광선에 추가(1944년 4월)
(15) 조선철도 황해선 전 노선(278.5km)의 철도 매입(1944년 4월)
(16) 조선 해상 물자의 일원적 수송 체제 확립(1941년 10월)
(17) 압록강 수력발전회사의 전용 철도 만포역 구내~옥동 구간(37.1km)을 준공하고, 제방공사 자재 수송 개시(1944년 7월)
(18) 교통국 공장에 현원징용[4] 발령(1944년 8월)
(19) 궤도 등을 철거하여 국철 공사로 전용시킴. 국유철도 광주선(21.5km), 경북선(58.2km), 사설철도 금강산전철(49.0km), 경남철도 경기선(41.4km)
(20) 평양 신공장 조업 개시(1944년 11월)

第7절 지방 운수국 설치와 종전

1945년 8월 수송력 증강을 위하여 경성 · 부산 지방 교통국의 소관을 분할하여 평양과 순천 두 곳에 각각 지방운수국을 증설하였다. 그러나 같은 달 9일 소련이 일본에 선전포고를 하는 동시에 만주와 북한지역으로 침입하기 시작했다. 상황이 급변하면서 8월 15일 종전 조칙이 내려졌고, 지방운수국도 개설 준비를 마쳤을 뿐 제 기능은 수행하지 못했다.

이리하여 조선철도는 국유화가 된 이후 39년 만에 일본의 손을 떠나 점령군에게 계승되면서 그 막을 내렸다.

4) 현원징용(現員徵用) : 주요 광산 · 탄광 · 군수공장의 노동자들을 일하고 있는 작업장에 징용하는 것으로, 무보수 노동을 강요하려는 목적이 있었다. – 역자 주

제9장
경영 성적

제1절 서론

조선철도는 입지 조건과 설립 경위를 보았을 때 국방상의 요구와 개척 사명의 비중이 일본의 국유철도에 비하여 훨씬 큰 반면, 필요한 투자는 취약한 조선총독부의 재정에 지배될 수밖에 없었다.

운영 면을 살펴보면 일본인 종업원에게 실시된 승급(1920년대 중반부터 실질 40%)제도가 인건비의 단가 상승을 초래하였으며, 사용 자재도 대부분 원거리에서 조달해야만 하는 상황이었다. 사용 자재의 경우 1921년 조선 제품의 사용을 권장한 총독부의 행정 방침에 따라 1916년경 전체 구입비의 5% 전후였던 것이 다이쇼(1912~1926) 말기에는 35%까지 인상되었으나, 이는 조선 내 대형 소비자로서 다소의 비용 문제는 눈감아달라는 총독부 행정의 방침에 따른 결과였다.

이처럼 일본의 국유철도에 비하여 경영상 불리한 점이 많았지만, 경영에 있어서는 항상 일본의 국유철도를 목표로 하였으며, 각종 지표에 조금이라도 근접해지기 위하여 부단한 노력을 기울였다. 또한 수송량이 어느 정도까지 증가할 경우 광궤선에 의한 영업이 유리하다는 사실을 확신하게 되었다.

다음으로 경영에 큰 영향을 미친 사항을 2, 3가지 언급하려고 한다.

3선 연락운임 협정 : 다년간 현안이 되었으나 해결하지 못한 '조선선을 경유하는 봉천 이북행의 소형 취급품 가운데 면포 외 15품종에 대한 특별운임 할인제도' 를 달가워하지 않은 만주철도를 설득하여 1913년에 협정을 체결하였다.

당시 조선철도의 화물 수송 상황을 살펴보면, 만주철도 노선을 통하여 대량의 석탄 그리고 반출되는 쌀의 대체 식품인 만주 조가 유입된 반면, 조선에서 만주로 가는 화물은 거의 볼 수 없는 극단적인 상태였다, 이러한 남행(南行) 편중 수송은 수송비용 증가라는 문제를 낳았다.

이러한 상황에서 협정 체결로 인해 남행에 편중되었던 기존의 화물 수송이 완화되었고, 이는 수송비용 절감에 크게 기여하였다.

조선철도 12년 계획 : 1927년 제52 의회에서 결의된 12개년 계획은 국방상의 문제에 못지않게 사장된 삼림 자원과 광업 제품 개발에 큰 역할을 할 것으로 기대되었다. 또한 훗날 발생한 만주사변 이후 급증하는 수송 요청에 대응할 수 있는 기반을 구축하였다.

이 계획은 2억 3천만 엔의 추가 투자라는 당시 조선총독부 재정으로서는 중대한 각오를 필요로 하는 조치였기 때문에 철도와 "향후 기설선의 수입 증가에 대해서는 필요 경비를 수입 증가액의 38.5% 이내로 처리한다."라는 암묵의 양해를 구했다. 이 결정에 의해서 총독부 재무 당국은 증가하는 공채 이자를 지불하고도 총독부 재정에 상당히 기여할 것으로 기대하였으며, 철도는 그 틀 안에서 지출을 억제하기 위하여 합리화를 위한 최대한의 노력을 기울였다.

계획 성립 후 수년 동안은 어려운 경제계의 불황으로 인하여 두세 차례 정도 전년도 수입을 밑도는 등 실적이 좋지 않았지만, 1934년도 이후에는 점차 총독부 재정에 기여하는 성과를 올렸다.

만주사변 및 중일전쟁 : 만주사변의 발발로 군사 수송 외에 대륙 간의 교통량이 증가하면서 화물의 남행 수송이 크게 완화되었으며, 또한 이러한 화물 수송에 의해서 농산물 수송이 차지하는 비율이 감소하고 수송의 계절파동도 완만해지는 등 보다 효율적인 수송이 가능해졌다. 전쟁이 점차 장기화될 조짐을 보이면서 조선은 병참 기지로서 중요 전쟁 물자의 공급 압박을 받았는데, 재료 · 제품의 왕복 수송이 이루어지면서 바람직한 수송 형태를 띠게 되었다.

그 결과 물가 · 노임 상승과 요원 부족에 의한 경비 증가 등 많은 경영상의 마이너스 요인을 커버하는 실적을 올렸다.

태평양전쟁 : 정세가 패전 쪽으로 기울면서 조선철도는 국가적 목적에 따라서 수송만 완수하는 입장이 되었다. 그동안 몇 차례에 걸친 여객 수송 규제는 조선철도 재정에 막대한 영향을 끼쳤으나, 부동 구매력을 흡수하기 위하여 실시한 여객운임 인상으로 인하여 막대한 재정 파탄은 면할 수 있었다.

제2, 3절에서는 각종 경영 지표를 바탕으로 일본의 국유철도에 비해 조선철도가 어느 정도의 성적을 거두었는지 밝히고자 한다. 또한 제4절에서는 조선철도가 총독부 재정 가운데 어떠한 위치를 차지했으며, 조선철도가 하나의 기업으로서 성립했는가 하는 점에 대해서 언급하려고 한다.

제2절 철도의 보급

영업 거리의 증가 상황 : 1910년 한일합병에 의해 총독부가 설립되었을 당시, 국철 노선은 경부 · 경의 · 경인 · 마산 4개 노선을 합하여 1,030.4km, 사철은 부산진~동래 구간 9.3km로 총 1,039.7km에 불과하였다. 총독부 통치가 시작된 지 15년이 경과한 1925년 3월 말에는 국철과 사철을 합쳐 총 2,706.1km로 15년 동안, 1666.4km, 1년 평균 111km가 증가하였다〈표 2-

1〉. 그러나 같은 기간 동안 일본 철도의 증가 길이는 〈표 2-2〉에 나타낸 바와 같이 8,486.6km로 1년에 평균 565.8km나 증가했다. 면적비 58%를 고려하더라도 일본 내 증가분에 비하여 현저히 낮다는 것을 알 수 있다. 최대의 원인은 빈곤한 총독부 재정이었는데, 당시 일본에서 군부 및 관계자 이외에는 조선에 관심을 가진 사람이 매우 적었다는 점도 간과할 수 없다.

조선철도 12개년 계획은 조선의 정부와 국민이 대대적인 홍보 작전을 펼친 덕분에 일본의 정 · 재계는 물론 학식자의 눈을 조선으로 돌려서 예산을 마련할 수 있었다. 그 결과 계획 자체도 큰 성과를 거두었을 뿐만 아니라 일본에 조선을 소개하는 효과를 가져왔다.

이 12개년 계획은 쇼와(1926~1989) 초기, 정부의 채권을 발행하지 않는 주의로 인하여 부득이하게 연장되어 15년이라는 시간이 걸렸으나, 철도의 영업 거리는 기존의 2배 이상 신장되었다. 특히 계획이 실질적인 효과를 나타내기 시작한 1935년 3월 말, 1940년 3월 말의 증가 상황은 일본 철도 영업 거리의 신장과 비교해도 손색이 없을 정도였다.

〈표 2-1〉 조선에서의 철도 영업 거리 증가 상황

(단위 : km, %)

연도	국철			사철			합계	증가	
	건설	매수 임대·양도	계	건설	매수 임대·양도	계		km	비율
1910년 3월 말	1,030.4		1,030.4	9.3		9.3	1,039.7		
1925년 3월 말	2,092.6		2,092.6	613.5		613.5	2,706.1	1,666.4	160.1
1930년 3월 말	2,483.6	267.9	2,751.5	1,088.7	△267.9	820.8	3,572.3	866.2	32.0
1035년 3월 말	3,299.0	106.9	3,405.9	1,356.2	△106.9	1,249.3	4,655.2	1,082.9	30.3
1940년 3월 말	4,140.6	278.1	4,418.7	1,788.3	△278.1	1,510.2	5,928.9	1,273.7	27.4
1945년 8월 말	4,787.8	446.7	5,038.3	1,631.2	△446.7	1,380.7	6,419.0	490.1	8.3
		△196.2			196.2				

비고) 1. 영업 거리는 총괄 영업 거리이다.
2. 매수 등의 난은 1925년도 이후만 계상하였다.
3. 196.2km는 상삼봉 웅기 구간 183.3km의 양도와 북평 삼척 구간 12.9km의 업무 위탁의 합계이다.
4. 1935년, 1940년 3월 말 국철의 영업 거리에는 만주철도 위탁선 328.5km가 포함된다.

〈표 2-2〉 일본에서의 철도 영업 거리의 증가 상황

(단위 : km, %)

	국철	사철	합계	증가	
				km	비율
	km	km	km	km	%
1910년 3월 말	7,442.2	814.0	8,256.2		
1925년 3월 말	12,147.8	4,595	16,742.8	8,486.6	102.8
1930년 3월 말	14,151.9	6,513	20,664.9	3,922.1	23.4
1935년 3월 말	16,535.1	7,088	23,623.1	2,958.2	14.3
1940년 3월 말	18,297.5	5,775	24,072.5	449.4	1.9
1945년 3월 말	20,056.3	5,608	25,664.3	1,591.8	6.6

비고) 자료 출처
국철은 〈정거장 일람〉
사철의 경우 1910~1935년 3월 말은 〈철도성 철도 통계〉
1940년, 1945년 3월 말은 일본 국유철도의 〈철도 요람〉

면적 및 인구당 영업 거리

이 철도의 보급 상태를 면적 1,000㎢와 인구 10만 명당으로 살펴보면 〈표 2-3〉과 같다. 즉, 면적 1,000㎢당 철도 영업 거리는 혼슈 및 일본 내륙 · 홋카이도 · 대만과 모두 비교하여 매우 짧다. 인구 10만 명당 영업 거리의 경우 1925년 3월 말 길이는 어느 지역과 비교해 보아도 짧은 수준이며, 특히 홋카이도의 7분의 1 이하였다. 그러나 1940년 3월 말에는 일본 내륙과 비슷한 수준을 보였으며, 대만보다 상위에 올랐다.

〈표 2-3〉 철도 보급 비교표(영업 거리에 따름)

(단위 : km)

연도	조선		(혼슈)		(일본 내륙)		홋카이도		대만	
	면적 1,000㎢당	인구 10만 명당	면적 1,000㎢당	인구 10만 명당	면적 1,000㎢당	인구 10만 명당	면 적 1,000㎢당	인구 10만 명당	면적 1,000㎢당	인구 10만 명당
1910년 3월 말	12.38	14.00	53.24	26.87			29.02	102.53	36.7	33.05
1925년 3월 말	16.2	18.5	75.0	36.6			39.0	128.8	43.1	34.1
1930년 3월 말	21.1	22.0	71.0	31.6			43.5	118.5	39.0	27.0
1935년 3월 말	26.9	26.0			71.9	30.6	45.5	124.0	39.5	24.1
1940년 3월 말										

조선과 마찬가지로 개척 과정에 있었던 홋카이도와 비교했을 때 면적당, 인구당 영업 거리가 다소 근접해지기는 하였으나, 그럼에도 상당한 격차가 존재한다는 점에 대해서는 생각해볼 만하다.

제3절 영업 성적

영업 성적을 판단하는 지표로서 영업 계수 또는 순영업 계수가 채택되는데, 이는 이 절의 마지막에 기술하기로 하고, 이 영업 계수를 좌우하는 각 요인을 연도별로 일본의 국유철도와 비교해보려고 한다.

영업 성적에 영향을 미치는 각 요인

수송 밀도 : 영업 킬로미터의 1일 1km당 수송 인원과 수송 톤수는 〈표 2-4〉와 같다.

1. 수송 인원 : 1912년 562명에 불과했던 조선의 수송 인원은 1925년에는 1,248명(원년도의 2.22배)으로 증가하였고, 그 후에도 일부 예외를 제외하고 매년 증가하여 1943년도에는 5,317명(1925년도의 4.26배)이 되었다.

일본 국철의 수송 인원은 1925년도에 4,200명으로, 이는 같은 해 조선철도의 3.37배에 달하는 수치였다. 1943년도의 경우 10,473명으로 같은 해 조선철도의 1.97배를 기록했다. 즉, 쇼와시대에 접어들어 조선철도의 여객 수송 신장은 일본 국철의 1.7배가 되었지만, 수송 밀도는 2분의 1 수준에 지나지 않는 상황이었다.

2. 수송 톤수 : 조선철도의 1912년도 실적은 342톤이었으며, 1925년도는 1,248톤으로 3.65배 증가하였다. 또한 1943년도에는 5,008톤으로 4.01배 신장하였다.

일본의 국철은 1925년도에 2,626톤으로 같은 해 조선철도의 2.1배를 기록했으며, 1943년도에는 5,763톤으로 같은 해 조선철도의 1.15배였다. 즉, 1925년도 이후 조선철도의 화물 수송 증가는 일본 국철의 1.82배에 달하였으며, 수송 밀도도 매우 근접해졌다.

3. 조선 내 5대 간선의 수송 밀도 : 조선 내 5대 간선의 1942년도 수송 밀도는 다음 표와 같다.

(단위 : 명, ton)

	수송 인원수	수송 톤수
경부선	10,390	5,719
경의선	8,136	7,149
호남선	3,355	1,728
경원선	6,269	6,513
함경선	5,148	6,976

즉, 여객 수송의 경우 경부선만이 일본 국철(전선 평균)을 다소 상회하였으며, 화물 수송의 경우 호남선 이외의 각 노선이 모두 일본 국철의 실적보다 증가하였다.

농산물 수송에 의존하는 호남선은 다른 간선의 실적과 격차가 발생했는데, 이는 중일전쟁 이후 화물 수송의 품목 변화와 이에 따른 수송 현황의 변모를 나타낸 것이라고 할 수 있다.

역간 거리 : 역간 거리는 개통 구간에 있어서의 역 수의 밀도를 나타낸 것으로, 대체적인 경향을 살펴보면, 여객이나 화주에 대한 서비스 향상 및 객화 유치, 선로 용량의 증가를 도모하면서, 역 수는 점차 증가하고 역간 거리는 짧아졌다.

〈표 2-5〉에 따르면 조선철도의 역간 거리는 1912년의 10.28km에서 1925년의 8.82km로 줄어들었고, 1943년도에는 6.76km가 되었다. 일본 국철도 1912년도의 5.75km에서 1925년도에는 5.46km, 1943년도에는 4.8km로 조선철도보다 감소율은 낮았지만 점차 단축되었다.

역의 수에 따라 수송 직접비 가운데 큰 비중을 차지하는 발착 경비가 결정

〈표 2-4〉 수송 밀도(1일 1km당 평균 여객 수, 화물톤 수)

(단위 : 명, ton)

연도	조선철도		일본 국철		비고
	여객 수	화물 톤수	여객 수	화물 톤수	
1912년	562	342			수송 밀도는
1916년	518	750			총 인km 또는 총 톤km
1921년	1,132	1,039			총 일km
1925년	1,248	1,248	4,200	2,616	
1926년	1,310	1,439	4,189	2,556	
1927년	1,317	1,446	4,226	2,593	
1928년	1,322	1,381	4,413	2,588	
1929년	1,387	1,327	4,250	2,479	
1930년	1,102	1,195	3,839	2,078	
1931년	990	1,200	3,586	1,961	
1932년	1,052	1,204	3,488	1,911	
1933년	1,200	1,342	3,715	2,112	
1934년	1,429	1,497	3,888	2,270	
1935년	1,525	1,547	3,983	2,279	
1936년	1,605	1,623	4,200	2,477	
1937년	1,864	2,014	4,483	2,817	
1938년	2,220	2,229	5,101	3,219	
1939년	2,983	2,631	6,319	3,692	
1940년	3,505	2,655	7,463	4,066	
1941년	3,799	3,074	8,361	4,306	
1942년	4,533	3,811	9,055	4,845	
1943년	5,317	5,008	10,473	5,763	

되었기 때문에 경비만을 놓고 본다면 역 수가 적은 것이 바람직하다. 그러나 역 수가 증가함에 따라 수송량도 증가하므로, 이에 따른 수입 증가와 발착 경비 경감이 기대될 경우 어느 쪽이 이득인지 산정해야 한다.

조선철도와 일본 국철의 역간 거리를 비교해 보면 1925년도에는 조선철도가 일본 국철의 1.62배였으나, 그 비율이 점차 감소하여 1929년도 이후에는 대체적으로 1.4배가 되었다. 즉, 조선철도의 정거장 경비는 일본 국철의 약

0.7(1÷1.4)로 충분하다는 결과가 나왔다. 영업비 가운데 운수비(정거장이 대부분)가 차지하는 비율의 경우 조선철도가 일본 국철에 비해 현저하게 낮은 이유로는 긴 역간 거리를 들 수 있다.

〈표 2-5〉 역간 거리

(단위 : km)

연도	조선철도			비율 (A÷B)	일본 국철		
	1912년을 1	1925년을 1	역간 거리A		역간 거리 B	1925년을 1	1912년을 1
1912년도	1		10.28	1.79	5.75		1
1916년도			9.98	1.78	5.60		
1921년도			9.82	1.78	5.53		
1925년도	0.858	1	8.82	1.62	5.46	1	0.950
1926년도			8.60	1.60	5.39		
1927년도			8.17	1.52	5.34		
1928년도			7.83	1.47	5.31		
1929년도			7.52	1.42	5.31		
1930년도			7.45	1.40	5.33		
1931년도			7.18	1.35	5.32		
1932년도			7.16	1.35	5.31		
1933년도			7.13	1.37	5.20		
1934년도			7.03	1.38	5.11		
1935년도			6.90	1.37	5.05		
1936년도			6.89	1.38	4.99		
1937년도			6.90	1.41	4.90		
1938년도			6.87	1.41	4.86		
1939년도			6.83	1.41	4.85		
1940년도			6.84	1.41	4.84		
1941년도			6.84	1.41	4.86		
1942년도			6.82	1.40	4.86		
1943년도		0.767	6.76	1.41	4.80	0.879	
1944년도					4.69		
1945년도					4.58		

주) 영업비에 차지하는 운수비의 비율은 각 연도에 따라서 다소 차이가 있

으나(1925년도~1939년도)

조선철도는 19.1%~22.7%

일본 국철은 32.1%~36.8%

1인 평균 승차 거리와 1톤 평균 수송 거리 : 1인 평균 승차 거리와 1톤 평균 수송 거리는 발착 경비와 큰 관련이 있다. 즉, 승차 거리와 수송 거리가 증가하면 1km당 발착 경비는 그만큼 경감된다.

1. 1인 평균 승차 거리 : 〈표 2-6〉에 나타난 바와 같이 조선철도의 경우 1925년 이후 점차 증가하는 경향을 보였는데, 만주사변과 중일전쟁으로 대륙과의 교통이 빈번해지면서 증가폭이 갑자기 커졌다. 또한 1943년도 이후 여객 수송 규제 조치로 인하여 단거리여객이 상대적 감소함에 따라 승차 거리가 증가하여 1944년도에는 82.3km로, 1925년도의 52.3km보다 1.57배 증가했다.

반면 일본 국철의 1인 평균 승차 거리는 1925년도에 27.5km로, 1944년도까지 연도별로 다소의 증가는 있었으나 1943년도의 28km와 거의 변함이 없었으며, 1944년도에는 24.9km로 급감하였다.

앞에서 기술한 바와 같이 조선철도는 국철에 비하여 승차 거리 자체도 훨씬 길고 또한 신장률도 더욱 커지고 있었다.

국철의 1인 평균 승차 거리를 비정기 여객과 정기 여객으로 구분하면 다음과 같다.

	비정기 여객	비정기 여객
1926년도	36.9km	11.8km
1933년도	39.0km	12.2km
1942년도	41.9km	13.9km
1943년도	43.6km	14.3km

정기 여객의 승차 거리가 1인 평균 승차 거리에 큰 영향을 끼치고 있음을 알 수 있다. 또한 비정기 여객의 경우도 전차(電車) 구간 승객의 승차 거리가 12km 전후인 점이 비정기 여객의 승차 거리를 단축시켰다.

〈표 2-6〉 1인 평균 승차 거리 · 1톤 평균 수송 거리

(단위 : km)

연도	조선철도		일본 국철		국철의 정기 외·정기별 1인 평균 승차 킬로미터	
	평균 승차 km	평균 수송 km	평균 승차 km	평균 수송 km	비정기	정기
1912년도	60.4	146.0				
1916년도	59.4	239.9				
1921년도	55.8	212.5				
1925년도	52.3	219.0	27.5	161.7		
1926년도	55.0	218.5	26.1	158.8	36.9	11.8
1927년도	53.5	208.2	25.3	158.4	36.1	11.9
1928년도	53.8	209.7	25.5	160.1	36.8	11.8
1929년도	58.3	210.4	24.7	102.9	36.0	11.8
1930년도	54.0	203.5	24.1	170.1	36.9	12.0
1931년도	54.1	215.2	24.3	175.0	36.9	12.2
1932년도	57.3	215.9	24.3	171.1	37.9	12.2
1933년도	59.8	204.7	24.7	166.6	39.0	12.2
1934년도	61.2	213.9	24.7	172.3	39.6	12.2
1935년도	60.1	206.4	24.5	172.9	40.0	12.2
1936년도	60.1	205.0	24.8	175.2	40.7	12.2
1937년도	68.8	234.6	25.1	185.9	41.0	12.4
1938년도	67.6	219.6	25.0	193.7	40.4	12.5
1939년도	71.6	237.8	26.1	200.2	41.9	12.7
1940년도	66.3	224.6	26.3	198.6	41.9	13.0
1941년도	68.2	238.8	25.6	204.3	40.4	13.3
1942년도	69.1	272.2	26.5	221.7	41.9	13.9
1943년도	69.2	334.3	28.0	248.1	43.6	14.3
1944년도	82.3	347.3	24.9	264.8	40.5	14.6

한편 정기승객의 수송 인원의 경우 조선철도의 1933년도 실적은 전체 여객의 14.3%에 불과하였으며, 1942년도에는 실적이 4.15배로 증가하였으나 전체 여객에 대한 비율은 12.1%로 감소하였다.

注) 1933년도 3,174,950명÷22,238,338명=0.143

1942년도 13,161,360명÷108,477,181명=0.121

이에 반하여 일본 국철은 1933년도에 전체 여객의 53%였던 정기 여객이 1942년도에는 55%가 되었다.

이와 같이 여객 수송의 경우 조선철도가 일본 국철에 비하여 채산상 매우 유리한 상황이었으며, 이러한 상황이 매년 향상되었다고 볼 수 있다.

2. 1톤 평균 수송 거리 : 앞의 〈표 2-6〉에서 본 바와 같이 조선철도의 수송 거리는 일본 국철에 비하여 30% 정도 길며, 또한 조선의 수송 거리 자체가 1925년도 이후 일진일퇴를 거듭하면서 단축되는 경향을 나타내었다.

중일전쟁 후 1937년도부터 다소 증가세를 보이다 1942년도부터 대륙 화물 수송으로 인하여 매년 급증하였다. 국철의 수송 거리도 거의 동일한 양상을 띠었다.

열차 1대 · 1km당 승차 인원 및 적재 톤수 : 열차의 수송 효율을 나타내는 것으로 수송 경비가 비교적 적당한 수준인지를 결정한다. 〈표 2-7〉에 따르면, ① 열차의 1km당 승차 인원은 1925년도의 231.1명에서 심각한 불황과 기동차[5] 운행으로 인한 열차의 단소화(短小化)에 의해 1931년도에는 126.5명(1925년도의 55%)까지 감소하였다. 그러나 만주사변 이후부터 지속적으로 증가하면서 1936년도에는 149.5명으로 1925년도의 65% 수준에 이르렀다. 1936년도의 객차 1대당 승차 인원수는 1925년도의 92% 수준에 달해 있었기 때문에 열차 1대당 승차 인원이 감소한 원인은 대부분 기동차의 운행 등에 의한 열차 단소화에 따른 것이었다.

5) 기동차(rail car, 汽動車) : 가솔린기관 또는 디젤기관 등의 내연기관을 장착하고 그 기관의 동력을 이용하여 운행하는 철도차량. – 역자 주

이 기간을 고빈도 열차 운행(frequent service)에 따른 여객 유치 시대라고 볼 수 있다.

이후 기동차 운행이 점차 감소함에 따라 열차 1대당 승차 인원이 급속히 증가하였고, 여객 수송의 규제기에 접어들면서 속도 감속에 따른 열차의 장대화와 객차 1대당 승차 인원수의 증가로 1943년도는 537명까지 늘어났다.

② 열차 1km당 적재 톤수는 1925년도에 191.2톤으로 그 후 2, 3년간은 다

〈표 2-7〉 1열차 1km당 승차 인원수 및 적재 톤수

(단위 : 명, ton)

연도	승차인원 수	적재 톤수	참고		비고
			객차 승차인원 수	화차 적재 톤수	
1912년도					
1916년도					
1921년도	242.9	165.2			
1925년도	231.1	191.2	26.09	13.33	
1926년도	238.9	198.1	25.70	13.45	
1927년도	224.2	197.4	24.39	13.39	
1928년도	199.7	195.0	22.75	13.14	
1929년도	200.3	181.5	22.54	12.81	
1930년도	160.1	166.9	19.06	12.49	
1931년도	126.5	175.1	18.72	12.78	
1932년도	128.0	173.8	20.07	12.65	
1933년도	136.3	180.8	21.20	12.66	
1934년도	146.3	192.8	23.13	12.68	
1935년도	146.2	195.7	23.01	12.56	
1936년도	149.5	193.3	23.90	12.69	
1937년도	179.3	220.9	27.11	14.02	
1938년도	194.8	226.4	29.50	15.05	1개 열차 연결차수
1939년도	252.6	236.7	35.84	15.73	여객열차 화물열차
1940년도	269.9	225.9	36.95	15.99	7.30 14.13
1941년도	324.1	253.8	41.17	16.75	7.87 15.15
1942년도	376.5	284.5	44.65	17.92	8.43 15.88
1943년도	537.0	334.3	55.65	20.54	9.65 6.28

소 증가하였지만 심각한 불황으로 점차 감소하여 1930년도에는 166.9톤까지 떨어졌다.

그러나 이후 증가세를 보이면서 1934년도에는 192.8톤을 기록, 1925년도 수준까지 회복하였다. 중일전쟁의 장기화로 조선이 병참기지가 되면서 편중 수송이 해소되자 화차 1대의 적재 톤수도 계속 증가한데다 1941년도 이후 열차의 장대화로 인하여 1943년도에는 334.3톤(1925년도의 1.75배)이 되었다.

작업 능률 : 현장 작업을 크게 운수 종사원(역, 열차구), 운전 종사원(기관구, 검차구), 보선 종사원(보선구)으로 구분하고, 대상 업무량마다 필요한 종사원수를 검토하면 다음과 같다. 물론 앞에서 기술한 각 요인이 각각 크게 작용하고 있지만, 그 밖에 요원의 작업 의욕이나 최소 출석 인원의 관계도 경시할 수 없는 요소이므로 작업 능률로서 채택하였다.

각 계통을 불문하고 명 · 톤킬로미터당 수치를 대상 업무량의 하나로 살펴보기로 하였다. 명 · 톤킬로미터가 수입 대상의 업무량이며, 모든 작업은 수입을 올리기 위하여 시행되는 것이므로, 직접적인 대상 업무로 보기 힘든 부분도 있기는 하지만 채택해 보기로 하였다.

조사 연도 또한 잔존 통계가 적기 때문에 자료로 남아 있는 1935년부터 1937년까지 3년간으로 정하였다.

1. 운수 종사원 : 역의 업무는 크게 열차 취급과 객화(客貨) 취급으로 나뉘며, 열차구의 업무는 열차승무로 대상 업무량을 열차 거리와 수송 인원수(정기승객은 1/2로 환산), 톤수와 이 밖에도 인 · 톤킬로미터당으로 살펴보면 다음과 같다. 즉, 열차 1만 km당 종사원수는 역간 거리가 길고 조차장이 없기 때문에 조선철도가 훨씬 효율적이다. 다만 일본 국철이 3년간 보합 상태인 것에 반하여 조선철도는 점차 증가 경향을 보이고 있다는 점은 주목할 만하다.

객화 취급이라는 관점에서 본 수송 인원 · 톤수별 종사원수는 수송 밀도, 특히 여객(정기 여객)의 차이가 지나치게 크기 때문에 조선철도가 일본 국철에 비하여 훨씬 비효율적이다.

운수 종사원 작업 능률표

(단위 : 명)

	인원			열차 거리 1만 km당			수송인원·톤수 1만 명, 1만 톤당			100만 명·톤킬로미터당		
	1935	1936	1937	1935	1936	1937	1935	1936	1937	1935	1936	1937
조선철도	5,917	6,924	7,891	2.7	2.8	3.0	1.61	1.64	1.73	1.6	1.6	1.5
일본 국유철도	88,022	91,616	100,559	3.6	3.5	3.7	1.11	1.07	1.08	2.3	2.2	2.1

수입 대상인 명 · 톤킬로미터당 종사원수는 조선철도가 상당이 좋은 것으로 나타났는데, 이는 여객, 화물 모두 평균 수송 거리가 긴 점이 영향을 끼친 것이라고 여겨진다.

2. 운전 조사원 : 기관구는 기관차(동차 포함)의 운전과 검사 및 그 수리, 검차구는 객화차의 검사 및 그 수리를 담당하므로, 기관차 킬로미터와 객화차 킬로미터를 종합한 것이라고 볼 수 있는 열차 킬로미터에 따라 대상 업무량이 결정된다고 보았다. 그밖의 연인원 · 톤킬로미터당을 살펴보면 다음과 같다.

운전 종사원 작업 능률표

(단위 : 명)

	인원			열차 거리 1만 km당			100만 명 · 톤킬로미터당		
	1935	1936	1937	1935	1936	1937	1935	1936	1937
조선철도	4,125	4,762	6,064	1.9	1.9	2.3	1.11	1.12	1.12
일본 국유철도	45,463	46,301	49,884	1.9	1.8	1.8	1.19	1.11	1.05

즉, 1935년, 1936년도는 열차 킬로미터나 명 · 톤킬로미터당 모두 양자가 거의 동일하였는데, 조선철도에서는 1937년도 이후 증가 경향을 나타내고 있다.

3. 보선 종사원 : 보선구의 대상 업무량으로서 기본이 되는 것은 궤도 연장 킬로미터로, 여기에 통과 중량을 가미하는 방식으로 열차 킬로미터당 수치를 살펴보면 다음과 같다.

궤도 길이 1km당에서는 양자가 거의 동일하였으나, 광궤로 도상 면적이

보선 종사원 작업 능률표

(단위 : 명)

	인원			궤도길이 1km당			열차 km 1만 km당			100만 명 · 톤당		
	1935	1936	1937	1935	1936	1937	1935	1936	1937	1935	1936	1937
조선철도	4,574	4,942	5,542	1.0	1.0	1.1	2.11	2.01	2.09	1.23	1.16	1.03
일본 국유철도	28,468	29,325	31,856	1.0	1.0	1.1	1.17	1.14	1.17	0.75	0.70	0.67

넓다는 점을 고려하면 조선철도가 매우 효율적이라고 생각된다. 그러나 열차 길이당 작업 능률은 조선철도가 훨씬 나쁘며, 통과 중량의 영향을 고려하면 궤도 길이 킬로미터당 수치로는 속단할 수 없다. 또한 인 · 톤킬로미터당의 경우에도 국철에 비하여 상당한 차이가 있다는 점을 고려하면 최저 요원의 관계가 크게 영향을 미치며, 종합적으로는 국철의 효율에는 이르지 않았다고 판단해야 한다.

4. 철도 작업비에 관련된 전종사원 : 철도의 건설 개량과 용품 개정에 소속된 인원수를 제외한 철도 작업비 관계의 종사원수(현장 종사원과 감독 · 후생 요원)에 대해서 100만 명 · 톤킬로미터당 인원수를 살펴보면 다음 표와 같으며, 수입을 올리기 위해서 필요한 인원수는 조선철도가 약간 적은 결과로 나타났다.

(단위 : 명)

	조선철도	일본의 국유철도
1935년도	4.659명	5.025명
1936년도	4.599	4.779
1937년도	4.202	4.706
1938년도	4.070	4.323
1939년도	3.945	4.052

1인 평균 임금 : 조선철도의 경우 일본인 종업원에게는 실질적으로 40% 정도 가산된 임금이 지급되었으므로 일본의 국철 종업원보다 평균 임금이 높았다.

그리고 철도의 현장 종업원은 말단직으로, 학교 졸업생(중등학교 이상) 이외에는 각 직장의 최저 직급으로 채용되기 때문에 신규 채용자 수에 따라 평균 임금이 결정되었다.

조선철도에서는 이 밖에도 일본인과 조선인 종업원의 구성 비율이 평균 임금을 좌우하는 큰 요소로 작용했다.

1925년도 이후부터 1943년도까지의 조선철도와 일본 국철의 평균 임금을 비교하면 〈표 2-8〉과 같으며, 만주철도로부터 이관된 직후의 평균 임금은

〈표 2-8〉 평균 임금(연액) 비교표

(단위 : 명)

연도	조선철도 A	일본 국철 B	비율 A÷B
1925년도	817		
1926년도	801	623	1.285
1927년도	793	632	1.255
1928년도	783	639	1.225
1929년도	784	652	1.202
1930년도	765	667	1.146
1931년도	771	676	1.140
1932년도	770	688	1.119
1933년도	751	684	1.098
1934년도	728	680	1.071
1935년도	708	679	1.043
1936년도	738	676	1.092
1937년도	711	656	1.084
1938년도	722	648	1.114
1939년도	691	640	1.080
1940년도	729	673	1.083
1941년도	741	669	1.108
1942년도	737	678	1.087
1943년도	687	702	0.979
(참고) 1920년도	708		

비고) 통계 자료는 조선철도의 경우 이듬해 9월 말 기준, 일본 국철은 이듬해 3월 말 기준임.

〈표 2-9〉 연도별 증원 상황

(단위 : 명)

연도	조선철도 9월 말 인원				전년 대비 증감				일본 국철	
	일본인	조선인	기타	합계	일본인	조선인	기타	합계	연도 말 인원	전년 대비 증감
1920년	6,555	5,488	7	12,050						
1925년	7,290	0.431 5,523	6	12,819						
1926년	7,647	0.422 5,594	6	13,247	357	71	0	428	200,500	
1927년	8,928	0.419 6,446	9	15,383	1,281	852	3	2,136	206,431	5,931
1928년	9,440	0.421 6,880	8	16,328	512	434	△ 1	945	210,883	4,452
1929년	9,500	0.424 7,012	8	16,520	60	132	0	192	210,472	△ 411
1930년	9,370	0.432 7,131	6	16,507	△ 130	119	△ 2	△ 13	204,564	△ 5,908
1931년	9,309	0.430 7,012	4	16,325	△ 61	△ 119	△ 2	△ 182	198,678	△ 5,886
1932년	9,001	0.426 6,685	4	15,390	△ 308	△ 327	0	△ 635	198,848	170
1933년	9,884	0.422 7,216	12	17,112	883	531	8	1,422	201,538	2,690
1934년	11,396	0.409 7,900	12	19,308	1,512	684	0	2,196	209,456	7,918
1935년	13,166	0.399 8,761	10	21,937	1,770	861	△ 2	2,629	218,352	8,896
1936년	16,125	0.385 10,095	4	26,224	2,959	1334	△ 6	4,287	227,689	9,337
1937년	19,119	0.385 11,987	2	31,108	2,994	1892	△ 2	4,884	253,247	25,558
1938년	21,006	0.406 14,346	2	35,354	1,887	2359	0	4,246	272,175	18,928
1939년	27,788	0.417 19,844	2	47,634	6,782	5498	0	12,280	309,017	36,842
1940년	28,964	0.496 28,559	2	57,525	1,176	8715	0	9,891	339,160	30,143
1941년	31,179	0.481 29,792	2	60,973	2,215	1233	0	3,448	384,559	45,399
1942년	31,669	0.524 34,866	1	66,536	490	5074	△ 1	5,563	401,772	17,213
1943년	32,303	0.657 61,920	1	94,224	634	27054	0	27,688	470,560	68,784

비고) 1. 조선철도 인원수는 이듬해 9월 말 기준
2. 조선인난의 왼쪽 위의 수치는 전체 인원에서 차지하는 비율

일본 국철 종업원의 평균 임금에 비해 30% 이상 많았다.

그 후 조선철도 종업원의 증가율이 국철보다 커지면서 평균 임금 차이가 점차 감소되었고, 1933년도 이후부터 1942년까지 10% 전후의 차이를 보였다. 1943년도에는 조선철도의 일본인과 조선인 종업원의 구성비가 역전되어 조선철도의 평균 임금이 크게 줄어들면서 일본 국철보다 낮아졌다.

이 기간 동안 물가 급등에 따라 종업원 임금이 시정되었으나, 신규 채용수가 많았기 때문에 평균 임금을 상승시키지는 못하였다.

연도별 증원 상황 및 조선철도의 일본인 · 조선인 구성 상황은 〈표 2-9〉와 같다.

운전용 석탄 소비량 : 운전용 석탄 비용은 순영업비의 20% 전후 수준으로, 종사원의 임금 다음으로 큰 비중을 차지하였으며, 그 사용량은 경비 총액에 중대한 영향을 끼쳤다. 따라서 일찍이 석탄 절약권장 운동(자세한 내용은 운전편을 참조)을 실시하는 등 소비를 절약할 수 있는 다양한 방법을 모색했다.

1. **석탄 소비량** : 운전용 석탄은 석탄의 혼탄(混炭), 투탄(投炭) 기술 등에 따라서 소비량이 좌우되는데, 1925년도부터 1943년도까지의 실적을 환산차량 100km당 소비량(통상적으로 기관차의 길이로 보는 경우가 많지만, 1939년도경부터 열차가 점차로 장대화되었기 때문에)으로 보면 다음과 같다.

환산 차량 100km당 석탄 소비량(광궤선)

(단위 : km)

1925년	1926년	1927년	1928년	1929년	1930년	1931년	1932년	1933년	1934년
304.17	305.62	303.34	326.60	302.54	291.10	273.83	269.58	267.38	279.25
1935년	**1936년**	**1937년**	**1938년**	**1939년**	**1940년**	**1941년**	**1942년**	**1943년**	
278.97	284.23	277.25	300.38	319.69	388.88	398.60	420.95	460.87	

즉, 수송량이 급격히 증가하면서 기관차 승무원을 속성으로 양성한 1925년부터 환산 차량 킬로미터당 소비량이 증가하기 시작하였다. 승무원의 기량 미숙이 원인으로 해마다 소비량은 늘어났으며, 1943년도에는 460.87kg로 1923년도에 비하여 66%나 증가하였다.

2. 석탄 단가 : 조선은 운전용 석탄의 산출량이 많지 않았기 때문에 초기에는 대부분 만주와 일본에서 석탄을 조달하였으며, 조선산 무연분탄은 가공하여 연탄으로 사용하였다. 그 후 기관차의 화실이 개량되어 조선탄(갈탄)을 역청탄과 혼탄하여 사용하게 되었고, 연탄과 함께 전량의 40% 정도를 조달하게 되었다.

1931년도경부터 연탄 사용이 증가하면서 조선산이 전량의 70% 정도에 이르렀고, 만주와 일본산 석탄의 비중은 감소하였다.

석탄의 1톤당 단가는 다음 표에 나와 있는 것처럼 1933년도경부터 조선철도가 일본 국철에 비해 약 20% 정도 높았다. 그러나 1934년도 이후에는 조선철도 쪽이 일본 국철에 비해 저렴한 가격으로 구입하였다. 이는 일본 국철의 경우 1935년경부터 석탄 가격의 인상 조짐이 나타나기 시작하여 1938년도부터 급격하게 상승한 반면, 조선철도는 1938년부터 가격이 급등하였기 때문에, 이러한 시간차에 의해 나타난 것으로 보인다.

조선철도의 석탄 가격은 1940년 이후의 자료가 없어 확실하지 않지만, 곧바로 주요 물자에 대한 가격 통제가 이루어졌으므로 국철의 석탄 가격 상승률의 2.4배 정도 상승하였다고 가정하면 1톤에 24엔 정도였을 것이라고 추측된다.

석탄 단가표(1톤당)

(단위 : 엔, %)

연도	조선철도	비율	일본 국철	연도	조선철도	비율	일본 국철
1925년도	14.423			1935년도	9.068	0.871	10.414
1926년도	13.759	1.198	11.473	1936년도	9.692	0.901	10.751
1927년도	12.927	1.156	11.185	1937년도	9.888	0.747	13.224
1928년도	11.981	1.066	11.241	1938년도	13.948	0.843	18.304
1929년도	13.505	1.228	10.998	1939년도	17.015	0.920	18.497
1930년도	12.286	1.202	10.217	1940년도			20.826
1931년도	12.354	1.418	8.715	1941년도			23.066
1932년도	11.622	1.351	8.600	1942년도			23.159
1933년도	11.008	1.221	9.013	1943년도			23.136
1934년도	9.949	0.995	9.997				

환산 차량당 소비량은 앞에서 언급한 바와 같이 66% 증가하였고, 석탄 가격이 2.4배가 되었다고 볼 때 석탄 비용은 단위당 약 4배(1.66×2.4=3.984)나 증가하게 되므로 경영상 큰 부담으로 작용했을 것이 분명하다.

이상의 각 요인은 수송 밀도(수지와 관련)를 제외하고 경비의 사용 효율에 영향을 미치는 것이다.

다음은 수입의 효율과 관련된 내용을 다루고자 한다.

1인 1km, 1톤 1km당 평균 운임

1. 1인 1km 평균 운임 : 1920년에 조선 · 만주 통일 운임을 설정한 이후, 조선철도와 일본 국철의 3등 기본 운임 비율은 동일하였으나, 조선철도가 국철에 비해 원거리 체감률이 작고 우등 승객에 대한 배율이 다소 낮았다.

조선철도와 일본 국철의 연도별 1인 1km당 평균 운임은 〈표 2-10〉과 같이 조선철도 쪽이 훨씬 높은데, 이는 정기 여객이 차지하는 비율이 차이가 나기 때문으로 일본 국철의 비정기 여객의 1인 1km당 평균 운임은 조선철도에 비하여 약간 낮은 정도였다.

2. 1톤 1km당 평균 운임 : 화물 운임은 수송 원가주의에서 벗어나 사회정책 운임이 적용되었으므로 두 철도의 기본 운임 비율을 비교하는 것이 어렵지만, 1926년도 이후의 추이를 살펴보면 10호표에 나타난 것처럼 일본 국철이 조선철도보다 높다가 점차 근접해졌으며, 1940년도 이후에는 오히려 조선철도가 높아졌다.

장기간의 경향을 살펴보면, 두 철도 모두 평균 수송 길이의 신장 및 수송 품목 변화 등으로 인하여 지속적인 하락 경향을 보였으나, 1940년도 이후 일본 국철의 하락폭이 커지면서 역전되었다.

조선철도 또한 1941년도 관동군 특별 대연습의 군사 수송 이후 일반 화물의 수송 규칙이 점차 엄격해지고 전가화물(轉嫁貨物)이 이를 대신하면서 톤당 운임은 급락했다.

순영업계수

일본 국유철도의 영업비에는 이자 및 채무 취급 제반 비용과 사설철도 보조 등 조선철도의 영업비에는 없는 경비가 포함되어 있으며, 반대로 조선철도의 영업비에는 일본 국철에는 없는 특별 급여금이 포함되어 있으므로, 양자의 내용을 동일하게 한 순영업비를 영업 수입으로 나눈 순영업계수를 근거로 살펴보려고 한다. 〈표 2-11〉

일본의 국유철도는 다이쇼(1912~1926)시대에 이미 순영업계수가 50~60대를 나타냈는데, 조선철도는 1916~17년(수입이 많았으며, 물가 · 임금이 급등한 것

〈표 2-10〉 여객 1인 1km, 화물 1톤 1km당 운임

(단위 : 모)

연도	조선철도		일본 국철		
	1인 1km당	1톤 1km당	1인 1km당	1톤 1km당	비정기 여객 1인 1km
1912년	122	138			
1916년	122	94			
1921년	150	178			
1925년	139	161			
1926년	141	156	119	169	138
1927년	141	157	116	169	137
1928년	140	157	115	171	135
1929년	135	157	114	171	135
1930년	135	156	112	167	136
1931년	133	150	109	164	134
1932년	131	150	107	163	132
1933년	133	151	106	163	131
1934년	132	155	105	162	131
1935년	134	156	105	161	130
1936년	136	159	105	160	131
1937년	129	145	104	155	129
1938년	136	150	104	153	129
1939년	140	146	106	148	130
1940년	146	148	108	140	133
1941년	144	142	108	135	135
1942년	177	142	135	142	170
1943년	180	128	137	125	170

〈표 2-11〉 순영업수지와 영업계수

(단위 : 천 엔)

연도	조선철도			일본 국유철도		
	순영업수입	순영업비	영업계수	순영업수입	순영업비	영업계수
1912년	5,866	4,750	80.0			
1916년	8,777	5,871	66.9			
1921년	28,110	21,037	74.8	397,599	218,650	55.0
1925년	32,100	22,491	70.0	480,451	259,440	54.0
1926년	35,580	24,029	67.5	484,083	270,839	55.9
1927년	38,156	25,464	66.7	506,445	281,988	55.7
1928년	40,988	27,279	66.5	529,132	300,708	56.8
1929년	43,452	28,196	64.9	517,794	304,143	58.7
1930년	38,592	26,000	67.4	458,140	284,824	62.2
1931년	38,450	25,585	66.8	433,540	266,634	61.5
1932년	38,945	24,903	63.9	425,954	265,082	62.2
1933년	43,460	26,259	60.4	473,571	282,200	59.6
1934년	53,235	30,033	56.4	518,668	314,126	60.6
1935년	59,048	33,200	56.2	544,534	329,537	60.5
1936년	67,181	37,590	56.0	598,171	354,420	59.3
1937년	80,735	46,198	57.2	670,164	406,692	60.7
1938년	98,681	54,695	55.4	768,947	470,007	61.1
1939년	126,750	70,411	55.6	924,417	552,844	59.8
1940년	167,283	105,711	63.2	1,039,495	666,309	64.1
1941년	178,592	131,726	73.8	1,122,778	780,467	69.2
1942년	250,106	161,725	64.7	1,441,921	908,497	63.0
1943년	301,225	205,446	68.2	1,711,671	1,091,084	63.7
1944년				1,865,102	1,397,006	74.9
1945년				2,227,809	2,809,715	126.1

은 1918년도 이후이다)을 제외하면 대체적으로 70대 정도였다.

1926년도 이후부터 해마다 점차 감소하는 경향을 보였는데, 1930년 경제 공황으로 인하여 수입이 전년도 이하로 내려갔을 때에도 경비를 절감한 덕분에 다소 악화된 정도에 그쳤다.

한편 불황으로 막대한 영향을 받은 일본 국철의 순영업계수가 60대로 올라가면서 1933년도에는 양자가 거의 동일해졌다.

그 후 일본 국철은 60 전후를 나타낸 반면, 조선철도는 수입이 증가하고 영업계수가 내려가면서 줄곧 55 전후를 유지하여 일본 국철을 능가하는 성적을 거두었다.

수입적인 측면에서는 수송량이 2배 가까이 신장되었으며, 여객 1명의 1km당 운임이 일본 국철보다 20% 이상 높다는 점이 크게 작용하였으며, 경비적인 측면에서는 명 · 톤킬로미터당 종업원수가 일본 국철에 비해 적어 임금 단가의 격차가 점차 축소되었기 때문이라고 여겨진다.

1940년도는 물가 · 임금의 상승이 경비에 큰 영향을 끼쳤고, 이 밖에도 환산 차량 킬로미터당 석탄 소비의 증가, 양성 경비의 증가 등으로 영업 계수가 단숨에 63.2까지 상승하였다. 이러한 경향은 일본 국철도 마찬가지였으나 각 부문의 종사원층이 두터웠기 때문에 다행히 소폭의 영향을 받는 데 그쳤다.

1941년도에는 관동군 특별 대연습에 의한 수입 증가 둔화, 특별 경비 지출에 의한 경비 증대로 인하여 수지의 균형이 무너졌다. 이로 인해 발생한 손실 보상을 군 당국이 절충했으나 목적을 달성하지 못한 것은 경리편에서 기술한 바와 같다.

1942년에 들어와 조선철도와 일본 국철 모두 여객 운임을 인상하여 어려운 재정을 해결하려고 하였으나, 경비 증가가 큰 탓에 영업 계수가 악화되었다. 이 가운데 전쟁의 영향을 크게 받은 조선철도 측의 실적이 더욱 악화되었다.

지금까지 언급한 실적을 간단히 요약하면, 조선철도는 기업이 노력한 만큼 1934년부터 1939년까지 일본 국철을 능가하는 좋은 실적을 거두었다. 수입이 매년 증가하여 이러한 계수를 유지한다면 수익금의 절대 액이 점차 증가하여 탄탄한 재정 기반을 구축할 것이 분명한 상황이었다.

그러나 1940년도 이후 급속도로 수송량이 증가한 탓에 각 부문의 종사원이 부족해진 조선철도는 종사원의 속성 양성에 쫓기다 인플레이션의 심화와 자재 부족으로 실적이 악화되었다.

하지만 사업으로서 가장 중요한 수입 차익의 절대 액은 매년 지속적으로 증가하였다.

제4절 총독부 재정과 조선철도의 수지 차익

조선철도 영업 수지의 차익과 만주철도 납부금(만주철도에 위탁경영 기간 중의 납부금과 위탁 해제에 수반한 종업원의 퇴직수당 명목의 납부금)은 총독부 특별 회계의 경상부 세입이 되며, 이 자금으로 총독부 회계의 부담으로 발행한 공채와 차입금의 이자 및 기타 행정비용을 충당했다.

1910년 조선총독부 개설 이래(조선철도의 회계는 1911년도부터) 1943년도까지 조선철도가 총독부 회계에 납부한 금액은 〈표 2-12〉와 같이 총 636,477,338엔이었다.

한편 총독부가 일반 회계(이후 국채정리기금 특별회계)에 공채 이자 및 채무 취급 제반 경비로 이월한 금액은 〈표 2-13〉에 나타난 바와 같이 1911년도부터 1943년도까지 총 539,042,542엔이므로, 조선철도가 벌어들인 수익으로 총독부 전체를 위하여 발행한 공채의 이자를 불입한 결과 100,000,000엔에 가까운 잉여금이 발생하였다.

물론 초기에는 철도 관련 공채의 지불에도 급급할 정도였으나, 1934년도 이후 대폭으로 증가한 수지 차액 덕분에 1941년도에는 이를 완전히 보충하고, 1942년도 이후부터는 매년 많은 이익을 남겼다.

철도 관련 공채 이자와 이자 지불 후의 잉여금

조선철도 관련 공채 발행액은 매년 총독부에 의해서 통지된 공채 지불액

〈표 2-12〉 수지 차익과 만주철도 납부금

(단위 : 엔)

연도	수지 차익	만주철도 납부금	합계	연도	수지 차익	만주철도 납부금	합계
1911년도	633,951		633,951	1928년도	12,164,000	341,876	12,505,876
1912년도	852,868		852,868	1929년도	14,087,000	442,807	14,529,807
1913년도	1,568,226		1,568,226	1930년도	9,954,000	550,803	10,504,803
1914년도	1,232,328		1,232,328	1931년도	8,729,000	709,096	9,438,096
1915년도	1,778,563		1,778,563	1932년도	12,467,000		12,467,000
1916년도	2,636,032		2,636,032	1933년도	16,430,000		16,430,000
1917년도	1,766,051		1,766,051	1934년도	21,970,000		21,970,000
1918년도		6,810,227	6,810,227	1935년도	24,477,000		24,477,000
1919년도		4,017,963	4,017,963	1936년도	27,867,000		27,867,000
1920년도		4,921,881	4,921,881	1937년도	31,192,000		32,192,000
1921년도		6,176,599	6,176,599	1938년도	42,023,000		42,023,000
1922년도		6,603,871	6,603,871	1939년도	52,722,000		52,722,000
1923년도		7,478,801	7,478,801	1940년도	57,911,000		57,911,000
1924년도		8,090,005	8,090,005	1941년도	43,283,000		43,283,000
1925년도	8,163,000	77,000	8,240,000	1942년도	83,568,000		83,568,000
1926년도	10,081,000	159,390	10,2403,90	1943년도	90,476,000		90,476,000
1927년도	11,065,000		11,065,000	합 계	590,097,019	46,380,319	636,477,338

(회계 참고서, 철도 상황에 기재, 〈표 2-15〉)를 근거로 하고, 그 이율은 관련 자료가 없으므로 일본 국철의 차입자본과 이자 및 채무 취급 제비용의 비율 〈표 2-16〉을 참고하였다.

이를 바탕으로 조선철도와 관련한 공채 이자 등을 계산하고, 연도별로 수지 차익금 등을 비교하면 〈표 2-14〉와 같다(〈표 2-12〉에서 〈표 2-16〉까지는 다음 페이지부터에 일괄적으로 게재하였다). 즉, 초기에는 수익금이 이자 등에 비해 적었던 연도도 2~3차례 있었지만 전체적으로 총독부에 피해를 입히지 않았으며, 1935년도 이후에는 총독부 재정을 지원하는 역할을 하였다.

주) 1. 조선총독부의 공채, 일본 국철 공채 모두 국채정리기금 특별회계에서 발행하며, 기타를 취급하므로 발행 조건에는 차이가 없다고 생각

〈표 2-13〉 조선총독부 특별회계 공채 및 차입금 이자, 공채 제비용

(단위 : 엔)

연도	이자	공채제비용	합계	연도	이자	공채제비용	합계
1911년도	1,348,065	34,281	1,382,346	1928년도	17,317,265	236,399	17,553,664
1912년도	1,882,277		1,882,277	1929년도	18,460,001	124,789	18,584,790
1913년도	2,568,730	366,610	2,935,340	1930년도	19,369,511	348,865	19,718,376
1914년도	3,241,785	10,125	3,251,910	1931년도	20,435,205	207,404	20,642,609
1915년도	3,737,970	3,550	3,741,520	1932년도	21,025,938	177420	21,203,358
1916년도	3,751,911	6,786	3,758,697	1933년도	22,778,760	57,137	22,835,897
1917년도	4,309,194	400,840	4,710,034	1934년도	22,377,727	160,981	22,538,708
1918년도	5,545,282	128,709	5,673,991	1935년도	23,497,875	49,245	23,547,120
1919년도	5,882,884	149,846	6,032,730	1936년도	21,118,798	84,015	21,202,813
1920년도	6,966,138	235,890	7,202,028	1937년도	21,528,898	56,442	21,585,340
1921년도	8,954,631	261,093	9,215,724	1938년도	22,895,507	43,375	22,938,882
1922년도	10,590,913	1,109,626	11,700,539	1939년도	25,124,204	23,376	25,147,580
1923년도	12,277,856	385,545	12,663,401	1940년도	29,040,728	47,926	29,088,654
1924년도	12,960,963	321,047	13,282,010	1941년도	33,878,611	35,600	33,914,211
1925년도	14,245,967	353,172	14,599,139	1942년도	38,926,789	27,100	38,953,889
1926년도	15,026,580	94,141	15,120,721	1943년도	45,715,099	28,556	45,743,655
1927년도	15,893,814	796,775	16,690,589	합 계	532,675,876	6,366,666	539,042,542

하였다.

2. 조선총독부와 관련된 목적별 발행 현재액이 쇼와재정사(昭和財政史) 제16권(대장성재정사실편)에 게재되어 있는데, 자료에 의하면 1943년 3월 말 기준으로 건설 개량을 위해 사용된 비용은 1,771,588,000엔, 총독부 총액 2,394,700,000엔이다. 그러나 건설 개량비는 1911년도부터 1942년도까지의 결산 누계액이 1,112,792,000엔으로 큰 차이가 나며, 지불 이자액 38,954,000엔을 보더라도 지나치게 금액이 크기 때문에 차환 발행을 포함한 수치일 가능성도 있어 채택하지 않았다.

〈표 2-14〉 조선철도의 총독부 납부액과 공채 이자 등

(단위 : 천 엔, %)

연도	총독부 납부액	공채 이자 및 채무 취급제비용			과부족(△)	
		공채 지불액	이율	공채 이자 등	당해 연도	누계
1911년도	634	8,500	4.83	411	223	
1912년도	853	17,500	〃	845	8	231
1913년도	1,568	26,000	〃	1,256	312	543
1914년도	1,232	31,664	〃	1,529	△ 297	246
1915년도	1,779	38,244	〃	1,846	△ 67	179
1916년도	2,636	46,634	〃	2,252	384	563
1917년도	1,766	56,054	〃	2,707	△ 941	△ 378
1918년도	6,810	66,054	〃	3,190	3,620	3,242
1919년도	4,018	76,054	〃	3,673	345	3,587
1920년도	4,922	91,374	〃	4,413	509	4,096
1921년도	6,177	111,374	〃	5,379	798	4,894
1922년도	6,604	131,374	〃	6,345	259	5,153
1923년도	7,479	146,374	〃	7,070	409	5,562
1924년도	8,090	156,374	〃	7,553	537	6,099
1925년도	8,240	166,374	〃	8,036	204	6,303
1926년도	10,240	181,374	〃	8,760	1,480	7,783
1927년도	11,065	204,845	〃	9,894	1,171	8,954
1928년도	12,506	231,415	〃	11,177	1,329	10,283
1929년도	14,530	252,220	〃	12,182	2,348	12,631
1930년도	10,505	264,720	〃	12,786	△ 2,281	10,350
1931년도	9,438	286,130	〃	13,820	△ 4,382	5,968
1932년도	12,467	305,570	〃	14,759	△ 2,292	3,676
1933년도	16,430	326,017	〃	15,747	683	4,359
1934년도	21,970	345,155	〃	16,671	5,299	9,658
1935년도	24,477	377,167	〃	18,217	6,260	15,918
1936년도	27,867	403,787	4.03	16,273	11,594	27,512
1937년도	32,192	455,786	〃	18,368	13,824	41,336
1938년도	42,023	543,787	〃	21,915	20,108	61,444
1939년도	52,722	679,787	〃	27,395	25,327	86,771
1940년도	57,911	848,118	〃	34,179	23,732	110,503
1941년도	43,283	978,918	〃	39,450	3,833	114,336
1942년도	83,568	1,103,918	〃	44,498	39,080	153,416
1943년도	90,476	1,259,028	〃	50,739	39,737	193,153

비고) 1917년도는 1917년도분 만주철도 납부금이 1918년도에 납부되었기 때문에 부족액이 발생했다.

〈표 2-15〉 조선철도 관계 공표 지불액

(단위 : 엔)

연도	당해 연도	누계	연도	당해 연도	누계
1911년도	8,500,000		1928년도	26,570,000	231414,962
1912년도	9,000,000	17,500,000	1929년도	20,804,700	252,219,662
1913년도	8,500,000	26,000,000	1930년도	12,500,000	264,719,662
1914년도	5,664,162	31,664,162	1931년도	21,410,450	286,130,112
1915년도	6,580,000	38,244,162	1932년도	19,440,200	305,570,312
1916년도	8,390,000	46,634,162	1933년도	20,446,820	626,017,132
1917년도	9,420,000	56,054,162	1934년도	19,137,983	345,155,115
1918년도	10,000,000	66,0541,62	1935년도	32,011,600	377,166,715
1919년도	10,000,000	76,054,162	1936년도	26,620,000	403,786,715
1920년도	15,320,000	91,374,162	1937년도	52,000,000	455,786,115
1921년도	20,000,000	111,374,162	1938년도	88,000,000	543,786,715
1922년도	20,000,000	131,374,162	1939년도	136,000,000	679,786,715
1923년도	15,000,000	146,374,162	1940년도	168,331,000	848,117,715
1924년도	10,000,000	156,374,162	1941년도	130,800,000	978,917,715
1925년도	10,000,000	166,374,162	1942년도	125,000,000	1,103,917,715
1926년도	15,000,000	181,374,162	1943년도	155,110,285	1,259,028,000
1927년도	23,470,800	204,844,962			

비고) 1942년도 누계가 불분명하여 1943년도 말 누계에서 1941년도 말 누계를 뺀 금액을 투자액에 근거하여 1942년도와 1943년도 발행액으로 배분했다.

〈표 2-16〉 일본 국유철도에서의 차입 자본과 이자 및 채무 취급제비용

(1911년 이후만 해당) (단위 : 천 엔, %)

연도	이자 및 채무취급제비용	차입자본	비율	연도	이자 및 채무취급제비용	차입자본	비율
1911년도	31,809	687,150	4.629	1929년도	82,994	1,704,668	4.869
1912년도	35,573	727,327	4.614	1930년도	86,242	1,743,227	4.947
1913년도	35,576	753,839	4.719	1931년도	87,886	1,789,565	4.911
1914년도	37,225	772,621	4.818	1932년도	88,883	1,838,540	4.832
1915년도	36,782	793,368	4.636	1933년도	93,775	1,879,615	4.989
1916년도	39,815	812,683	4.899	1934년도	91,786	1,921,314	4.779
1917년도	40,984	838,085	4.890	1935년도	93,751	1,942,297	4.827
1918년도	42,321	866,884	4.882	평 균			4.827
1919년도	43,791	908,464	4.820	1936년도	83,206	1,971,179	4.221
1920년도	48,479	1,015,547	4.774	1937년도	83,793	1,993,792	4.203

연도	이자 및 채무취급제비용	차입자본	비율	연도	이자 및 채무취급제비용	차입자본	비율
1921년도	53,720	1,127,405	4.765	1938년도	84,133	2,000,056	4.206
1922년도	57,982	1,199,947	4.832	1939년도	83,851	2,011,928	4.168
1923년도	62,858	1,274,526	4.932	1940년도	83,008	2,027,065	4.095
1924년도	65,295	1,336,475	4.866	1941년도	83,668	2,126,417	3.935
1925년도	67,932	1,403,414	4.840	1942년도	86,271	2,182,781	3.952
1926년도	71,139	1,468,043	4.846	1943년도	88,920	2,557,819	3.476
1927년도	74,629	1,555,994	4.796	합 계			4.032
1928년도	80,543	1,627,400	4.949				

제5절 조선철도는 기업으로서의 경영이 가능했는가

기업으로 성립하기 위해서는 적정한 감가상각과 차입자본에 대한 과실 배부가 필요하다.

감가상각에 대해서는 나중에 언급하기로 하고, 먼저 차입자본에 대한 금리를 생각해보려고 한다.

1910년도에 총독부가 설립되면서 기존의 투자는 일반 회계가 부담하기로 하였다. 즉, 속성공사로 개통된 경부 · 경인선의 매수비와 경의 · 마산 두 노선의 공사는 총독부에서 부담하지 않기로 하였다.

그러나 이 4개 노선은 1911년도 이후 나머지 건설공사와 개량공사, 매년 발생하는 수해의 개량 복구공사 등이 이어지면서 그 원형을 알 수 없을 만큼 완전한 이중 투자가 되었다. 이러한 경위를 감안할 때 조선철도의 투자액은 1911년도 이후부터 살펴보는 것이 적당하리라 여겨진다.

이와 같은 관점에서 조선철도의 자본을 살펴본다면 총독부 지출액은 차입자본으로, 보충비의 누계액은 자기자본으로 처리하게 된다.

총독부 지출액(차입자본)에 대한 금리와 수지 차익

금리 이율은 같은 업종인 일본 국유철도가 차입자본에 대하여 지불하고 있는 이자 및 채무 취급제비용의 비율을 채택하는 것이 상식적이라고 보고, 〈표 2-16〉과 같이 1935년도까지는 4.83%, 1936년도 이후에는 4.03%를 적용하였다.

적용된 이율로 총독부 지출액에 대한 매년도 금리를 계산하여 수지 차익액(1925년도부터 1931년도까지는 만주철도 납부금을 포함)과 비교하면 〈표 2-17〉과 같다. 즉, 다이쇼(1912~1926)시대에는 금리를 지불하면 미미한 금액이 남았으며, 1930~1932년도에는 불황의 여파로 4,000,000엔 정도의 적자마저 생겼다. 그러나 1934년도 이후 잉여금이 계속 발생하여 1943년도의 잉여금은 누계 166,000,000엔이었다.

앞에서 언급한 바와 같이 점차 상각 전 이익이 흑자로 전환된 것은 1934년도 이후였다.

감가상각

철도는 보존비로 레일, 침목, 도상 등의 시설을 상황에 따라 교체하고 차량 수선비로 차량의 정기수리를 실시하였기 때문에 기타 공작물 등 시설 노화에 따른 교체를 제외한 것들은 수선비로 충분히 충당할 수 있었다. 또한 소액의 개량, 개조, 확장 공사는 보충비를 사용하여 수시로 실시하였다.

따라서 감가상각에 의한 재생 자금의 내부 유보 필요 범위는 비교적 작다.

또한 건설 개량공사 가운데 노화로 인한 개량, 개조, 확장 공사가 얼마나 포함되어 있는가를 알아본 후, 이것이 자기자금(상각 전 이익액)의 범위 내라면 감가상각을 실시한 것과 비슷한 결과라고 생각할 수 있다.

이와 같은 사고방식에 근거하여 건설 개량공사 가운데 자기자금으로 실시해야 하는 것은 1937년도 이후 개량비(1936년도 이전에는 개량공사의 공사별 구분이 없었기 때문)에서 추출하였다.

〈표 2-17〉 총독부 지출액(차입자본)에 대한 금리와 수지 차익 등의 비교

(단위 : 천 엔, %)

연도	총독부 지출액에 대한 금리			수지 차익 등	과부족(△)	
	총독부 지출액	이율	금리		당해 연도	누계
1911년도	9,014	4.83	435	635	199	
1912년도	18,394	〃	888	853	△ 35	164
1913년도	26,864	〃	1,298	1,568	270	434
1914년도	34,412	〃	1,662	1,232	△ 430	4
1915년도	42,291	〃	2,043	1,778	△ 265	△ 261
1916년도	49,725	〃	2,402	2,636	234	△ 27
1917년도	55,724	〃	2,691	5,793	3,102	3,075
1918년도	65,469	〃	3,162	3,720	558	3,633
1919년도	80,534	〃	3,890	3,241	△ 649	2,984
1920년도	96,393	〃	4,656	3,845	△ 811	2,173
1921년도	114,655	〃	5,538	6,480	942	3,115
1922년도	136,528	〃	6,594	6,823	229	3,344
1923년도	151,808	〃	7,332	7,591	259	3,603
1924년도	161,713	〃	7,811	6,725	△ 1,086	2,517
1925년도	173,364	〃	8,373	8,240	△ 133	2,384
1926년도	190,002	〃	9,177	10,240	1,063	3,477
1927년도	214,075	〃	10,340	11,065	725	4,172
1928년도	214,938	〃	11,686	12,506	820	4,992
1929년도	264,868	〃	12,793	14,530	1,737	6,729
1930년도	277,048	〃	13,381	10,505	△ 2,876	3,853
1931년도	298,782	〃	14,431	9,438	△ 4,993	△ 1,140
1932년도	318,153	〃	15,367	12,467	△ 2,900	△ 4,040
1933년도	338,443	〃	16,347	16,430	83	△ 3,957
1934년도	358,032	〃	17,293	21,970	4,677	720
1935년도	393,918	〃	19,026	24,477	5,451	6,171
1936년도	430,682	4.03	17,356	27,867	10,511	16,682
1937년도	497,470	〃	20,048	32,192	12,144	28,826
1938년도	594,747	〃	23,968	42,023	18,055	46,881
1939년도	740,571	〃	29,845	52,722	22,877	69,758
1940년도	888,975	〃	35,826	57,911	22,085	91,843
1941년도	1,032,511	〃	41,610	43,283	1,673	93,516
1942년도	1,171,008	〃	47,192	83,568	36,376	129,892
1943년도	1,344,609	〃	54,188	90,476	36,288	166,180

개량공사 중 자기자금으로 실시해야 하는 것

개량비 가운데 개량 · 교체공사라고 여겨지는 것을 정리 과목에 의해서 추출하면 1927년도부터 1943년도까지의 결산액은,

선로 개량비	42,769천 엔
교량 개량	23,912천 엔
정거장 설비 개량	27,272천 엔
매수선 개량	15,265천 엔
계	109,218천 엔

이 되며, 이는 같은 기간의 개량비 결산액 663,354천 엔의 16.5%에 해당한다.

이 밖에도 차량비 가운데 차량 개조(금액은 소액으로 무시해도 큰 문제는 없다)나 폐차 보충을 위한 신규 차량 비용을 계상해야 하는데, 같은 기간 중에 보충된 차량이 없었다.

앞에서 기술한 개량 · 교체공사의 1년 평균액은 15,603천 엔이었다.

한편 1937년도부터 1943년도까지 7년간의 수선비는,

보존비	138,058천 엔
차량 수선비	79,923천 엔
계	217,979천 엔

으로, 1년에 평균 31,140천 엔이었다.

앞에서 기술한 개량공사비는 이 수선비의 50%에 상당한다.

참고로 일본 국철에서 수선비에 대한 감가상각비의 비율은 71%~77%이며, 앞에서 기술한 50%에 차량의 폐차 보충분이 포함되어 있지 않다는 점을 고려하면 그다지 큰 차이는 없다고 추정된다.

1937~1943년도의 영업 실적을 고려할 때 훌륭한 기업으로 성립

1937년도부터 1943년도까지의 상각 전 이익액은 〈표 2-17〉에 의하면

149,498천 엔, 1년 평균 21,357천 엔이며, 1941년도의 관동군 특별대연습에 의한 손실액을 수정할 경우 25,000천 엔 정도였을 것으로 추정된다.

한편 일본 국철 수준의 감각상각을 실시하여 수선비에서 환산하면 1년에 23,000천 엔(31,140천 엔×0.74)이 된다.

위와 같은 점을 감안한다면 1937년도부터 1943년도까지의 영업 성적은 기업으로 성립할 만한 성적이었다고 할 수 있다.

注) 1911년도부터 1936년도까지의 개량비 합계는 94,115천 엔으로, 이 16.5%가 자기자금으로 실시되어야 한다고 보았을 때 그 금액은 15,529천 엔이며, 17호표에 의하면 1936년도의 자기자금은 16,682천 엔이므로 상각 부족은 없어진다.

제3편
국유철도의 조직

제1장
서론

총무 관계에서 취급해야 할 영역을 살펴보면 다음과 같다.

(1) 조직과 관련하여 관제, 사무분장, 위임 지방 조직 등이 있고,

(2) 문서와 관련하여 예식, 복제, 문장, 철도국 국기, 철도국 국가, 접수 발송, 편찬 보존, 경비, 시설, 무임승차증, 도서, 보고 등이 있으며,

(3) 인사와 관련하여 관등, 봉급, 임용, 권한, 시험, 복무, 상벌, 봉급, 제수당, 여비, 은급(오늘날의 퇴직연금에 해당), 부조 등과 교양에 관한 것이 있으며,

(4) 후생 관련으로는 관사, 위생, 의료 및 기타가 있다.

누락된 자료도 많아서 이를 총망라하여 자세히 기술하기에는 어려움이 있다. 따라서 여기서는 중심이라 할 수 있는 조직 · 종사원 관련 내용을 중심으로 이와 관련한 제반 사항에 대해 기술하고자 한다.

조직에 관한 기술 순위는 다음과 같다.

(1) 통감부 철도관리국시대 〈표3-1〉

(2) 통감부 철도청시대 〈표3-2〉

(3) 철도원 한국철도관리국시대 〈표3-3〉

(4) 총독부 철도국시대(직영 제1차) 〈표3-4〉

(5) 만주철도 경성관리국시대 〈표 3-5〉

(6) 총독부 철도국시대(직영 제2차) 〈표 3-6, 7〉

(7) 총독부 교통국 〈표 3-8〉

㉮ 총독부 지방교통국

㉯ 철도사무소, 부두국

㉰ 건설사무소, 공장, 용품창고 등

㉱ 건설공사구

㉲ 보선구, 전기구, 통신구, 기관구,
검차구, 건축구, 공사구, 전기공사구

㉳ 기술연구소

㉴ 교통국(지방운수국 포함)

제2장
통감부 철도관리국

러일강화조약이 성립된 지 약 10개월 후인 1906년 7월, 한국의 철도 경영 통일을 위하여 통감부 철도관리국이 설치되었다.

제1절 통감부 철도관리국 관제(초)

(1906. 6. 29. 칙령 제176호)

제1조 통감부 철도관리국은 통감의 관리에 속하는 한국에서의 철도 건설, 개량, 보존, 운수 및 부대 업무를 관장한다.

제2조 통감부 철도관리국에는 다음의 직원을 둔다.

장관	1명(1907. 3. 25. 개정 1908. 3. 29.)	
사무관 전임	8명	주임(奏任)
	10명	〃 (1907. 3. 25. 개정)
	11명	〃 (1908. 3. 29. 개정)
사무관보 전임	5명	〃
	8명	〃 (1907. 3. 25. 개정)

	9명	주임(奏任) (1908. 3. 29. 개정)
기사 전임	14명	〃 (그 중 2명을 칙임으로 한다)
	25명	〃 (1907. 3. 25. 개정)
	29명	〃 (1908. 3. 29. 개정)
통역관 전임	1명	〃
	2명	〃 (1908. 3. 29. 개정)
서기 전임	145명	판임(1908. 3. 29. 개정)
	222명	〃 (1907. 3. 25. 개정)
	253명	〃 (1908. 3. 29. 개정)
기수 전임	65명	〃
	82명	〃 (1907. 3. 25. 개정)
	173명	〃 (1908. 3. 29. 개정)
통역생 전임	2명	〃
	3명	〃 (1908. 3. 29. 개정)

제3조 장관은 통감의 명령을 받아 업무를 관장한다.

제4조 장관은 한국 주둔군 사령관의 요구에 따라 군사 수송, 기타 군사상 필요한 설비를 한다.

제12조 통감부 철도관리국에는 다음의 3부를 두고 사무관 또는 기사를 부장으로 하고, 상관의 명령에 따라 부의 업무를 관장한다.

- 총무부, 공무부, 운수부

제12조의 2(칙령 제55호에 추가) 한국 철도 건설 및 개량을 위하여 철도관리국에 임시건설부를 두고 다음의 직원을 증원한다.

사무관	전임	3명(1908. 3. 29. 개정)
사무관보	〃	5명(상동)
기사	전임	17명(상동)

(그 중 1명은 칙임으로 한다)

통역관	삭제(상동)	
서기	전임	51명(상동)
기수	〃	73명(상동)
통역생	삭제(상동)	

임시건설부에는 부장을 두고, 기사로 충당해 상관의 명령을 받아 부서를 관장하도록 한다.

제13조 통감은 필요에 따라 지방에 사무소를 두어 사무를 분장할 수 있다.

관리국 건물은 1906년 7월 구(舊)경부철도주식회사 경성지점(고시정 ; 古市町, 지금의 동자동)을 통감부 철도관리국으로 변경하여 3부 8과를 설치하고, 지방에 3개의 보선사무소, 2개의 공장 및 역, 기관고, 보선기사 대기소 등 여러 현장 기관을 설치하였다.

이어서 같은 해 9월, 구(舊) 군용철도 경의선 및 마산선을 관리국으로 이관하는 동시에 칙령에 따라 두 노선의 건설 및 개량을 관장하도록 관리국 내에 임시철도건설부를 설치하였다.

통감부 철도관리국 및 임시철도건설부의 조직 개요는 표 1과 같으며, 초대 장관에 후루이치 고이(古市公威), 임시철도건설부장에 이시카와 고쿠다이(石川石代)가 각각 임명되었다.

1907년 3월, 칙령 제55에 의해 관제가 개정되어 임시철도건설부에 관한 관제를 폐지하고 '철도관리국 관제' 에 합병하는 한편, 통감부 훈령 제3호로 새로 제정한 각 과 분장 규정을 같은 날부터 실행했다. 이에 따라,

⑴ 총무부에 서무, 경리의 2과

⑵ 공무부에 주기, 감사, 보선, 공작의 4과

⑶ 운수부에 주기, 영업, 운전, 조사의 4과

⑷ 임시건설부에 주기, 공무의 2과

인 4부 12과로 하였다. 또한 각 부 설치 장소의 경우,

(1) 공무부는 부산에서 인천으로 옮기고,

(2) 운수부는 부산에서 경성으로 옮기고,

(3) 임시건설부는 인천의 전 임시철도건설부 자리에 설치했다.

중앙의 조직 개정과 함께 지방 조직도 개정되어,

(1) 총무부에 초량계리사무소

(2) 공무부에 경성, 영동, 초량의 3 보선사무소와 용산, 인천, 겸이포, 초량의 4 공장

(3) 운수부에 경성, 초량의 2 운수사무소

(4) 임시건설부에 초량건설사무소

를 두도록 결정했다.

또한 용산과 평양의 2곳에는 출장소를 설치하고, 구 군용철도 관계의 업무 일체를 담당하게 하였다. 경부선과 경인선 건설 및 개량공사는 각 보선사무소의 공무부장 지휘 하에 실시되었다.

철도국 각 부의 용산 집중

1907년 10월, 공무부 및 임시건설부를 인천에서 용산으로 옮기고, 같은 해 11월 철도관리국도 용산으로 이전, 비로소 본 국, 각 부의 용산 집중이 실현되고 후에 2차 대전이 끝날 때까지 그대로 유지되었다.

후루이치 장관이 1907년 6월에 사임하고 기사 오야 곤페이(大屋権平)가 장관으로 임명되었다. 또한 같은 해 12월 경성에 보건 의료를 위한 동인병원(同仁病院)이 설립되었다.

지방 조직 개정과 일반 운수 업무 개시

1908년 2월, 각 부서의 분장 업무를 변경하여

(1) 공무부에 감사, 보선, 공작의 3과

〈표 3-1〉 통감부 철도관리국(1906. 9. 1. 현재)

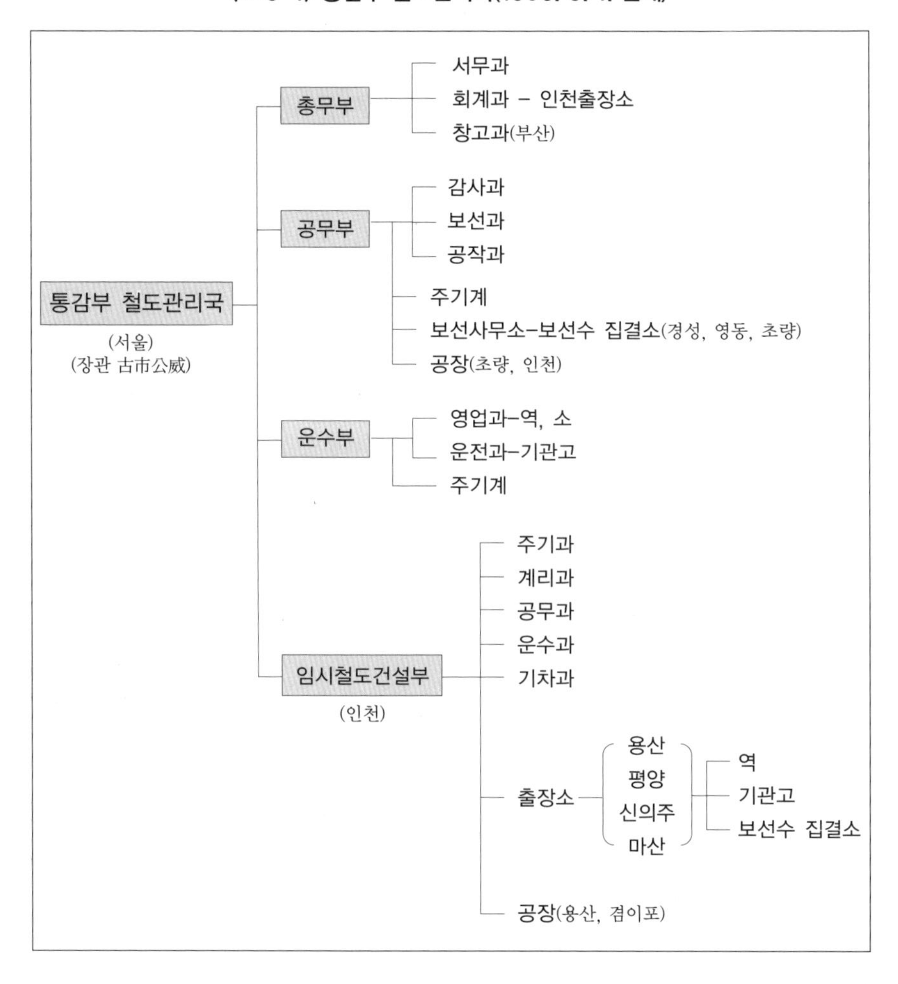

(2) 운수부에 영업, 조사의 2과

(3) 총무부에 2과

(4) 임시건설부에 2과

의 4부 9과로 하고, 지방에는 초량, 평양, 용산의 3곳에 출장소를 두어 현업 사무는 모두 출장소에서 처리하도록 하였다.

한편 공무부에 속한 공장은 초량, 용산, 겸이포의 3곳으로 하고 인천공장은 폐지하였다. 이리하여 구 군용철도의 개량공사가 마무리되는 한편, 각 노선을 통일 관리하는 형태를 갖추면서, 같은 해 4월부터 기존에 환승역으로 취급되었던 경의선과 마산선에서 일반 운수 영업을 시작하게 되었다.

제3장
통감부 철도청

제1절 통감부 철도청 관제 및 조직 개요

1909년 6월, 통감부 철도청 관제를 공포 · 시행하고, 이와 함께 사무분장도 대폭 개정하였다.

철도청 관제의 개요는 다음과 같다.

통감부 철도청 관제(초)(1909. 6. 18.)

(칙령 제160호)

제1조 통감부 철도청은 통감의 관리에 속하며, 한국에서의 철도 건설, 개량, 보존, 운수 및 부대 업무를 관장한다.

제2조 통감부 철도관리청에는 다음의 직원을 둔다.

장관	칙임		
사무관	전임	11명	주임
사무보조	전임	8명	주임
기사	전임	29명	주임(그 중 2명은 칙임으로 할 수 있다)
통역관	전임	2명	주임

서기	전임	247명	판임
기수	전임	134명	판임

제10조 한국 철도 건설 및 개량을 위해 통감부 철도청에 임시로 다음의 직원을 둔다.

사무관	전임	3명	주임
사무관보	전임	5명	주임
기사	전임	13명	주임(그 중 2명은 칙임으로 할 수 있다)
서기	전임	36명	
기수	전임	59명	

철도청 설치와 함께 기존의 각 부를 폐지하고 운수, 공무, 건설, 공작, 계리,

〈표 3-2〉 통감부 철도청(1909. 6. 18. 현재)

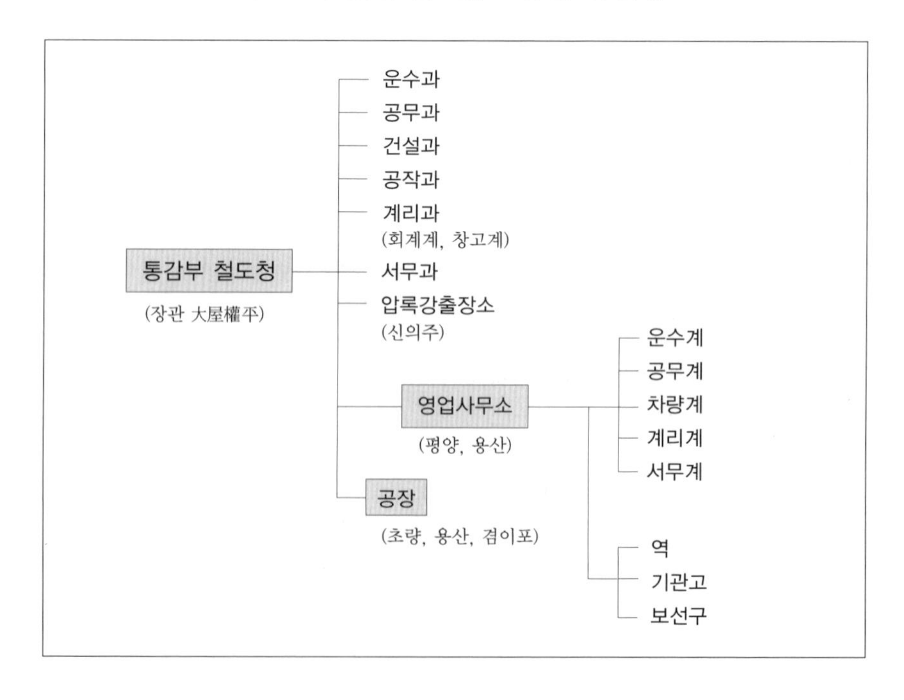

서무의 6과를 두며, 지방은 기존 3곳의 출장소를 폐지하고 용산과 평양 2곳에 영업사무소를 새로 설치하여 현업 사무만을 담당시켰다. 또한 신의주에 압록강 출장소를 설치하여 압록강 교량 건설을 담당시키는 등 조직을 간소화하였다.

영업사무소장의 권한은 대체적으로 종전의 출장소장의 권한과 동일하게 정하였으므로, 영업사무소는 훗날의 철도사무소와 유사한 것이었다.

영업사무소에 운수, 공무, 차량, 계리, 서무의 5계를 두고 관내의 요지에 운수, 차량 계원을 근무시켰다.

또한 업무 감독제도를 마련하여 장관의 보좌 기관으로 삼고 기술, 서무 및 계리, 영업의 3개 부문에 총 3명의 직원을 임명하였으나 같은 해 말에 이를 폐지하였다.

그 조직표는 〈표 3-2〉와 같다.

제4장
철도원 한국철도관리국

제1절 관제 및 조직의 개요

앞에서 기술한 통감부 철도청 관제가 공포된 후 얼마 되지 않아 일본의 철도행정통일방침에 의해 한국철도도 철도원 소관이 되었으며, 1909년 12월 철도원 관제 개정이 공포되었다.

분과는 당연히 철도원의 분과규정에 따랐으나 총재의 통달로써 특례를 인정하고 서무, 영업, 운전, 공무, 건설, 공작, 경리 등 7과를 두었다. 또한 총재의 통달에 따라 한국철도의 특수한 사정을 인정했다.

이보다 앞서(12월) 용산공장 내에 화력발전소를 설치하였다.

용산에는 운수와 보선사무소를 각각 설치하여 경부 · 경인 · 마산선을 관장하고, 평양에 출장소를 설치하여 경의선을 관장하였다. 또한 이와 별도로 신의주에 압록강출장소를 설치하여 교량 건설을 담당시켰다.

1910년 2월 지방제도를 대대적으로 개편하여 용산운수사무소를 폐지하고 그 운수 업무를 영업, 운전 2과의 직할로 변경하였으며, 출장소를 폐지하고 평양보선사무소(경의선 소관)를 신설하였다. 또한 평양(평남선)과 압록강(교량)에 건설사무소를 새로 설치하였다.

파견원제도

이리하여 보선 업무와 관련한 2곳의 사무소를 설치하였으나, 운수 업무의 경우 지방사무소제도를 폐지하고 초량, 평양에 파견원을 보내어 사무를 처리시켰으며, 이후 파견원 근무지는 점차 증가하였다. 또한 당초 차량장은 운전과와 평양에 각각 1명을 두었지만, 보선장은 각 보선사무소에 3~4명을 배치하였다.

파견원제도는 당시 철도원 일부에서 실시된 운수사무소 폐지에 따른 대응책이었는데, 한국철도의 경우에는 1907년 3월 경성과 초량 2곳에 운수사무소를 설치한 이후 실시해 왔던 운수 사무의 지방분권제도를 4년 만에 다시 중앙집권제로 전환하였다. 그 후 만주철도의 위탁경영시대에 접어든 1923년 운수사무소가 다시 개설될 때까지 이 제도는 오랫동안 지속되었다.

1910년 6월 경원선 건설을 위하여 용산에, 호남선 건설을 위하여 대전에 각각 건설사무소를 추가로 설치하였다.

1909년 12월 철도원 한국철도관리국 당시의 조직은 〈표 3-3〉과 같다.

〈표 3-3〉 철도원 한국철도관리국(1909. 12. 16. 기준)

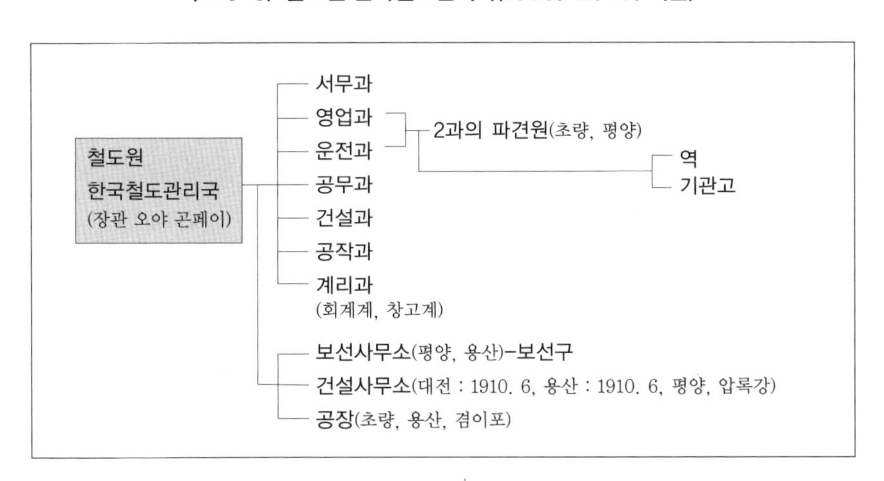

제5장
총독부 철도국(제1차)

제1절 관제와 조직의 개요

1910년 8월, 한일합병의 실시로 조선의 모든 관청은 총독부에 속하게 되었다. 이에 철도원 총재와 데라우치 통감(이어 초대 총독이 된다) 간에 철도관리 교체를 위한 준비가 진행되었고, 같은 해 10월 조선총독부 철도국이 설치되면서 조선의 철도는 철도원 소관이 된 지 겨우 9개월 만에 조선총독의 소관이 되었다. 동시에 철도국에서 처음으로 경편철도 및 궤도에 관한 사무를 관장하게 되었다.

1906년 통감부 철도관리국이 탄생한 이후 통감부 철도청, 철도원 한국철도관리국시대를 거치면서 한반도의 철도 경영은 초창기의 형태에서 벗어나 새로운 발전을 향한 출발점에 서게 되었다. 관제의 개요는 다음과 같다.

조선총독부 철도국 관제(초)(1910. 9. 30.)

(칙령 제359호)

제1조 조선총독부 철도국은 조선총독의 관리에 속하며, 조선에서의 철도 건설, 개량, 보존, 운수, 부대 업무 및 경편철도에 관한 사무를 관장한다.

제2조 철도국에는 다음의 직원을 둔다.

장관	칙임(1916. 5. 25. 칙령 제145호)	
기감 1명	칙임(이사 1명, 1916. 5. 25. 칙령 제145호)	
참사 전임	주임	5명(1916. 5. 25. 칙령 제145호)
부참사	〃	8명(1915. 3. 29. 칙령 제38호)
참사보	〃	8명(상동)
기사	〃	40명(상동)
통역관	〃	1명
서기 기수	판임	514명(1916. 5. 25. 칙령 제145호)

제3조 장관은 기감으로 이를 충당한다.

조선총독의 지휘 감독을 받아 업무를 관리하고 부하 직원을 지휘 감독한다(1916. 5. 25. 칙령 145호에 의해 "기감으로 충당한다"의 항 삭제).

제4조 기감은 기술에 관한 사무를 관리한다(1916. 5. 25. 칙령 145호에 의해 이 조를 "이사는 상관의 명령을 받아 업무를 관리한다"로 개정한다).

제5, 6, 7, 8, 9조(생략)

제10조 조선총독은 필요하다고 인정할 때 출장소를 두고 사무를 분장할 수 있다.

(이하 생략)

그 밖에 동일부 칙령 제395호로 조선총독부 철도국 직원 특별 임용령이 개정되었으며, 제반 규정이 정비되었다. 철도국의 사무분장에 관해서는 총독부 훈령 제5호로 다음의 8과를 설치하고 각각 분장 사항을 정했다.

서무과, 감리과, 영업과, 운전과, 공무과, 공작과, 계리과, 건설과

그 사무분장은 다음과 같다.

서무과

문서 접수, 발송, 편찬, 소송, 인사, 공제 조합, 손해배상 및 위로금, 통계, 사고보고, 타과에 속하지 않는 사항

감리과

철도의 감수, 경편철도, 궤도, 사설철도 및 외국철도에 관한 사항

영업과

여객 화물의 수송 및 운임, 운수상의 시설 개량, 철도 및 선박 기타 연대 운수

공무과

선로 건조물의 수리, 보존 및 개량, 용지에 관한 사항

공작과

차량 및 기계 설계, 차량 및 기계의 제작 수리

계리과

세입 세출의 예산 결산, 출납 감사, 구제조합비 징수, 운수 성적의 조사 및 통계, 철도용품 조달

건설과

철도 건설, 선로 조사에 관한 사항

또한 사무소 및 공장의 분장 사무에 대해서는 다음과 같이 규정했다.

건설사무소

그 소관 내의 건설공사에 관한 사무를 담당한다.

보선사무소

그 소관 내의 보존 및 개량공사에 관한 사무를 담당한다.

운수사무소

그 소관 내의 열차운행 및 영업에 관한 사무를 담당한다.

공장

차량 기계 및 기타 제작 수리에 관한 사무를 담당한다.

과 내의 '계'에 관한 규정과 사무분장 개정

기존에는 각 과 내의 사무분장 가운데 계리과만 각 계의 분장 사무를 규정

하여 계장을 임명하고, 그 밖에는 각 과 내에 분장사항을 정하여 인원을 배치하였으나, 본 개정에 의하여 계리과의 분장규정을 폐지하였다.

그러나 당시 통칭상의 계 또는 업무의 종별을 표시한 명칭에는 이것이 이용되었다.

예를 들어 '영업과(營業課) 여객' 등으로 사용하였다.

그 후 각 과의 업무 진행에 따라 업무의 분과가 명확해지고 인원도 증가하였는데, 일반적인 과 내 사무분장규정은 제정되지 않았으며, 이는 만주철도의 위탁경영시대에 들어갈 때까지 계속되었다.

지방조직 : 1910년 9월 30일 총독부 고시에 의거하여 사무소와 공장 설치를 규정하였다. 명칭과 위치 및 소관 구역은 기존과 동일하였다.

1911년 3월 사무분장규정을 개정하여, 공무과에는 '특별히 지정하는 건설공사에 관한 사항' 을 추가하고 통달에 따라 경부, 경의 및 평남선의 건설공사는 공무과장이 담당한다고 변경하였다. 이와 동시에 용산, 평양의 보선사무소 2곳과 평양건설사무소를 폐지하고, 평남선의 남은 공사는 공사계를 근무시켜 담당하도록 하였다.

경원선 및 호남선 건설을 위하여 특별히 원산과 목포에 건설사무소를 설치하였고, 지방사무소로는 아래에 나온 건설사무소만을 두었다.

명칭	위치	소관 구역
압록강건설사무소	(신의주)	압록강 교량(1911. 11. 폐지)
용산건설사무소	(용산)	경원선 용산~세포 간
원산건설사무소	(원산)	경원선 세포~원산 간
대전건설사무소	대전	호남선 대전~사가리 간
목포건설사무소	목포	호남선 사가리~목포 간

보선사무소 폐지와 중앙집권

1911년 3월 개정에 의해 철도 통일 이후 설치되었던 보선사무소를 폐지하고 기존의 보선장의 기능을 활용하여, 지방업무의 통제기관으로서 모든 업무를 공무과에서 관장하도록 하였다.

이 개정은 앞서 실시한 운수사무소의 폐지와 함께 철도사무의 중앙집권을 실현한 것으로, 이후 만주철도 위탁경영시대에 다시 공무사무소가 설치될 때까지 계속되었다. 그 후 건설공사가 일부 착공되면서 지방기관으로서 출장소 제도(청진)를 채택하였으나, 이는 임시방편에 불과하였으며, 직통 연락이 완성됨에 따라 본국 직할 방침을 택하였다.

1911년 11월, 겸이포공장을 폐지하고 이를 평양으로 이전하였으며, 압록강가교공사가 마무리되자 압록강건설사무소를 폐지하였다.

제2절 조직의 사무분장

1912년 4월 관제 정원의 개정과 함께 사무분장규정이 개정되면서, (1) 사무과와 감리과를 합쳐서 총무과 (2) 운전과와 공작과를 합쳐서 기차과로 만들어 기존의 8과에서 2과가 줄어든 6과로 만들고, 각각 사무분장을 정하였다. 지방사무소는 기존과 동일하였다.

총무과 : 철도 경영의 일반 계획, 제반 조사 및 통계, 기타 교통기관의 연락, 철도감독, 궤도 및 경편철도, 직원 이동, 신분 및 상벌, 기안 심사, 법규 및 소송, 사고보고, 문서 접수 발송, 편찬 및 보존, 타과에 속하지 않는 사항

영업과 : 운수 및 부대 영업, 철도 여관, 창고업 및 보세 창고, 전기 통신, 여객 및 화물에 대한 손해배상 및 위로금

공무과 : 선로 및 건조물 수리, 보존 및 개량공사, 특별히 지정하는 건설공사, 용지에 관한 사항

기차과 : 열차의 운전 및 선박, 차량, 기계 기타 설계제작 및 수리, 전기 동력

경리과 : 용품 조달, 예산 및 결산, 출납, 회계 감독, 공제 조합, 운수 및 부

대 영업 심사 및 상환, 운수 성적 통계

건설과 : 선로 및 건조물의 건설공사, 선로 조사

동 규정으로 필요한 곳에 출장소, 건설사무소 및 공장을 설치하고 다음 사무를 분장하도록 정했다.

출장소 : 그 소관 내의 철도 건설, 개량, 보존, 운수 및 부대 영업에 관한 사항

건설사무소 : 그 소관 내 건설공사에 관한 사항

공장 : 차량 기계 기타 제작 수리에 관한 사항

이와 동시에 각 과장, 출장소장, 건설사무소장 및 공장장의 전결사항을 다음과 같이 규정하였다.

(1) 주요 역장, 기관고 주임 및 보선장의 수칙을 제외한 기타 부하 판임관 이하의 근무를 지정할 것.

(2) 부하 판임관 이하의 휴가 신청의 허가 여부 또는 제복(除服) 출사를 명할 것.

(3) 고용인의 거취를 결정할 것. 단 표창 및 징계는 이에 포함시키지 않는다.

(4) 부하 직원에게 관내 주관 사무의 관계지로의 출장을 명할 것

(5) 주관 사무에 대해 타 관청 기타 부외에 조회, 왕복을 행할 것

〈표 3-4〉 총독부 철도국 조직표(1912. 4. 1. 기준)

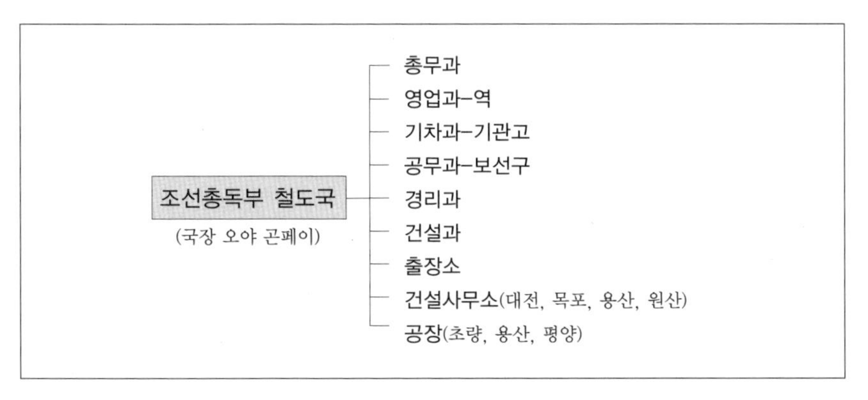

이상을 공통사항으로 하고 그 밖에 각 과장, 소장, 공장장이 각각 전결할 수 있는 사항을 규정하였다.

1912년 4월 현재의 철도국 조직은 〈표3-4〉와 같다.

제6장
만철 위탁경영과 총독부 관방 철도부

1917년 7월 31일 만주철도의 위탁경영이 시작됨과 동시에 총독 관방에 철도국을 신설하고 감리과와 공무과를 설치하여 국유철도의 건설 계획 및 지휘 감독, 장래 계획을 위한 선로 조사, 국유재산의 감리, 사설철도의 보조, 허가, 저당등록, 만철의 위탁경영 업무, 사설철도 및 궤도의 감독 사무를 관리하도록 하였다.

철도국은 1919년 8월 철도부로 명칭이 바뀐 뒤 1925년 3월 말까지 유지되었으나 위탁경영이 해제되면서 함께 폐지되었다.

당시 철도부는 국유철도 건설 및 개량, 사설철도의 보호 조장에 관한 기본계획을 담당하였다. 즉, 매년도 의회에 대한 예산 편성 및 요구, 장래의 국유 및 사설철도의 예정 선로 및 선로의 경제성 조사, 사설철도보조법 제정 및 실시, 새로운 선로 부설 면허 등을 담당하였다. 그 가운데 특히 선로 조사 결과는 후에 국유철도 12개년 계획의 유력한 자료가 되었으며, 당시 빠른 속도로 부흥하였던 철도선로 선정의 기초가 되었다. 그 밖에도 철도부시대에 실시된 조선철도회사 외에 5개사의 합병 알선 및 당시 경제 상황에 따라 실시된 보조법의 적정한 개정 등이 사설철도의 전면적인 발전에 도움이 되었다.

당시의 조직 및 간부명은 다음과 같다.

각 부국

조선총독부 감리과

관방철도부

공무과

		취임연월일
총독관방철도국장	히토미 지로(人見次郎)	1918. 7. 31.
총독관방철도국장	아오키 가이조(青木戒三)	1919. 5. 8.
동	와다 이치로(和田一郎)	1919. 8. 2.
동	유게 고타로(弓削幸太郎)	1921. 2. 12.
감리과장	와다 하야오(和田 駿)	1918. 7. 31.
동	사와자키 오사무(澤崎 修)	1919. 11. 1.
공무과장	니타 도메지로(新田留次郎)	1918. 7. 31.

제1절 만주철도 경성관리국의 분과

1917년 7월, 조선철도의 경영이 만주철도에 위탁된 후 만주철도는 경성에 관리국을 설치하고 그 분과를 다음과 같이 정하였다.

경성관리국 분과규정(초)(1917. 7. 31.)

총사서 갑 제254호

제1조 경성관리국에 총무과, 영업과, 기차과, 공무과, 경리과 및 건설과를 둔다.

제8조 필요한 곳에 출장소, 건설사무소 및 공장을 둔다.

이어서 1917년 10월,

(1) 영업과 및 기차과를 폐지하는 대신 운수과를 신설하고 여기에 공장을 합치며,

(2) 건설과를 공무과에 흡수합병하여,

(3) 서무과, 운수과, 공무과, 경리과 4과를 두고,

(4) 공장은 용산, 초량의 2곳 및 평양분공장을 두며,

(5) 건설사무소는 대전을 폐지하고 원산, 청진의 2곳으로 하였다.

초기에는 요코이 지쓰로(横井實郎)가 임시로 국장 대리직을 수행하였으나, 9월에 구보 요조(久保要藏)가 경성관리국장으로 취임하였다.

1919년에 경성관리국 직제를 일부 개정했다.

(1) 서무과를 폐지하고, 비서실을 신설하였으며,

(2) 경리과의 관장사무를 확대하여 문서 수송, 법규, 소송, 사택관련 사항, 타과에 속하지 않는 사항 등을 포함시켰다.

경성철도학교 설립

1919년 3월 경성철도학교를 설립하고 본과, 전신과, 도제과 및 강습과를 두었다.

경성철도학교는 구보 요조 국장의 뜻에 따라 설립된 것으로, 원래 만주철도에 수용되어야 할 이익금 전액을 투자하여 건설하였다. 당시로서는 현대적이었던 붉은 벽돌 건물과 획기적인 설비제도를 갖추었고, 1925년에 경영을 총독부로 환원하기 전까지 약 8년간 총 740명의 졸업생을 배출하였으며, 환원 후에도 꾸준히 그 존재 가치를 높여가며 종업원의 자질 향상과 우수한 인재 배출에 크게 공헌하였다.

철도도서관 창설

철도학교의 설립과 함께 1919년 철도도서관을 창설하여 종업원과 그 가족

의 교육 향상 및 위안 수단으로 삼았다.

같은 해 8월 남대문기관고를 용산으로 이전하였다.

1920년 2월 건설사무소를 폐지하고 공무사무소를 초량, 대전, 용산, 평양, 원산, 성진에 설치하고, 소관 내 철도 건설, 개량, 보수공사를 맡겼다.

또한 출장소와 사무소 각 관내에 보선구, 통신구, 공사계를 설치하도록 하였다.

당시에는 보선구 22곳, 통신구 6곳, 공사계 8곳이 있었다.

1922년 5월 국장 통달 제7호에 따라 관리국 사무분장규정을 개정하여 관리국을 서무과, 감독과, 영업과, 운전과, 보선과, 건설과, 기계과, 경리과로 분류하고, 통지에 따라 각 과에 계(係)를 설치하고 업무의 확장과 함께 위임사항의 범위를 다소 확대하였다.

1923년 4월에 만주철도가 회사 직제를 제정하고 대폭적인 기구 개편에 나서면서 조선 또한 같은 해 6월 5일 경성관리국을 경성철도국으로 변경하고, 다음과 같은 직제를 제정하였다. 주요 개정 사항으로는 본국에 차장과 6과(보선과와 건설과를 통합한 공무과 신설) 설치, 직속원과 순찰원 채용, 지방 파출원 폐지, 부산 · 대전 · 경성 · 평양에 운수사무소 설치, 기존의 공무사무소 · 출장소 · 공장 유지, 각 서무규정 제정 및 위임사항 개정 등이 있었다.

제2절 경성철도국 규정(초)

(1923. 6. 5. 통달 갑 제51호)

제1조 경성관리국은 사장에 직속되며, 소관 내 철도 및 부대업무를 관장한다.

(중략)

제4조 경성철도국에 순찰원을 두고 국장의 명령에 따라 일반 업무를 순찰하도록 한다.

제5조 경성철도국에 서무과, 영업과, 운전과, 공무과, 기계과 및 경리과를

둔다.

(중략)

제12조 다음의 기관은 경성철도국의 관리에 속한다.

출장소, 운수사무소, 공무사무소, 공장, 철도학교, 도서관

1923년 6월 구보 철도국장이 병에 걸려 퇴직한 후 이사였던 안도 마타사부

〈표 3-5〉 만주철도 경성철도국(1925. 3. 31. 기준)

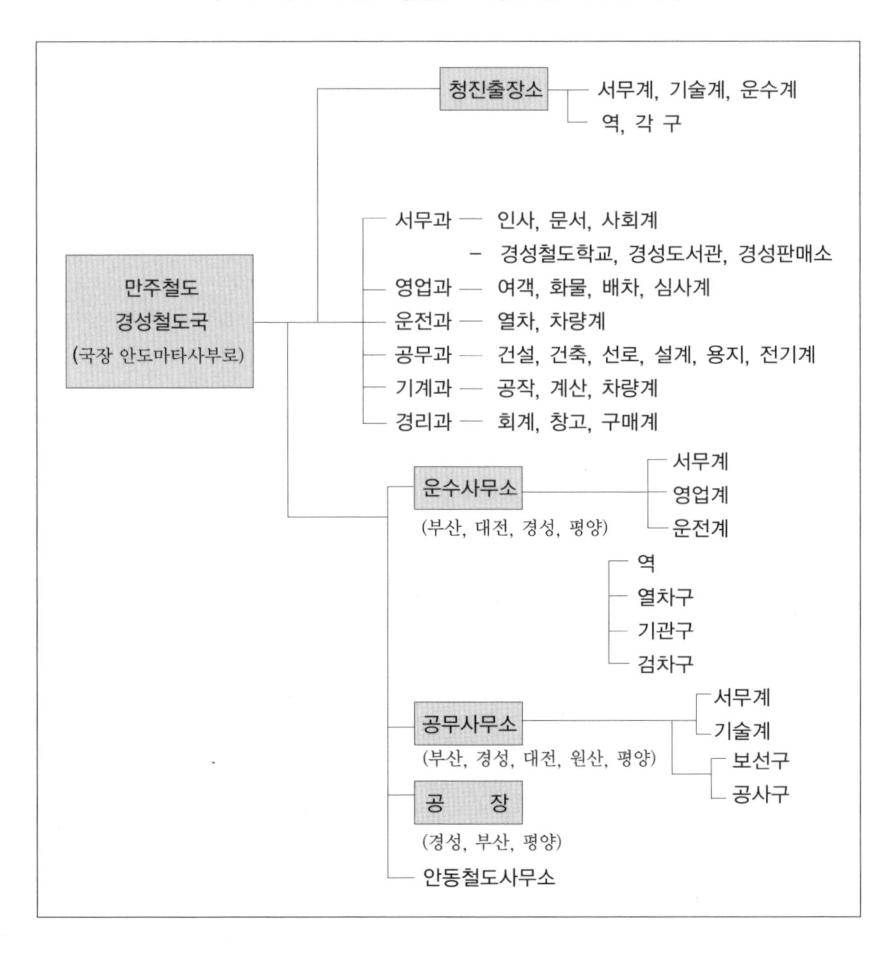

로(安藤又三郞)가 후임으로 발탁되었다.

또한 이 개정과 동시에 현업기관도 기관고로 기관구를 변경하고, 검차구와 열차구를 신설하여 현업사무를 적절하고, 신속하게 처리하도록 하였다. 또한 지역 관계상 정주(定州) 이북 지역의 공무 및 운전 사무는 안동사무소에서 관리하도록 개정하였다. 이 개정의 취지는 업무가 증가하는 만큼 지방기관의 권한을 확대시켜 신속하게 처리하기 위한 것으로, 1925년에 직영으로 환원되기 전까지 유지되었다. 당시에 처음 시행된 운수 · 공무사무소제도는 1933년에 철도사무소가 설치되기 전까지 10년 가까이 지속되었다.

1924년도 말 총독부 직영 완전 직전의 분과 조직 일람은 〈표3-5〉와 같다.

또한 용산공장을 경성공장, 초량공장을 부산공장으로 명칭을 변경하였다.

제7장
총독부 철도국(제2차)

제1절 서론

앞에서 기술한 바와 같이 조선철도는 창설 이후 일본 내외의 정세 변화와 조선의 특수한 사정으로 인하여 경영 주체가 여러 번 바뀌었다. 1925년에는 만주철도의 위탁경영에서 또 다시 조선총독 경영으로 환원되었고, 시정 15년이 경과하는 동안 점차 시행착오에서 벗어나 현저하게 업무가 발전하면서 조선철도는 굳건한 자리를 차지하게 되었다.

1925년 4월 칙령 제84호로 철도국 관제가 공포되면서 철도국은 서무, 감독, 영업, 운전, 공무, 기계, 경리 등 7과로 분류되었다. 각 과의 사무분장은 대체적으로 만주철도 위탁경영 당시를 그대로 따랐으나, 사철철도 및 궤도 감독을 위하여 감독과를 신설하고 지방에는 출장소(청진), 운수사무소(부산, 대전, 서울, 평양), 공무사무소(부산, 서울, 대전, 원산, 평양) 및 공장(서울, 부산, 평양)을 설치하였으며, 경성철도학교는 조선총독부 철도종사원양성소로 명칭이 바뀌었다.

같은 해 5월 철도국장에 오무라 다쿠이치(大村卓一)가 취임하였다.

제2절 철도국 관제(조) 및 사무분장의 변천

제1조, 조선총독부 철도국은 조선총독의 관리에 속하며, 조선에서의 국유철도, 기타 부대업무 및 사설철도, 궤도 감독에 관한 사무를 담당한다. (이 조는 1932년 7월 칙령 제202호 및 1936년 3월 칙령 제14호에 의해 아래와 같이 개정되었다)

제1조 조선총독부 철도국은 조선총독의 관리에 속하는 다음 사무를 관장한다.

(1) 국유철도와 관련한 국영 자동차 및 그 부대업무에 관한 사항

(2) 사설철도, 궤도 기타 육상 수송의 감독에 관한 사항

제2조 철도국에는 다음과 같은 직원을 둔다. (1940. 6. 29. 칙령 제443호)

국장	칙임		
이사	〃	전임	1명
참사	주임	전임	15명
부참사	〃	〃	55명
기사	주임	전임	118명(그 가운데 3명을 칙임으로 할 수 있음)
서기	판임	〃	1,914명
기수	〃	〃	1,761명

이 밖에도 철도국에는 철도수를 두고 판임관으로 대우한다. 그 정원은 조선총독이 정한다.

(중략)

제10조 조선총독은 필요하다고 인정되는 지역에 출장소를 두고, 철도국의 사무를 분장할 수 있다.

제11조 철도국에 철도종사원양성소를 부설한다.

제12조 철도종사원양성소에는 다음의 직원을 둔다.

소장

교륜 전임 14명 판임(그 가운데 2명은 주임으로 할 수 있음. 1932.

7. 29. 칙령 202호에 의하여 '1명' 으로 개정)

사감

서기 전임 2명 판임(1932. 7. 29. 칙령 202호에 의해 '1명' 으로 개정)

소장은 조선총독이 철도부 내의 고등관 중에서 선출한다.

(이하 생략)

또한 철도국 내 사무기구에 관해서는 다음과 같이 정하였다.

조선총독부 철도국 사무분장규정

(1925. 4. 1. 총독부 훈령 제12호)

제1조 조선총독부 철도국에 서무과, 감독과, 영업과, 운전과, 공무과, 기계과 및 경리과를 둔다.

서무과 : 기밀, 직원의 신분, 인사 및 상벌, 직원의 요양 및 위안, 공제조합, 관사 배급, 관인 및 관인의 보수, 문서 접수, 발송 사열, 편찬 및 보존, 법규, 소송, 손해배상 및 위로금, 제반 광고, 통계 보고 및 국보 발행, 무임승차증, 타과의 주관에 속하지 않는 사항

감독과 : 사설철도의 면허 및 궤도의 허가, 사설철도 및 궤도감독, 사설철도의 저당, 등록, 대장 및 통계, 사설철도의 보조

영업과 : 철도 운수 영업, 창고 영업 및 보세 창고, 여관, 식당, 식당차 및 기타 부대 영업, 객화차 및 부속품 운용, 운수 수입 심사

운전과 : 열차의 운전, 신호 및 보안, 차량의 보관 및 검사, 기관차 및 부속품 운용, 전기통신

공무과 : 철도 및 건조물의 건설, 개량 및 보존, 철도 용지, 전기 통신 시설의 건설, 개량 및 보존, 신설 선로 조사

기계과 : 차량 및 기계 제작, 개량 및 수리, 공장의 계획 및 관리, 전력 시

설 및 그 공급

경리과 : 예산 및 결산, 금전 출납, 물품 조달, 출납, 보관 및 처분 재산 정리

(중략)

제9조 필요한 곳에 출장소, 운수사무소, 공무사무소 및 공장을 두고, 다음 사무를 분장한다.

⑴ 출장소 : 관내 철도 및 건조물 건설, 개량 및 보존공사 및 소관 철도의 운수 영업과 부대 업무

⑵ 운수사무소 : 관내 철도의 운수 영업, 창고 영업 및 열차 운전

⑶ 공무사무소 : 관내 철도 및 건조물의 건설, 개량 및 보존공사

⑷ 공장 : 차량, 기구 및 기계 제작, 개량 및 수리 작업

직영으로 환원된 후 1933년까지 철도국 및 지방 조직 모두 큰 변화는 없었다. 1926년 4월 총독부 훈령 제9호에 의하여 공무사무소의 일부 직무 권한을 변경하고, 1930년 청진공장을 신설한 것을 제외하고는 오직 철도 건설에만 주력했다.

이에 앞서 1932년 10월, 요시다 고(吉田 浩)가 국장으로 취임하였다.

1933년에 철도국 기계과의 명칭을 공작과로 변경하고, 건설 사무 촉진을 위하여 건설과를 신설하였으며, 철도국을 8과로 분류하고, 각 과에 계(계장)를 두었다. 또한 지방에 있던 각 출장소 · 운수사무소 · 공무사무소를 폐지하고, 부산 · 대전 · 경성 · 평양 · 청진 · 원산의 6곳에 철도사무소를 신설하여 운수, 개량, 보선 사무를 관장하는 한편, 사무소 내에 계(주임)를 설치하였다. 각 과 및 각 사무소에 계를 설치하여 각 분장 사무의 범위를 명확히 하고, 지방기관은 철도사무소에 통합하여 각 소관 구역 내의 원활한 철도 운영을 도모하는 것이 이번 개정의 요점이었다.

개정 항목은 다음과 같다.

철도국 사무분장규정 개정(초)

(1933. 5. 1. 조선총독부 훈령 제13호)

제1조 조선총독부에 서무과, 감독과, 영업과, 운전과, 건설과, 공무과, 공작과 및 경리과를 둔다.

제6조 건설과 : 선로 및 건조물의 건설, 향후 건설해야 할 선로의 조사계획, 전기 통신 시설의 건설

제7조 공무과 : 토지, 선로 및 건조물의 보존 및 관리, 선로 및 건조물 개량, 전기 통신 시설의 개량 및 보존

제8조 공작과 : 차량 및 기계 제작, 개량 및 수리, 공장 작업의 전력 시설 및 전력 공급

제10조 필요하다고 인정되는 곳에 철도사무소 및 공장을 두고, 다음의 사무를 분장한다.

철도사무소 : 소관 구역 내 선로 및 건조물 개량, 보존, 운수 영업과 부대업무 및 특별히 지정하는 선로 및 건조물의 건설

공장 : 차량 및 기계 제작, 개량 및 수리

1935년 7월 건설업무가 절정에 달하자 이에 대응하기 위하여 총독부 훈령 제32호에 의거하여 철도국사무분장규정을 "필요하다고 인정되는 곳에 철도사무소, 건설사무소 및 공장을 둔다"고 개정하였다. 이에 따라 건설사무소와 철도사무소 신설 및 폐지를 다음과 같이 실시하였다.

건설사무소 신설 및 폐지

⑴ 평원선, 만포선 건설을 위하여 평양에 신설(1935년 8월)

⑵ 혜산선, 백무선 건설을 위하여 성진에 신설(1935년 8월)

⑶ 경경선(중앙선) 건설을 위하여 경성에 신설(1936년 7월), 같은 해 12월에는 안동(경북)에도 신설

⑷ 1938년 1월 혜산선 준공에 따라 성진건설사무소 폐지

⑸ 1938년 1월 동해선 건설공사가 진척됨에 따라 원산철도사무소 건설계

를 폐지하고 강릉에 각각 건설사무소를 신설

이로써 혜산, 평원, 동해, 경경선 등 중요 간선의 건설공사는 유례없는 활황을 띠게 되었다.

철도사무소 신설

(1) 1936년에 남조선철도를 매수하고, 같은 해 11월 순천에 철도사무소 신설

(2) 만포선 준공과 함께 1940년 4월 강계에 철도사무소 신설

이로써 철도사무소는 총 8곳이 되었다.

개량사무소 신설

한편 경부선과 경의선 복선공사를 위하여 1937년 6월 훈령 제30호에 의거하여 철도사무분장규정을 개정하고, 필요한 곳에 '개량사무소'를 설치하게 되면서, 같은 달에 부산, 경성, 평양에 각각 개량사무소를 신설하여 공사를 촉진시켰다.

철도국 각 과의 계 변천

1906년 9월 철도 통일 당시 관리국이 여러 부(部)를 두고, 그 아래에 각 과(課)를 두었을 당시, 공무부가 기술과 관련한 각 과 이외에 별도로 '주기계'를 두어 서무 및 계산 사무를 담당하게 한 것이 철도국 내 계의 시초로, 당시의 계는 과 내 사무의 한 단위가 아니라 기술 관련 사무를 보조하는 정도에 불과하였다.

그 후 만주철도 위탁경영시대였던 1922년 5월 분과규정 개정 당시, '계'와 '계 주임'을 설치하였으나, 이후 이를 폐지하였다. 직영으로 환원된 후 1933년 5월 '계'를 설치하고 '계장'을 두기 전까지는 각 과의 분장사항의 대략적인 분류에 따라 해당사무의 핵심 업무를 담당하는 부참사 등의 사무관, 또는 기사나 판임관을 중심으로 하나의 사무 단위를 형성하였다.

1933년 이후 8년에 걸쳐 이루어진 철도국 계의 변천을 살펴보면, 계를 설치한 초기에는 해당 과의 사무체계를 구분 · 집약하고, 이를 2, 3계로 분류하

여 과 내 사무의 분업을 도모하였다. 그러나 이후 업무량이 점차 증가하면서 동일한 종류의 여러 사무 집단이 하나의 계를 구성하거나, 각 과에 분산된 사무를 하나로 통합하고, 이를 주관하는 과 아래에 하나의 계를 신설하기도 하였다. 또한 하나의 계를 2개의 계로 나누거나 더 나아가 하나의 과를 형성하기도 하였으며, 그 중에는 반대로 당시의 사무적 관계에 따라 소속을 바꾸는 경우도 있었다.

전체적으로는 대부분 철도 업무의 증가와 함께 급증하는 사무량에 따라 설치, 강화되는 양상을 띠었다.

연대별로 대략적인 개요를 살펴보면 다음과 같다.

1933년 5월, 기존의 업무 조직 및 직제의 일부 개정시에 함께 설치된 각 과 내의 계는 다음과 같다.

서무과 문서계, 인사계, 사회계

감독과 감리계, 육운계, 기술계

영업과 서무계, 여객계, 화물계, 심사계

운전과 서무계, 열차계, 차량계

건설과 서무계, 계획계, 공사계

공무과 서무계, 보선계, 개량계, 전기계, 건축계

공작과 서무계, 차량계, 기계계

경리과 주계계, 회계계, 창고계, 조달계, 구매계

제3절 철도국 내부의 조직 강화

서무과 조사계 및 운전과 특수계

업무가 확대되면서 철도의 내부조직 강화가 절실해졌다. 1935년 10월, 조사 사무가 급증함에 따라 서무과에 조사계를 설치하고 기존에 각 과에 분장시켰던 조사 사무를 통일하여 종합적으로 조사하는 한편, 특수 의안 심사, 배상, 통계 보고 및 업무 감찰에 관한 사무를 처리하도록 하였다. 또한 같은 해 11월 운전과에 특수계를 설치하고 특수 수송 업무를 담당하도록 하였다.

전기과 각 계와 건설과 설계계

이어서 1936년 4월, 전기업무가 확대되면서 공작과에 전력계를 신설하고, 철도 전철화 조사, 전력 설비의 계획 및 설계, 관리, 설비품 준비 및 조사 연구, 전력 발생 및 편성, 배급 계획 사무 등을 처리하도록 하였다. 업무가 매년 복잡해지고 중요성도 커졌기 때문에, 이들 업무를 공작과에서 분리하여 1937년 6월 철도국에 전기과를 신설하고, 통신계와 전력계를 두고, 이후 서무계를 추가하였다.

건설과도 기존에는 공사 및 설계 관련 사무를 공사계가 담당하였으나, 업무량 증가에 따라 1937년 6월 설계계를 신설하고 설계 사무를 분리하여 담당하도록 하였다.

조사과 신설 : 1937년 8월, 조사과를 신설하고 감찰, 철도국 업무 개선, 사고, 배상 및 특수 수송과 기타 부수적인 업무의 정비 확충에 힘썼다.

조사과에 제1계, 제2계와 심사계를 두고 기존에 서무과와 영업과에 속하였던 사무의 일부를 이관하였다.

1939년 4월, 국가총동원 사무와 관련한 철도업무의 정비 확충을 위하여 조사과에 기획계를 두고, 지금까지 운전과에 소속되었던 특수계를 조사과로 이관하였다. 같은 해 9월에는 제1계, 제2계를 폐지하고, 조사계, 방공계를 신설하는 등 일부 사무를 폐합하였다.

경리과 및 공작과의 과 내 분장 개정

경리과의 물자 동원 사무도 매우 복잡해져 기존의 구매계와 창고계가 겸임하기에는 어려움이 따랐기 때문에 1939년 4월, 기존의 구매계를 제1계와 제

2계로 분할하였다. 제1계는 지금(地金), 선로, 차량, 전기용품, 기계 공구류의 구입과 제작, 구입 통계 및 시황조사, 제2계는 목재, 침목, 석탄, 유지, 시멘트, 벽돌, 도료, 약품, 건물, 수도용품, 비품 기구, 피복, 직물, 용지조표, 기타 용품류 구입 및 제작, 물품 매각, 대차 및 수리, 운반 하역 및 인력 공급 계약을 담당하였다. 또한 창고계에 속하였던 물동(物動) 관련 업무는 물자조사계를 설치하여 담당하도록 하였다.

같은 해 5월 공작과의 차량 사무 또한 급증하면서 기존의 1계만으로는 업무를 신속하게 처리할 수 없게 되었다. 따라서 이를 2계로 분할하고, 제1계는 계획 및 시행, 제2계는 설계를 주로 담당하도록 하였다.

영업과 및 건설과의 과 내 분장 개정

시국의 변화와 함께 철도국의 화물 수송은 유례없는 성황을 이루며 수송량과 운용 열차 수가 폭발적으로 증가하였다. 또한 화물 운송이 여전히 증가추세를 보이면서 1939년 8월에는 그동안 영업과 화물계가 관장해온 배차 사무를 분리하여 배차계를 신설하였다. 또한 건설과의 경우 1937년 6월에 신설된 설계계의 업무량이 증가함에 따라 이를 2계로 분리하고, 1939년 11월부터 제1계는 가로대 및 부속 강구조 설계, 제2계는 기타 설계 사무를 담당하도록 하였다.

서무과 및 보선과의 과 내 분장 개정

중일전쟁 이후 일반 업계의 기술자 수요가 높아지면서 철도국 기술자의 채용난이 심화되었으며, 일반 종사원을 대거 채용하는 과정에서 숙련자의 상대적인 감소 및 소질 저하 문제가 발생하였다.

교육계 설치 : 그 대책으로 기존의 종사원양성소 강습과를 확충하여 기술자를 적극적으로 양성하고, 신규 채용자 강습 및 현지 교육을 실시할 필요가 있었다.

〈표 3-6〉 총독부 철도국(1940. 7. 1. 기준)

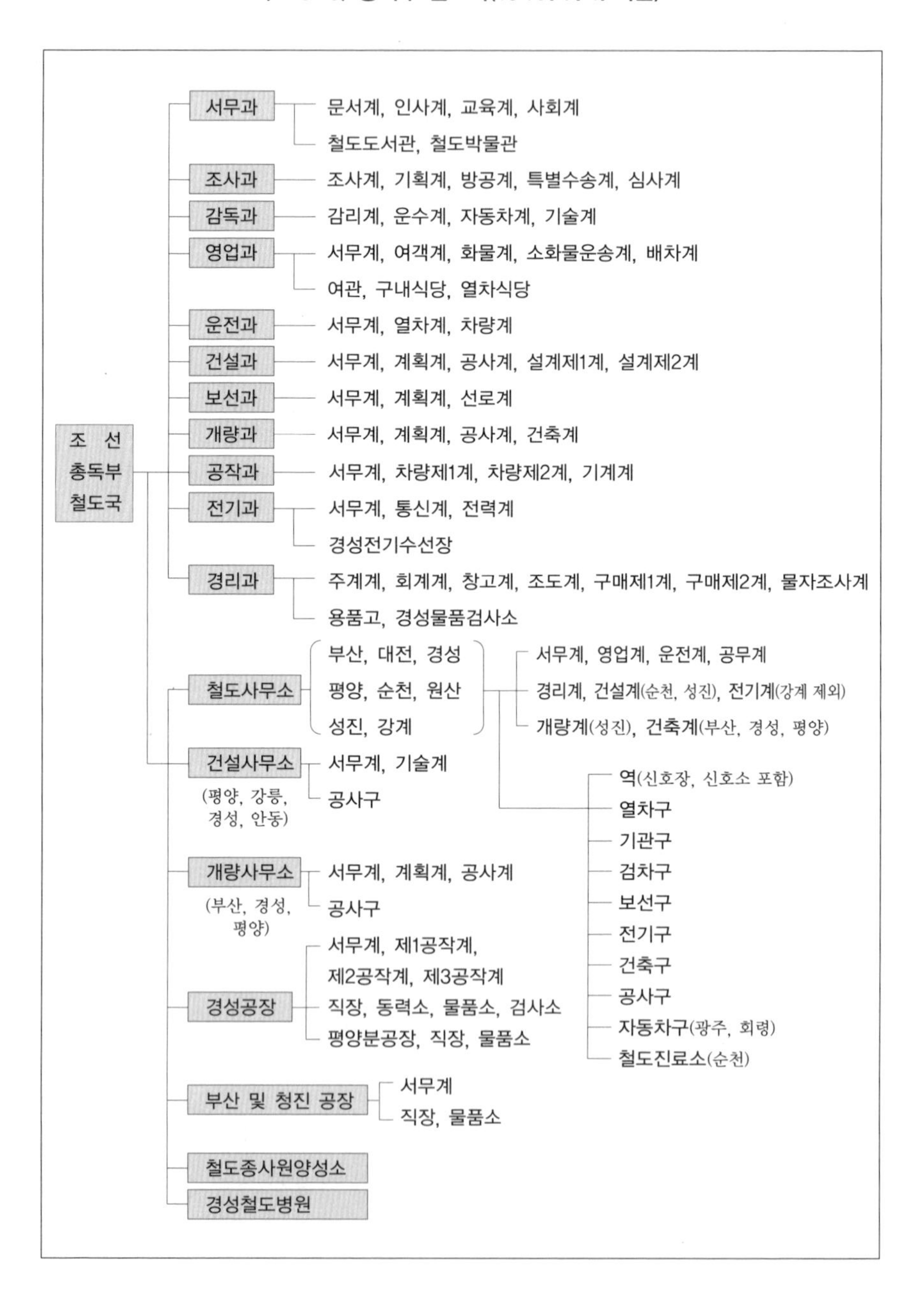

그동안 각 과의 교육 사무는 서무과의 여력이 닿는 한도 내에서 이루어진 것에 불과하였다. 이에 1939년 12월, 서무과에 교육계를 신설하고 앞에서 기술한 각종 방안을 추진하게 되었다.

보선과는 원래 서무, 제1계, 제2계를 두고 구역제에 따라서 사무를 분장하였는데, 이로 인하여 2계가 동종 사무를 취급하는 비합리적인 상황이 발생하였다. 따라서 제1계는 선로계로 개칭하여 현장 관련 공사에 전념시키고, 제2계는 계획계로 개칭하여 선로 보수에 관한 일반 계획, 조사 및 연구 사항을 관장하도록 개정하였다.

감독과 및 영업과의 과 내 분장 개정

1940년 1월 감독과의 육운계를 운수계와 자동차계로 분리하고, 사설철도 운영과 자동차 행정에 관한 사항을 분장시켰다. 이와 동시에 다년간의 현안이던 소화물 운송업의 감독 법규가 제정됨에 따라 영업과에 소화물운송계를 설치하고, 소화물 운송업의 면허, 검사, 처분, 지도, 감독 등을 담당하도록 하였다. 또한 소화물 운송 요금의 인하 및 통일과 시설 개선에 힘쓰고, 부정 경쟁 및 부정 취급 등을 방지하고 철저한 공공 운임 정책을 실시하였으며, 더 나아가 소화물 운송업자의 안정과 능력 신장을 도모하였다.

철도국의 조직은 다음의 〈표 3-6〉과 같다.

조달과 신설

물자 통제로 인하여 물품 조달에 어려움을 겪으면서 1941년 10월 1일 경리과에서 조달 업무를 독립시켜 원활한 운용을 도모하였다(아래 표 1, 2).

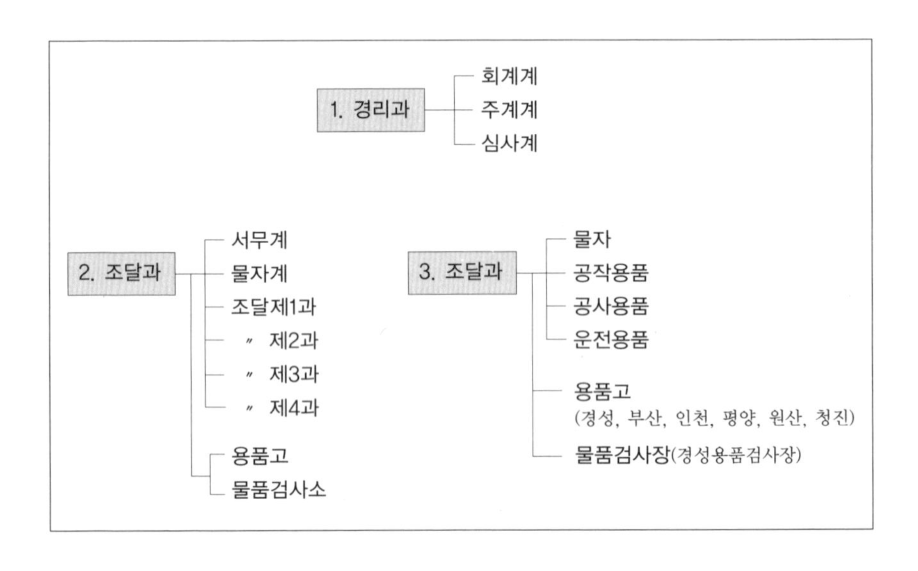

제4절 지방철도국과 조직(1940. 12. 1.)

(칙령 제753호)

운수업무량이 급격하게 증가함에 따라 수송의 만전을 기하기 위하여 1940년 12월 경성 · 부산 · 함흥 3곳에 지방철도국을 설치하고, 철도국은 종합 기획, 지방철도국은 실행 계획 및 철도사무소에 대한 지도 감독을 강화하여 육상 운수체제를 확립하였다.

그 조직은 다음의 〈표3-7〉과 같다.

〈표 3-7〉 지방철도국 조직(1940. 12. 1. 현재)

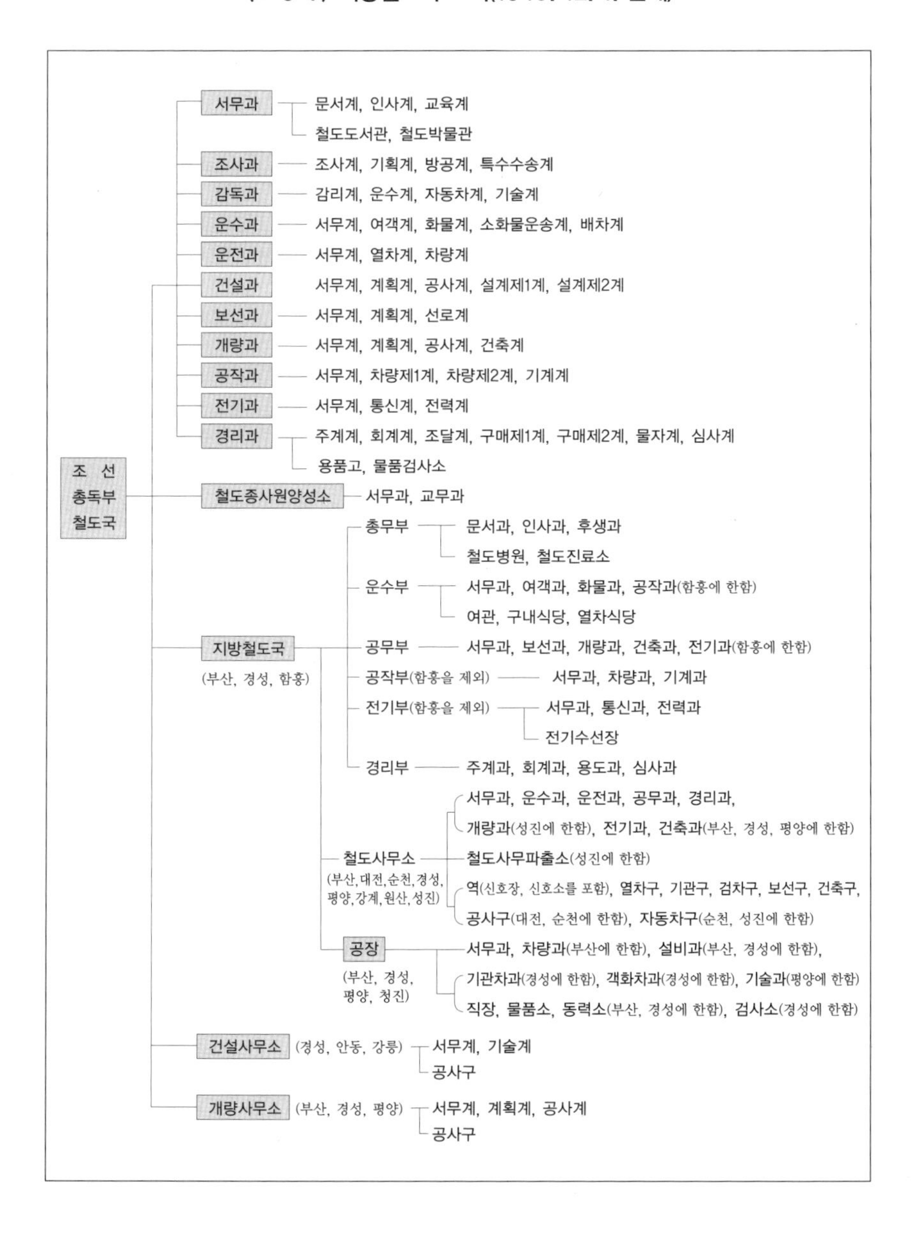

제8장
철도국의 현업기관

제1절 현장 지도기관의 변천

현업 지도 및 감독기관인 지방사무소, 출장소 등은 1906년 철도 통일 이후 다소 변화가 있었지만 대략적인 내용은 다음과 같다.

1906년부터 1917년까지의 변천

1906년 철도 통일 이전에는 경부철도주식회사와 임시군용철도감부의 현업 지도기관이 각각 다른 가구에 의해 실시되었으나, 통감부에서 통일 경영을 시작한 이후부터는,

(1) 운수 현업의 경우 관리국 운수부 영업과의 직할 소관으로 지방에 역 및 소(所)를 설치하고,

(2) 운전과 직속기관으로서 기관고가 설치되었으며,

(3) 공무부 아래에 보선사무소(경성, 영동, 초량) 및 공장(초량, 인천)을 설립하고 보선수 집결소는 보선사무소 소관으로 하였다.

(4) 또한 1907년 3월 각 부국의 분장규정을 정하는 동시에 경성 및 초량에 운

수사무소를 설치하였으나, 1908년 2월 경의선의 영업개시에 앞서 지금까지 관리국 산하였던 사무소를 폐지하고 초량, 용산, 평양 3곳에 출장소를 신설하였으며, 출장소장 아래에 보선장, 운수장, 차량장을 두었다.

㉮ 보선장은 선로 건조물의 수리, 보존을,

㉯ 운수장은 운수, 전기통신, 신호를,

㉰ 차량장은 차량의 운전, 보관, 보수를

각각 관장하도록 하였다.

영업, 운전 :

(1) 1909년 6월 출장소를 폐지하고 영업사무소를 용산, 평양에 설치하고,

(2) 같은 해 12월 철도원 이관에 맞춰 이를 운수사무소로 개정하였다.

(3) 1910년 2월 운수업무의 중앙집권을 위하여 용산과 평양에 있던 운수사무소를 폐지하고 영업과와 운전과(후에 기차과) 파견원을 초량과 평양 2곳에 배치하였다.

(4) 1914년 부산에 차량장을 신설하고 용산, 평양, 부산 각 차량장의 담당 기관고를 다음과 같이 정하였다.

㉮ 부산차량장(초량, 마산, 대구, 대전, 목포기관고 및 이리, 송정리 분고)

㉯ 용산차량장(남대문, 개성, 인천기관고 및 복계 분고)

㉰ 평양차량장(신막, 평양, 정주, 신의주기관고)

그 후 신선(新線) 개통과 함께 담당 구역 및 담당 기관고는 변경되었지만 차량장의 근무지는 1917년까지 그대로 이어졌다.

보선 : 보선 기관도 다음과 같이 변천되었다.

1908년 4월 경의선 영업개시와 함께 평양출장소장 아래에 보선장을 두고 관구를 정하여 보선수 집결소를 두었으나, 1909년 6월 평양영업사무소가 설치되면서 그 산하로 이관되었다. 이와 동시에 보선수 집결소의 명칭을 '보선구'로 변경하고, 같은 해 12월 철도원 관리국의 설치에 맞춰,

㉮ 용산에 보선사무소를 두고 경부선을,

㉯ 평양에 출장소를 두고 경의선을

각각 그 소관으로 하였다.

㉰ 이듬해인 1910년 2월 평양출장소가 평양보선사무소로 변경되면서 그 업무를 이어받았다.

이 제도는 1910년 총독부 철도국 설치시에도 변경되지 않고 1917년 만주철도 위탁경영으로 이관될 때까지 계속되었다. 1917년 당시의 보선사무소 및 소관 보선구명은 다음과 같다.

㉮ 용산보선사무소 - 초량, 대구, 김천, 영동, 대전, 성환, 영등포, 마산, 연산, 이리, 정읍, 송정리, 목포, 청량리, 철원, 복계, 원산, 고원, 청진

㉯ 평양보선사무소 - 용산, 개성, 신막, 황주, 평양, 신안주, 정주, 신의주, 진남포

건설 및 개량 : 통일 당시의 건설 및 개량 사업은 경부선 · 경의선 속성 구간의 교량(압록강, 한강 등) 건설 및 선로 부설, 정거장 등의 개량이 대부분이었다. 현업기관으로,

㉮ 부산 정거장 신축을 위하여 초량건설사무소를 설치하고,

㉯ 압록강철교 가설을 위하여 압록강출장소를 설치하였으며,

㉰ 1910년 6월에 평남선 건설을 위하여 평양, 호남선 건설을 위하여 대전, 경원선 건설을 위하여 용산에 각각 건설사무소를 설치하였고, 이후 압록강 출장소를 건설사무소로 변경하였다.

이듬해인 1911년 3월 평양의 건설사무소를 폐지하고 원산 및 목포에 건설사무소를 설치하였으며, 같은 해 11월 압록강 교량공사가 완공됨에 따라 이들 건설사무소를 폐지하였다. 1912년 목포와 원산의 건설사무소를 출장소로 변경하고 건설 및 개량에 관한 사무 이외에도 일부 구간의 운수 영업 사무를 담당하도록 하였다.

1914년 공사가 준공되자 목포출장소와 용산건설사무소를 폐지하고, 함경선

건설을 위하여 청진에 건설사무소를 신설하였으며, 이듬해인 1915년 원산출장소를 폐지하고 원산건설사무소를 개설하였다.

이 기간 동안 현업 감독기관은 철도 통일 이후 경영 주체 변경과 그에 따른 조직 개정 등에 의하여 변천되었다. 즉, 시기에 따라 지방의 직무 권한이 강화되기도 하고 반대로 철도국 중심의 업무 체제가 강화되는 등 시대 상황에 맞춘 과도적 제도였다고 볼 수 있다.

1917년 이후의 변천

1917년 7월 만주철도 위탁경영 초기에는 대체적으로 종전의 제도를 그대로 따랐으나,

(1) 1920년 2월 건설사무소를 폐지하고, 초량(1920년 6월 부산으로 개칭), 대전, 용산(1924년 6월 경성으로 개칭), 평양, 원산 및 성진에 공무사무소를 설치하고, 건설 개량공사 및 보선 작업에 관한 지도 및 감독기관으로 삼았다.

(2) 1924년 2월 성진공무사무소를 폐지하고 원산공무사무소의 파출소로 삼았다.

(3) 직영으로 환원된 1925년 4월에는 청진에 출장소를 신설하고,

(4) 부산, 대전, 경성, 평양 4곳에 운수사무소를 신설하였으며,

(5) 경성, 부산, 평양 3곳에 공장을 설립하고,

(6) 1925년 10월에는 원산공무사무소를 폐지하고 경성공무사무소 파출소로 변경하였다.

이상의 현업 감독기관은 이후 1933년까지 큰 변화 없이 지속되었다.

철도사무소 설치 : 1933년 5월 출장소, 운수 및 공무사무소 제도를 폐지하고 새로 부산, 대전, 경성, 평양, 청진, 원산 등 6곳에 철도사무소를 개설하였다.

그 후 철도사무소는,

(1) 북선선을 만주철도에 위탁함에 따라 1933년 10월 청진철도사무소를 폐

지하고 성진에,

(2) 1936년 6월 남조선철도 매수 및 경전선 개통에 따라 순천에,

(3) 1940년 4월 만포선 개통에 따라 평양철도사무소 소관을 분할하여 강계에 각각 신설 또는 증설하고, 소관 구역의 감독 및 통제를 담당하도록 하였다.

그 사이 일부 사무소에서는 건설 사무를 취급하였다. 1940년 7월을 기준으로 한 각 철도사무소의 관할 영업 거리는 다음과 같다.

(단위 : km)

철도사무소별	관할 길이
부산철도사무소	522.5
대전철도사무소	617.0
경성철도사무소	587.2
평양철도사무소	401.8
순천철도사무소 (자동차선)	400.9 (278.0)
원산철도사무소	568.3
성진철도사무소 (자동차선)	735.2 (97.0)
강계철도사무소	460.7
합계 (자동차선)	4,293.3 (375.0)

건설사무소 : 건설사무소는 1914년 용산건설사무소의 폐지 이후 한동안 설치되지 않았고, 건설공사는 청진출장소, 각 공무사무소 및 철도사무소, 공무과 및 건설과의 직할로 실행되었다. 그러나 이후 함경선 건설 현장이 경성에서 멀리 떨어져있던 탓에 1926년 5월 경성공무사무소 군선파출소를 설치하였다.

1927년에 결정된 '철도 12개년 계획'이 점차 실행되면서 1933년 5월 합수, 개천(후에 개고개로 이전), 울산에 건설과 파출소를 설치하였다. 공사가 진척됨에 따라 다음과 같이 순차적으로 건설사무소가 설치되었다.

⑴ 1935년 8월 평양 및 성진에 건설사무소를 신설하고, 내부 조직을 서무과와 기술과로 분류하고, 각 과에 주임을 두었다.
⑵ 1936년 7월 경경선 북부 건설을 위하여 경성(청량리)에, 1936년 경경선 남부 건설을 위하여 경북 안동에 각각 설치되었다.
⑶ 그 후 혜산선이 준공되고 백무선 건설도 상당히 진행됨에 따라 1938년 1월 성진의 건설사무소를 폐지하는 대신 성진철도사무소에 건설계를 두었다.
⑷ 한편 동해선 건설을 촉진하기 위하여 강릉에 건설사무소를 설치하고, 원산철도사무소 건설계는 폐지하였다.

개량사무소 : 1917년 이후 개량공사는 경부선의 일부 및 기타 각 노선에서 부분적으로 실시되었는데, 대부분 보선사무소나 공무사무소에서 시행하였으며 매수한 노선의 개량도 철도사무소에서 실시하였기 때문에 아직 개량사무소라는 한 단위의 작업 사무소를 구성할 정도는 아니었다.

그러나 1936년 11월 이후, 조선을 둘러싼 내외의 정세가 급변하면서 광범위한 범위에 걸쳐 경부선과 경의선의 복선공사가 시작되었고, 공사를 서둘러 끝마칠 수 있도록 관련 철도사무소에 개량계를 설치하여 이러한 상황에 대응하였다. 그 후 공사의 시행 과정에서 직접 지도 감독을 강화할 필요가 있다고 판단하고 1937년 6월 부산, 경성, 평양 3곳에 개량사무소를 설치하였으며, 서무계와 기술계를 두고 각 계에 주임을 두었다.

3곳에 개량사무소를 설치한 결과 복선공사 및 기타 주요 공사는 계획대로 진행되었으나, 이후 공사량이 지속적으로 증가하였다. 한 사무소의 적정 담당 공구(工區)가 12공구 내외 수준인데도 대부분의 사무소가 22공구 전후를 담당하면서 방대한 업무를 떠맡게 되었다. 사무소를 한두 곳 정도 늘려 공사에 만전을 기할 필요가 있었으나, 일반 산업이 급속히 확대되어 기술자 공급에 어려움을 겪던 당시 상황으로서는 기술자를 충원하기가 쉽지 않았다. 이에 대한 임시방편으로 1940년 3월 기존의 기술계를 계획계와 공사계로 분할하고 조직을 쇄신 강화하였다.

공장 : 공장 작업의 경우 기존에는 직제에 따라 사무분장을 규정하지 않고 업무 형태에 따라 이를 여러 개의 작업구로 구분하고 편의상의 명칭을 붙이는 데 그쳤다. 그러던 1923년 6월 만주철도 위탁경영시대에 '경성철도공장 규정' 이 제정되면서 경성공장에 서무, 제1공작, 제2공작 등 3계를 두고 각 계에 주임을 두었다.

1939년 4월 국유철도 직영으로 환원될 당시, 경성공장은 기존의 조직을 그대로 유지하였으나, 부산공장은 서무계 및 각 사무실을 두었다. 1940년에는 경성 공장에 물품계, 사무실, 동력실을 신설하고, 부산공장에도 물품계를 설치하였다.

(1) 1928년에 경성공장에 검사계를 설치하고,

(2) 1933년에 제3공작계를 설치하였으며, 동력실을 동력소, 물품계를 물품소로 변경하였다.

이에 앞서 1930년 8월 경성공장 분공장으로서 청진에 공장을 설립하고, 기존의 평양분공장과 마찬가지로 물품계 및 각 사무실을 설치하였다. 그 후 청진분공장은 1933년 10월에 청진공장으로 명칭을 바꾸고, 서무계, 사무실, 물품소를 설치하였으며, 1936년도에 검사계를 검사소로 변경하였다.

철도사무소의 계 변천 : 직영으로 환원되었을 당시에는 철도사무소의 전신이었던 운수사무소에 서무계, 영업계, 운전계를 두고, 공무사무소에 서무계, 기술계를 두었으며, 청진 출장소에는 서무, 운수, 기술계를 두었다. 1927년 4월, 점차 업무량이 증가하면서 기술계를 보선계와 건설계로 분할하였고, 이와는 별도로 경리계를 두었으며, 이듬해에 다시 운수계를 영업계와 운전계로 분리하였다.

한편 공무사무소에서도 기술을 보선계와 건설계로 분할하였다.

1933년 5월 철도사무소 개설과 함께 위에 나온 각 계를 폐합하고, 다음과 같이 내부 조직을 구성하였다.

(1) 서무계, 영업계, 운전계, 공무계, 경리계를 두고 각 계에 주임을 둔다.

(2) 1935년 8월 평양, 성진건설사무소 소관 구역 이외의 전남선 및 동해북부선의 건설공사를 분장시키기 위하여 대전과 원산철도사무소에 건설계를 두고,

(3) 이듬해인 1936년 10월에는 경부선과 경의선의 복선공사를 위하여 부산, 경성, 평양의 각 철도사무소에 개량계를 두고 특별히 지정된 개량공사를 실시하였다.

(4) 그 후 전라선의 전 노선이 개통됨에 따라 1937년 3월 대전철도사무소 건설계가 폐지되었으며, 부산, 경성, 평양에 개량사무소가 설치되면서 같은 해 6월 이 지역 철도사무소의 개량계가 폐지되었다.

(5) 1938년 1월 동해북부선의 건설 업무 일체를 신설된 강릉건설사무소가 담당하게 되면서 원산철도사무소 건설계가 폐지되었고,

(6) 성진건설사무소가 관장하였던 혜산선 건설공사의 완공이 가까워지자 성진건설사무소를 폐지하고, 성진철도사무소에 건설계를 설치하여 이를 대신하도록 하였다.

(7) 이들 건설 및 개량공사의 진행과 병행하여 영업 노선 연장 및 일반 업무 확대가 이루어지면서 전기 시설 또한 비약적으로 증가하였기 때문에, 같은 해 4월부터 부산, 경성, 평양 등 3곳의 철도사무소에 전기계를 신설하였다.

(8) 1939년 4월 나남~청진 구간의 선로 개량공사 및 백무선 북부 집결수~천수 구간에서 재해로 인한 교량 개축공사를 실시하기 위하여 성진철도사무소에 개량계를 두었다.

(9) 또한 같은 해 5월 건설 관계 업무를 담당하도록 부산, 경성, 평양의 철도사무소에 건축계를 신설하고 건축물의 개량, 보존공사 업무를 분장하였다.

(10) 이어서 1935년 6월 금지~담양 구간 건설공사를 시작하면서 순천철도

사무소에 건설계를 설치하였다.

(11) 1940년 4월 기존 공무계에 전기 담당자를 배치하고 잠정적으로 전기 업무의 일부를 담당하도록 하였으나, 대전, 순천, 원산, 성진의 각 철도 사무소 모두 전기 관련 업무가 급증한 탓에 전기계를 신설하였다. 그 결과 강계를 제외한 모든 철도사무소에 전기계가 설치되었다.

제2절 현업기관의 변천

철도 통일 이전의 현업기관의 경우 각 해당 항에서 기술한 바와 같이 역, 기관고, 보선수 집결소 등의 명칭 하에 각각의 업무를 분담하였으나, 그 후 선로 연장 및 현업 업무 급증으로 인하여 영업, 운전, 공무, 공장 등 각 분야에서 각종 분담을 필요로 하게 되었다.

이를 역, 열차구, 자동차구, 기관구, 검사구, 보선구, 전기구, 전기수선장, 건축구, 건설, 개량의 각 공사구 및 용품고 등으로 구분하고, 그 직명과 직제 등에 대하여 대략적으로 기술하면 다음과 같다.

역

철도 통일 당시 경부선과 경의선은 보통역 45개, 간이역 5개로 총 50개의 역이 있었으며, 새로 이관된 경의선과 마산선의 보통역 43개를 포함하여도 총 93개에 지나지 않았다.

그 당시 종사원의 복무에 대해 살펴보면 1906년 8월 '운수종사원 복무규정' 이 제정되었으며, 역 소속 계통의 직명으로는 역장, 조역, 예비 조역, 차장 감독, 차장, 개찰계, 소화물계, 연락계, 전신계, 역무 조역, 조차계, 차호수, 신호수, 전철수, 제동수, 경수(警水), 도우미, 열차급사, 건널목 역부 등이 있었다.

1908년 2월 통감부 철도관리국원 직제가 종전의 운수종사원 복무규정을 기초로 제정되었고, 이에 포괄된 직명은 대부분 기존의 복무규정에 따랐다.

역장의 직제를 예로 들자면 통일 당시에는 "역장은 일체의 역무를 처리하고 역원을 감독한다"라고 되어 있었으나, 1908년 2월 "역장은 운수장의 지휘를 받아 일체의 역무를 처리하고 역원을 감독한다"로 규정이 개정되었다.

철도원 소관 당시에도 일부 직명이 변경되거나 새로 추가되기도 하였지만, 커다란 변화는 없었다.

그 후 파견원, 운수사무소시대를 거쳐 직제와 직명이 적지 않게 변경되었으며, 그 직명으로는 역장(신호장, 신호소에서는 주임, 이하 동일), 조역, 여객주임, 화물주임, 소화물주임, 여객계, 화물계, 통신계, 역무계, 운전계, 구내계, 조차수, 전철수, 경수, 간수, 난방수, 역수 등이 있었다. 역장의 직제 또한 "역장은 철도사무소장의 지휘를 받아 소속원을 지휘 감독하며, 역에 속하는 일체의 업무에 종사한다"라고 개정되었다.

그 후 신선 건설 및 사철 매수, 기존 노선의 운수량 증대와 함께 신설역이 늘어나면서 역의 수도 다음과 같이 매년 증가하였다.

(1) 1917년도 말 199개역(간이역 22개역 포함)
(경원, 호남선, 함경의 일부 구간 개통)

(2) 1925년 직영 환원시 270개역(그 중 간이역 39개역)
(함경선의 연장, 각 지선 증설)

(3) 1933년도 말 520개역(그 중 간이역 107개역)
(도문, 혜산, 만포 각 노선의 연장과 매수선 증가)

(4) 1940년 7월 현재 636개역(그 중 간이역 148개역, 신호장 6곳, 신호소 1곳)
(경경선의 연장, 북선선의 일부 환원 등)

신호장

신호장은 열차 운행시 선로 용량을 증진시키기 위하여 역간 거리가 긴 구간에 설치되었으며, 1923년 3월 경부선 성현터널 남쪽 출구에 성현신호장을 설치한 것이 그 시초이다. 이후 각 노선에 설치되었으나 대부분 보통역으로 변경되거나 폐지되었으며,

(1) 경의선의 남신의주

(2) 경원선의 신탄리, 성산리, 동가리

(3) 동해중부선의 경주 제2

(4) 경부선의 신암리, 미륵

등 7곳이 남았다. (1940년 기준)

조차장

1931년 만주사변 발발 이전까지는 조차장이라고 불릴 만한 곳이 없었다. 그러다가 만주사변을 계기로 여객과 화물량이 급증하고 화물열차가 대거 투입되면서 선로배분이 필요해졌다. 1938년 이후 대구, 대전, 수색(경성), 평양의 조차장 설치공사가 시작되었고 순차적으로 공사를 마무리지었다.

열차구

차장집결소 : 차장감독을 두었으며, 경성, 초량, 평양 등 주요 역에 배치하였다. 1908년 2월에 제정된 통감부 철도관리국 계원 직제에는 "차장감독은 운수장의 지휘를 받아 소관 내에서 차장의 직무를 감독한다" 라고 나와 있으며, 차장감독 밑에 차장과 열차급사를 두었다. 이 계원 직제는 이후 다소 변경되었다.

열차구 : 1923년의 직제 개정에 따라 운수사무소가 대전, 평양, 부산, 경성 4곳에 설치되었을 때, '차장집결소' 라는 명칭을 폐지하고 '열차구' 로 개정하였다.

1933년 철도사무소를 설치하면서 부산, 대전, 경성, 평양, 원산, 성진의 각 철도사무소에 열차구를 두었으며(1936년 순천철도사무소 신설로 추가), 그

담당 구역은 각 철도사무소의 소관 구역과 동일하게 정하였다.

그 후 철도사무소 소재지에 열차구가 설치되었는데, 1940년 4월 신설된 강계철도사무소의 열차구는 당시 건물 관련 문제로 인하여 설치되지 못하였고 강계역장이 그 직무를 담당하였다.

당시 열차구 계원의 직명으로는 열차구장, 조역, 차장, 화물계, 차장보, 열차급사, 열차수 등이 있었다.

자동차구

1936년 3월에 남조선철도를 매수하는 과정에서 남조선철도가 경영하던 자동차 사업도 함께 인계받아 국영으로 운영하게 되면서 철도국 최초로 광주에 자동차구를 설치하였다.

그 후 1940년 7월 북선선 일부가 직영으로 환원되면서 회령에 자동차구를 설치하였고, 이들 자동차구에서 여객과 화물이 수송되었다.

자동차구에는 구장, 조역, 기술계, 사무계, 자동차차장, 자동차운전수, 기공수, 기공조수, 자동차수를 두었다.

기관구 I

총독부 철도관리국시대의 기관고는 운수부 운전과 직속으로 경부선의 초량, 대구, 마산, 대전, 서대문, 인천과 경의선의 개성, 신막, 황주, 평양, 신안주, 선천, 신의주까지 총 13곳이 있었다.

또한 기관고의 직명으로는 기관고장, 기관고조수, 기관수, 점화번, 제품번, 화부, 청소부, 탄부 등이 있었다.

1910년 4월 직명이 개정되어 기관고장을 기관고주임으로, 점화번을 기관부로 각각 개정하였다. 복무규정에는 "기관고주임은 차량장의 지휘를 받아 기관고 일체의 사무를 처리하며, 소속 계원을 감독한다"라고 나와 있다.

기관고 소재지의 변천 : 1907년 이후 기관고 소재지의 변천 과정은,

㉮ 1907년 남대문기관고를 개설하는 한편, 서대문과 황주기관고를 폐지하고,

㉯ 이듬해인 1908년 신안주와 용산기관고를 폐지하였으며, 정주에 기관고를 신설하고 선천기관고를 분고(分庫)로 삼았으나, 1911년 분고를 폐쇄하였다.

㉰ 1912년 이후에는 호남선 및 경원선이 부분 개통됨에 따라 이리에 기관고를 설치하여 대전기관고의 분고로 삼고, 1913년에는 목포와 원산에 기관고를 신설하였으며, 복계에 남대문기관고의 분고를 설치하였다.

㉱ 1914년 송정리에 목포기관고의 분고를 설치하였고, 경원선 고산에는 원산기관고의 분고를 설치하여 신선 연장에 대처하였다. 한편 같은 해 11월에는 개성기관고를 폐쇄하였고, 1915년에는 마산기관고를 초량기관고의 분고로 삼았으며, 이듬해인 1916년에는 청진기관고를 신설하였다. 1917년에는 신의주기관고, 이리분고, 고산분고 3곳을 폐쇄하는 한편, 이리 및 청진 기관고, 동 회령분고를 신설하였다.

기관구로 개명 : 1919년 직제 개정에 따라 운수사무소를 설치하고 이와 동시에 각 기관고를 기관구로 개정하였다.

㉮ 같은 해 복계분고를 폐지하는 대신 복계기관구를 신설하였으며, 남대문기관구를 용산으로 이전하고 함흥에 새로운 기관구를 설치하였다.

㉯ 1923년에 송정리기관구를 폐지한 대신 이듬해인 1924년 성진에 기관구를 설치하였다. 또한 1928년에 목포기관구 광주분구를 설치하였고, 이듬해인 1929년에는 도문 동부선의 구간 개통과 함께 웅기에 기관구를 설치하였다.

기관구 II

㉮ 1933년 철도사무소가 개설됨에 따라 각 기관구가 그 소관으로 이전되었으나, 같은 해 북선선의 이관과 함께 청진과 회령의 기관구를 폐지하였다.

㉯ 1935년 혜산선 및 백무선 공사가 진척되면서 백암기관구가 설치되었다.

㉰ 1936년 남조선철도를 매수함과 동시에 보성기관구를 설치하였으나 얼마 후에 폐지하였다. 그 대신 전라선의 운행을 겸하여 새롭게 순천에 기관구를 설치하였다.

㉱ 이듬해인 1937년 혜산선이 준공됨에 따라 혜산기관구가 신설되었다.

분구, 주재소, 주박소(駐泊所)

㉮ 1938년 분구, 주재소, 주박소의 명칭을 제정하는 동시에 희천, 양덕, 개천, 광주, 고성을 기관구분구로 지정하고, 진남포 외 6곳을 주재소로 정하였으며, 삼랑진 외 20곳을 주박소로 지정하였다.

㉯ 1939년 만포선 전 노선이 개통됨에 따라 만포기관구가 설치되었고, 경경북부선 구간이 개통됨에 따라 동경성에 경성기관구분구가 설치되었다. 또한 같은 해 10월 희천분구를 기관구로 정하였다.

기관구 설치 장소(1940년 7월 1일 현재)

이상을 총괄하면 다음 표와 같으며 이 밖에도 4곳의 분구가 있었다.

선별	기관구 설치 장소
경의선	신막, 평양, 정주
경의선	신막, 평양, 정주
경원함경선	청진, 회령, 함흥, 성진, 복계, 원산
호남선	목포, 이리
혜산, 만포 기타선	경주, 순천, 경북 안동, 희천, 동경성(청량리), 만포, 백암, 혜산진

직명 : 직명으로는 기관구장, 조역, 서무계, 기술계, 검사계, 기관사, 기관조수, 기관조수 견습, 신호수, 기공장, 기공수, 난방수, 창고수, 탄부 등이 있었으며, 종사원수도 꾸준히 증가하였다.

검차구

검차구의 신설 : 검차구는 1924년 4월 부산에 설치된 것을 시작으로 같은 해 10월에 경성에 설치되었으며, 이전에는 기관구 또는 역에서 그 업무를 담

당하였다. 계원 직명 또한 큰 변화가 없었던 것으로 보인다.

검차구의 변천 : 그 후 검차구는,

㉮ 1925년 대전, 평양

㉯ 1928년 청진

㉰ 1933년 직제 개정과 함께 경성검차구에서 분리하여 원산에,

㉱ 같은 해 북선선 이관과 함께 새롭게 성진에,

㉲ 1936년 순천에 각각 설치되었다.

분구, 주재소, 주박소 : 1938년 2월에 분구, 주재소, 주박소 규정이 제정되었다.

대구, 경주, 이리, 용산, 만포, 백암을 검차구분구로 하고, 검차구원 주재소는 마산 외 19곳에 설치하였다.

직명 : 검차구의 직명으로는 검차구장, 조역, 서무계, 기술계, 검차계, 검차조수, 차전계, 차전조수, 청소수, 난방수 등이 있었으며, 종업원 수도 급증하였다.

보선구 |

통일 당시의 보선 업무의 경우 경부선과 경인선은 보선사무소가 이를 관장하였으며, 경의선과 마산선은 임시 철도건설부에서 전담하였다.

경부선 · 경의선 : 경부선의 보선 지도기관인 보선사무소는 초량, 영동, 경성에 설치하였으며, 각 사무소 산하에 보선수집결소를 두었으며, 이를 제1구부터 제9구까지 분담구역을 정하여, 초량은 제1구에서 제3구까지, 영동은 제4구, 제5구, 경성은 제6구에서 제9구에 걸쳐 각 선로 보수를 담당하도록 하였다. 이듬해인 1939년 전 구간을 11구로 변경하고, 초량보선사무소는 제1구에서 제3구, 영동보선사무소는 제4구에서 제7구, 경성보선사무소는 제8구에서 제11구를 보수하도록 규정하였다.

경의선 · 마산선 : 임시철도건설부는 초기에 용산, 평양, 신의주, 마산 4곳

에 출장소를 설치하고 각 소관의 건설, 개량 및 운전 사무와 함께 건조물 보수관련 사무를 분장시켰다.

1908년 2월 직제 개정에 따라 기존의 보선사무소 및 출장소를 폐지하고 초량, 용산, 평양에 출장소를 신설하였으며, 그 산하에 보선장을 배치하였다. 또한 이와 별도로 건축 및 전기공사에 관해서는 공사계에 보선장을 배치하여 부하 계원을 감독하도록 하였다.

보선수집결소를 보선구로 개명 : 이듬해인 1909년 6월 보선수집결소를 '보선구' 로 개칭하고 초량 관내는 초량 · 삼랑진 · 대구 · 김천 · 영동 · 대전 제1, 마산에, 용산 관내는 대전 제2 · 조치원 · 성관 · 영등포 · 인천 · 용산 · 개성 · 계정 · 남천에, 평양 관내는 흥수 · 황주 · 겸이포 · 평양 · 숙천 · 정주 · 신의주에 각각 보선구를 두었다.

그 후 보선구는 직제 개정과 함께 영업사무소 또는 보선사무소 등으로 그 소속이 변경되었으며, 신선의 연장에 따라 점차 그 수가 증가하였다.

만철 위탁경영시대 : 1917년 만주철도 위탁경영시에 사무분장이 개정되어 기존의 보선장은 보선계주임이 되었으며, 보선계를 대전 · 용산 · 평양 · 청진에 두고 보선구를 폐지하고, 보선수 근무지를 초량 외에 17곳에 두었다. 1920년 2월 분장규정이 개정되어 보선계를 폐지하고 '보선구' 를 설치하였으며, 보선구주임을 배치하는 동시에 신설된 공무사무소 관할로 하였다.

보선구 소재지 : 당시에는 총 23곳의 보선구가 있었다.

㉮ 초량공무사무소 관내 : 초량, 대구, 김천

㉯ 대전공무사무소 관내 : 대전, 성환, 이리, 정읍, 목포

㉰ 용산공무사무소 관내 : 영등포, 용산, 개성, 신막, 철원

㉱ 평양공무사무소 관내 : 황주, 평양, 신안주, 정주, 신의주

㉲ 원산공무사무소 관내 : 복계, 원산, 함흥

㉳ 성진공무사무소 : 성진

㉴ 청진출장소 : 청진

주) 1923년 2월 성진공무사무소를 폐지하고, 이와 동시에 초량, 용산은 각각 부산, 경성공무사무소로 명칭을 바꾸었다.

보선구 II

보선구주임을 보선구장으로 개명 : 직영 환원시, 공무사무소 소관 구역의 개정과 함께 보선구 소관 구역도 변경되었다. 또한 1933년 5월 기존의 공무, 운수사무소가 폐지되고 철도사무소가 개설되었으며, 보선구 주임은 보선구장으로 개정되었다.

당시의 보선구 수는 다음과 같다.

㉮ 부산철도사무소 관내	5구
㉯ 대전철도사무소 관내	5구
㉰ 경성철도사무소 관내	5구
㉱ 평양철도사무소 관내	4구
㉲ 원산철도사무소 관내	4구
㉳ 청진철도사무소 관내	6구
계	29구

보선구의 변천 : 그 후 건설선의 연장, 사철 매수, 운수 증대 등에 의해 보선구 수도 다음과 같이 매년 증가하였다. (이상 1940. 7. 1. 기준)

㉮ 부산철도사무소 관내 – 부산, 대구, 마산, 경주

㉯ 대전철도사무소 관내 – 김천, 대전, 이리, 정읍, 경북 안동

㉰ 순천철도사무소 관내 – 목포, 남원, 순천, 광주

㉱ 경성철도사무소 관내 – 성환, 경성, 개성, 신막, 철원, 양평

㉲ 평양철도사무소 관내 – 평양, 정주, 신의주, 순천

㉳ 원산철도사무소 관내 – 복계, 원산, 고원, 함흥, 고성

㉳ 성진철도사무소 관내 – 신북청, 성진, 길주, 나남, 청진, 백암, 유평동

㉴ 강계철도사무소 관내 – 희천, 강계

위와 같이 총 37구가 있었다. 또한 예전에 보선정장(保線丁場)이라고 불렀던 보선수집결소는 1936년 7월 선로반으로 명칭이 바뀌었다.

직명 : 보선구 종업원의 직명으로는 통일 당시 보선수 · 보선조수 · 보선공(인부장, 조장, 인부) · 터널당번, 교량당번, 건널목당번이 있었으며, 1908년 직제 개정에 의해 건축인부 · 목수 · 측량공 · 전신공 등이 추가되었다. 또한 이후 업무량이 증대되면서 1915년, 1920년, 1933년에 각각 추가 또는 변경되었다.

보선구장 : 창설 당시에는 보선수, 1920년에는 보선구주임, 1923년 이후 지금의 직명으로 바뀌었다.

조역 : 창설 당시에는 보선조수라고 하였으며, 1923년에는 사무조역이 되었고, 1933년 이후 지금의 직명으로 바뀌었다.

서무계 · 기술계 · 설계수 · 선로수장 : 선로공, 선로공장이라고 한다.

선로수 : 선로공, 선로방이라고 한다.

보안수 · 토목수장 : 토목공장이라고 한다.

토목수 · 목공수 · 창고수 : 창고지기, 창고수라고 한다.

정용수 · 착수 : 교량당번 · 터널당번 · 건널목당번이라고 하였는데, 1923년 이를 일괄적으로 경수(警手)라고 개칭하였다.

전기구

통신구 설치 이전 : 전기 및 통신 설비에 관한 현업기관에서는 1908년 2월 직제 개정에 맞춰 보선장이 있는 공사계 내에 전기 기술자를 두고 보선장의 감독 하에 관할구역 내 전기 및 통신 설비에 관한 각종 공사를 담당시켰다. 당시에는 전기가 널리 보급되지 않은 상태였으므로 지방의 전기 업무는 특수한 주요 역에 한정되었다. 특히 많은 시설을 갖추었던 용산에는 전기계 집결소를 설치하고 주임을 근무시켰다. (후에 통신구가 설치되면서 폐지됨)

통신구 설치 : 1910년 4월부터 초량, 용산, 평양 3곳에 통신구를 설치하고 소관구역을 정하였으며, 당시의 철도원 총재 통달에 따라 복무가 규정되었다. 관내에는 전기공을 배치하고 그 담당구역을 정하였다.

통신구 폐지 : 같은 해 11월 철도원 소관에서 벗어나면서 통신구를 폐지하고 "보선 소속 전기공사를 담당하는 공사계 이하에서 복무하는 자는 보선수 이하 직제 중 보선수 · 보선조수 · 선로공에 준하며, 담당 구역 내 전신 · 전화 · 전신신호기 및 전등선의 보수 및 건설에 종사할 것"이라 규정하고, 보선장이 있는 전기공사계가 관장하도록 하였다.

그 후 만주철도 위탁경영과 함께 보선장이 폐지되고 보선계가 신설되었다.

통신구 설치 : 이 시기에 전류 및 통신에 대한 시설이 보급 · 발달되면서 전기업무도 점차 광범위해졌다. 이에 1920년 2월 공무사무소 개설시 전기업무를 보선에서 분리하여 부산, 대전, 경성, 평양에 통신구를 설치하고 그 소관구역을 정하여 현업업무에 배치하였다.

통신구를 전기구로 개칭 : 1933년 5월 철도사무소를 개설함과 동시에 통신구를 전기구로 개칭하고, 각 사무소 관내에 각각 1구를 설치하였으며, 소관구역은 철도사무소와 마찬가지로 당시 강계를 제외한 7곳의 사무소에 설치하였다.

직명 : 전기구 계원의 직명으로는 전기구장, 조역, 서무계, 기술계, 전기수장, 전기수, 창고수, 정용수 등이 있었다.

전기수선장

전기수선실 소속의 변천 : 초기에는 전기수선실이라고 불렀으며, 1909년 12월 용산역 근처에 설치되었다. 당시에는 영업과에 소속되었으며 수선실주임 1명과 그 아래에 전기공 수 명, 목공 1명이 배치되었다. 이들은 주로 모르스 무전기의 수선을 담당하였으며, 필요할 때에는 전화기 수선작업도 하였다.

1909년 작업장을 용산보선사무소(훗날 철도회관 부근)로 이전하면서 운전과 소속이 되었으며, 이듬해인 1910년 공무과 소관으로 이전되어 전신, 전화, 아크라이트 및 기타 일반 전기기기의 수선을 담당하였다. 또한 작업량이 증가하면서 전기공 및 기타 종사원을 수시로 증원하였다.

전기수선장(속칭) : 선로 연장과 기계 시설이 증가됨에 따라 1922년 작업장을 소비부 옆으로 이전하는 동시에 '전기수선장'으로 명칭을 변경하고 전기공의 명칭 또한 전기수로 변경하였다. 작업량은 증가하는데 반해 제반 설비와 숙련공이 부족하여 많은 어려움을 겪었다.

이듬해인 1923년에 직공을 증원하고 작업장을 개축하는 등 새로운 면모를 갖추기도 하였으나, 1925년 4월 직영으로 환원된 이후에도 기존과 마찬가지로 주임은 공무과에 근무하면서 감독의 책임을 맡았으며, 수선장에는 기사 1명, 사무계 2명, 기술계 3명을 두었다.

1925년에는 통표폐색기의 전면적인 개조가 필요해짐에 따라 모지(門司) 철도국의 숙련공 수 명을 초빙하여 개조와 지도를 담당하도록 하였다. 그 후 폐색기의 개조 및 일반 수리기가 급증하고 기존 수선장 시설의 기기 교체 및 증설이 필요해지면서 좁은 작업장을 대신하여 1930년 11월 벽돌식 건물에 신식 설비를 갖춘 작업장을 신축하고 공무과 전기계에 소속시켰다.

전기수선장 설치 : 그 후 수년간 업무량이 급증하면서 내부 기구 개선과 업무 합리화를 위하여 1931년 6월 통달 483호에 따라 '전기수선장'이 설치되었다.

이에 따라 드디어 전임 주임을 배치하고 공무과장의 명령을 받게 하였다. 1937년 6월 철도국에 전기과가 신설되면서 그곳으로 소관이 이전되었고, 1939년 11월에 '경성전기수선장'이라는 명칭이 붙게 되었다.

경성전기수선장은 실질적으로는 기존의 현업기관이었지만, 직제 상에 이를 명시하지 않았기 때문에 1939년 12월 통달 1579호 및 1580호에 따라 직제를 밝히고 전기과장의 명령을 받아 동 수선장의 소속원을 지휘 감독하고 업무에 임하도록 주임의 직제가 정해졌다.

직명 : 주임 아래에 조역, 기술계, 서무계, 기공수장, 기공수, 창고수, 정용수 등을 두었다.

건축구

건축구 신설 이전 : 건축 관련 현업기관은 창설 당시 경부선 건설 공구 및 경의선 건축반의 일부 업무로 처리되었으나, 1909년의 직제 개정 이후 보선장을 둔 공사계가 되면서 각종 건축물의 신설, 보존 및 보충 공사를 담당하게 되었다.

당시 계원으로는 공사계 주임 아래에 공사계원, 공부, 직공 등을 두었다. 공사계는 그 후 초량과 용산을 비롯한 각지에 설치되었다.

1910년 총독부 철도국 개설과 함께 앞서 언급한 공사계는 공무과의 직할기관이 되었으나, 얼마 지나지 않아 폐지되었다. 이후 모든 건축업무는 건설사무소 및 보선사무소 내의 공사계가 실시하였으며, 이는 1919년까지 계속되었다.

1920년에는 공무사무소 내에 건축공사계를 설치하고 각 소관을 정하여 업무를 관장시켰다.

건축구 신설 : 철도사무소 개설 당시 '건축구'로 명칭을 바꾸고 8곳의 철도사무소에 각각 하나의 건축구를 설치하였으며, 이 밖에도 원산공장 건설을 위하여 별도로 원산공장건축구를 특별히 설치하였다.

건축구장의 복무규정에 따라 계원의 직명은 조역, 서무계, 기술계, 설계공, 목공장, 목공, 기공, 도공, 창고수, 정용수 등으로 하였으며, 업무량이 증가하면서 종업원의 수도 함께 증가하였다.

건설 및 개량공사구

철도 통일 직후 경의선 개량공사에 주력하였던 당시에는 임시철도건설부(후에 임시건설부로 바뀜) 산하에 평양출장소를 설치하고 공사계 파출소를 황주, 평양, 정주, 신의주에 두었으며, 오산에 계원을 근무시켰다.

1909년의 조직 개정 이후 건설 및 개량공사의 현업기관으로서 철도국, 건설 · 보선사무소, 또는 출장소 관할 하에 각 공사계를 배치하였다.

또한 수시로 각 지역의 공사 현장에 공사계를 근무시키고, 필요에 따라서는 기사를 공사계 감독으로 임명하여 지방에 근무시키면서 특정 건설 및 개량공사 감독을 담당하도록 하였다. 이러한 제도는 큰 변화 없이 1918년까지 꾸준히 이어졌다. 이 시기에 호남, 경원 및 함경(초기) 각 노선의 건설공사가 진행되었으며, 1914년 이후부터 1919년까지 경부선의 일부 개량공사도 실시되었다.

1919년 공무사무소와 출장소가 설치되었고, 그 소관 하에 건설 · 개량공사계가 설치되었다.

1927년 '조선철도 12개년 계획' (별항, 경영편) 수립 이후 신선의 건설과 매수 노선의 개량을 위하여 각지에 건설공사계와 개량공사계가 설치되면서 그 수가 급격히 증가하였다.

공사구 : 1933년 직제 개정에 따라 공무사무소를 폐지하고 그 사무를 철도사무소로 이전하는 한편, 건설 및 개량공사계의 명칭을 건설공사구와 개량공사구로 변경하였다. 이와 동시에 건설 현장업무는 건설과가 직접 관장하고, 개량 현장업무는 주로 소관 철도사업소가 관장하게 되었다.

1935년 건설사무소가 부활되면서 기존의 건설과 직할 공사구는 건설사무소로 이전되었고, 지역적으로 관련이 있거나 건설 구간이 비교적 단거리인 경우에는 철도사무소 소관으로 하였다.

1940년 7월 기준 건설공사구

㉮ 평양건설사무소 소관(평원선) - 창촌 외 6구

㉯ 경성건설사무소 소관(경경선 북부) - 동경성 외에 4구

㉰ 강릉건설사무소 소관(동해선 북부) - 강동 외에 6구

㉱ 안동건설사무소 소관(경경선 남부) - 단양 외 1구

㉮ 평양철도사무소 소관 - 1구
㉯ 성진철도사무소 소관(백무선) - 연사 외 1구
㉰ 순천철도사무소 소관(경전선) - 순창 외 3구
총 28곳의 공사구가 설치되면서 공사가 빠르게 진척되었다.

1940년 7월 기준 개량공사구

㉮ 경부개량사무소 소관 - 대구 남공사구 외 11구
㉯ 경성개량사무소 소관 - 직지사 공사구 외 12구
㉰ 평양개량사무소 소관 - 한포 공사구 외 14구
㉱ 순천철도사무소 소관 - 2공구
㉮ 성진철도사무소 소관 - 2공구
총 44곳의 공사구

직명 : 공사계원으로는 공사구장 아래에 조역, 서무계, 기술계, 설계공, 토목수장, 토목수, 전기수, 창고수 및 정용수 등이 있었으며, 공사구장의 복무는 "철도사무소장, 건설사무소장, 개량사무소장의 지휘를 받아 소속원을 지휘 · 감독하며 공사구에 속한 일체의 업무에 종사한다"라고 규정되었다.

용품고(물품검사소 포함)

철도 운영에 필요한 제반 재료 및 용품의 보관과 출납을 담당하는 용품고는 이전의 통일시대부터 경리과 지방창고라는 명칭으로 존속해 온 것으로 초량, 용산, 평양, 인천, 신의주 등에 있었다. 1924년에는 원산, 1930년에는 청진에 건설되었으며, 물품 회계 관리를 창고주임으로 주재시켰다.

용산창고는 석탄, 침목, 철강 기타 제반 재료 및 각종 소모품 등을 취급하였고, 그 밖의 창고는 각 지역 실정에 따라 석탄, 목재, 유지 등을 취급하였으며, 그 역사도 상당이 오래되었으나, 회계법에 따른 물품 회계 관리 이외에는 별다른 직제 규정이 없었다.

경리과 지방창고에서는 용품자금회계에 속하는 제반 용품과 경상비 소속용품 등 다양한 품목에 걸친 철도용품의 저장, 보관 및 배급을 실시하였다. 그러나 매년 업무가 확대됨에 따라 창고 취급량도 함께 증가하면서 경리과 물품 회계 관리만을 두었던 이들 창고는 직제상 그 직위 및 명칭을 명확히 할 필요성을 느끼게 되었다.

용품고와 물품검사소 : 이에 따라 1939년 12월 현업 종사원의 직제가 개정되어 '용품고'와 '물품검사소' 2곳의 현업기관으로 분리되었다.

㉮ 용품고는 부산(초량), 경성(용산), 인천, 평양, 신의주, 원산, 청진에

㉯ 물품검사소는 경성에

㉰ 성진, 순천에는 이전과 마찬가지로 경리물품 회계 관리를 두었다.

용품고의 직제 : 상기 현업 종사원 직제에 따라 용품고에는 용품고장, 조역, 사무계, 수위, 자동차 운전수, 목공수, 기공수, 인쇄수, 창고수, 정용수를 두었다. 또한 용품고장의 직제는 "경리과장의 지휘를 받아 소속원을 지휘 감독하며 용품고에 속하는 일체의 업무에 종사한다"라고 규정되었다.

물품검사소 : 용품고와 함께 설치된 물품검사소는 이전까지 직제상 별도의 규정 없이 용산 경리과 창고의 일부로서 그 사무를 취급하였으며, 용품고와 마찬가지로 1939년 12월 직제에 추가되었다. 직명으로는 물품검사소 주임, 조역, 사무계, 기술계, 수위, 창고수, 정용수 등이 있었으며, 물품검사소 주임은 "경리과장의 지휘를 받아 소속원을 지휘 감독하며 물품 검사소에 속하는 일체의 업무에 종사한다"라고 규정되었다.

제9장
총독부 교통국

제1절 교통국 설치

교통국 설치 경위에 대해서는 경영편 제8장 제5절에 그 개략을 기술하였다. 교통국 조직은 구 철도국 소관 업무 외에 해사, 항공, 항만, 세관의 제반 부문에 걸친 업무를 소관하며 그 관제는 다음과 같다.

조선총독부 교통국 관제(1943년 11월 칙령 893호)

제1조 조선총독부 교통국은 조선총독의 관리에 속하는 다음 사무를 담당한다.

(1) 국유철도와 관련한 국영 자동차 및 그 부대사업에 관한 사항

(2) 사설철도, 궤도, 자동차 교통사업, 소화물 운송업 기타 해운에 관한 사항

(3) 선박, 조선, 선원, 항로표지 기타 수운 및 항로표지 부속 설비에 의한 기상 관측에 관한 사항

(4) 항만 및 항만 내 공유수면에 관한 사항

(5) 개항 단속에 관한 법령 시행에 직접 필요한 항구 내 행정경찰에 관한 사항

(6) 창고영업에 관한 사항

(7) 항공에 관한 사항

제2조 지방은 다음과 같이 3곳의 지방교통국을 두고, 교통국의 사무를 분장한다.

경성지방교통국

부산지방교통국

함흥지방교통국

지방교통국은 교통국의 사무분장 외에 다음과 같은 사무를 담당한다.

(1) 관세, 출항세 및 수출입 화물의 내국세에 관한 사항

(2) 보세창고, 보세공장 기타 보세지역에 관한 사항

(3) 수출입 화물의 단속, 수출입 화물에 관한 선박 및 항공기의 단속, 화물 수용에 관한 사항

(4) 세관 화물 취급인에 관한 사항

(5) 외국환관리법 시행에 관한 사항

(6) 수출입 식물 검사에 관한 사항

(7) 해항 검역에 관한 사항

지방교통국의 위치 및 관할 구역은 조선총독부가 정한다.

제3조 교통국에는 다음 직원을 둔다.

국장			칙임	
이사	전임	4명	칙임	
서기관	〃	28명	주임	
사무관	〃	74명	〃	
항공관	〃	4명	〃	
기사	〃	156명	〃	(그 중 3명을 칙임으로 할 수 있다)
표식기사	〃	1명	〃	
의관	〃	21명	〃	
약제관	〃	1명	〃	

서기	〃	3,582명	판임
기수	〃	3,369명	〃
표지기수	〃	177명	〃
의관보	〃	31명	〃
약제관보	〃	15명	〃
간호장	〃	1명	〃

이들 직원 외에 교통수를 두고 판임관으로 대우하며, 그 정원은 조선총독이 정한다.

제4조 국장은 조선총독의 지휘 감독을 받아 철도국의 업무를 관장하고, 부하 직원을 지휘 감독한다.

제5조 이사는 상관의 명령을 받아 사무를 관장한다.

이사(지방교통국장인 자를 제외)는 국장 유고시에 그 직무를 대리한다.

제6조 서기관 및 사무관은 상관의 명령을 받아 사무를 관장한다.

제7조 항공관은 상관의 명령을 받아 항공에 관한 기술 또는 사무를 관장한다.

제8조 기사는 상관의 명령을 받아 기술을 관장한다.

제9조 표지기사는 상관의 명령을 받아 항로표지의 보수 운용 및 기상 관측을 관장한다.

제9조의 2 의관은 상관의 명령을 받아 의료업무를 관장한다.

제9조의 3 약제관은 상관의 명령을 받아 약제(藥劑)를 관장한다.

제10조 서기는 상관의 지휘를 받아 사무에 종사한다.

제11조 기수는 상관의 지휘를 받아 기술에 종사한다.

제12조 표시기수는 상관의 지휘를 받아 항로 표식 보수 및 운용 및 기상 관측에 종사한다.

제12조의 2 의관보는 상관의 지휘를 받아 의료업무에 종사한다.

제12조의 3 약제관보는 상관의 지휘를 받아 조제에 종사한다.

제12조의 4 간호장은 상관의 지휘를 받아 간호에 종사한다.

제13조 교통수는 상관의 지휘를 받아 사무 또는 기술에 종사한다.

제14조 지방교통국에 지방교통국장을 둔다.

지방교통국장은 이사로 충당하며, 국장의 지휘 감독을 받아 지방교통국의 사무를 관리하고 부하 직원을 지휘 감독한다. 단, 제2조 제2항의 사무에 대해서는 조선총독의 지휘 감독을 받는다.

지방교통국장은 개항 단속에 관한 법령 시행에 직접 필요한 항 내 행정경찰 관련 사무에 대해서는 경찰서장을 지휘 감독한다.

제15조 조선총독은 필요하다고 인정되는 곳에 교통국 또는 지방교통국의 출장소를 둘 수 있다. 출장소의 명칭, 위치 및 관할 구역은 조선총독이 정한다.

제2조 제2항 제6호 및 제7호의 사무를 취급하는 지방교통국의 출장소는 조선총독이 고시한다.

제16조 항로표지의 종별, 명칭 및 위치는 조선총독이 정한다.

제17조 교통국에 교통국종사원양성소를 부설한다. 교통종사원양성소의 명칭 및 위치는 조선총독이 정한다.

제18조 교통종사원양성소에는 다음의 직원을 둔다.

소장			
교륜	전임	38명	판임(그 중 5명은 주임으로 할 수 있다.)
감사			
서기	전임	6명	판임

제19조 소장은 교통국 내의 고등관으로 충당한다. 국장의 지휘 감독을 받아 업무를 관리한다.

제20조 교륜은 소장의 지휘를 받아 교육을 관장한다.

제21조 감사는 교륜으로 충당한다. 소장의 지휘를 받아 기숙사의 사무를 관장한다.

제22조 서기는 상관의 지휘를 받아 사무에 종사한다.

교통국장

교통국장은 조선총독의 지휘 감독을 받아 이하의 사무를 관리하고, 부하 직원을 지휘 감독한다.

(1) 국유철도와 관련한 국영 자동차 및 부대사업에 관한 사항

(2) 사설철도, 궤도, 자동차 교통사업, 소화물 운송업 기타 육상 운수에 관한 사항

(3) 선박, 조선, 선원, 항로표지 기타 수운 및 항로표지 부속 설비에 의한 기상 관측에 관한 사항

(4) 항만 및 항만 내 공유수면에 관한 사항

(5) 개항 단속에 관한 법령 시행에 직접적으로 필요한 항 내 행정경찰에 관한 사항

(6) 창고영업에 관한 사항

(7) 항공에 관한 사항

조선총독부 교통국 사무분장규정

제1조 조선총독부 교통국에 총무과, 정비과, 감리과, 운수과, 해사과, 항공과, 공무과, 항만과, 전기과, 공작과, 자재과, 건설사무소, 고등해원양성소, 해원양성소 및 보통해원양성소를 둔다.

제2조 총무과에서는 다음과 같은 사무를 관장한다.

(1) 국인(局印) 및 관인 관리에 관한 사항

(2) 문서 접수, 발송, 사열, 편찬 및 보존에 관한 사항

(3) 공보 및 통계에 관한 사항

(4) 업무의 고사(考査)에 관한 사항

(5) 손해배상 및 소송에 관한 사항

(6) 인사에 관한 사항(정비과가 관장하는 것을 제외한다)

(7) 국가 총동원에 관한 사항

⑻ 교통 시설의 종합 정비 계획에 관한 사항
⑼ 예산 및 결산에 관한 사항
⑽ 금전 출납에 관한 사항
⑾ 국유재산에 관한 사항
⑿ 운수 및 그 부대 수입 심사에 관한 사항
⒀ 타과의 주관에 속하지 않는 사항
제3조 정비과는 다음과 같은 사무를 관장한다.
⑴ 정원, 채용 및 급여에 관한 사항
⑵ 국민 동원에 관한 사항
⑶ 직원 양성 및 훈련에 관한 사항
⑷ 직원 양성 및 주택에 관한 사항
⑸ 공제 조합에 관한 사항
⑹ 특수 수송에 관한 사항
⑺ 방위에 관한 사항
제4조 감리과에서는 다음과 같은 사무를 관장한다.
⑴ 사설철도, 전용철도, 궤도, 자동차 교통사업 기타 해운(소화물 운송업 제외)에 관한 사항
⑵ 사설철도, 궤도, 자동차 사업 기타 육상 운수(소화물 운송업 제외)의 조합 및 단체에 관한 사항
⑶ 자동차 기타 육상 운수(사설철도, 궤도 및 소화물 운송업 제외)에 제공하는 차량, 기계, 기구 기타 운영 물자에 관한 사항
⑷ 자동차 요원에 관한 사항
제5조 운수과에서는 다음과 같은 사무를 관장한다.
⑴ 철도 운수영업 및 그 부대업무에 관한 사항
⑵ 부두 관리 및 운영에 관한 사항
⑶ 관세 사무 연락에 관한 사항

(4) 열차 운전, 신호 및 보수에 관한 사항
(5) 차량 및 부속품의 운용, 검사 및 대차(貸借)에 관한 사항
(6) 소화물 운송업 및 창고영업에 관한 사항
제6조 해사과에서는 다음과 같은 사무를 관장한다.
(1) 해상 수송에 관한 사항
(2) 조선에 관한 사항
(3) 항로, 선박 및 선원에 관한 사항
(4) 항로표지 기타 수운 및 항로표지 부속 설비를 이용한 기상 관측에 관한 사항
(5) 선원 보험 및 목선 보험에 관한 사항
(6) 항만 운송업에 관한 사항
(7) 개항 단속 규칙에 관한 사항
제7조 항공과에서는 다음과 같은 사무를 관장한다.
(1) 항공사업에 관한 사항
(2) 항공 단속에 관한 사항
(3) 항공 보안 시설에 관한 사항
(4) 항공 기상에 관한 사항
(5) 항공 요원 및 항공 기재에 관한 사항
제8조 공무과에서는 다음과 같은 사무를 관장한다.
(1) 철도 건설에 관한 사항
(2) 선로 및 건조물의 개량, 보수 및 관리에 관한 사항
(3) 용지의 관리에 관한 사항
(4) 공사용품의 운용 계획에 관한 사항
(5) 선로 조사에 관한 사항
제9조 항만과에서는 다음과 같은 사무를 관장한다.
(1) 항만 건설에 관한 사항

(2) 항만 개량, 보수 및 관리에 관한 사항

(3) 항만 내의 공유수면 매립 및 사용에 관한 사항

(4) 항만 공사 용품의 운용 계획에 관한 사항

제10조 전기과에서는 다음과 같은 사무를 관장한다.

(1) 전기를 이용한 통신, 신호 및 보안 시설에 관한 사항

(2) 전력 시설 및 전력의 발생 공급에 관한 사항

(3) 철도 전력화에 관한 사항

(4) 전기 통신 사무에 관한 사항

제11조 공작과에서는 다음과 같은 사무를 관장한다.

(1) 철도 차량 및 기계 제작, 개량 및 수리에 관한 사항

(2) 공장 설비 및 기계 설비의 계획, 설계 및 관리에 관한 사항

(3) 공장 작업에 관한 사항

제12조 자재과에서는 다음과 같은 사무를 관장한다.

(1) 물품 구입의 예산 및 결산, 용품 자금 운용에 관한 사항

(2) 물품의 수급 계획에 관한 사항

(3) 물품의 조달, 보관, 배급 및 처분에 관한 사항

제13조 고등해원양성소, 해원양성소 및 보통해원양성소에서는 해원 양성에 관한 사무를 관장한다.

지방교통국장

지방교통국장은 국장의 지휘 감독을 받아 관할 구역 내에서 아래의 사무를 관장하고, 부하 직원을 지휘 감독한다. 단, 제5호 내지 제11호의 사무에 대해서는 조선총독의 지휘 감독을 받는다.

(1) 교통국장 (1)과 동일

(2) 상동 (3)과 동일

(3) 상동 (4)와 동일

〈표 3-8〉 조선총독부 교통국 조직 일람표(1944. 11. 1. 현재)

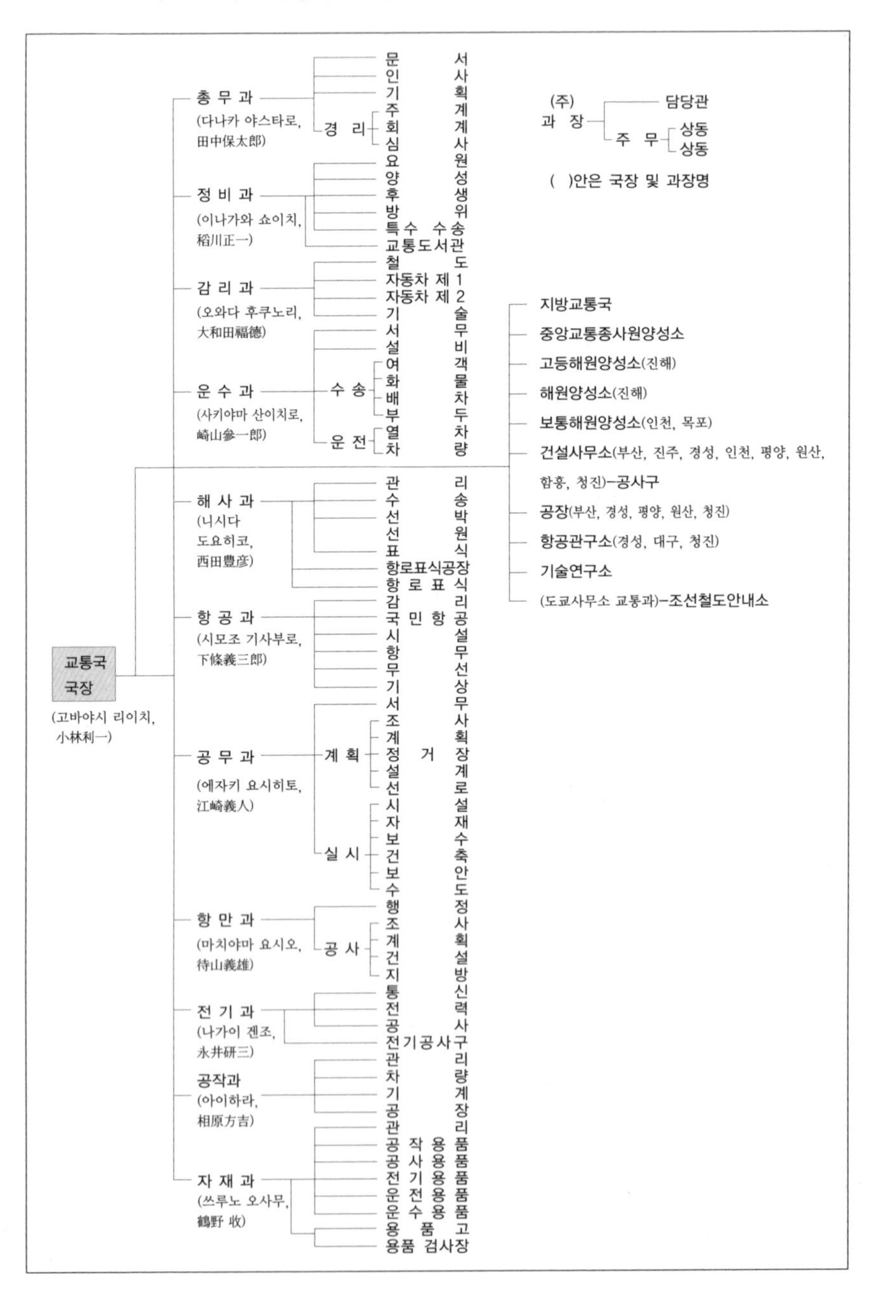

(4) 상동 (5)와 동일

(5) 관세, 출항세 및 수출입

(6) 보세창고, 보세공장 기타 보세지역에 관한 사항

(7) 수출입 화물 단속, 수출입 화물에 관한 선박 및 항공기 단속, 화물 수용에 관한 사항

(8) 세관 화물 취급인에 관한 사항

(9) 외환관리법 시행에 관한 사항

(10) 수출입 식물 검사에 관한 사항

(11) 해항 검역에 관한 사항

지방교통국장은 개항 단속에 관한 법령 시행에 직접적으로 필요한 항내 행정경찰에 관한 사무에 대해서는 경찰서장을 지휘 감독한다.

제2절 지방교통국 조직과 사무분장

조선총독부 지방교통국 사무분장규정

제1조 조선총독부 지방교통국에 총무부, 운수부, 운전부, 부두부 및 공무부를 둔다.

제2조 총무과에서는 다음과 같은 사무를 관장한다.

(1) 문서에 관한 사항

(2) 인사에 관한 사항

(3) 직원 보건 및 주택에 관한 사항

(4) 공제조합에 관한 사항

(5) 손해배상 및 소송에 관한 사항

(6) 특수 수송 및 방위에 관한 사항

(7) 예산 및 결산에 관한 사항

(8) 금전 출납에 관한 사항
(9) 국유 재산 및 물품에 관한 사항
(10) 수입 심사 및 통계에 관한 사항
(11) 타 과의 주관에 속하지 않는 사항
제3조 운수부에서는 다음과 같은 사무를 관장한다.
(1) 철도 운수영업 및 그 부대업무에 관한 사항
(2) 객차 및 화차, 그 부속품 배치 및 운용에 관한 사항
(3) 소화물 운송업 및 창고영업 감독에 관한 사항
제4조 운전부에서는 다음과 같은 사무를 관장한다.
(1) 열차의 운행 계획 및 취급에 관한 사항
(2) 열차의 운전, 신호 및 보안에 관한 사항
(3) 기관차 및 동차 운용에 관한 사항
(4) 차량의 보관 및 검사에 관한 사항
제5조 부두부에서는 다음과 같은 사무를 관장한다.
(1) 해상 수송에 관한 사항
(2) 부두 관리 및 운영에 관한 사항
(3) 항만 운송업의 감독에 관한 사항
(4) 관세, 톤세, 출항세 및 수출입 화물의 내국세에 관한 사항
(5) 보세창고, 보세공장 및 기타 보세지역에 관한 사항
(6) 수출입 화물 단속, 수출입 화물 관련 선박, 항공기 단속 및 화물 수용에 관한 사항
(7) 교역 통계에 관한 사항
(8) 세관 화물 취급인에 관한 사항
(9) 외환관리법 시행에 관한 사항
(10) 교역 통제에 관한 사항
(11) 수출입 식물 검사에 관한 사항

(12) 해항 검역에 관한 사항

(13) 개항 단속 규칙 및 그 시행에 직접적으로 필요한 항 내 행정경찰에 관한 사항

(14) 항로, 선박 및 선원에 관한 사항

(15) 선원 보험 및 목선 보험에 관한 사항

제6조 공무부에서는 다음과 같은 사무를 관장한다.

(1) 선로, 항만, 건조물 및 전기 시설의 공사 시행, 보수 및 관리에 관한 사항

(2) 용지 관리에 관한 사항

(3) 전기 통신 사무 및 전력 수급에 관한 사항

(4) 지방교통국 소관 역구의 기계 설비(차량 수리용 제외)의 설계, 시행 및 보수에 관한 사항

그 관할 구역 및 조직은 다음 표와 같다.

지방교통국의 관할 구역(1944. 11. 1. 현재)

명칭	위치	관할구역	
		교통국 관제 제1조 제1호의 사무에 관한 것	교통국 관제 제1조 제3호 내지 제5호 및 제2조 제2항 제1호 내지 제7호의 사무에 관한 것
경성지방 교통국	경기도 경성부	경부선 전동~전의 간 부산 기점 382.4km 이북, 경의선, 황해선, 경원선 고산~용지원 간 용산기점 180.5km 이남, 경경선 반곡~원주 간 경주 기점 270km 이북, 평원선 거차~천지 간 서포 기점 147.2km 이서 및 만포선, 경인선	경기도 충청남도 중 서산군, 당진군 아산군, 천안군 충청북도 평안남도 평안북도 황해도
부산지방 교통국	경상남도 부산부	경부선 전동~전의 간 부산 기점 332.4km 이남, 호남선, 경전선, 전라선, 동해남부선, 동해중부선 및 경경선 반곡~원주 간 경주 기점 270km 이남	전라남 · 북도 경상남 · 북도 충청남도(서산군, 당진군, 아산군, 천안군 제외)
함흥지방 교통국	함경남도 함흥부	경원선 고산~용지원 간 용산 기점 180.5km 이북, 함경선, 동해북부선, 평원선 거차~천지 간 서포 기점 147.2km 이동, 혜산선 및 백무선	강원도 함경남 · 북도

〈표 3-9〉 지방교통국 조직

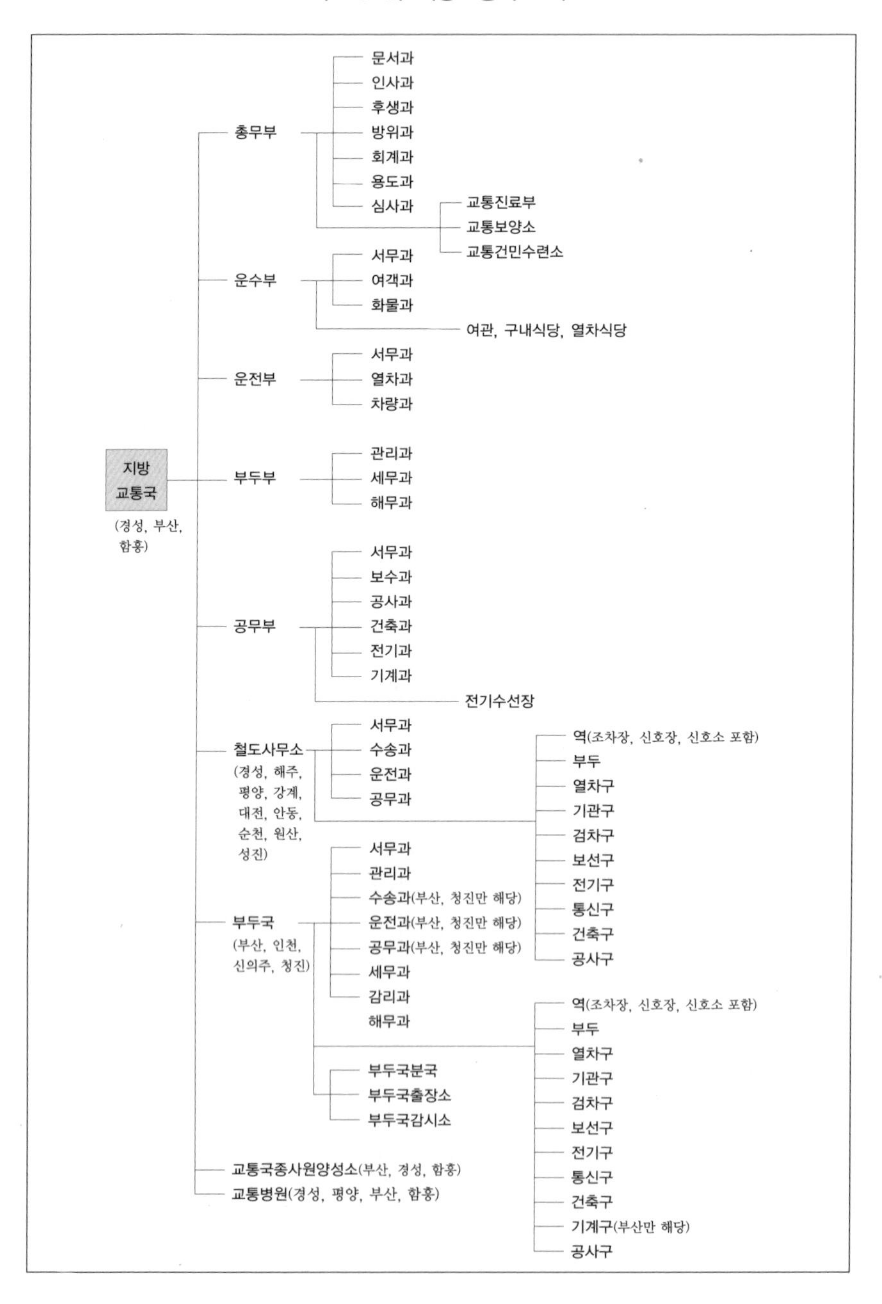
지방 교통국
(경성, 부산, 함흥)
총무부
문서과
인사과
후생과
방위과
회계과
용도과
심사과
교통진료부
교통보양소
교통건민수련소
운수부
서무과
여객과
화물과
여관, 구내식당, 열차식당
운전부
서무과
열차과
차량과
부두부
관리과
세무과
해무과
공무부
서무과
보수과
공사과
건축과
전기과
기계과
전기수선장
철도사무소
(경성, 해주, 평양, 강계, 대전, 안동, 순천, 원산, 성진)
서무과
수송과
운전과
공무과
역(조차장, 신호장, 신호소 포함)
부두
열차구
기관구
검차구
보선구
전기구
통신구
건축구
공사구
부두국
(부산, 인천, 신의주, 청진)
서무과
관리과
수송과(부산, 청진만 해당)
운전과(부산, 청진만 해당)
공무과(부산, 청진만 해당)
세무과
감리과
해무과
부두국분국
부두국출장소
부두국감시소
역(조차장, 신호장, 신호소 포함)
부두
열차구
기관구
검차구
보선구
전기구
통신구
건축구
기계구(부산만 해당)
공사구
교통국종사원양성소(부산, 경성, 함흥)
교통병원(경성, 평양, 부산, 함흥)

제3절 철도사무소장, 부두국장, 건설사무소장, 공장장, 기술연구소

철도사무소장

철도사무소장은 지방교통국장의 지휘 감독을 받아 다음과 같은 사무를 관장하며, 부하 직원을 지휘 감독한다.

(1) 철도 운수영업 및 그 부대업무, 열차 운전에 관한 사항
(2) 국영 자동차 운영에 관한 사항
(3) 부두 관리 및 운영에 관한 사항
(4) 소화물 운송업 및 항만 운송업 작업 감독에 관한 사항
(5) 선로, 항만 및 건조물의 보수 및 관리(건설사무소가 관장하는 것은 제외)에 관한 사항
(6) 특별 지정 선로, 항만 및 건조물 건설에 관한 사항

부두국장

부두국장은 지방교통국장의 지휘 감독을 받아 다음과 같은 사무를 관장하며, 부하 직원을 지휘 감독한다.

(1) 철도사무소장 (1)과 동일
(2) 상동 (2)와 동일
(3) 해상 수송에 관한 사항
(4) 철도사무소장 (3)과 동일
(5) 상동 (4)와 동일
(6) 상동 (5)와 동일
(7) 상동 (6)과 동일
(8) 관세, 톤세 출항세 및 수출입 화물의 내국세에 관한 사항
(9) 보세창고, 보세공장 및 기타 보세지역에 관한 사항
(10) 수출입 화물의 단속, 수출입 화물 관련 선박 · 항공기의 단속 및 화물

수용에 관한 사항

(11) 교역 통계에 관한 사항

(12) 세관 화물 취급인에 관한 사항

(13) 외환관리법 시행에 관한 사항

(14) 교역 통제에 관한 사항

(15) 수출입 식물 검사에 관한 사항

(16) 해항 검역에 관한 사항

(17) 개항 단속 규칙 및 그 시행에 직접적으로 필요한 항 내 행정경찰에 관한 사항

(18) 항로, 선박 및 선원에 관한 사항

(19) 소관 항로표지의 등화 정리, 감시 및 보수에 관한 사항

(20) 선원 보험 및 목선 보험에 관한 사항

(21) 부두국 분국, 부두국 출장소 및 부두국 감시소의 감독에 관한 사항

건설사무소장

건설사무소장은 교통국장의 지휘 감독을 받아 다음과 같은 사무를 관장하며, 부하 직원을 지휘 감독한다.

(1) 관할 구역 내 선로 및 건조물 건설 및 개량에 관한 사항

(2) 특별 지정 선로 및 건조물의 건설 · 개량에 관한 사항

(3) 특별 지정 항만 보수에 관한 사항

공장장

공장장은 교통국장의 지휘 감독을 받아 다음과 같은 사무를 관장하며, 부하 직원을 지휘 감독한다.

(1) 차량, 기계 및 기타 물건의 제작, 개량, 조립 및 수리에 관한 사항

(2) 공장 내 전등 및 전력, 기타 동력에 관한 사항

기술연구소

연혁 : 철도의 운영 과정에서 철도를 구성하는 각종 분야의 기술 개발과 연구가 진행되었으나 종합적인 조직을 구성하는 단계에까지는 이르지 못하였고, 이들이 통합된 기술연구소가 교통국 내 조직의 일부가 된 것은 1943년 말에서 1944년 초 사이의 일이었다.

기술연구소 설치 이전의 제반 연구 경과는 다음과 같다.

1. 건설과 관련

1932년 8월, 지질전문기술자 아베 히로요시(阿部廣吉)를 채용하여 공무과 건설계에 소속시켰으며, 1936년에는 지질 조사실과 콘크리트 시험실을 건설하였다. 지질 조사실은 같은 해 8월에 공무과 건설계시대를 거친 후 건설과 공사계 소속이 되었으며, 콘크리트 시험실은 건설과 설계계 소속이 되었다.

2. 보선과 관련

1942년경 보선과 소속의 침목 주약 시험공장이 설립되었다.

3. 공장과 관련

시험실은 경성공장 안에 마련되었고, 1925년경부터 연구를 시작했다. 기름, 석탄, 물 등의 화학 분석과 금속재료의 물리적 강도시험 및 기계 부품 등의 시험이 실시되었다.

4. 운전과와 관련하여

두탄(기관차용 연탄)의 시험 제작 공장이 1941~42년경에 운전과 소속으로 수색에 설치되었다.

5. 전기과와 관련하여

1940년경에 전기 시험실이 들어섰다.

기술연구소의 주요 업적 : 기술연구소는 2차 세계대전이 끝나기 약 1년 반 정도 전에 설립되어 매우 짧은 기간 동안 유지되었으나, 다음과 같은 성과를 거두었다.

(1) 용산역 구내에서 군용 고가교의 동절기 콘크리트공사 시행

1944년 말부터 1945년 초에 걸쳐 고가 콘크리트교의 동절기 시행 지도를 의뢰받아 3기의 콘크리트 교각의 동절기 콘크리트 시행을 지도했다.

이는 콘크리트형틀(막판)에 동선을 치고 전기를 통과시키는 방법으로, 혹한 중 충분한 재료도 없이 양생하여 철야 작업으로 무사히 콘크리트를 실행할 수 있었다. 콘크리트의 교각에 수많은 얼룩무늬가 들어간 고가 교각 3개가 용산역 구내에 나란히 세워졌다.

이는 뒤에 언급할 조직의 제4과 콘크리트 시험실이 담당하였다.

(2) 기관차용 연탄(두탄)의 시험 제작과 실험

당시 기관차용 두탄은 역청질 피치로 무연탄을 점결고화하는 방법을 사용하였는데, 전시 상황이 급박해지면서 피치의 조달이 어려워지자 피치를 사용하지 않는 점결고화 방법 개발이 새로운 과제로 떠올랐다.

다각도로 모색한 결과 다음의 두 가지 방법이 선정되었고, 1944년 중반부터 실험 제작에 연구소의 총력을 기울이라는 명령이 내려졌다.

그 두 가지 방법이란,

㉮ 시멘트를 대용 점결재로 하는 방법

㉯ 점토와 니탄(초탄)을 이용하는 방법이었다.

㉮는 제1과, 화학 연구실에서 고안한 방법으로 제1과가 주축이 되었으며,

㉯는 제4과, 콘크리트 시험실이 개발한 것으로, 이처럼 전문 분야가 다른 콘크리트 시험실이 중심이 되어 실험 연구를 실시하였다.

실험에서는 열차를 견인한 기관차를 달리게 하여 분소 실험을 실시하였는데, ㉮의 방법은 석회탄의 융점이 저하되어 재가 엿과 같은 상태가 되기 쉬워 실패하였고, ㉯의 방법만이 성공하였다.

㉯의 방법에 대해서는 평남 강동군 승호리에 있던 조선 오노다 시멘트사(社)의 협조로 공장 구내에 실험용 재료 가열로를 구축하고, 이 가열로에서 기관차를 움직이는데 충분한 양의 두탄을 제조하였다. 이 방법이 성공하여 실제로 도움이 된 것은 종전 직전인 6월, 7월경이었다.

(3) 기타 제1과는 용품의 화학 분석, 특히 석탄 분석, 발열량 측정 등 기초적인 정보를 제공하였으며, 단기간이었지만 매우 큰 공헌을 하였다.

연구소의 직제(1943. 12. 1. 교통국 관제 칙령 제892호)

소장은 오다 히사노스케(小田弥之亮)이며, 그 조직은 다음 표와 같다.

기술연구소 조직표

과명	업무 또는 연구실명
서무과	총무, 회계, 인사
제1과	화학 연구실 기름, 석탄, 물 등의 분석 점결재 시험(경성공장 내)
제2과	지질 조사
제3과	연료(수색, 두탄 시험 공장)
제4과	콘크리트 시험실(시멘트, 콘크리트공사 재료의 시험 연구) 침목 주약 시험 공장 건축 연구실
제5과	금속재료, 기계 실험실(경성공장 내)
제6과	전기 시험실

제4절 종전 직전의 현장 조직

종전 직전인 1945년 7월 31일을 기준으로 한 철도사무소, 부두국, 건설사무소, 공장, 용품고, 용품검사고, 건설공사구, 보선구, 전기구, 통신구, 열차구, 기관구, 검차구, 건축구, 전기공사구의 명칭, 위치, 관할구역 등은 다음 표와 같다.

철도사무소 및 부두국

경성철도사무소 (경기도 경성부)	경부 본선 중 전동~전의 간 부산기점 33.4km 이북, 경인선, 경의 본선 중 신봉산~사리원 간 경성기점 197.5km 이남, 용산선, 경원선 중 고산~용지원 간 용산기점 180.5km 이남 및 경경선 중 반곡~원주 간 경주기점 270km 이북
해주철도사무소 (황해도 해주부)	황해 본선, 토해선, 옹진선, 장연선, 사해선, 내토선, 하성선 및 정도선
평양철도사무소 (평안남도 평양부)	경의선 중 신봉산~사리원 간 경성기점 197.5km 이북, 겸이포선, 평양탄광선, 평남선, 박천선, 양시선, 평원선 중 거차~천지 간 서포기점 147.2km 이서 및 만주선 중 순천~중평 간 순천기점 6km 이남
강계철도사무소 (평안북도 강계읍)	만포선 중 순천~중평 간 순천기점 6km 이남 개천선, 용등선 및 용문탄광선
인천부두국 (경기도 인천부)	경기도, 충청남도 중 서산군, 당진군, 아산군, 천안군 충청북도, 황해도, 평안남도
대전철도사무소 (충청남도 대전부)	경부선 중 대구~지천 간 부산기점 128km, 전동~전의 간 부산기점 270km 간 경북선 중 여천~고평 간 김천기점 86km 이남, 호남선 중 임곡~송정리 간 대전기점 187km 이북, 군산선 및 전라선 중 전주~신리 간 이리기점 27.7km 이북
안동철도사무소 (경상북도 안동읍)	경북선 중 양선~고평 간 김천기점 86km 이북 경경선 중 영천~경북 화산 간 경주기점 42km, 반곡~원주 간 경주기점 270km 간
순천철도사무소 (전라남도 순천읍)	호남선 중 임곡~송정리 간 대전기점 187km 이남, 광주, 경전서부선, 화순선, 전라선 중 전주~신리 간 이리기점 27.7km 이남
부산부두국 (경상남도 부산부)	경부선 중 대구~지천 간 부산기점 128km 이남, 대구선, 경전남부선, 진해선, 동해중부선, 동해남부선, 경경선 중 영천~경북 화산 간 경주기점 42km 이남 전라남북도, 경상남북도, 충청남도(서산군, 당진군, 아산군, 천안군 제외)
원산철도사무소 (함경남도 원산부)	경원선 중 고산~용지원 간 용산기점 180.5km 이북, 원산선, 함경선 중 곡후~신북청 간 원산기점 235.2km 이남, 천내리선, 평원선 중 거차~천기 간 서포기점 147.2km 이동 및 동해북부선
성진철도사무소 (함경북도 성진부)	함경선 중 곡후~신북청 간 원산기점 235.3km, 명천~상용전 간 원산기점 431.5km 간, 북청선, 철산선, 차호선, 성진선, 혜산선 및 백무선
청진부두국 (함경북도 청진부)	함경선 중 명천~상용전 간 원산기점 431.5km 이북, 강덕선, 청진선, 무산선, 전령탄광선, 함경남북도, 강원도

건설사무소의 명칭, 위치, 관할구역

명칭	위치	관할구역
경성건설사무소	경성부	중아건설선, 동해건설선 및 교통국장이 특별 지정한 것
부산건설사무소	부산부	대삼건설선, 경전건설선 및 교통국장이 특별 지정한 것
인천건설사무소	인천부	경기도, 충청남도, 전라북도, 황해도, 평안남북도
평양건설사무소	평양부	경의선 개량 관계 및 겸이포선, 개천선 개량공사
원산건설사무소	원산부	강원도, 함경남북도
함흥건설사무소	함흥부	북청철산건설선 및 교통국장이 특별 지정한 것
청진건설사무소	청진부	청라건설선 및 교통국장이 특별 지정한 것

공장

명칭	위치
경성공장	경성부
부산공장	부산부
평양공장	평양부
원산공장	원산부
청진공장	청진부

용품고, 용품검사장

명칭	위치
경성용품부	경성
인천용품부	인천
부산용품부	부산
평양용품부	평양
원산용품부	원산
청진용품부	청진

건설공사구

명칭	공사구	위치	건설공사
경성건설 사무소(1)	능곡공사구	경기도 고양군 지도면 토당리	능곡공장지축, 능의선(제4공구) 원당~능곡 간 선로
	서강공사구	경성부	용산선 개량 용산기점 2.8km~용산기점 6km 간 선로, 서강역 지축 확장, 서강방공용 기관차 대피선 신설
	일영공사구	경기도 양주군 장흥면 일영리	능의선(제2공구) 부속~일영 간 선로 능의선(제3공구) 일영~원당 간 선로
	서대전공사구	대전부	서대전공장 지축
	대전조차장공사구	충남 대덕군 오정리	대전조차장 신설
	천안공사구	천안읍	천안기관고 지축
	의정부공사구	의정부읍	경원선 개량 의정부~덕정 간 선로, 능의선(제1공구) 의정부~부곡 간 선로
	철원공사구	철원읍	경원선 개량 동두천~전곡 간 및 신탄리~철원 간 선로
부산건설 사무소	부산 조차장 공사구	부산부	부산조차장 신설, 부곡~문현 간 선로 신설
	왜관공사구	경북 왜관동	경부선 개량 왜관~약목 간 선로
	울산공사구	울산읍	울산선 울산~울산항 간 선로 신설
	여수공사구	여수읍	여수선 미평~신월리 간 선로 신설
평양건설 사무소	맹중리공사구	평북 맹중리	청천강 교량 강도리 가설, 신안주~맹주리 간, 대령강 교량 강도리 가설
	남시공사구	평북, 용천군 외상면	양주선 개량 남시~용주 간 선로
	양시공사구	평북, 용주군 양주면	양주선 개량 용주~입암 간 선로
	신의주공사구	신의주부	경의선 개량 입암~신의주 간 선로, 입암역 지축 확장
	평양조차장공사구	평양부	평양조차장 신설
	황주공사구	황주읍	겸이포선 개량 황주~겸이포 간 선로
함흥건설 사무소	북청공사구	북청읍	북청철산건설선, 북청~삼지 간 선로
	삼지공사구	함남 북청군 초리	북청철산건설선 삼지~상본궁 간 선로
	함흥공사구	함흥부	함경선 개량 함흥~흥남 간 선로
	삼호공사구	함남 삼호면	함경선 개량 세포리~삼호 간 선로
	나흥공사구	함남 차호읍	함경선 개량 건자~증산 간 선로
	업덕공사구	함북 업덕읍	함경선 개량 학중~원평 간 선로
	호동공사구	함북 덕산면	함경선 개량 원평~호동 간 선로
	고참공사구	함북 고참동	함경선 개량 고참~내포 간 선로
	내포공사구	함북 상운남면	함경선 개량 내포역 전후 선로
	차호공사구	차호읍	차호선 개량 증산~차호 간 선로
청진건설 사무소	고무산공사구	함북 부령면	함경선 개량 고무산~창평 간 선로
	전거리공사구	함북 무산동	함경선 개량 창평~전거리 간 선로
	풍산공사구	함북 풍산동	함경선 개량 풍산~창두 간 선로
	중도공사구	함북 벽성면	함경선 개량 창두~중도 간 선로

명칭	공사구	위치	건설공사
경성철도 사무소	부곡공사구	경기도 수원군 왕면 삼리	부곡철도병원, 익제기숙사 기타 설비
부산부두국	부산공사구	부산부 초량면	부산지구 대피소 신설
경성건설 사무소(2)	경성공사구	경성	용산선 개량 용산기점 2.8km 간 선로, 경부선 개량 영등포~노량진 간 및 용산~경성 간 선로, 한강교량 강도리 가설 노량진~용산 간, 경인선 개량, 영등포~인천 간 선로
	수색공사구	경기도 고양군 은평면 수색리	수색기관고(제1공구, 제2공구) 지축, 수색조차장 신설, 용산선 개량 용산기점 6km~수색 간 선로

현장 각 구의 명칭 및 위치

보선구

지방국명	철도사무소 부두국	명칭	위치
부산	부산	부산보선구	초량
		삼랑진보선구	삼랑진
		대구보선구	대구
		마산보선구	마산
		경주보선구	경주
	대전	김천보선구	김천
		대전보선구	대전
		이리보선구	이리
		정읍보선구	정읍
	안동	경북 안동보선구	경북 안동
		상주보선구	상주
		제천보선구	제천
	순천	목포보선구	목포
		남원보선구	남원
		순천보선구	순천
		광주보선구	남광주
경성	경성	성환보선구	성환
		경성보선구	용산
		개성보선구	개성
		신막보선구	신막
		철원보선구	철원
		복계보선구	복계
		양평보선구	양평
		사리원보선구	사리원

지방국명	철도사무소 부두국	명칭	위치
경성	평양	평양보선구	평양
		정주보선구	정주
		신의주보선구	신의주
		순천보선구	순천
		승호리보선구	승호리
	강계	희천보선구	희천
		강계보선구	강계
	해주	연안보선구	연안
		해주보선구	해주
		황해사리원보선구	사리원
함흥	원산	원산보선구	원산
		고원보선구	고원
		함흥보선구	함흥
		고성보선구	고성
		양덕보선구	양덕
	성진	신북청보선구	신북청
		성진보선구	성진
		길주보선구	길주
		백암보선구	백암
		유평동보선구	유평동
	청진	나남보선구	나남
		청진보선구	청진
		고무산보선구	고무산
		회령보선구	회령

비고) 보선구의 담당구역은 지방국장이 정한다.

현장 각 구의 명칭 및 위치

전기구

지방국명	철도사무소 부두국	명칭	위치
부산	부산	부산전기구	부산
	대전	대전전기구	대전
	안동	경북 안동전기구	경북 안동
	순천	순천전기구	순천
경성	경성	경성전기구	용산
	경성	복계전기구	복계
	평양	평양전기구	평양
	해주	해주전기구	해주
	강계	강계전기구	강계
함흥	원산	원산전기구	원산
	함흥	함흥전기구	함흥
	성진	성진전기구	성진
	청진	청진전기구	청진

비고) 전기구의 담당구역은 지방국장이 정한다.

통신구

지방국명	철도사무소 부두국	명칭	위치
부산	부산	부산통신구	부산
경성	경성	경성통신구	용산
	평양	평양통신구	평양

기관구

지방국명	철도사무소 부두국	명칭	위치
부산	부산	부산기관구	초량
		대구기관구	대구
		마산기관구	마산
		경주기관구	경주
	대전	대전기관구	대전
		이리기관구	이리
	안동	경북 안동기관구	경북 안동
		제천기관구	제천
	순천	목포기관구	목포
		순천기관구	순천
		광주기관구	광주
경성	경성	경성기관구	용산
		인천기관구	인천
		수색기관구	수색
		신막기관구	신막
		청량리기관구	청량리
		복계기관구	복계
	해주	사리원기관구	사리원
		해주기관구	동해주
	평양	평양기관구	평양
		서평양기관구	서평양
		정주기관구	정주
		신의주기관구	신의주
		신성천기관구	신성천
	강계	희천기관구	희천
		만포기관구	만포
함흥	원산	원산기관구	원산
		고원기관구	고원
		함흥기관구	함흥
		고성기관구	고성
		양덕기관구	양덕
	성진	신북청기관구	신북청
		성진기관구	성진
		길주기관구	길주
		백암기관구	백암
		혜산진기관구	혜산진
	청진	청진기관구	청진
		회령기관구	회령
		진화기관구	진화

비고) 기관구 승무원의 승무 담당구간 및 승무방법, 기관구 담당구역은 지방교통국장이 정한다.

검차구

지방국명	철도사무소 부두국	명칭	위치
부산	부산	부산검차구	초량
	대전	대전검차구	대전
	안동	경북 안동검차구	경북 안동
	순천	순천검차구	순천
경성	경성	경성검차구	경성
	평양	평양검차구	평양
	해주	해주검차구	동해주
	강계	만포검차구	만포
함흥	원산	원산검차구	원산
	성진	성진검차구	성진
	청진	청진검차구	청진
	진화	진화검차구	진화

비고) 검차구 담당구역은 지방국장이 정한다.

건축구

지방국명	철도사무소 부두국	명칭	위치
부산	부산	부산건축구	초량
	대전	대전건축구	대전
	안동	경북 안동건축구	경북 안동
	순천	순천건축구	순천
경성	경성	경성건축구	용산
	평양	평양건축구	평양
	해주	해주건축구	해주
	강계	강계건축구	강계
함흥	원산	원산건축구	원산
	원산	원산공장건축구	갈마
	원산	함흥건축구	함흥
	성진	성진건축구	성진
	청진	청진건축구	청진
경성건설사무소		수색조차장건축구	수색
부산건설사무소		부산조차장건축구	부산
평양건설사무소		평양공장건축구	평양

열차구

지방국명	철도사무소 부두국	명칭	위치
부산	부산	부산열차구	부산
	대전	대전열차구	대전
	경북 안동	경북 안동열차구	경북 안동
	순천	순천열차구	순천
경성	경성	경성열차구	경성
	경성	수색열차구	수색
	평양	평양열차구	평양
	해주	해주열차구	해주
	강계	강계열차구	강계
함흥	원산	원산열차구	원산
	성진	성진열차구	성진
	청진	청진열차구	청진

전기공사구

명칭	위치	담당구역
경성전기공사구	용산	대전역 구내, 영등포~경성 및 경성~개성 간 전기 신호 보안 설비
신막전기공사수	황해도 신막리	개성~평양 간 전기 신호 보안 설비

제10장
지방운수국의 설치 및 조직

1943년 말 교통국 설치 이후 전시 상황이 더욱 심각해짐에 따라 제반 수송 업무가 매우 긴박하게 돌아가면서 철도국 기구의 재편성이 문제가 되었다. 그러나 수송에 미치는 영향을 고려하여 신중한 태도를 취하며 기구를 유지하였다.

이에 앞서 1945년 4월에는 서기보, 기술보제도를 도입하고 이를 발령하여 종사원의 사기를 높이는 한편, 대조직규정(隊組織規程)에 따라 전 노선을 5~7개역 정도의 단위로 나누어 대조직을 편성하고, 비상시에는 단위 중 가장 큰 역의 역장의 판단 하에 임시 조취를 취할 수 있도록 하였다.

이와 함께 최소한의 기구 개혁으로서 8월 1일 평양과 순천에 지방운수국을 새로 설치하면서 광범위한 인사 변동을 실시하였으나, 그 효과를 보지 못한 채 종전을 맞이하였다.

그 조직은 다음과 같다.

조선 교통국 조직도(1945. 8. 1. 개정)

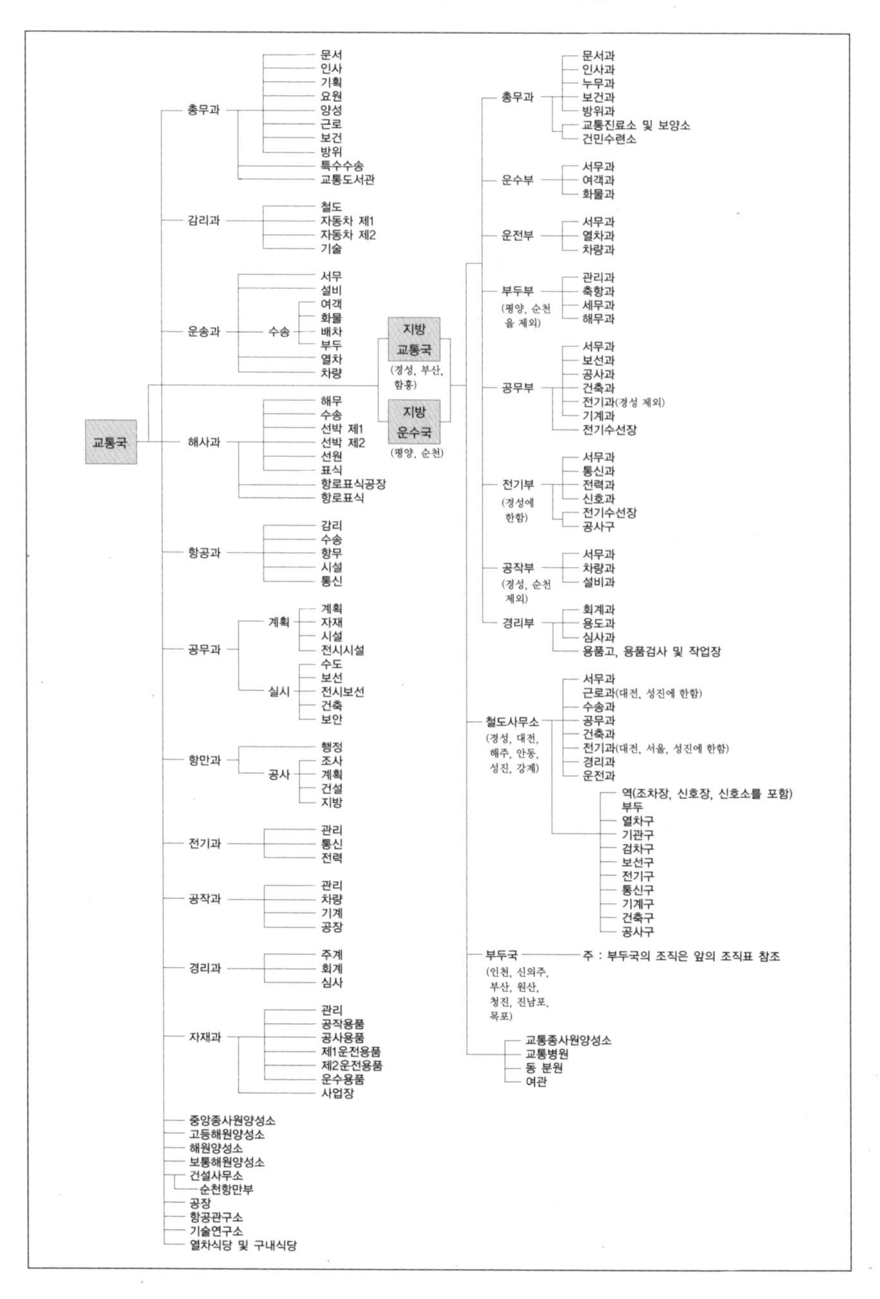

제11장
종사원

제1절 서론

조선철도 운영에서 종사원수 현황은 이미 제2편 '경영편'에 대략적으로 기술하였으나, 경영 규모의 확대는 당연히 종사원수의 증가를 불러왔고, 그 증가율은 다음에 나오는 '신분별 종사원 추이'에 잘 나타나 있다. 창업 이후 1940년경까지 신선의 개통과 사설철도 매수 등으로 인하여 종사원수가 꾸준히 증가하였으나, 특히 1940년을 기점으로 2차 세계대전 종전 때까지 종사원수가 급속도로 증가하였다. 이는 중일전쟁 이후 태평양전쟁의 발발로 병력과 물자 수송이 매우 중요해지면서 철도의 군사 수송 업무가 급격하게 증가한데다 건설, 개량, 공작 등의 분야에서도 무리하게 작업을 강행했기 때문이다.

종사원수는 태평양전쟁의 전야라고도 할 수 있는 1940년경부터 전쟁이 종결된 1945년까지 약 5년 동안 2.2배 이상 증가하였다.

이런 비정상적인 종업원의 급증에 대응하기 위하여 신규 채용자에 대한 기술 습득 및 향상에 총력을 기울였다. 이와 동시에 전시의식의 고양과 정신무장에 힘쓰는 한편, 보건 위생 시설 확충, 공제조합 보완, 주택 건설, 병원 신설에 필요한 국비 부족분에 공제조합자금을 활용하였으며, 1925년에 설립된

'재단법인 철도교양조성회' 의 사업자금을 이용하는 등 전시 악화에 따른 다양한 궁여지책이 마련되었다.

제2절 종사원수 추이 현황

통감부 철도관리국 설치 이후부터 태평양전쟁이 종결된 1945년 8월까지의 전기간에 걸친 종사원수는 대략 다음과 같다(두 자릿수 이하 생략).

(1) 통감부 철도관리국 설치 당시 (1906년 6월)	5,400명
(2) 만주철도 위탁경영 당시 (1917년도 말)	9,500명
(3) 직영 환원 당시 (1924년도 말)	12,000명
(4) 1930년도 말	16,400명
(5) 1935년도 말	20,500명
(6) 1940년 12월	47,600명
(7) 1944년 6월 말	94,200명
(8) 1945년 종전시	106,700명

이 기간 동안 건설공사 촉진에 따른 영업선의 연장, 개량공사 진척에 따른 수송량 추진, 사설철도 매수로 인한 종사원 인계, 호텔 등 부대사업 개시, 후생시설 확충 등으로 인하여 국가적 규모의 행정 정리가 진행됨에 따라 일시적인 감원 현상이 나타났다. 그러나 영업 1km당 평균 인원은 대략 6명 전후로, 일본 국유철도에 비하여 업무 전반에 걸쳐 오히려 적은 인원으로 운영되었다. 물론 이는 주야간 열차 횟수, 운수 수입이나 설비 상황과도 관련이 있

어 한 마디로 말하기는 어렵지만, 종사원수가 적었다는 점은 소수정예로 운영되었으며, 그만큼 업무를 완수하기 위한 종사원들의 노고가 컸다는 것을 의미한다. 특히 1936년 이후에는 만주국 수립과 중일전쟁 등으로 인하여 각 노선의 실적이 눈에 띄게 향상되면서 종사원수도 급속히 증가하였다. 즉,

(1) 동해남부선, 경전선, 혜산선, 만포선, 평원선 및 백무선 연장에 따른 증원

(2) 사철인 남조선철도와 경북선 매수에 따른 인계 인원 증가

(3) 경부선과 경의선의 복선 공사 개시 및 경부선 일부의 복선 운행 개시

등 전면적인 발전 단계에 접어들면서 일반 업무가 눈에 띄게 늘어나는 한편, 신선 개통, 복선 구간 연장 등 향후 운영의 대비책 마련에 분주해지면서 종업원수가 급격히 증가하였다.

1939년도 말에는 종사원수가 42,300명을 초과하였으며, 영업 1km당 평균 인원은 9.9명으로 철도성 센다이 철도국과 비슷한 수준이었다.

이를 통일 당시와 비교하면 영업 거리는 약 4.5배, 종사원수는 약 6.5배나 증가하였다. 참고로 종사원 가운데 조선인 종사원은 전체 종사원의 30~40%를 차지하였으며, 조선인 고등관도 1940년 3월 말 기준으로 참사 1명, 부참사 1명, 기사 1명이 있었다.

1944년 6월 말 교통국의 종사원수 및 그 급여액은 다음 표와 같으며, 합계 인원수 및 월액 급여총액은 전년 동기에 비해 각각 2만 7천여 명, 131만 엔

종사원 총수 및 급여표(△표는 감소, 1944. 6. 30. 기준)

(단위 : 명, 엔)

신분별	인원	전년 6월 대비 비교 증감	급여 월액	전년 6월 대비 비교 증감	1인 평균액	전년 6월 대비 비교 증감
고등관	313	80	85,361.28	22,200.09	272.72	△1.65
판임관	8,401	3,368	1,084,782.43	388,736.33	129.13	△9.17
판임관대우	1,624	710	186,529.10	72,746.90	114.86	△9.63
고용원	29,326	6,235	1,886,991.43	306,031.83	64.35	△4.14
용인	54,232	17,237	2,124,560.16	515,437.76	39.18	△4.31
촉탁	328	48	26,766.66	6,052.66	81.61	7.63
계	94,224	27,688	5,394,991.06	1,311,205.57	57.26	△4.12

종사원 총수 내역(1944. 6. 30. 기준)

종별	인원	전년 6월 대비 비교 증감	급여 월액	전년 6월 대비 비교 증감	1인 평균액	전년 6월 대비 비교 증감
일본인	32,304	634	2,770,296,36	268,666,59	85,76	6,77
조선인	61,920	27,054	2,624,639,50	1,042,536,38	42,39	△2,99
중국인			55,20	3,60	55,20	3,60
계	94,224	27,688	5,394,991,06	1,311,205,57		

정도 증가하였다.

이는 양시선과 대삼선 및 기타 건설공사와 경부선 · 경의선 · 경원선 · 함경선 · 경인선 복선공사를 비롯하여 개량공사 증대, 북선척식 · 서선중앙 · 황해선 등 매수, 교통국 설치에 따른 해사 · 항만 · 항공 관련 각 청 흡수, 넘쳐나는 대륙 물자의 전매화물과 병력 이동에 따른 대량 수송 등으로 인하여 업무량이 급증하였기 때문이다.

이러한 이유로 1940년 이후부터 1944년까지의 영업거리 1km당 종사원수는 다음과 같이 크게 증가하였다.

1940년 말	11.9명
1941년 말	13.0명
1942년 말	14.1명
1943년 말	18.3명
1944년 6월 말	17.2명

이하 각종 자료에 근거한 종전 직전의 종사원수의 신분별, 직별, 국적별 추세, 국(局)별 종사원수의 내역, 주요 간선(경부선, 경의선, 경원선, 함경선)의 역별, 열차구별, 기관구별, 검차구별, 보선구별, 전기구별, 통신구별, 건축구별, 공사구별, 기계구별의 수는 다음의 표와 같다.

신분별 종사원 추이

(명)

연도 \ 종별	인원							
	칙임관	주임관	판임관	촉탁	고용원	용인	합계	영업 1km 당 평균
1910	3		381	4	1,342	5,131	6,861	6.4
1911	2		406	2	1,427	5,738	7,575	6.2
1912	3		426	7	1,559	6,269	8,264	6.2
1913	2		452	5	1,673	7,056	9,188	5.9
1914	3		469	4	1,679	6,751	8,906	5.6
1915	3		474	4	1,796	6,903	9,180	5.7
1916	4		494	4	1,812	3,937	9,251	5.4
1917			510	4	1,812	7,266	9,592	5.5
1918			795	9	1,863	7,656	10,323	5.8
1919			828	12	2,184	9,073	12,097	6.5
1920			889	10	2,144	9,105	12,148	6.5
1921			962	7	2,214	8,744	11,927	6.4
1922			1,024	11	2,210	9,406	12,651	6.7
1923			1,032	9	2,342	9,728	13,111	6.9
1924			3,574	7		9,584	13,165	6.3
1925	5	74	1,419	11	1,943	9,372	12,824	6.1
1926	5	85	1,563	56	2,250	9,577	13,536	6.3
1927	4	92	1,684	55	2,587	10,061	14,486	6.2
1928	3	93	1,721	66	3,899	10,860	16,642	6.1
1929	3	88	1,805	66	3,319	11,096	16,377	6.0
1930	5	93	1,808	67	3,438	11,028	16,439	5.9
1931	5	79	1,686	78	3,532	10,681	16,061	5.3
1932	5	89	1,775	84	3,749	10,855	16,557	5.3
1933	8	94	1,740	78	3,667	10,661	16,248	5.5
1934	4	94	1,816	76	3,970	12,282	18,242	5.9
1935	5		2,000	100	4,437	13,955	20,594	6.1
1936	11		2,400	160	5,375	15,786	23,837	6.7
1937	4		2,804	198	6,189	19,050	28,391	7.6
1938	6		3,347	202	7,581	21,704	33,000	8.6
1939 (9월 말)	175 (고등관 및 대우 포함)		3,564 (대우 포함)	214	9,609	21,792	35,354	
1940 (〃)	195 (상	동)	4,325 (상동)	239	14,198	28,677	47,634	11.9 (연도 말)
1941								13.0(연도 말)
1942								14.1(연도 말)
1943	미상							18.3(연도 말)
1944								17.2(6월 말)
1945. 4. 30.	350		11,110	349	33,020	61,919	106,748	
			(대우 포함)				7,134기타 휴무 휴직	

국적별 종사원수

(명)

국적 연도별	일본인	조선인	중국인	영국인	러시아인	계	적 요
1928년 9월 말	8,928	6,446	6	1	2	15,383	
1933년	9,001	6,685	1	1	2	15,690	
1934년	9,884	7,216	10	1	1	17,112	
1935년	11,396	7,900	10	1	1	19,308	
1937년	16,125	10,095	3		1	26,224	
1939년	21,006	14,346	1		1	35,354	
1940년	27,788	19,844	1		1	47,634	
1945.4.30	31,783	74,964	1			106,748	기타 휴무 휴직 7,134
여자 종사원	그 중 2,237	그 중 1,102	소계 3,339				

조선총독부 교통국 직원표(1945. 3. 1. 기준)

(1)

신분	종별	일본인	조선인	계	평균급여
칙임관	국장	1		1	595.00
	이사	4		4	511.87
	기사	4		4	557.89
	계	9		9	541.55
주임관	서기관	20	2	22	245.71
	사무관	89	1	90	244.39
	항공관	4		4	273.33
	기사	192	3	195	214.89
	표지기사	1		1	198.50
	교륜	5		5	248.02
	의관	21		21	358.92
	약제관	1		1	250.32
	계	333	6	339	269.77
판임관	서기	3,965	811	4,776	133.54
	기수	3,920	535	4,455	143.06
	표지기수	137	3	140	139.45
	교륜	35		35	173.30
	의관보	32		32	161.72
	약제관보	11		11	149.37
	간호장	1		1	176.00
	계	8,101	1,349	9,450	140.90

(2)

(명)

국적별 구역	일본인	조선인	계
본국	1,930	418	2,348
지방국	2,003	1,047	3,050
철도사무소	2,693	1,652	4,345
건설사무소	949	435	1,384
역	5,107	17,899	23,006
열차구	994	2,039	3,033
기관구	5,366	22,064	27,430
검차구	1,014	4,460	5,474
보선구	2,163	12,360	14,523
전기구	1,044	1,270	2,314
건축구	536	618	1,154
공사구	110	235	345
건설공사구	541	736	1,277
공장	1,860	7,584	9,444
양성소	565	286	851
기타	1,202	1,432	2,634
계	28,077	74,535	102,612
일본인, 조선인 비율%	0.27	0.73	1.00

종별 신분	일본인	조선인	계	평균급여	국적별 구역	일본인	조선인	계
교통수	1,138	546	1,684	126.75				
고용원	15,374	17,407	32,781	69.32				
촉탁(무급 제외)	207	149	356	89.48				
용인(시용, 임용 포함)	2,915	55,078	57,993	42.95				
소계	19,634	73,180	92,814	62.74				
합계	28,077	74,535	102,612					

비고)
1. 철도사무소에는 부두국, 분국, 출장소, 감시소를 포함한다.
2. 역에는 부두, 통신구, 기계구를 포함한다.
3. 기타 란에는 항공관구소, 기술연구소, 병원(진료소, 요양소, 주민수련소 포함), 전기수선장, 용품고, 용품검사장, 표지공장, 심판소, 항로 표지를 일괄 게재

주요 역(부두, 조차장)

선별	직별 구역별	역부두장	주임 사무	주임 여객	주임 화물	주임 부두업	주임 소화물	주임 선박	주임 통신	주임 감시	주임 구내	조역	조역 사무	조역 방위	조역 여객	조역 부두업	조역 화물	조역 소화물	조역 선박	조역 통신	조역 감시	조역 구내	사무계	출찰계	개찰계
경부선	부산	1	1	1		1	1	1		1	1		6	1	3	10		2	1		1	18	20	26	20
	초량											6												2	
	부산진											6												2	2
	삼랑진	1										5										1		2	
	대구	1	1		1						1		2		1		1	1				9	7	12	5
	김천	1										6										1	1	5	5
	대전	1	1		1				1		1		2	1	1		1	1				13	8	8	9
	조치원	1										6										1	1	3	1
	천안	1											2									4	1	5	3
	수원	1										4											3	5	2
	영등포	1									1		2				1					9	4	3	4
	용산	1	1		1						1		3				1	2		1		10	12	5	7
	경성	1	1	1	1						1		4		7		3	3		1		22	19	64	31
	부산조차장	1					1					2										1	2		
	계	12	5	2	4	1	2	1	1	1	6	35	21	2	12	10	7	9	1	2	1	89	78	142	89
경의선	토성	1											2									3	2	1	2
	개성	1										4											2	4	3
	신막	1									1		2									7	2	2	
	사리원	1											2									6	1	5	2
	황해 황주	1											2									4	1	2	1
	평양	1	1	1	1						1		2		2		2	1		1		19	21	19	12
	서포	1										2													
	신안주	1										3												1	
	맹중리	1										1													
	정주	1											2									3	4	4	
	선천	1										4												2	

선별	구역별 \ 직별	역부두장	주임									조역	조역										사무계	출찰계	개찰계
			사무	여객	화물	부두업	소화물	선박	통신	감시	구내		사무	방위	여객	부두업	화물	소화물	선박	통신	감시	구내			
경의선	선천	1										4												2	
	신의주	1	1		1						1	2					1					8	4	12	4
	수색조차장	1	1								1		1		1		1					20	9		
	계	13	3	1	2						4	16	13		3		4	1		1		70	46	52	24
경원·함경선	청량리	1											2				1					4	3	15	1
	현촌	1										2													
	철원	1										4											2	5	
	복계	1											2									3		1	
	안변	1										2												2	
	원산	1	1			1			1		1		2			1		1				10	6	5	7
	용담	1										2													
	고원	1										5										1	2	4	3
	함흥	1	1		1						1				1		1	1		1		9	4	8	10
	서호진	1										1													
	단천	1										4												1	1
	성진	1	1			1			1		1		2			1						11	4	8	6
	길주	1										4										2	1	3	4
	나남	1										3												5	3
	청진	1	1	1		1	1		1		1	1				5		1	2		1	10	13	16	10
	수성	1										3													
	회령	1										6					1					1		4	3
	계	18	4	1	1	3	1		3		5	41	8		1	7	3	3	2	1	1	52	35	80	49

직별 종사원표

(1944년 12월 말 기준)

	안내계	부두업계	화물계	선박계	소화물계	전신계	역무계	운전계	수송계	신호계	조차계	구내계	조기계	경비계	잔교계	조기수	전철수	조차수	전화수	경비수	간수	난방수	화물취급수	부두수	역수	계
	21	165		4	52		33	2	20	18	70		5		2	19	144	213		9	31			135		1,059
					2		2																		12	24
	1				5	1																			14	31
경부선	2		4			2	1		2	2	6	2					19	18	6						20	93
	6		30		13	12	13	2	10	4	16						47	54	14	1	3				42	309
	1		7		5	6	3		2	2	8						12	7	5	2	1				14	92
	8		39		18	27	8	3	10	14	34						52	119	27	8	2				43	461
	1		6		2		2		4	7	7						11	9		1	1				16	81

선	안내계	부두업계	화물계	선박계	소화물계	전신계	역무계	운전계	수송계	신호계	조차계	구내계	조기계	경비계	잔교계	조기수	전철수	조차수	전화수	경비수	간수	난방수	화물취급수	부두수	역수	계
경부선	6		12		5	3	8	2	4	14	5						13	12	5		2				33	140
	3		8		4	2	3	2	2	9	5						16	10	5		2				29	115
	5		24		5	3	3	2	8	12	17			3			17	63	9		4				40	240
	8		30		12		13	4	8	23	35			7			49	130			55				39	458
	33		69		50	12	29	3	5	17	21			20			77	57	7		3	2			213	863
									1		2	8					12	63							10	102
	95	165	229	4	173	68	118	20	76	122	226	10	5	30	2	19	469	755	78	21	104	2		135	525	4,068
경의선	2		5		5	3	4	2	3	2	10						9	10							34	100
	3		4		5	2	4	2				6					5	5	7						19	76
			3		2	4	7	2	7	5	16						37	24	6						36	164
	2		7		4	6	1	3	6	4	8						31	19	4						30	142
	2		4			2	1	2	1	4	1						22	16							24	90
	11		47				17	2	14	16	38						59	97		5					85	493
					17			2				6					19								18	48
	1		2		1	2	4	1				5					5	3	5						19	53
							3	1									5								12	23
	2		7		2	4	6	2	10	3	9						16	19	6						28	128
			4		1	1	2	1				1					5								18	39
	6		15		9	7	7	2	8	8	13						20	82	13	3	6	1			40	277
			15			4		3	30	3	58			3			109	493	11						21	783
	29		113		46	35	56	25	79	45	153	18		3			342	768	52	8	6	1			384	2,416
경원·함경선	3		13		2		16	2	5	3	13			4			32	41	8						44	214
							5	2				2					7	5							14	38
	3		3		4	2	2	2				6					5	7	6						14	66
			3			4	2	2	2	3	4	1					17	8	4						35	92
			3		1		4					5		2			4								17	41
	6	34	4		10	29	18		9	9	24			7			48	135	38		1			3	89	501
												7													9	28
	1		6		5	2	1		3	6	2			1			28	3	5						19	130
	7		30		9	24	26		7	5	22			5			47	35	40		1				57	405
							5										3								9	19
			4		3	4	3					8		3			12	5							17	66
	5	4	19		7	32	11		1	3	26			5			40	29	18		3			2	30	272
	2		7		5	3						13		3			17	20	3						9	97
	8	73		1	27	30	5		8	6	5	1		41	2	2	54	55	25					11	33	483
							5		3	2	3						9	9							8	43
	1		4		2	2			3	13				3			7	17	8						14	83
	2		13		2	5	7		2	3	10			3			12	18	5		2				33	132
	41	111	112	1	80	139	113	8	43	53	139	54		79	2	2	354	487	165		8			16	459	2,784

철도국별 내역표(1945. 3. 1. 기준)

소속별		일본인	조선인	계
본국	각 과	1,930	418	2,348
	기타	4,419	9,496	13,915
부산국		7,604	17,828	25,432
경성국		8,887	31,160	40,047
함흥국		5,237	15,633	20,870
계		28,077	74,535	102,612

기타 휴업, 휴무자

서기	기수	의관보	촉탁	고용원	용인	계
174	104	1	12	5,023	1,820	7,134

응모자

고등관	서기	기수	의관보	교륜	교통수	고용원	용인	계
8	715	632	5	7	34	2,370	365	4,136

열차구 직별 종사원수(1944. 12. 31. 기준)

선별	직명 / 구역	열차구간	조역		사무계	여객전무	차장	승무화물계	화물취급계	열차급사	열차수	계
			사무	열차								
경부선	부산	1	2	5	5	17	150	83	13	44	38	358
	대전	1		5	3	6	203	46		4	17	285
	경성	1	3	5	8	33	230	82	19	70	65	516
	계	3	5	15	16	56	583	211	32	118	120	1,159
경의선	수색	1		4	2		128	21	5			161
	사리원	1		2	1		28	11				43
	평양	1	3	5	5		326	98				438
	계	3	3	11	88		482	130	5			642
경원·함경선	원산	1		7	7	7	186	46		20	38	312
	성진	1		7			136	88			8	240
	청진	1		5	6		116	20			6	154
	계	3		19	13	7	438	154		20	52	706

검차구 직별 종사원수

(1944년 12월 말 기준)

선별	구역	검차구장	조역 사무	조역 기술	조역 검차	조역 차전	사무계	조달계	기술계	검차계	수차계	차전계	청소계	경비계	검차수	수차수	차전수	조기수	창고수	난방수	청소수	잡무수	계
경부선	부산	1	2	1	22	4	17	7	10	274	378	150	218	7					2	3		3	1,099
	대전	1	1		8	1	6	2	4	90	62	26	54	2		37		1	3			4	302
	경성	1	2	1	13	3	14	7	13	5	18	42	11	10	164	205	31	1	5	2	289	9	844
	계	3	5	2	43	8	37	16	27	369	458	218	283	19	164	242	31	2	10	5	287	16	2,245
경의선	수색	1	1		10		6	5	5	56	1		2	7	89	146		1	3		174	4	511
	평양	1	1	1	12	1	4	7	8	96	12	16		3	48	138	6		4		225	3	586
	신의주	1	1		4		1	1	3	30		1			31	58	1				36	1	169
	계	3	3	1	26	1	11	13	16	182	13	17	2	10	168	342	7	1	7		435	8	1,266
경원·함경선	원산	1	1	1	5	1	5	4	5	69	7	14	1	2	62	81	8		2		56	2	327
	성진	1	1		6		3	2	6	54	11	8		2	53	54	5		2		50	2	260
	청진	1	1		5			4	3	46	26	7	6	2	96	57	20		2	2	61	2	341
	계	3	3	1	16	1	8	10	14	169	44	29	7	6	211	192	33		6	2	167	6	928
합계		9	11	4	85	10	56	39	57	720	515	264	292	35	543	776	71	3	23	7	889	30	4,439

기관구 직별 종사원수

(1944년 12월 말 기준)

선별	구역	기관구장	주임 사무	주임 기술	조역 사무	조역 운전	조역 검사	조역 연료	조역 공작	조역 방위	사무계	조달계	기술계	준비계	검사계	연료계	기관사
경부선	부산	1	1	1	1	5	3	1	3	1	16	10	13	10	18	4	143
	대구	1	1	1	1	7	2	1	2	1	14	8	8	9	18	4	118
	대전	1	1	1	1	8	3	1	3	1	9	16	15	10	15	1	178
	천안	1			1	2	1		1		8	4	1	3	3	1	30
	경성	1	1	1	2	11	4	1	3		17	15	12	11	21	3	180
	계	5	4	4	6	33	13	4	12	3	64	53	49	43	75	13	649
경의선	수색	1			1	4	1		1		9	13	3	4	9	2	91
	신막	1	1	1	2	6	2	1	2		17	12	10	10	19	4	130
	사리원	1			1	4	1				3	2	2	5	5	2	28
	평양	1	1	1	4	12	3	1	3		18	26	13	11	18	6	262
	서평양	1			1	3	1		1		8	13	1	5	10	2	76
	정주	1		1	2	5	2	1	2		9	9	8	10	11	4	158
	신의주	1			2	2	1		1		2	5	1	1	2		37
	계	7	2	3	13	36	11	3	10		66	80	38	46	74	20	782

선별	구역	기관구장	주임		조역						사무계	조달계	기술계	준비계	검사계	연료계	기관사
			사무	기술	사무	운전	검사	연료	공작	방위							
경원 · 함경선	청량리	1			1	5	2	1	4		12	13	15	6	10	2	97
	복계	1		1	1	6	3		3		10	8	8	9	10	1	102
	원산	1	1	1	1	4	2		2		8	4	8	7	10	2	107
	함흥	1			1	5	1		2		10	5	9	8	6	2	81
	신북청	1			1	4	1		1		5	2	2	5	3	2	45
	성진	1	1	1	1	4	1	1	2		8	7	7	7	9	2	99
	길주	1			1	4			1		3	5	2	5	2	1	52
	청진	1	1	1	1	5	2	1	2		8	7	6	10	7	2	107
	회령	1			1	2	1		1		2	3	3	3	3	2	52
	계	9	3	4	9	39	13	3	18		66	54	60	60	60	16	742

기관사견습	수차계	차전계	경비계	기관조수	검사조수	신호수	기관조수견습	수차수	차전수	조기수	창고수	난방수	고내수	탄수수	잡무수	양성		계
																기관조수견습	창고수	
29	208	3	3	167	7	6	93			7	4		166	127	5	138		1,194
13	195	2	8	266	9	15	15			6	4		175	260	5	41		1,210
58	195	4	3	471	10	12	86			11	10	2	242	423	10			1,801
	6		2	21	3	3	11	42		2	2		132	75	6			361
	55	2	2	165	9	14	69	129	2	6	7	2	224	240	16			1,225
100	659	11	18	1,090	38	50	274	171	2	32	27	4	939	1,125	42	179		5,791
	24		2	61	3	14	70	59	2		4		156	233	3			770
	40	1	2	147	7	7	86	97	2	13		2	258	252	7			1,139
	7			26	2	3	11	29	1	13	5		44	80	3			278
	104		9	225	7	30	119	142		17	25	2	562	515	43			2,180
	21	1	4	32	1	14	32	112		16	6	1	256	325	4			947
	43	1	2	137	6	12	41	112		10	2		203	222	2			1,016
	9			20		3	10	79		3	1	2	154	100	9			446
	248	3	19	648	26	83	369	630	5	72	43	7	1,633	1,727	71			6,776
	37		7	70	2	8	89	94	1	6	3	2	224	155	11			878
	43		4	87	6	4	49	79		4	3	2	147	169	10			770
29	59		2	150	7	6	27	63		2	2	1	129	159	1			795
25	38		3	152	3	4	21	22		5	3		55	147	5			614
7	19	1	2	117	4	3	28	46		4	2		100	85	2		15	507

기관사견습	수차계	차전계	경비계	기관조수	검사조수	신호수	기관조수견습	수차수	차전수	조기수	창고수	난방수	고내수	탄수수	잡무수	양성		계
																기관조수견습	창고수	
10	38	1	2	269	4	4	33	64		6	3		118	99	3			805
4	13	1	2	79	2	5	18	23		5	3		74	139	2			447
23	22		2	154	6	6	36	78	1	8	4	1	79	134	2			717
18	12	1	2	102	2	4	19	33		2	2		47	68	2			388
116	281	4	26	1,180	36	44	320	502	2	42	25	6	973	1,155	38		15	5,921

보선구 직별 종사원수

(1944년 12월 말 기준)

직명 선별 구역		보선구장	조역					사무계	기술계	영림과	선로수장	토목수장	목공수장	기공수장	제도수	선로수	보안수	토목수	목공수	기공수	영림수	조기수	창고수	간수	잡무수	계
			사무	기술	공사	보선	방위																			
경부선	부산	1	1	1	2	6	1	10	20		15	1	2	1		320	7	9	2	17		1	3	3	2	425
	삼랑진	1	1	2	3	4		4	9		9		1			195	2	3	5	1		1	2	3	2	248
	대구	1	1	2	1	4		4	13		13	1	1			277	6	5	3		1	1	1	9	3	347
	김천	1	1	1	2	6		11	15		13	1				352	12	6	4	3		2	3	5	3	441
	대전	1	1	1	3	5	1	11	16		16	2		1		339	12	9	5	19	2	2	1	9	3	459
	성환	1	1	1	1	4		7	7		13	1	1			300		5	1		2	1	1		3	350
	경성	1	1	1	5	8		19	18		21	2	1		1	537	33	15	5	18	1	2	5	14	6	714
	계	7	7	9	17	37	2	66	98		100	8	6	2	1	2,320	72	52	25	58	6	10	16	43	22	2,984
경의선	개성	1	1	1		4		11	7		11	1	1			272	3	3	2		1	1	1	3	6	330
	신막	1	1	1	1	4		7	6		12	1	1			294	6	4	3		1	3	3	2	7	358
	사리원	1	1	1	1	5		9	4		8	1	1			420	2	2	2	4	1	2	1	1	4	471
	평양	1	1	1	2	6		8	8	1	16	2	1			415	8	5	4	13	9	3	2	24	10	540
	정주	1	1	1	1	5		7	6		15	1	1			667	3	3	6	4	1	4	2	5	4	738
	신의주	1	1	1	1	4		6	7		12	1	1			289	6	4	3	2		2	1	6	3	351
	계	6	6	6	6	28		48	38	1	74	7	6			2,357	28	21	20	23	13	15	10	41	34	2,788
경원·함경선	철원	1	2	1	1	3		5	6		10	1				171	4	2	2		2	1	2	4	3	221
	복계	1	1	1	1	4		5	7		11	1	1			158	5	2	2		1	1	1	1	3	207
	원산	1	1	1	1	4		8	7		16	1				232	5	5	3	20	9	1	2	14	4	335
	고원	1	1	1	1	4		5	8		14	1				195	3	4	4	5	2	1	1	3	2	256
	함흥	1	1	1	1	3		6	8		9	1				168	2	4	2	7	6	1	2	9	2	234
	신북청	1	1		2	3		4	6		12	1				200		5	3	1	2	1	3	2	4	251
	성진	1	1	1	1	3		4	8		11					220	1	4	3	21	8	1	1	7	4	300

선별	구역	보선구장	조역 사무	조역 기술	조역 공사	조역 보선	조역 방위	사무계	기술계	영림과	선로수장	토목수장	목공수장	기공수장	제도수	선로수	보안수	토목수	목공수	기공수	영림수	조기수	창고수	간수	잡무수	계
경원·함경선	길주	1			1	3		3	11		11	1				232	2	4	3		3	1	1	2	2	281
	나남	1	1			3		4	4		11	1				153		2	2		8	1	1	3	3	198
	청진	1	1	1	1	3		4	10		9	1				127	2	6	2	12			4	4	5	193
	고무산	1	1	1	1	4		3	3		13	1				129	1	2	2				1	3	1	167
	회령	1	1		1	3		4	5		9	1				168	1	3	2	6			1	3	2	212
	계	12	12	8	12	40		55	83		136	11	1			2,153	26	43	30	72	41	10	20	55	35	2,855
합계		25	25	23	35	105	2	169	219	1	310	26	13	2	1	6,830	126	116	75	153	60	35	46	139	91	8,627

전기구 직별 종사원수

(1944년 12월 말 기준)

선별	구역	전기구장	조역 사무	조역 기술	조역 공사	조역 전기	조역 통신	조역 전력	조역 보안	사무계	기술계	전기계	보안계	전기수장	통신수장	전력수장	제도수	전기수	통신수	전력수	보안수	조기수	목공수	기공구	창고수	잡무수	계
경부선	부산	1	1	1		3	3	2		12	20	8		4	3	1	1	59	54	27			1		5	9	215
	대전	1	1	1		3	4	3	1	8	18	10	7	3	3	3	1	41	20	16	5		1		2	5	157
	경성	1	1	3	1	5	3	2		19	47	13	9	5	6	4		79	120	75	64				2	9	468
	계	3	3	5	1	11	10	7	1	39	85	31	16	12	12	8	2	179	194	118	69		2		9	23	840
경의선	평양	1	1	1	1	6	2	1		10	16	3		6	1	1		114	56	18					1	6	245
	계	1	1	1	1	6	2	1		10	16	3		6	1	1		114	56	18					1	6	245
경원·함경선	복계	1	1	3		1	1	9		9	35	12		1	1	4		11	18	64		3	3	4	4	11	196
	원산	1				1	2	1		4	9	4		1	2	1		8	41	3			1		1	6	86
	함흥	1	1			1	2	1		5	8	5		1	2	1		16	32	14			1		1	3	95
	성진	1	1			2	1	1		5	7	1		2	2	1		41	8	1			1		1	3	79
	청진	1	1			1	2	1		3	8	1		2	2	1		23	23	9					1	2	81
	계	5	4	3		6	8	13		26	67	23		7	9	8		99	122	91		3	6	4	8	25	537

통신구 직별 종사원수

(1944년 12월 말 기준)

선별	구역	통신구장	조역	사무계	전신계	경비계	전화수	잡무수	계
경부선	부산	1	3	2	64		78	16	164
	경성	1	5	5	120		108	20	259
	계	2	8	7	184		186	36	423
경의선	평양	1	1	3	58	2	38	9	112
	계	1	1	3	58	2	38	9	112

건축구 직별 종사원수

(1944년 12월 말 기준)

선별	구역 \ 직명	건축구장	조역				사무계	기술계	건축수장	제도수	건축수	기공수	도공수	창고수	잡무수	계
			사무	기술	공사	건축										
경부선	부산	1	1	1	3	6	6	13	6	1	30	6	6	1	13	94
	대전	1	1	1	5	3	8	14	5		26	8	6	1	12	91
	경성	1	1	1	4	8	11	18	11		54	16	14	2	37	178
	계	3	3	3	12	17	25	45	22	1	110	30	26	4	62	363
경의선	평양	1	1	1	3	8	7	14	8		31	12	10	1	24	121
	계	1	1	1	3	8	7	14	8		31	12	10	1	24	121
경원·함경선	원산	1	1		4	1	5	6	2		15	2	5	1	6	49
	함흥	1	1	1	3	3	5	6	2		13	4	1	1	6	47
	성진	1			6	2	2	8	4		34	6	6	2	8	79
	청진	1	1	1	2	4	4	5	5		28	5	8	1	9	74
	원산공장	1			5		2	3	1		4			1	3	20
	계	5	3	2	20	10	18	28	14		94	17	20	6	32	269

공장직별 종사원수

(1944년 12월 말 기준)

공장 \ 직명	공장장	서무과장	기관차과장	차량과장	객화차과장	설비과장	기술과장	사무원	기술원	수위	전화수	급사	잡무수	직장장	동력장장	공장용품고장	조역	사무계	기술계	검사계	창고수	자동차운전수	기공	기계운전수	공장수	견습기공	계
부산공장	1	1		1		1		36	25	10	4	2	7	5		1	14	19	91	15	11	2	1,736	35	100	146	2,263
경성공장	1	1	1		1	1		72	51	18	6	5	8	11	1	1	16	52	194	25	11	8	3,064	129	210	276	4,163
평양공장	1	1		1		1		14	11	11				3		1	5	9	48	6	8	3	781		68	70	1,042
원산공장	1	1		1		1		17	13	10	1	2	5	3		1	4	8	50	6	2	3	865	26	42	132	1,194
청진공장	1	1					1	18	16	6	4		2	2		1	2	13	32	7	6	1	414	13	27	42	609
계	5	5	1	3		4	1	157	116	55	15	9	22	24		5	41	101	415	59	38	17	6,860	203	447	666	9,271

기계구 직별 종사원수

(1944년 12월 말 기준)

구역별 \ 직명	기계구장	조역		사무계	기술계	기공수장	기공수	창고수	잡무수	계
		사무	기술							
부산	1	1	1	2	3	1	11	1	6	27
계	1	1	1	2	3	1	11	1	6	27

제3절 급여

1910년 3월 말일까지의 급여

1906년 6월 칙령에 따라 '철도관리국 직원관등급여령'이 공포되었다. 이에 따라 고등관의 관등은 장관이 1~2등, 사무관이 3~7등, 사무관보 및 통역관이 6~8등으로 나눠졌으며, 각 등급에 따라 본봉 연액이 정해졌다.

사무관 본봉

(엔)

관등	봉급
1급 4등	2,200
5	1,800
6	1,400
7	1,000
8	800
2급 4	2,000
5	1,600
6	1,200
7	900
8	700

사무관보 및 통역관 본봉

(엔)

관등	봉급
1급 5등	1,600
6	1,200
7	900
8	700
2급 5	1,400
6	1,000
7	800
8	600

기사 본봉

(엔)

관등	봉급
칙임 1급	3,500
2	3,000
주임 1	2,800
2	2,600
3	2,400
4	2,200
5	2,000
6	1,800
7	1,600
8	1,400
9	1,200
10	1,000
11	900
12	800
13	700
14	600

판임관 봉급액 및 근무수당

(엔)

관등	봉급	근무수당
1급	75	75
2	60	60
3	50	50
4	45	45
5	40	40
6	35	35
7	30	30
8	25	30
9	20	30
10	15	30

판임관의 경우 1891년 7월에 공포된 '판임관봉급령'을 준용하여 1~10급의 급액이 정해졌으며, 고등관과 판임관 모두 여기에 근무수당이 추가되었다. 근무수당은 '통감부 및 이사청 급여령' 제3조를 준용하여, 고등관의 연액은 본봉과 동액, 판임관은 연액 900엔 이내일 경우 통감이 이를 정하는 제도를 따랐으나, 1906년 11월 '만주 · 한국 근무 문관가봉령'이 제정됨에 따라 근무수당을 추가하도록 규정하고 이듬해 4월부터 실시하였다. 당시 추가된 금액은 고등관의 경우 본봉의 50%, 5급 이상의 판임관은 80%, 6급 이하의 판임관은 30엔이었다.

고용원 및 용인의 급여와 관련해서는 1906년 8월에 '통감부 철도관리국 용인급여지급규정', 같은 해 9월에 '고용원봉급지급규정'이 제정되었다.

이러한 규정에 따라 월급 고용원의 급여는 '판임관봉급령'에 준하였으며, 일급 고용원은 출근일수에 따라 급여가 결정되었다.

용인의 경우 건축공 취체(단속) 이하 52개의 직명별로 최고 일일급여액이 규정되었으며, 1908년 4월에 일일급여액이 일제히 약 25% 인상되면서 평균 금액도 증가하였다.

또한 1909년 8월부터 용인을 갑종과 을종으로 구분하였다. 갑종 용인은 급사의 일일급여액인 50전이 최저, 공장(工長, 현장 책임자) 대행 및 차량 검차수의 일일급여액인 2엔이 최고였으며, 을종 용인은 직공보조 및 인쇄조수의 일일급여액이 각각 80전으로 최저, 시반공과 조립공 및 기타 직명의 일일급여액인 2엔 40전이 최고였다.

당시 판임관 이상의 봉급액은 다음과 같았다.

1910년도 개정

1910년 4월에,

고등관	약 20%
판임관(기존 10급제를 11급제로 개정)	
1급봉	40%
2급봉	35%
4급봉 이하	20%
고용원	10%

를 증액하였다. 이와 동시에 판임관 5급봉 이상의 추가급여지급률을 인하하여,

(1) 고등관 및 고등관대우는 본봉의 50%를 40%로,

(2) 판임관 및 판임관대우는 본봉의 80%를 60%로,

(3) 5급봉 이하에 대해서는 1913년 4월, 본봉의 50%에서 80%로

개정하여 각기 다른 지급률을 적용하도록 규정하였다.

만주철도 위탁경영시대

1917년 7월 만주철도 이관시의 급여 및 근무수당은 철도국시대의 고등관 및 판임관 봉급을 그대로 유지하였으며, 고용원 및 용인에게도 동일하게 적용하였다.

특별수당 : 같은 해 9월 세계대전의 여파로 물가가 폭등하면서 하급 종사원의 생활이 어려워지자,

(1) 월급 45엔 이하의 고용원에게 월액 2엔,

(2) 일일급여가 1엔 50전 이하인 고용원 및 용인에게 6전의 특별수당을 지급했다.

임시수당 :

(1) 이듬해인 1918년 3월부터 본봉이 100엔 이하인 직원은 본봉의 20%,

(2) 55엔 이하인 직원은 본봉의 25%,

(3) 일급 고용원은 일액 20전,

(4) 용인은 일본인 일액 10전, 조선인 일액 7전의 비율로 임시수당을 지급하였다.

(5) 또한 같은 해 8월부터 본봉이 28엔 이하인 직원은 고용원과 마찬가지로 월액 2엔을 특별수당으로 지급하였다.

임시수당의 증액 : 그러나 물가폭등이 이어지면서 종사원의 생활이 불안정해지자 같은 해 9월 1일부터,

(1) 월봉 50엔 이상인 직원은 본봉의 30%,

(2) 월봉 30엔 이상인 직원은 본봉의 40%,

(3) 월봉 30엔 이하인 직원은 본봉의 50%,

(4) 고용원 가운데 일일급여자는 일액 40전,

(5) 정규직 일본인은 일액 30전,

(6) 정규직 조선인은 일액 21전의 비율로 각각 증액하여 일반 종사원의 생활 안정에 힘썼다.

급여의 본격적 개정 : 1919년 10월 여전히 물가가 폭등세를 이어가자 종사원들의 생활은 더욱 불안해졌다. 그러자 회사는 기존의 임시수당을 완전히 폐지하고 봉급을 일제히 개정하여 급여를 상향 조정하였다. 즉, 직원, 고용원 월급자에게는 각각 본봉에 근무수당 및 임시수당을 추가한 금액의 30%~50%, 고용원 일급자에게는 일액에 임시수당을 추가한 금액의 40% 이내로 급여를 상향 조정하여 10월 1일부터 이를 실시하였으며, 가족수당을 만들어 11월 1일부터 다음과 같이 지급하였다.

1923년경 근무수당은 경성 이남 45%, 경성 이북 50%~70%가 증가하였다.

직영 환원 후의 급여 전환 : 1925년 4월, 직영 환원 후의 급여에 대해서는 종사원 인계와 동시에 신분 관등급이 개정되었다. 즉, 판임관 이상은 인계 당시의 급여액에 따라 각각 총독부의 관등에 적용하여 정리하였다. 고등관은 40%, 판임관은 60%를 인상하였으나 고용원, 용인에 대해서는 기존 급여를

그대로 적용하였다.

가족수당 지급액

가족 2명 이하인 자		가족 4명 이하인 자		가족 5명 이하인 자	
용인	일본인 20전	용인	일본인 30전	용인	일본인 40전
	조선인 14전		조선인 21전		조선인 28전
일급 고용원		일급 고용원		일급 고용원	
월급 고용원		월급 고용원		월급 고용원	
직원		직원		직원	

물가 하락에 의한 급여 감액 : 그러나 1931년 재정 긴축의 영향으로 6월 관등봉급령 개정 이후 고등관은 15~20% 정도, 판임관 2등 4급봉 이상에 대해서는 5~10% 정도가 감봉되었으며 고용원, 용인은 초임이 인하되었다. 1924년에 비해 물가 및 노임 지수가 하락하면서 각 방면마다 초임이 저하되는 경향을 보였으며, 금액을 불문하고 각 방면마다 구직자들이 넘쳐났던 당시의 사회적 상황이 반영된 것이기도 하였다.

1937년도 이후의 개정 : 그 후 1937년경부터 군수 공업 등 각종 산업이 활기를 되찾고 일반 물가와 노임이 상승하면서 같은 해 6월부터 월급 100엔 또는 일급 3엔 33전 이하인 고용원 및 용인에 대해서는 일본인, 조선인 구별 없이 월급 또는 일급의 10%를 인상하였다. 또한 월급 101엔 또는 일급 3엔 34전 이상인 고용원 및 용인의 경우 월급자는 10엔, 일급자는 1일 33전을 임시로 인상하였다. 또한 6월 30일부로 판임관, 동 대우(同待遇) 6급봉 미만인 자 및 철도수 월봉 75엔 미만인 자에 대해서는 4엔 이내의 특별 급여 인상을 실시하였다.

이처럼 기존의 용인 급여를 일제히 인상함에 따라 초임자 채용시에도 이러한 경향을 고려하였다. 급여 인상이 적합하지 않다고 판단된 일부 직종을 제외한 대부분의 직종에서 국적 및 단계별로 현행 급여의 10% 수준에서 초임을 개정 증액하였다. 또한 고용원의 초임에 대해서는 개정 증액이 실시되었다.

국경 및 지역수당 : 국경 및 지역수당의 경우 1913년 3월 부령 제36호로서 벽지에 근무하는 직원의 봉급 인상을 같은 해 4월 1일부터 본봉의 60%에 추가로 10~20%에 상당하는 금액을 인상하였다. 특히 필요성이 인정될 경우 고등관 및 동 대우에게는 본봉의 50% 이내, 판임관 및 동 대우에게는 본봉의 80% 이내, 본봉이 월액 75엔 이하인 판임관 및 동 대우에게는 월액 70엔까지 지급하였다.

고용원의 경우 1932년 12월부터 임시 인상을 실시하였으며, 이미 현지에서 근무하는 자 및 이후 전입하는 자에 대해서는 다음과 같은 인상률을 적용하여 수당을 지급하였다.

내지인인 고용인 가운데 혜산선 길주기점 55km, 만포선 순천기점 150km 이북 및 백무선에 근무하는 자의 경우, 고용원은 본봉의 10%, 용인은 7%, 그리고 월급자 중 산출액이 50전 미만인 자는 50전, 51전 이상인 자는 1엔을 인상하였다. 또한 일급자의 경우 전(錢) 미만의 끝수는 전으로 절상한 금액을 인상률로 하였다.

제4절 피복 대여 및 변천

피복 지급의 경우 1906년 조선의 철도 경영이 통일된 직후 지급규칙이 제정되었으나, 이는 단순히 경부철도 규정을 전용한 것에 불과했다.

이에 따르면 역장, 선장, 경비원은 검은 모직 모자를 착용하였다. 모자에는 검은 리본으로 된 3개의 띠가 있고, 정면에는 직명을 나타내는 금색 글자, 차장 이하는 은색 글자가 부착되었다. 여름에는 모두 흰색을 썼는데, 현업 이외의 직원은 통감부 및 소속 관서 직원의 제복이 적용되었다.

통감부 제복에 장검을 차고 모자의 문장, 완장 모두 판임관은 은색 가로줄 1줄, 주임관은 2줄, 칙임관은 3줄이었다.

1907년 통달 46호의 지급규정에 따라 모든 제복 및 물품의 보존 기간은 연간 1벌, 1개로 정해졌다. 용인의 모자는 고쿠라(小倉)라고 불리는 감색 목면 직물로 만들었으며, 단추는 금속 제품을 사용하였다. 화물역부 등은 핫피(주: 일본에서 직공들이 입는 작업복)를 착용하도록 하였다.

1909년 철도원으로 이관되면서 한국철도 최초로 역장 및 조역용 붉은색 모직 모자가 등장하였다. 소매에는 기본적으로 금색 가로줄 1줄이 들어갔으며, 판임관은 금색의 세로줄이 1줄, 주임관은 2줄, 칙임관은 3줄이 추가되었다. 모자에는 진한 감색 바스켓직 또는 흑색 띠를 둘렀으며, 의전행사 때에는 단검을 찼다.

고용원 이하의 직급은 모자에 특별한 장식이 들어가지 않았으나, 소매에는 급여액에 따라 1~3줄의 검은 세로선이 들어갔다. 모자의 문장은 일본 국유철도의 문장을 벚꽃 잎 모양으로 둘러싼 모양이었다. 1910년 총독부 철도국으로 전환되면서 모자 앞부분에 다시 욱일 심벌마크가 들어갔으며, 상의 및 외투에 직명이 들어간 금장을 붙이도록 규정이 개정되었다. 전철수 이하는 모자에도 직명을 표시하였다.

1912년 7월 초 여관 사무원의 복장이 규정되면서 영접 담당자는 녹색 모자를 착용하였고, 그 밖의 종사원은 직명(급사, 요리인은 중앙에 번호 부착)이 들어간 흉장을 달게 하였다.

판임관 이상은 화려한 금빛 제복에 장검을 찼으며, 완장과 모자의 문장에 판임관은 금줄 1줄, 주임관은 2줄, 칙임관은 3줄이 들어갔다.

만주철도 위탁경영 초기에는 기존의 양식을 그대로 따르다가 이듬해인 1918년 2월 초에 새롭게 복장 규정을 마련하였다. 기존 양식 가운데 주요 역장 및 전무 차장의 턴다운 칼라 제복을 제외한 대부분의 복장이 본사 규정에 따라 한결 자유로워졌으며, 일본 국유철도의 사례를 모방하여 선로공 이하의 직급에 최초로 핫피를 대여하였다.

1920년에는 각종 물가 상승에 따른 경비 급증을 억제하기 위하여 기관고 관계자의 제복에 하급 견직물 원단을 사용하였고, 연간 1벌을 대여하였다.

1925년 1월에 전반적으로 대여 기간을 연장하는 대신 절감된 경비를 본사 규정에 따른 운전 관계 종사원의 작업복 대여에 사용하도록 개정하고 "신규 작업복 대여는 준비 기간을 거쳐 하복 대여기간부터 실시한다."고 통첩했으나, 4월 1일부로 다시 총독부 철도국으로 환원되면서 실시되지 못하였다. 당시 모자의 머리띠 부분은 진홍색이었는데, 역장은 여기에 금줄이 2줄, 조역은 1줄이 들어갔다. 현업에 종사하지 않는 판임관 이상은 총독부와 마찬가지로 별도의 제복이 규정되지 않았다.

1926년 4월에는 선로공 등에 대한 핫피 대여를 중단하고 이를 제복 상의로 개정하였으며, 1928년 11월 원단을 목면 직물인 고쿠라(小倉)로 변경하였다. 이는 일본 국유철도보다 2년 이상 앞선 것이었다.

1929년 초에 보선구장 · 통신구장 · 건축공사계 주임 및 조역, 목공 · 철공 등의 공무계 종사원 및 기관구 · 공장 등의 공작계 종사원에게 제복을 대여하는 동시에 모자와 제복 등의 기존 종별이었던 갑 · 을 · 병을 폐지하고 제1종~제16종으로 나누었다.

1931년도에는 조선철도의 수입이 급격하게 감소하였기 때문에 피복비 예산을 삭감하고 대여 기일을 연장하였다.

1932년 10월 통달 873호에 따라 지급규정이 획기적으로 개혁, 제정되었다. 주요 개정 내용으로는 창립 이래 출장소, 공무사무소 및 공장에서 정리했던 원부를 경리과에 인계하여 제복 지급에 관한 사무 일체를 일괄적으로 통제하도록 한 점과 전통을 깨고 공장 상의, 공수 상의, 작업복, 각반 등을 인정한 점을 들 수 있다.

또한 각 직명에 따른 대여 방법을 합리화하는 동시에 1~12종의 모자를 역장, 기타 직명으로 구분하고, 제복도 하복은 서지(serge), 동복은 고쿠라처럼 원단의 질에 따라서 9종으로 구분하고, 2종이었던 외투를 1종으로 간소화하였다.

1934년에 처음으로 기관구 고내수(庫內手), 기공수(技工手) 등에게 작업모를 지급하고 선로수장 및 각 공수(工手, 노동자)의 상의에 국방색 원단을 시범적으로 사용하였으나, 고가의 비용으로 인하여 곧바로 폐지되었다. 이후 같은 해 10월 바지와 함께 대여한 수장 및 공장 상의는 고쿠라 수자직 원단으로 만들었다.

1935년의 개정 : 1935년은 제복 사상 획기적인 개정이 이루어진 해였다. 즉, 철도국 직원 및 대우 직원의 제복이 5월 20일 칙령 139호로 제정되고, 이에 따른 훈령, 규정이 정해져 제복제도가 확립되었다.

이에 따라 소매 문장의 경우 판임관은 짙은 감색 줄무늬나 띠가 세로로 2줄, 고등관은 3줄이 들어갔으며, 모자의 장식 부분에 판임관은 폭 20mm의 바스켓직 또는 흑색 띠를 둘렀으며, 고등관은 40mm의 띠를 둘렀다.

경비 4만 3천 엔을 들여 전기수선장, 경리과 지방창고, 용품고, 건설과 파출소, 철도사무소 및 공장에 근무하는 사무원과 기술원, 경리과 물품 검사원 등 약 2,500여 명에게 모자와 제복을 새로 대여하였으며, 동복 원단을 멜톤(melton)에서 서지(serge)로 바꾸고, 10월에는 작업복에 사용된 수자직 원단을 운수 종사원과 동일한 감색 고쿠라로 변경하였다.

또한 같은 해에 경축일을 맞이하여 혹한지인 혜산선 재덕 이북과 백무선 및 청진지역 근무자, 직통열차 승무원에게 모피로 만든 방한복을 대여하고, 소관 사무소의 물품 회계 관사에게 보수를 담당시켰다. 또한 전항에서 다루었던 전기수선장 및 기타 근무자에게는 외투까지 대여하였다.

그 후 1936년에는 여관 관계자에게 3종류의 제복, 1937년 6월에는 진한 녹색의 여직원 제복을 제정하여 전체 직원 모두 제복을 착용하게 하였으며, 철도 정신의 앙양에도 힘썼다.

1938년도에 들어서 정세의 변화에 따라 양모와 목화가 통제되자 이를 대비

함과 동시에 시국에 대한 종사원들의 인식을 철저히 할 수 있도록 같은 해 9월 사무소 관련 종사원의 동복 및 전반에 걸쳐 외투의 대여 기간을 1년씩 연장하였다. 이듬해인 1939년도가 되면서 재료 조달이 더욱 어려워지자 모자와 제복은 각각 1년, 외투는 2년, 기타 피복류는 각각 1기씩 대여기간을 연장하고, 원단도 기존의 면 대신 인조섬유 또는 인조섬유와 재생 마의 혼방직물을 사용하기에 이르렀다.

1940년부터는 기존의 모직 제복 대신 인조섬유가 들어간 혼방직물이 사용되었으며, 모자, 외투, 서지 제복 등 반납품을 수선 · 재사용하여 날로 급증하는 피복의 대여에 지장을 주지 않도록 최선을 다하였다.

1940년도의 피복비 예산은 약 120만 엔으로, 1931년도 예산액인 16만 엔에 비하여 약 7배나 증가했다.

第5절 종사원 교육 시설

현업 업무 및 종사원의 자질을 향상시키기 위하여 일정 기간 및 과목을 정하여 종업원 양성, 각종 등용시험, 업무 성적 심사, 각종 경진대회 등을 실시하였고, 우수 종사원에게는 표창 등을 수여하였다.

그 개요를 각 항목별로 설명하면 다음과 같다.

종사원 양성 연혁

1905년 3월 임시군용철도감부가 인천에 철도직원양성소를 설치하고 일본인과 조선인 학생 40명을 모집하여 운수과와 기차과로 나누어 교육한 것이 종사원 양성의 시초였다.

경부철도주식회사는 같은 해 7~12월 동안 초량에 운수사무강습소를 설치하고, 객차를 임시교실로 삼아 일본인 20명을 입소시킨 후 보선, 운수, 통신 등의 교육을 실시하였다.

임시군용철도감부 직원양성소는 1906년 통감부 철도관리국에 인계된 후, 1907년 11월 용산으로 이전하여 전신 수기생을 양성하였다. 1910년 11월에는 명칭을 조선총독부 철도종사원교습소로 바꾸고 업무과, 운수과, 전신과를 두었다.

1905년부터 1910년까지 총 446명의 졸업생을 배출하였다.

이 밖에도 보수 교육을 위해 1908년 4월 용산에 철도야학교를 설립하고, 청소년 용인을 대상으로 보통과(수업 2년) 외에 영어, 한국어, 부기 전수과를 두어 각 기수별로 학생 약 60명을 입소시켜 상당한 성적을 거두었다.

1911년 4월에는 용산철도야학교로 명칭을 변경하고 보통과와 전수과(영어, 한국어, 법률, 측량)를 설치하였는데, 외부 입소 희망자도 많았으며 성적도 양호하였다.

이후 1917년 만철 위탁경영으로 이관되기 전까지 교습소제도는 꾸준히 유지되었고 업무과와 운수과, 전신 수기를 합쳐 총 485명의 졸업생이 배출되었다.

만주철도 위탁경영 이후에는 현업 업무의 급격한 증가로 인하여 종사원 양성제도의 확장이 시급해지면서 용산에 경성철도학교가 설립되었다.

제6절 경성철도학교 설립과 변천

1919년 3월에 조선총독의 인가를 받고 이듬해인 1920년 4월 공사비 65만엔으로 신축 교사(2층짜리 벽돌 건물인 본관 외에 강당, 기숙사, 도장, 병기고 등 총 건물면적 1,900평)를 건립하고 이곳으로 이전했다.

경성철도학교는 만주철도 경성철도관리국장이었던 구보 요조(久保要藏)의 과감한 결단에 의해 설립된 것으로, 당시로서는 유례를 찾기 힘들 만큼 대대적인 규모와 시설을 갖추었다. 설립 비용은 당시의 철도 이익금으로 충당하였다. 경성철도학교는 이후 다수의 중견 간부를 배출하는 등 종사원의 핵심 시설로 떠오르면서 종사원 양성이라는 측면에서 큰 성과를 거두었다.

철도학교의 변천과 내용

철도학교는 각각의 목적에 따라 본과, 전신과, 도제과, 강습과 및 야학부로 나뉘었다.

(1) 본과는 업무과, 운전과, 토목과로 나뉘었으며, 주로 철도국의 중견 종사원을 양성하였다.

(2) 전신과는 전기 통신사를 양성하였다.

(3) 도제과는 공장 종사원을 양성하였다.

(4) 강습과는 단기 재교육을 실시하였다.

(5) 야학부는 용인 등의 보수 교육을 실시하였다.

1925년 4월 조선총독부 이관과 함께 경성철도학교는 철도종사원양성소로 변경되었다.

그 후 부서 변동에 따라 신규 채용을 조절할 필요가 있어 1934년 이후 모집을 일시 중지하고, 도제과를 변경하여 공장에 기공견습양성소를 개설하고, 전신과와 강습과는 일부 과정만을 실시하였다.

중일전쟁과 태평양전쟁의 발발로 철도 업무가 계속 늘어나자 종사원의 신규 채용이 크게 증가하면서 직원의 자질 저하를 초래하였다.

이에 대응하기 위하여 1925년도에 기술원교습소를 설치하고 중학교 졸업생에게 1년간 기계, 전기, 토목 기술을 교육하는 등 임시방편을 마련하였다.

그러나 장기적으로는 업무 운영에 차질을 빚을 수 있어 1927년 4월에 양성소 규정을 다음과 같이 전면 개정하였다.

기존의 본과를 부활시키고 이 밖에도 기계과와 전기과를 개설하였으며, 기술원 교습과를 별과(別科)로 삼았다. 또한 전신과 이하의 단기 교육을 일괄적으로 전수부(專修部)에 포함시키고, 야학부를 부설하여 기구의 확충과 정비에 힘썼다.

지방에 종사원양성소 신설

그러나 매년 신규 채용자가 눈에 띄게 증가하면서 종사원의 자질 저하를 피할 수 없었다. 특수한 기술을 요하는 철도 업무 수행에 만전을 기하기 어려워지자 1928년도에는 종사원 재교육을 실시하여 질적 향상을 도모하는 한편, 각 역과 구의 현장 강습회를 적극적으로 개최하였다.

이와 함께 1928년 4월 부산과 함흥에 종사원양성소를 설립하고, 기존의 양성소는 중앙종사원양성소로 명칭을 변경하였다.

우선 부산과 함흥지방철도국 종사원의 재교육을 위하여 전수부를 개강하였으며, 중앙종사원양성소의 경우 기존과 마찬가지로 본과, 별과, 전수부 및 야학부를 개강하여 긴급 요청에 대응할 수 있도록 하였다.

이후 대륙 화물의 수송이 늘어나면서 종사원 채용 또한 날로 증가하자, 이에 대응하기 위하여 신속하고 대대적인 종사원 양성이 시급해졌다.

이에 1930년 4월 서울에도 양성소가 긴급 설치되었다. 전시 비상조치를 내려 전수부 각과의 교과 내용을 쇄신하고 양성 기간을 단축하여 양성 인원을 늘리는 한편, 기존의 현장 강습회를 해체하고 현장 주요 역 구간에 직원 교습소를 설치하여 빠른 성과를 거둘 수 있도록 최선을 다하였다.

1929년 12월 이후 기존의 철도종사원양성소는 중앙교통종사원양성소로 명칭을 바꾸었다.

경성철도학교 설치 이후 종사원양성소의 입학자 수 및 졸업자수는 다음의 표와 같다.

중앙종사원양성소의 입학 · 퇴학 및 졸업자수

(명)

		1919년도부터 1924년도까지 (학교 시대)				1925년도부터 1941년도까지				1942년도				1943년도				1944년 9월 현재			
		입학	퇴학	졸업	1924년도 말 현재	입학	퇴학	졸업	1941년도 말 현재	입학	퇴학	졸업	연도 말 현재	입학	퇴학	졸업	연도 말 현재	입학	퇴학	졸업	9월 말 현재
본과	업무	299	30	173	96	282	33	345		50			49	49	2		96	50	3		143
	운전	241	42	140	59	350	49	312	48	50	3		95	50	7	39	99	49	7		141
	토목	62	7	21	34		1	33		50	1		49	48	8		89	51	8		132
	기계					50	1		49	50	2		97	51	9	42	97	50	8		139
	전기					50	2	62	48	50			98	50	1	43	104	50	7		147
별과	토목					64	2	136		28		28									
	기계					144	8	82		43	3	40									
	전기					88	6	6,488		35	7	28									
전수부		811	30	781		6,896	163		543	781	33	907	86	1,002	49	901	138	165	3	135	165
항로표지과								269						14		11	3	18	2	3	16
공작과		412	140	145	127	216	74	7,727		1942년도부터 공장 기공 견습 양성으로 변경											
계		1,825	249	1,260	316	8,140	339		688	1,137	49	1,003	474	1,264	76	1,036	626	433	38	138	883
누계										9,277	388	8,730		10,541	464	9,766		10,974	502	9,904	

양성소의 야학부 학생 수업 및 졸업생수

(명)

과별 \ 연도	1919년도부터 1924년도까지 (학교 시대)	1925년도부터 1941년도까지	1942년도	1943년도	계
보통과 1년 수업	135	554	37	31	757
동 2년 수업	63	369	30	27	489
동 졸업	28	274	18	28	348
각종 전수부 종료	65	60	4	5	134
도제 보수과 종료	151				151
계	442	1,257	89	91	1,879

경성, 부산, 함흥 양성소의 입퇴학 및 수료생수

(명)

양성소별 \ 연도	1942년도				1943년도				1943년 9월 말 현재			
	입학	퇴학	졸업	연도 말 현재	입학	퇴학	졸업	연도 말 현재	입학	퇴학	졸업	연도 말 현재
경성									533	24	290	319
부산	416	8	378	30	461	6	314	171	644	46	426	343
함흥	473	10	342	121	593	21	487	206	459	6	405	254
계	889	18	720	151	1,054	27	801	377	1,636	76	1,121	916

제7절 교육계 설치 및 기타

교육계 설치

철도 업무가 서서히 증가하던 시기에는 각 과와 현장, 사무소 등에서 소규모 계획을 세워 종사원을 교육하였다.

그러나 1937년 중일전쟁 발발 이후 종사원의 신규 채용 조건은 크게 달라졌다. 무엇보다 기술직 종사원의 채용이 대단히 어려워졌고, 사무직 종사원도 신규 채용 수요가 급증하면서 업무 수행에 중요한 경력자가 상대적으로 감소하였다.

그러자 기존의 내부 종사원양성소에서는 강습과를 확충하여 적극적으로 기술자 양성에 노력하는 한편, 단기 강습과 현지 교육을 실시하여 이러한 상황에 대응하고자 하였다. 종사원의 교육을 종합적으로 계획하고 추진하는 것이 시급한 과제로 떠오르면서 1939년 12월 본국 서무과에 교육계가 신설되었다.

교육계에서는 각 과의 교육 사무를 집약적으로 정비하고, 현업 교육 향상을 도모하는 한편, 자료의 편찬, 배포 및 각종 등용시험과 관련한 사무 및 양성소에 대한 사무를 관장하고 종사원의 교육 전반에 걸친 다양한 방안을 결정하였다.

철도청소년훈련소

해마다 급증하는 철도 종사원 가운데 의무교육을 수료한 일반 청소년 남자를 대상으로 업무 중 남는 시간을 활용하여 훈련을 실시함으로써 건전한 사상과 정신을 확립시키고 지능과 체력을 증진시킬 수 있도록 1940년 7월, 철도청소년훈련소가 다른 관청보다 먼저 설치되었다.

철도청소년훈련소는 철도사무소 및 공장을 중심으로 부산, 대전, 순천, 경성, 평양, 원산, 성진, 청진의 8곳에 설치되었으며, 우선 14~16세까지의 종사원을 본과 제1년에 입소시키고, 공장 기공 견습생 가운데 이미 1년의 과정을 수료한 자는 본과 2년에 편입시켰다.

각 소(所), 역(驛), 구(區) 등에 있는 기존 시설을 교육실로 활용하고, 적당한 시설이 없는 곳은 인근 초등학교 등을 빌려서 사용했다.

담당 직원의 경우 철도사무소장 및 공장장을 주사(主事)로 삼고, 철도국원 중 각 훈련소마다 10명 내외의 지도원을 선발, 배치하였으며, 필요한 경우에는 외부 인사를 위촉하였다.

훈련소의 경영은 '재단법인 철도교육조성회' 가 담당하고, 그 경비는 조성회에서 지출되었다.

1940년 7월 기준으로 철도청년훈련소의 학생 수는 훈련소당 12명(평양철도공장 청년훈련소)부터 378명(성진철도청년훈련소)까지 다양하였으며, 총 1,771명에 이르렀다.

이후 '조선총독부 청년훈련소규정' 에 따라 점차 증가하면서 역과 구의 근무자를 중심으로 한 부산 · 대구 · 대전 · 순천 · 경성 · 평양 · 정주 · 강계 · 원산 · 함흥 · 성진 · 청진의 12곳과, 공장 근무자를 대상으로 한 부산 · 경성 · 평양 · 원산 · 청진의 5곳까지 총 17곳 이외에도 1곳의 분소가 설치되었다.

그 결과 철도훈련소에서 훈련을 받은 청소년 국원들이 규칙적이고 모범적인 생활을 하며 날로 발전하는 등 예상했던 것보다 큰 효과를 거두었다.

1944년도부터 조선 징병제가 실시됨에 따라 일본인, 조선인 청소년 국원을 대거 충원하게 된 철도국은 시설 확충을 위하여 1943년도에는 기관구 소재지인 마산, 경북 안동, 목포, 광주, 이리, 인천, 신막, 희천, 복계, 고성, 길주, 회령, 백암, 혜산진, 신의주 등 총 15곳에 훈련소를 설치하였다. 그리고 1944년도에 해주가 새로 추가되면서 훈련소는 총 33곳이 되었다.

그 개황은 다음과 같다.

훈련소 수	주사, 지도원 수(명)				학생 수(명)				
	주사	전임	겸임	계	1년차	2년차	3년차	4년차	계
33	33	30	596	659	5,788	4,007	1,321	948	12,064

제8절 철도 교육조성회

철도 종사원의 각종 교육 사업을 실시한 '재단법인 철도교양조성회' 의 전신은 만주철도 위탁경영 당시의 '재단법인 경성철도학교 및 만철경성도서관 유지재단' 이었다. 이 유지재단은 철도학교 및 도서관에 필요한 경비 보조를 목적으로 1923년 6월에 설립되었으며, 주로 철도학교 학생의 학비, 피복비, 식비 등의 지급과 도서구입 및 기타 종사원의 교육 경비를 지원했다.

지원 기금은,

현금 100,000엔

주권(株券) 487,500엔

합계 587,500엔

으로 종사원 교육에 크게 공헌했다.

직영으로 환원된 후 같은 해 6월 '종사원 양성, 교육 및 복지증진을 위한 대출, 지급 기타 보조금 지출' 을 목적으로 '재단법인 철도교육조성회' 가 설립되었다. 설립자의 원조와 기부금 등으로 기금이 조성되었으며, 기금에서 발생하는 수입과 기타 수입으로 운영을 유지하였다.

앞서 언급한 유지재단 시절 당시 만주철도 사장이었던 야스히로 반이치로(安廣伴一郎)로부터 200,000엔의 기부금을 받은 후, 현금 약 11,200엔, 유가증권 312,500엔 및 채권(철도학교 학생대출 미회수금) 137,000엔 등 총 461,200엔을 추가로 기부 받아 661,000엔의 자금이 조성되었다. 그 가운데 512,000엔은 기금으로, 148,000엔은 유지 자금으로 삼았다. 이후 매년 잉여액이 발생하여 1936년에는 총 자금이 836,000엔이 되었으나 같은 해에

225,000엔을 들여 용산에 '국우회관' 을 설립하고, 이를 철도국에 기부하면서 그해 말에는 611,000엔이 되었다. 그러나 그 후로도 매년 잉여금이 발생하여 1940년 3월 말에는 기금 500,000엔, 유지 자금 182,000엔으로 총 682,000엔의 자금이 확보되었다.

사업 현황

조성금의 주요 사업 현황은 다음과 같다.

(1) 국우회 사업 연액 10,000엔

(2) 철도 도서 구입비 7,000엔

(3) 철도국 내 각종 기관 잡지 약 2,500엔

(4) 양성소 야학부 강사수당 약 4,000엔

(5) 공장 기공 견습 교육에 필요한 집기 기타 구입 및 대출 약 2,000엔

(6) 철도병원 간호부 양성 보조 약 500엔

이 내역은 약 15년간에 걸쳐 지속적으로 지급된 지원 금액이며, 이 밖에도 1940년도에 철도청년훈련소에 약 6,000엔, 마산보양소 건설비에 약 200,000엔을 지급하도록 계획되었다.

제9절 교육 자료

〈철도의 친구〉 : 영업계 종사원을 대상으로 한 월간지로, 〈교통시론〉이라는 외부 발행지의 권리를 매입하여 제목을 변경하였다. 1929년 4월 이후 영업과에서 달마다 한 차례 편찬, 간행하였다. 초간 이래 매년 발행 부수가 증가하여 1940년 7월에는 9,600부에 이르렀으며, 대부분의 역관련 종사원과 사설철도 종사원에게도 1부당 20전에 배포하였다.

〈아카쓰키〉 : 운전종사원을 대상으로 1919년 4월 운전과 차량계가 편찬한

〈운전 연구 길잡이〉에서 출발하였다. 기술 방면의 기사를 중심으로 각종 시험, 조사, 성적, 보고 관련 내용이 기재되었으며, 각 기관구에 배포되었다. 직영으로 환원된 이후 〈운전휘집〉으로 명칭이 변경되었으며, 1928년 5월에 〈운전연구〉, 1932년 1월에 〈아카쓰키〉로 다시 명칭이 바뀌었다. 매월 한 차례 100페이지 내외의 국판형 잡지로 발행되었으며, 각 기관구와 검차구 및 사철 방면 관련 종사원에게는 1부당 15전에 배포되었다.

〈공무의 친구〉 : 보선과에서 공무 계통의 종사원을 대상으로 편찬한 잡지로 1931년 7월에 창간되었다. 담화, 업무 자료, 각종 공무 관계 강좌 및 연구 등의 내용이 주로 실렸다. 격월로 발행하는 80페이지 내외의 국판형으로 창간 부수는 1,600부였으나 이후 발행 부수가 급증하였다. 보선, 개량, 건설 각 관련 희망자에게 1부당 20전에 배포하였다.

〈조선철도 전기〉 : 전기과 내에서 전기 연구 기관지로 1940년 1월부터 격월로 발행되었다. 연구 자료, 휘보, 교육, 수필, 잡기, 소속 소식 등의 내용이 실렸으며, 주로 전기 관련 하급 종업원의 교육 향상에 중점을 두었다. 권당 50페이지 내외로 전기구 및 기타 종업원에게 1부당 20전에 배포되었다.

〈학습〉 : 1935년 9월에 창간된 잡지로 청소년 사원의 정신 함양과 일반 학습 습득을 목적으로 교육조성회가 편찬, 간행하였다. 훈화, 독서, 작문, 문집, 지리, 상식, 산술, 대수, 기하학 등의 강좌가 설치되었으며, 작문, 습자 첨삭 등이 과제로 나왔다.

1년 단위로 매년 구독자를 모집하였으며, 국판 50페이지 내외 분량으로 달마다 2회 발행(1940년 5월 이후 1회 발행)하였는데 창간 당시 2,000부였던 발행 부수는 해마다 급증하였으며, 1부당 20전에 배포되었다.

제10절 교통도서관 및 박물관

종사원의 업무상 참고와 종사원 및 가족의 정신 수양 및 독서 장려 등을 위하여 1918년 7월 철도도서관이 경성철도학교의 소속기관으로서 개관하였다. 개관 당시의 명칭은 만철경성도서관이었다.

이미 철도청년회와 철도클럽에 도서실이 있었고 철도국과 철도국 직영 호텔 등에서도 도서실과 문고를 운영하였으나, 1917년 만주철도의 위탁경영이 시작되면서 철도학교와 함께 도서관 설립을 계획하였다. 1920년 7월, 건축면적 66평의 건물을 준공하고 '도서관 규칙, 열람규칙' 을 제정한 후 같은 달에 개관하였다.

개관 당시에는 장서도 약 7천권에 불과했고, 대부분 관내에서만 열람할 수 있었다. 그러나 점차 시설과 서비스를 확충하면서 관외 대출 이외에도 지방순회문고와 열차문고 등을 설치하여 전 노선의 철도국원 및 열차승객이 이용할 수 있도록 하였다.

또한 각 과에 비치된 도서 구입, 보관 및 신문, 잡지 취급 등도 담당하였으며, 같은 해 12월에는 용산구 철도클럽 도서관 자리에 아동 도서실을 신설하였다. 그러나 1928년에 아동 도서실은 폐지되었다.

1923년 6월 경성철도도서관 규정이 제정된 이후에는 철도학교에서 분리되어 철도국의 관리 하에 들어가게 되었고, 같은 달 설립된 재단법인 '경성철도학교 및 만철경성도서관 유지재단' 에서 경영비를 보조받았다.

직영으로 환원된 이후에는 '철도도서관' 으로 명칭을 바꾸고, 철도관련 도서를 중심으로 업무와 수양에 도움이 되는 도서를 수집하여 직원 및 가족이 열람할 수 있도록 하였으며, 여유가 있을 때에는 일반 열람도 허용하였다.

비약적으로 발전한 도서관

1927년 11월, 142㎡의 2층 벽돌 건물을 새로 건설하고, 1931년에는 서고로 사용할 415㎡의 3층 건물을 증축하였다. 그 결과 1940년 3월 말에는 건물 연면적 1,531㎡, 총 장서 수도 164,079권에 이르렀다. 1939년도의 개관 일수는 324일, 관내 및 대출을 모두 포함한 열람자 수는 약 183,300명, 열람 권수는 약 22만 권으로 마음의 양식을 쌓고자 하는 이들에게 널리 이용되었다.

사업 내용

주요 사업 내용은 다음과 같다.

관내 열람 : 철도국 직원 열람권 및 대우 열람권 소지자는 무료로 입장시켰다. 철도국 관계자가 아닌 20세 이상의 공민은 정오부터 유료 입관을 허용하였다.

관외 대출 : 도서 이용은 관외 대출에 비중을 두어 국원 열람권, 대우 열람권 및 특별 대출열람권 소지자 및 연선에 주재하는 철도국 직원에게는 수시로 도서 및 전문 잡지의 관외 대출을 허용하였다. 관외 대출은 다음의 3종류였다.

(1) 국용 대출 : 철도국 직원의 관외 대출도서 중 업무상 참고, 교육 및 건강증진에 관한 도서, 또는 도서관에서 필요하다고 인정한 도서는 적절한 기간 및 권수를 무료로 대출하였다.

(2) 적극 대출 : 업무관련 도서 및 기타 신간이 도착할 때마다, 대출 요청을 기다리지 않고 이를 적극적으로 철도국 내 관련 부서에 대출하였다.

(3) 상기 이외의 도서는 유료 관외 대출을 인정하였다.

순회문고 : 주로 현장에서 일하는 지방 근무 직원을 위하여 1천여 곳을 선정하고, 이를 400여 곳의 순회구로 구분하여 각 구마다 30권 내외의 통속 도서 및 교육 도서를 구비한 순회문고를 2개월마다 반복 회송했다.

교양문고 : 주요 현장마다 약 30권의 특수 전문서 또는 교육 도서만을 갖춘 문고를 수시로 회송하였다.

열차문고 : 부산~베이징, 부산~경성, 부산~하얼빈 및 경성~무단장 구간

의 직통 여객열차에 문고를 설치하고 승객에게 무료열람 서비스를 제공하였다. 이 밖에도 전망차를 연결한 열차의 경우 통속 도서 약 40권, 통속 잡지 십여 종, 조선 · 만주 · 중국의 여행안내용 소책자 등을 비치한 문고 선반을 설치하고 열람 서비스를 제공하였다.

호텔문고 : 철도국 직영이었던 부산철도호텔, 조선호텔, 평양철도호텔 및 신의주철도호텔에 통속 도서 약 30권, 통속 잡지, 조선 · 만주 · 중국 여행안내용 소책자 등을 비치한 문고를 설치하고 투숙객에게 무료로 열람할 수 있도록 하였다.

1943년도의 도서관 도서 열람자 수 및 장서 수는 다음 표와 같다.

도서관 성적표(1943년도)

(단위 : 명, 권)

<table>
<tr><th colspan="4">성적 종별</th><th>1943년도</th><th>전년 대비 증감</th><th>1943년도 1일 평균</th><th colspan="4">성적 종별</th><th>1943년도</th><th>전년 대비 증감</th><th>개관 이래 누적</th></tr>
<tr><td rowspan="14">열람 성적</td><td rowspan="7">열람 인원</td><td colspan="2">관내</td><td>48,221</td><td>11,487</td><td>142,5</td><td rowspan="16">장서 성적</td><td rowspan="16">도서</td><td rowspan="4">수입</td><td>도서관용</td><td>12,108</td><td>△ 164</td><td>201,900</td></tr>
<tr><td colspan="2">관외</td><td>43,647</td><td>△ 7,575</td><td>130,1</td><td>문고용</td><td>8,446</td><td>△ 2,240</td><td>88,195</td></tr>
<tr><td rowspan="4">문고</td><td>순회</td><td>43,707</td><td>1,017</td><td>119,4</td><td>각지역전용</td><td>771</td><td>249</td><td>31,551</td></tr>
<tr><td>교육</td><td>2,888</td><td>△ 349</td><td>7,8</td><td>합계</td><td>21,325</td><td>△ 2,155</td><td>321,646</td></tr>
<tr><td>열차</td><td>38,181</td><td>5,259</td><td>104,3</td><td rowspan="4">대출</td><td>도서관용</td><td>1,192</td><td>△ 7,098</td><td>30,822</td></tr>
<tr><td>호텔</td><td>1,450</td><td>△ 619</td><td>4,0</td><td>문고용</td><td>2,306</td><td>△ 5,191</td><td>44,190</td></tr>
<tr><td colspan="2">합계</td><td>178,094</td><td>△ 13,754</td><td>508,1</td><td>각지역전용</td><td>104</td><td>△ 664</td><td>21,204</td></tr>
<tr><td rowspan="7">열람 권수</td><td colspan="2">관내</td><td>46,380</td><td>3,691</td><td>142,1</td><td>합계</td><td>3,602</td><td>△ 12,953</td><td>96,216</td></tr>
<tr><td colspan="2">관외</td><td>97,760</td><td>△ 10,420</td><td>300,8</td><td rowspan="4">차인수</td><td>도서관용</td><td></td><td></td><td>171,078</td></tr>
<tr><td rowspan="4">문고</td><td>순회</td><td>70,664</td><td>8,221</td><td>193,1</td><td>문고용</td><td></td><td></td><td>44,005</td></tr>
<tr><td>교육</td><td>3,607</td><td>△ 844</td><td>9,9</td><td>각지역전용</td><td></td><td></td><td>10,347</td></tr>
<tr><td>열차</td><td>40,050</td><td>4,747</td><td>109,4</td><td>합계</td><td></td><td></td><td>225,430</td></tr>
<tr><td>호텔</td><td>1,599</td><td>△ 942</td><td>4,4</td><td rowspan="4">잡지 · 신문</td><td rowspan="2">도서관용</td><td rowspan="2">387</td><td rowspan="2">△ 94</td><td rowspan="2"></td></tr>
<tr><td colspan="2">합계</td><td>260,060</td><td>4,444</td><td>759,1</td></tr>
<tr><td colspan="4" rowspan="2">열람요금</td><td rowspan="2">260.060(엔)</td><td rowspan="2">194.06(엔)</td><td rowspan="2">10.06(엔)</td><td>각구역전용</td><td>1,936</td><td>△ 8</td><td></td></tr>
<tr><td>합계</td><td>2,323</td><td>△ 102</td><td></td></tr>
</table>

철도박물관

1935년 직영 10주년 기념사업으로 종사원양성소 건물의 일부를 이용하여 철도박물관이 설치되었다. 조선철도 창설 이래 각 지역에 흩어져 있던 각종 기념 집기, 차량, 사진, 서한, 모형 등을 수집하여 시대별 업무 변천에 관한 실물 교육의 참고 자료로 이용하도록 하였다.

주요 내용은 다음과 같다.

(1) 다이쇼 천황 황태자가 조선 방문 당시 찍었던 기념사진 및 사용했던 의자

(2) 대한제국시대의 귀빈차(대한제국 황제 및 이토 히로부미 통감 등이 이용)

(3) 역대 철도국장의 필적

(4) 시대별 전화기 모형

(5) 텐휠형 기관차 종단 모형

(6) 통표폐색식(tablet block system)

(7) 교량 축조 순서 모형

(8) 경인철도 당시~현재까지의 역사와 연혁을 나타내는 약 700점의 자료

제12장
종사원의 등용시험, 성적 심사 및 기술 향상 시설

종사원을 대상으로 한 등용시험제도, 업무 능률을 높이기 위한 성적 심사, 철도 기술 향상을 목적으로 한 각종 경진대회 등이 업무 수행에 긍정적으로 작용한다고 판단하고, 각 계통별로 해마다 실시하였다. 그 개요는 다음과 같다.

서무과 관계

서무과가 주관하는 시험제도로는 고용원 시험과 일본 철도성 교습소의 입소생 선발시험이 있었다.

고용원 시험 : 고용원 시험제도는 급사 및 기타 청소년 하급 종사원에게는 유일한 등용문이었으며, 합격자는 고용원 임용 자격을 부여받았다. 제1회 시험은 1912년 6월 총독부 철도국 시절에 실시되었으며, 이후 매년 1회 시행되었다.

시행 초기 수험 자격엔 별다른 제한이 없었으나 1929년부터 근무연수 2년 이상, 1935년부터는 3년 이상의 근무자로 제한하였다.

수험자 수는 매년 증가하였으며, 특히 1931년경부터 급증하였다. 고용원 시험 합격자들은 일반 현장에서 우수한 근무 성적을 올리는 등 중견 종사원으로서의 장래가 촉망되었다.

위탁생 선발시험 : 일반 종사원의 면학을 장려하고 승진 기회를 제공하도

록 2년 이상 근무한 직원을 대상으로 일본 국유철도의 도쿄철도교습소 위탁생 선발시험을 실시하였다. 1909년 9월 이후 철도국이 비용을 부담하여 매년 1~3명 정도를 입소시켰다. 이 교습소는 업무과, 기계과, 토목과, 전기과로 나뉘었는데, 철도국의 위탁생은 주로 업무과와 운전과에 파견되었으며, 입소 성적이 우수하여 졸업 후 저마다 요직에 근무하였다.

영업과 관련

창립 당시에는 일본 철도성 작업국에서 역장 또는 조역이었던 자나 차장 가운데에서 역과 열차구의 조역을 선발하였다. 그러나 점차 업무 전반에서 경험을 쌓은 직원 중에서 추천을 통하여 조역을 선발하게 되었다.

역장, 조역 임용시험 : 1921년 9월 역장과 조역의 임용내규를 정하고, 이 가운데 조역에 대한 시험제도를 실시하였다. 1927년 3월에는 임용내규를 개정하고 열차구장 및 열차구 조역의 임용에도 적용하였다.

그러나 이러한 내규로는 매년 증가하는 현업 업무 변화에 대응하기 어려웠다. 이에 1923년 4월 기존의 내규를 폐지하고, 이에 대해 운수업무에 6년 이상 종사했을 경우 차장의 경험이 없더라도 역 및 열차구 조역의 임용시험을 칠 수 있는 자격을 주어 다양한 인재를 선발할 수 있도록 하였다.

이후 새로운 노선과 역 건설, 열차 노선 증가 등으로 인하여 업무가 전면 확장되면서 많은 조역급 직원이 필요해지자 시험등용만으로는 이를 충족시키기 어려워졌다. 이에 1925년 9월 이후 철도종사원양성소에 단기 강습부 조역 양성과를 신설하여 수요를 충족시켰다.

차장 등용 : 차장 또한 조역과 마찬가지로 창설 당시에는 일본 철도성 작업국에서 파견된 차장 경험자를 채용하였으나, 이후에는 여객과 화물 등 제반 업무 경험이 있는 성적우수자 가운데 추천을 통하여 선발하였다.

차장은 향후 조역으로 승진할 수 있기 때문에 채용에 신중을 기하였다. 1921년 9월 역장 및 조역 임용내규와 함께 차장 및 차장 보조 채용내규를 정하였으며, 6개월 이상 운수업무에 종사한 자 중에서 차장 보조를 선발하였다.

그 후에는 3개월 이상 근무한 자를 대상으로 차장시험을 실시하여 채용하였다.

1920년 4월 차장 및 차장 보조 채용내규를 폐지하는 대신 기존 내용보다 다소 엄격한 기준을 세워 차장 채용규정을 제정하는 한편, 역 종사원 중에서 여러 우수한 인재들을 채용할 수 있는 토대를 마련하였다.

그러나 그 후 업무가 급증하면서 차장 채용규정만으로는 인사 운용에 어려움이 예상되자, 중등학교 이상의 졸업자를 곧바로 열차구에 배치하고 일정 기간 교육을 실시한 후 차장으로 채용시켰다. 또한 차장 보조제도를 다시 채택하고, 1925년 10월에 차장 및 차장 보조 채용규정을 제정하였다.

일반 영업계 직원 양성 : 조선철도 창립 당시부터 기타 영업계의 일반 종사원 양성에 특별히 신경을 썼다. 1905년 3월 인천에 설치된 철도직원양성소 등이 그 좋은 예라 할 수 있다.

양성소에 역무 강습과를 개설하고 교육 방침에 관하여 역과 구장 등에 자문을 구하여 가장 현실에 적합한 방법을 실시함으로써 직원들의 자질 향상을 도모하였다. 교육 방침에 있어 가장 중점을 둔 부분은 소수 직원의 질적 향상이었다.

중일전쟁 이후 선로 개량, 신선 개통, 열차 운행 횟수 증가, 정거장 증설 등 각종 업무가 급증한데다 여객 및 화물 수송 또한 비약적으로 증가하였기 때문에 이에 대응하기 위한 새로운 방안이 요구되었다. 특히 1940년도에는 영업계에서만 약 3,000명의 증원이 필요해지면서 무엇보다 신규 채용자에 대한 교육이 시급해졌다. 이를 위하여 주요 역에 교육실과 기숙사를 설치하고 각각 전임 조역을 배치하여 직원들을 대상으로 약 3개월간 철도 제반 과목을 가르치는 속성 교육 강습회를 열었다.

운전과 관련

1904~1905년 무렵에 군용철도 운행이 시급해지면서 일본의 여러 철도에

서 전입한 기관차 승무원이 야전 철도식 운행을 실시하였다. 그 후 운전 종사원 양성 필요성이 점차 높아지면서 임시군용철도감부는 인천에 철도직원 양성소를 개설하고 운전 기술원을 양성하였다. 그러나 설비 등의 문제로 인하여 실질적인 교육에 어려움이 발생하자 이를 폐지하고 종사원을 대상으로 선발시험을 실시하여 선발하게 되었다. 이것이 기관차 승무원 등용시험의 시초였다. 1909년 12월 철도원 소관 당시 최초로 판임 기관사 시험을 시행하였다. 1910년 11월에 설치된 철도국 종사원양성소 운전과는 기관사 양성이 목적이었기 때문에 화부(고용원) 중에서 시험에 합격한 자들을 입소시켰는데 이들 모두 우수한 성적을 거두었다.

1919년 경성철도학교에 운전과가 개설되자 현장에서도 기관사 양성에 주력하게 되었다. 각 기관고마다 지도기관사를 지정하고 기관사 교습내규를 정하여 양성에 적극 힘썼다. 1923년 8월에는 경성에서 약 2개월간의 기관사 강습을 실시하였다.

한편 검차구 종사원의 자질 향상을 위하여 1922년 7월 하절기 비수기를 이용하여 약 1개월간 검차 강습을 개최하였는데, 이러한 강습은 훗날 각종 조직적 강습의 기초가 되었다.

경진대회 : 1924년에는 승무원과 검차 종사원의 기량 향상을 위하여 제11회 기관차 점검 경진대회와 객화차 검수 경진대회를 용산에서 개최하였으며, 기술 향상을 목표로 각종 개인상, 조합상 등을 수여하였다.

1929년 10월에는 검차구 운전성적 우량상 수여규정을 제정하고, 전선의 검차구, 주재소를 3계급으로 구분하여 각 계급마다 운행 사고에 따른 책임 점수를 심사하여 책임 점수가 적은 구역에 우량상을 수여하였다. 1921년 5월에는 이러한 3계급제도를 폐지하고 검차구로 단일화하여 심사 범위를 확대하였다.

또한 1923년 12월에는 표창을 금, 은, 동 3종류로 구분하고, 검차구의 책임에 해당하는 사고나 고장이 없는 검차구의 환산 차량수가 3,000량일 경우 동상, 5,000량일 경우 은상, 10,000량일 경우 금상을 수여하였다.

우량 기관구 표창 : 또한 1924년 6월에는 운행사고를 방지할 수 있도록 각 기관구를 조사 단위로 하는 '사고성적 우량 기관구 조사 임시규정'을 제정하고 우량 기관구를 표창하도록 정하였다. 1929년 7월에는 '기관구 운전성적 우량상 수여규정'을 개정하고 일정기간 성적이 우수했던 기관구를 표창하도록 하였다. 그 결과 업무에 긴장감을 불어넣고 기관구의 성적 경쟁을 이끌어내는 등 큰 효과를 거두었다.

그리고 운행 사고의 원인 규명이 점차 복잡해지면서 합리적인 조사가 필요해지자 1921년 5월 말, 규정 이외에도 일정 수준 이상의 무사고 주행 기록을 달성했을 경우 이를 표창하도록 정하였다.

우량 기관구를 표창할 때 기존의 실적만을 기준으로 삼는 것보다 주행거리로 환산하는 것이 합리적이라고 판단하여 1923년 7월부터 우량상 수여규정을 폐지하고 기관차 주행거리를 기준으로 삼았다. 제정 당시에는 무사고 50만km 달성도 상당히 어려웠지만, 점차 우수한 성적을 거두면서 150만km나 200만km를 달성한 기관구가 증가했기 때문에 표창의 최고 목표를 400만km로 하였다.

기관조수 양성 : 기관조수 양성의 경우 각 현장에 일임했던 기존 방식에 비하여 보다 종합적인 교육이 필요하다고 인정되면서, 1926년 5월부터 약 6개월간 경성철도학교에서 제1회 기관사 강습을 실시하고, 수료자는 고용원으로 승격할 수 있는 길을 열어주었다. 기관사 강습이 운전 종사원의 등용문 역할을 하면서 개인의 성실성을 촉구하고 기관조수의 기량 소질 향상에도 큰 효과를 거두자 이후로도 매년 지속적으로 실시하였다.

또한 각 기관구에 모형 화실을 설치하여 투탄 기술을 연습시켰다. 1926년 8월 용산기관구에서 제1회 전 노선 투탄 경진대회를 열어 기량 촉진을 도모하였으며, 이후 운전 경진대회로 수시로 실시되었다.

석탄 절약 장려 : 1929년 이후 '운전용 석탄 절약 장려내규'를 제정하고 성적이 우수한 기관구에 상금을 수여하면서 석탄 소비 절약 효과를 거두었

다. 각 기관구의 담당 구간 열차별, 기관차의 종류별 주행 1km당 평균 소비량을 기준으로 성적을 판정하였는데, 그 결과 전면적인 기량 향상과 석탄소비 절약이라는 효과를 낳았다.

이 장려규정 실시 이후 매년 2%의 절약을 목표로 연간 3,000엔의 절약장려금을 각 우량 기관구에 수여하였다.

고내수(庫內手), 고내 기공수 양성 : 1931년 만주사변이 발발하자 열차 수송량이 급증하면서 운전 종사원의 신속한 보충이 요구되었다. 이에 기존의 등용 자격 연한을 단축하는 한편, 현장 실무 지도를 촉진시키는 등 다양한 대책이 강구되었다. 이후에도 신선 연장과 수송량 증가 등으로 인하여 종사원의 교육 강화가 날로 절실해지자, 1922년 9월 '승무원 지도규정'을 제정하고 각 기관구에 전임 지도기관사를 배치하여 실무 지도를 강화하였다. 또한 이듬해인 1923년 4월에는 '고내수 작업지침'을 작성하여 승무원의 기초 교육 향상에 힘썼다. 특히 고내 기공수의 보충에 어려움을 겪으면서 이를 자체적으로 해결하도록 1937년 4월 이후 2년이라는 기간을 정하여 경성공장에 약 25명의 견습기공을 위탁 양성하였다. 또한 1939년부터는 각 기관구마다 2년 동안 약 70명의 견습기공을 교육, 양성하는 등 종사원 보충을 위하여 많은 노력을 기울였다.

교육자료 : 이전에는 운전 종사원에 대한 교육자료가 불충분하여 교육에 불편한 점이 많았으나, 1919년 이후 철도국의 운전관련 간부가 이를 통합 정리하여 편찬하였다. 다음은 등사인쇄하거나 단행본으로 간행한 자료이다.

연도	자료명	필자
1919년	운전 기술에 관한 해설 및 기타 교육자료	차량장 佐藤三郎
1927년	운전 취급요령 상세 해설	열차계 宮川演彦
1932년	경유동차	차량계 芥田富太
〃	조선철도 기관차의 공기 제동기 상세 해설	차량계 齊木鹿次郎
1939년	조선 · 만주의 기관차	차량계 福崎榮藏

보선과 관련

보선관련 종사원의 업무는 현장의 선로 보수를 중심으로 하였기 때문에, 실제 업무 경험이 많으며 작업에 숙련된 선로수장이 선로수 교육을 담당하였다. 또한 선로수장 교육은 보선구장, 또는 보선조역이 주로 담당하였다.

그러나 업무가 날로 복잡해지자 조직적이며 통제된 교육이 필요해졌다. 이에 1927년 4월 '선로수장 및 기타 교육규정'이 제정되고 매월 1~2회의 교육이 실시되었다.

보선구 조역 등용 : 보선구 조역은 고학력자 중에서 선발하였으며, 보선 업무에 다년간 종사한 선로수장이나 현장 경험자 가운데 성품과 기량이 모두 뛰어난 자를 일부 선택하기도 하였다. 1932년 이후 시험제도로 전환되었으나, 1934년에 제2회 시험을 실시한 후 중단되었다. 그러나 기술자 채용이 어려워지자 이러한 사태를 완화할 수 있도록 1838년 1월 이후 다시 실행되었다.

보선구 조역의 수험 자격은 3년 이상 선로수장의 직에 있었던 자로 성적이 우수한 자, 또는 보선과 강습을 모두 수료한 자로 하였다.

제1회와 제2회는 수험자가 적었기 때문에 철도국에서 시험이 시행되었으나, 1938년 이후부터는 수험자가 증가하여 각 철도사무소에서 실시되었다.

선로수장, 선로수 교육 : 선로수장과 선로수의 자질 향상을 위하여 1936년도부터 종사원 양성소에 보선과 강습제도를 마련하였다. 이 강습은 전에도 여러 차례 시행되었으나 약 1개월 동안의 단기 강습이었기 때문에 큰 효과를 보지 못하고 중단되기도 하였다.

이후 강습의 부활에 앞서 강습 및 입소 자격을 선로수장 또는 5년 이상 선로수의 실무에 종사한 자로 하고, 강습 수료자에게는 조역시험 수험 자격을 부여하였다.

경진대회 : 보선작업 경진대회는 1930년도 이후부터 실시되었다. 같은 해 경성철도사무소 소관의 구장 및 주임 회의에서 보선작업의 능률 증진과 기술 향상을 위해서는 각종 경진대회를 개최하는 것이 가장 효과적이라는 제의가

가결된 것이 발단이 되었다.

당시에는 우선 조선인 선로수 교육의 일환으로 각 보선구에서 매월 한 차례 경진대회를 개최하였고, 이후 각지에서 실행되었다. 그러나 단순히 개인적 기술만을 겨룰 것이 아니라 작업 전반의 질적 향상을 꾀할 수 있도록 사무소에서 각 보선구의 대표를 모아 각종 경진대회를 개최할 필요가 생겼다. 1934년에 이 경기 시행안이 결정되었고, 이후 각 철도사무소에서 실시되었다.

각 보선구마다 일본인과 조선인 선로수를 선출하였으며, 경기 항목은,

침목 철선 감기작업
레일 및 이음매판 하자 발견
토양 매립작업
트롤리 취급작업
레일 및 침목 부설작업
침목 운반작업

등으로, 경기 항목을 1차 세부항목과 2차 세부항목으로 나눈 후 실제 경기를 정밀하게 계측한 계수와 완성도를 평가하여 감점이 적은 보선구에 상장과 상품을 수여하였다.

이 제도를 실시한 결과 각 보선구와 선로반의 보선작업 능률이 향상되는 등 업무 향상에 큰 도움을 주었다.

궤도 성적 조사 : 1915년 11월에 '궤도 성적 조사규정'이 제도화되었다. 보선 작업의 향상 및 개선을 위하여 매년 전 노선 보선구의 선로 보수 상태를 심사하여 성적이 우수한 자를 다음 종별에 따라 표창하도록 규정하였다.

우수 보선구 - 포상, 표창장 및 상금
우수 선로반 - 표창장, 표창패 및 상금
가작 선로반 - 표차장, 표창패 및 상금

처음에는 철도국 공무과장 이하 관계 계원 및 소관 철도사무소 관계 계원이 현장을 순회하면서 성적을 채점하였으나, 1920년부터는 공무사무소장에

게 이를 위임하고, 매년 1회(추계) 소관 보선구의 선로 성적을 조사하고, 그 성적에 따라 우열을 정하도록 개정되었다.

그 후 규정 내용이 여러 번 개정되었으나 중요한 내용은 변하지 않았다.

제13장
종사원의 사기 진작에 관한 사항

제1절 서론

조선철도는 수차례 언급한 바와 같이 일본의 국책 수행에 있어 매우 중요한 역할을 하였으나, 업무 환경은 일본 국내에 비하여 열악한 상황이었다. 이를 극복하기 위해서는 각 방면별로 특별한 배려가 필요하였다. 즉, 종사원들의 사기를 진작시킴으로써 국적에 관계없이 전 사원이 일치단결할 수 있는 원동력을 유지하는 것이 중요하였다.

당시 철도의 업무 환경은 높은 사명감과 개척정신 없이는 임무를 수행할 수 없을 만큼 어려움이 많았다.

따라서 철도 전 분야에 걸쳐 종사원의 사기를 진작시키고 조선철도에 대한 자긍심을 심어주는 것이 무엇보다 중요하였다. 그 시책의 개요는 다음과 같다.

제2절 표창

역, 구 등의 단체 표창 이외에도 업무성적과 장기근속에 대한 개인 종사원에게 표창을 수여하였다. 업무성적 표창의 경우 통감부시대부터 기술상의 고장을 발견하거나 특수한 선행을 하였을 때 상금을 수여하여 다른 종사원의 모범이 되도록 하였으나, 1931년 10월 총독부 훈령 제41호에 의해 '철도국 직원표창규정' 이 제정되었다.

그 요점은,

(1) 25년 이상 근속하고, 성적 품행 모두 우수하여 일반 직원의 모범이 되는 자

(2) 업무에 관한 사고 또는 재해 방호 구제에 공로가 있는 자

(3) 업무상 유익한 개량, 발명 또는 발견을 한 자

(4) 전 각호 외에 직무에 관한 공로 또는 특별한 기여를 한 자

에 대해 표창장 및 상금 또는 공로패(공로패는 장기근속자에 한함)를 수여하였다.

이 규정 제2호 및 제3호에 의한 표창자는 매년 10명 내외였다.

최초의 장기근속 표창은, 1914년 경원선과 호남선 완공에 이어 함경선의 일부인 원산~문천 구간의 선로가 준공되자 1915년 11월 철도 1,000마일기념 축하식을 거행하고 기념사업의 일환으로 35년 이상 근속한 공무과장 나가오카무라 하쓰노스케(長岡村初之助)를 비롯한 25년 이상의 장기근속자 15명에게 야마가타 정무총감이 용산 철도클럽에서 표창장을 수여한 것이었다.

그 후 1930년 11월, 철도학교 대강당에서 사이토 총독 참석 하에 25년 이상 근속한 오무라 국장 이하 직원 277명에 대해 제1회 장기근속자 표창식이 거행되었다. 또한 해마다 같은 날에 장기근속자에 대한 정기 표창을 실시하도록 결정하고 표창장, 공로패 및 상금 50엔을 수여하였다.

조혼제

1915년 조선철도연장 1,000마일기념사업의 일환으로 용산 철도관사의 동쪽 용지에 조혼비를 세우고, 1921년 4일 조선철도 창업 이래 직무로 순직한

600여 명의 순직자를 위한 조혼제를 올렸다.

마침 용산 통감 관저에 머물고 있던 일본의 황족 간인노미야(閑院宮)가 시라이 육군 소장을 시켜 폐백료(헌금)를 하사했으며, 조혼제는 데라우치 총독, 야마가타 정무총감, 야마네 육군 중장, 후루이치 고이, 노무라 류타로(野村龍太郎) 및 기타 유명인사와 여러 유족 그리고 철도국 및 지방 종사원 총대 등이 참석한 가운데 오야 장관의 주재 하에 엄숙하게 진행되었다.

조혼비 건립 당시, 철도국에서 최초로 6륜 보기 50톤 차가 제작되었기 때문에 화강암 산지인 추풍령에서 석재를 운반하여 비석을 만들었다.

조혼제 합사자는 조선철도 재직 중 사망한 자의 사망일 및 관직, 성명을 동판에 새겨 간직하였다.

조혼비의 비문은 데라우치 총독이 쓴 것으로 동판에 새겨진 비문은 다음(오른쪽)과 같다.

碑　文

朝鮮鉄道以京仁線為嚆矢既
而有京釜鉄道敷設之挙当此
時日露国交将危殆我政府乃
使補助工費速成之未幾干戈
果動餉道輸要急政府更使陸
軍速成京義馬山両鉄衜並事
者以脊継晷兵馬倥偬之間三
線皆成平和克復後諸線帰国
有及経統監府移于総督府管
理改修既設線路架設鴨緑江
閘橋以聯絡欧亜大陸入国際
鉄道之班完成平南湖南京元
三線路更進起工咸鏡線此間
奉公殉職之士甚多匪躬之節
奚諫百戦武功即卜鉄衜一千
哩完成之佳辰追弔厥英魂建
碑長記同道之恩

大正四年十月

朝鮮総督府鉄道局長官

工学博士　大屋権平撰書

철도국 기념일 제정

1937년 이후 정세가 긴박하게 돌아가자 철도의 사명은 더욱 막중해졌고, 종사원들 또한 1초도 쉴 수 없는 상황이 되면서 종사원의 사기 진작이 무엇보다 중요해졌다. 이러한 상황에 대응하기 위하여 다양한 시책이 강구되었는데, 철도국 기념일 제정도 그 가운데 하나였다. 조선철도 창설의 의의를 밝히고 사명의 달성에 이바지할 수 있도록 1899년 9월 18일 경인철도회사가 인천~노량진 구간에 한국 최초로 철도를 운영하기 시작한 9월 18일을 철도국 기념일로 정하였다. 이날 경성에서는 철도국 및 철도, 건설, 개량 각 사무소의 전 직원, 공장 · 역 · 구 · 호텔 · 식당 등의 대표들이 모여 조선신궁(일제 강점기에 서울 남산에 세운 신사)을 참배하였다. 지방에서도 철도, 건설, 개량 각 사무소, 공장, 역, 구마다 각 소재지의 신사를 참배하고 각종 행사를 개최하였다.

철도국 국기(局旗) 제정

조선철도를 상징하고, 철도 정신의 고양과 종사원의 단결 강화에 도움이 되도록 1937년 9월에 철도국 국기가 제정되었다.

철도국 국기는 제1종부터 제3종까지 있었으며, 철도국은 물론이고 조선 전역에 위치한 철도 시설에 빠짐없이 걸렸다. 철도국 국기의 제정은 종사원들의 사기 진작과 단결 강화, 사명감 고취에 큰 도움이 되었다.

철도국 국가(局歌) 제정

1935년 직영 10주년 기념사업의 일환으로 일반인을 대상으로 철도국 국가의 가사를 모집하여, 총 1,037편의 응모작 가운데 1편을 선정하였다. 선정 기준은 가사의 기교보다 조선 국유철도 종사원의 사명감과 긍지, 철도 사랑 정신의 함양, 단체정신 고양 등에 중점을 두었다. 응모작 가운데 눈에 띄게 좋은 작품은 없었으나, 신중한 심사 끝에 당시 서무과에 근무하던 사토 사카에다(佐藤榮枝)의 작품을 최우수작으로 선정하고 수정 작업을 거쳤다. 도쿄 음악학교에 작곡을 의뢰하여, 1936년 3월 철도국 국가가 다음과 같이 제정되었다. 철도국 국가는 이후 철도국의 공식 행사 및 종사원의 공사(公私) 회합시 불리며 사기 진작에 크게 기여하였다.

〈조선총독부 철도국 국가〉

1. 넓은 맑은 하늘 아래 계림의

산야를 달리는 우리 철도.
조국의 힘이 아시아로 뻗친다.
사명감을 느낀다. 우리들의 조선철도.

2. 대지에 충만한 팔도의
자원을 개척하는 우리 철도.
문화의 혜택을 전 국토에 나눠준다.
사명감을 느낀다. 우리들의 조선철도.

3. 태양이 비치는 동해의
금강산은 우리들의 의욕이다.
단결의 깃발 드높여라.
사명감을 느낀다. 우리들의 조선철도.

4. 영원히 빛나는 황국의
초석이 되는 것은 우리 철도.
천황의 위광이 세계를 비추네.
사명감을 느낀다. 우리들의 조선철도.

제3절 철도국의 문장 및 부속 문장의 변천

조선철도를 상징하는 철도국의 문장을 1900년 경인철도시대부터 총독부에 직영으로 환원될 때까지 연대순으로 간단하게 기술하면 다음과 같다.

1. 경인철도시대 : 원 안에 의장화한 '경(京)' 자를 놓고, 그 주위를 의장화한 세 개의 '인(仁)' 자로 둘러쌌다. 이 문장은 1900년 5월부터 경부철도와

합병되던 1903년 11월까지 사용되었다. 당시 현업원의 모자 앞에는 '역장', '차장' 등의 직명을 그대로 부착하였는데, 제복 단추에도 같은 문장이 사용되었다.

2. 경부철도시대 : 의장화한 '경(京)' 자가 중심에 위치하고, 위와 마찬가지로 이를 '부(釜)' 자가 둘러쌌다. 경인철도와 마찬가지로 현업원의 모자 앞에 직명을 부착했으며, 제복 단추에도 같은 문장이 사용되었다. 이들 문장은 1901년 6월부터 1906년 6월 통감부시대에 이르기까지 사용되었다.

3. 임시군용철도감부시대 : 세 개의 산이 이어진 육군 문장의 가운데에 공(工)이라는 글자를 겹쳐놓았다. 편승을 실시했던 당시 현업원의 모자 문장은 경부철도와 동일하였다. 또한 제복 단추는 육군과 동일하였으며, 금장(襟章)은 없었다. 이 문장은 1904년 2월부터 1906년 8월까지 사용되었다.

4. 통감부 철도관리국시대 : 경부선 및 군용철도가 통일되고 통감부시대에 들어오면서 중앙에 놓인 '공(工)' 자를 의장화한 '통(統)' 자가 둘러싼 형태의 문장을 사용하였다. 현업원의 모자와 금장에는 황동 글자를 새겼고, 제복 단추는 철도국 문장과 동일하였다. 이 문장은 1906년 7월부터 1909년 12월까지 이용되었다.

5. 철도원 한국철도관리국시대 : 철도원과 마찬가지로 기관차 동륜을 문장으로 하였으며, 현업원의 모자와 단추에는 동일한 문장을 벚꽃 가지가 좌우에서 둘러싼 형태를 넣었다. 금장에는 황동 글자로 직명을 표시하였다.

6. 조선총독부 철도국(전기시대) : 철도국의 문장은 통감부시대와 동일하였으나, 모자의 앞부분에는 욱일 심벌마크, 제복 단추에는 원형의 동백꽃과 꽃잎을 이용한 총독부 문장, 금장에는 황동 문자가 들어갔다. 이 문장은 1910년 10월부터 1917년 7월까지 사용되었다.

7. 만철 위탁경영시대 : 철도국 문장, 모자의 문장 모두 궤도의 단면을 가운데에 표시하고 'M' 자를 의장화해 이를 둘러싼 만철장이 1925년 3월 말까지 이용되었다.

8. 조선총독부 철도국 : 총독부 직영 환원 당시의 문장은 'I' 자를 중심으로 도안화한 'C' 와 'G' 가 좌우에서 둘러싼 형태였다. 제복 앞 문장은 동백꽃과 잎으로 된 총독부 문장의 윗부분 중앙에 철도국 문장을 붙였다. 제복 단추는 철도국의 문장과 동일하였으며, 금장은 없었다. 1935년 5월에 역명이나 푯말 등에서 외국어 표기를 폐지하자는 국수주의적 분위기가 조성되면서 철도국 문장도 개정해야 한다는 의견이 나왔다. 철도국 내부에서 도안을 모집하여 응모자의 의견을 통합한 결과 간단하면서도 철도를 가장 단적으로 상징하는 'I' 를 중심으로 도안화한 'I' 가 좌우에서 둘러싸는 형태의 문장이 제정되었다. 이 문장은 종전 때까지 그대로 유지되었다.

금장은 갑종(의식용)과 을종(평상용)이 있었는데, 갑종 금장은 공식 행사에 이용되었다. 을종 금장은 동백꽃과 잎으로 된 총독부 문장을 중심으로 도안화한 'I' 자가 그 주위를 감싸는 형태였으며, 5가지 색으로 구별하였다. 금속 칠보로 만들어진 금장 가운데 검은 바탕에 금색 문장이 들어간 것은 국장 및 철도사무소장, 백색 바탕은 서무계(서무, 조사, 감독, 경리계), 갈색 바탕은 영업계, 진한 녹색 바탕은 운전 · 공작계, 군청색 바탕은 공무계(건설 · 전기계 포함) 종사원임을 나타냈다.

갑종 금장은 칙령 제139호로 제정되었으며, 이와 함께 철도국 직원 및 대우직원 복무규칙(총독부 훈령18호)이 제정되어 현업에 종사하는 자가 아닌 직원 및 대우직원(즉, 철도국원 및 기타 제복을 지급받지 못하는 종사원)도 현업 직원과 동일한 제복을 착용할 수 있게 되었다.

이 제도가 실시된 이후 국장을 비롯한 대부분의 직원이 제복을 착용하게 되면서 양복을 착용하던 이전과는 달리 철도 종사원이라는 신분이 확연하게 드러나게 되었다. 그 결과 일상적인 태도와 동작에서도 철도 종사원다운 모습이 자연스럽게 나타나면서 사기 진작에도 긍정적인 효과를 가져왔다.

또한 1937년 6월에는 국장 통달에 의하여 여직원의 제복이 제정되어, 지금까지 제복을 지급받지 못했던 여자 현업원(개찰, 전화수 등)도 동일한 제복을 착용하게 되었다.

철도국 문장 및 부속 문장에 대한 대략적인 설명은 이것으로 마치겠다. 경영 주체의 변천에 따라 조선철도를 상징하는 문장도 각각의 시대적 상황과 다양한 이유에 따라 모습을 달리하였다. 그러나 가장 중요한 것은 이것이 철도 종사원들의 자긍심 고취와 사기 진작에 큰 도움을 주었다는 사실이다.

제14장
종사원의 복지 시설

제1절 서론

운전, 보선, 건설, 공장 등 철도의 현장 업무는 관영사업 가운데 위험률이 가장 높았으며, 가혹한 노동 조건 탓에 해마다 직무로 인한 다양한 질병이 발생하였다. 당시에는 위생 관념 또한 희박하여 어려움이 많았다. 따라서 사업을 운영하는 데 종사원의 건강 유지 및 재해시의 구제 조치 등에 각별한 배려가 필요하였다.

복지 시설의 내용은 크게,

(1) 공제조합 및 그 부대사업

(2) 보건 위생상의 시설

(3) 오락 및 운동 등에 관한 것

등이 있었다. 대략적인 내용은 다음과 같다.

제2절 공제조합의 변천과 부대사업

철도국 직원공제조합(직영 환원 이전)

통감부 소관 이전에는 특별한 조직적 제도 없이 직원 상해 수당, 직공 인부 부조회 등이 운영되는 정도였다. 적용 대상 또한 용인에 국한되었고, 고용원 이상의 직급은 해당되지 않는데다가 지급액도 매우 적었다.

그러다 용산공장에서 직공 전원을 대상으로 한 공조회가 조직되었다. 1908년 12월부터 매달 월급의 1%를 갹출하여 회원의 사망이나 질병에 대한 조위금을 지급하는 등 간단한 규약을 정하여 상호보호구제를 실시하였는데, 당시로서는 상당한 효과를 거두었다.

1909년 철도원 소관이 되면서 일본에서 전출해온 직원 가운데 철도원의 구제조합원은 적용 대상이 되었으나 그 수가 매우 적었다.

1910년 4월에야 비로소 이러한 내용의 직원공제조합이 설치되었고, 같은 해 10월 총독부 훈령 제25호, 제26호에 의거하여 철도국 직원 공제조합규칙이 제정되었다. 기존 철도원 조합원의 권리와 의무가 계승되면서 이 제도가 확립되었다.

일본인 종사원 중 고용원 및 용인은 의무적으로 가입하였고, 판임관 이상은 임의로 선택할 수 있었다. 지급 내용을 보면 사망, 양로 및 상해보험(공무상 재해에 한함)에 해당하는 제도였다.

공제금의 경우 전자는 월 급여액의 3%, 후자는 5%였으며, 정부는 전자에 대해서 급여 총액의 2%에 해당하는 보조금을 교부하였다.

조선인 종사원수가 점차 증가하자 1915년 4월 이후 조합에 가입시켜 동일한 혜택을 받게 하였는데, 생활 정도를 고려하여 공제금과 지급액을 일본인의 50%로 낮추었다.

사원 공제규정 적용

1917년 7월 만주철도의 위탁경영 초기에는 기존의 제도를 그대로 이어받았으나, 같은 해 11월 조합이 폐지되면서 만주철도의 사원 공제규정을 적용하게 되었다.

이 제도는 기존 제도와 내용면에서 차이가 있었다. 기존 조합에서 취급했던 직무상 상해 · 질병 관련 비용을 회사가 전액 부담하였으며, 공제 범위를 직원의 질병 · 사망 · 재해뿐만 아니라 종사원 가족의 질병 및 사망까지 확대하였다. 지급액의 종류도 치료 입원, 병상 구제, 부조금, 재해금, 조위금, 연공금, 가족 치료 입원료 및 가족 상제료 등 8종류로 늘렸다.

가입자의 경우 현업, 비현업의 구별 없이 고용원, 용인 또는 본봉 100엔 미만인 자는 의무적으로 가입시켰으며, 본봉 100엔 이상 150엔 미만인 자는 임의로 가입할 수 있도록 하였다.

일일급여자는 1일분의 급료, 월급 고용원 및 본봉 70엔 미만인 직원은 본봉액의 5%, 본봉 100엔 미만인 직원은 6%, 본봉 150엔 미만인 직원은 7%를 매달 공제하였고, 회사는 공제 연액과 동일한 액수 내에서 보조금을 지급하였다.

만주철도 위탁경영 말기, 1925년 3월을 기준으로 공제가입 사원수는 13,091명이었다. 직영 환원시의 총결산을 살펴보면 위탁경영 기간 중의 사원 공제금은 총 1,707,000엔인데 반해, 회사의 보조금은 1,407,000엔, 지출액은 1,922,000엔으로 이를 공제수급사원 34,200여 명에게 지급하고, 기금의 잔액 대부분은 당시 사원의 개인 공제액에 따라 환급하여 모두 청산하였다.

교통국(철도국) 공제조합 외(직영 환원 이후)

1925년 4월 조선 국유철도의 경영이 만주철도에서 다시 조선총독부로 환원된 이후 철도국이 신설되었다. 종업원은 그대로 철도국에 계승되었기 때문에 구 만주철도 직원공제조합제도의 장점은 그대로 살리고 부족한 부분은 보완하여 '철도국 현업원 공제조합' 을 조직하였다.

1936년 11월에 규칙의 일부가 개정되었으며, 1941년에는 '정부직원 공제조합령' 의 실시로 규칙이 대대적으로 개정되었으며, 조합 명칭도 '철도국 공제조합' 으로 변경되었다.

주요 개정사항은 다음과 같다.

(1) 판임관 이하는 현업, 비현업을 불문하고 전부 의무 가입하도록 한 점

(2) 기존의 급부에 건강보험, 직원 건강보험을 추가한 점

이로써 당시의 사회보험으로서는 가장 완벽한 체계가 정비되었다. 또한 1943년 4월 정부직원 공제조합령이 개정됨에 따라,

(1) 진임관 봉급 연액 1,820엔 이하인 직원의 의무 가입

(2) 배우자 분만비 신설

(3) 가족의료비의 범위 확대

등을 실시하였다. 1944년 6월 '조선총독부 철도국 공제조합령' 이 '조선총독부 교통국 공제조합령' 으로 개정되면서 '교통국 공제조합' 으로 명칭이 변경되었다.

부대사업 : 조합은 조합원의 보호 구제, 복지 증진을 한층 강화하고 이를 위한 부대사업으로 저금부, 금융부, 소비부, 수산부를 설치하였다. 또한 1936년 10월에는 주택부를 신설하고, 이에 필요한 사업 자금을 조합 기금 등에서 조달하였다.

(1) 저금부는 조합원에게 저축을 권장하도록 조합원의 저금 사무를 취급하였다.

(2) 금융부는 조합원 가운데 생계가 궁핍해진 자를 구제하기 위한 저금리 대출을 실시하였다.

(3) 소비부는 조합원에게 생활필수품을 저가로 공급하였다.

(4) 수산부(授産部)는 조합원 자녀에게 일을 맡겨 가계에 보탬이 되도록 하였다.

(5) 주택부는 주택난 완화를 위하여 주택 품귀 지역의 조합원에게 주택을 대여하였다.

조합의 조직 및 내용 : 조합원의 조직 및 실적은 대략 다음과 같다. (1944년 7월 말 기준)

1. 조합원

(단위 : 명)

종별	신분	인원
갑종 조합원	용인	49,266
	고용원	27,316
	교통수	1,567
	계	78,149
을종 조합원	용인	864
	고용원	552
	교통수	2
	촉탁원	88
	계	1,506
병종 조합원	판임관 대우자	
	판임관	5,573
	주임관	142
	계	5,715

주)
1. 갑종 조합원이란 철도수 이하의 현업원을 말한다. (의무가입)
2. 을종 조합원이란 비현업원으로 갑종 조합원과 동일한 신분을 가진 자를 말한다. (의무가입)
3. 병종 조합원이란 갑종, 을종 조합원 이외의 자로 판임관 대우자, 판임관, 주임관(봉급 연액 1,820엔 이하인 자)을 말한다. (의무가입)

2. 선택 조합원

(단위 : 명)

종별	신분	인원
선택 을종 조합원	용인	46
	고용원	72
	교통수	
	계	118
병종 조합원	판임관 대우자	
	판임관	2,674
	계	2,674
이상 총계		88,162

주)
1. 전년도 동기에 비해 23,680명이 증가하였다.
2. 선택 을종 조합원이란 갑종 조합원이었던 자가 을종 조합원이 된 경우 장기 급부를 선택한 자를 말한다.
3. 선택 병종 조합원이란 갑종 조합원 또는 선택 을종 조합원이었던 자가 병종 조합원이 되었을 때 장기 급부를 선택한 자를 말한다.
4. 장기 급부란 퇴직연금, 퇴직일시금, 유족연금, 동 일시금의 급부를 받는 자로, 다음 표와 같이 본인의 적립금으로 조달한다는 취지로 적립금 비율은 1,000분의 90, 1,000분의 91로 매우 높았다.

3. 적립금 및 정부 급부금(월 급여액의 천분율)

조합원 종별	적립금	정부 보조금
갑종 조합원	65.5	58.5
을종 조합원	11.5	11.5
병종 조합원	10.0	10.0
선택 을종 조합원	91.5	11.5
선택 병종 조합원	90.0	10.0

4. 이상의 급부 내용은 다음에 나오는 수입, 지출, 급부 표와 같다. 정부직원 공제조합령 실시에 따른 규칙 개정 결과, 일부 주임관에게도 의무 가입을 적용시켜 각종 급부 내용을 개선하고, 이와 동시에 조합원의 가족까지 급부에 포함시켰다. 일정 기간 이상 조합원이었던 자에게는 질병 급부, 임산부 급부 및 상제금에 대하여 조합 탈퇴 후에도 소정액을 지급하였다.

5. 수입과 지출(다음 표와 같음)

수입

(단위 : 엔)

종별	1925~1943년도의 누계	1944년 7월 말 기준	합계
정부급부금	10,153,580.92	651,859.37	10,805,440.29
조합원적립금	12,786,633.54	770,720.49	13,557,354.03
수입이자	5,961,223.16	273,662.02	6,234,885.18
잡수입	25,094.80	652.90	25,747.70
합계	28,926,532.42	1,696,94.78	30,623,427.20

지출

(단위 : 명, 엔)

종별	1925~1943년도의 누계			1944년도 7월 말 기준			합계		
	인원	금액	1인 평균	인원	금액	1인 평균	인원	금액	1인 평균
공상연금	2,776	128,004.43	46.11	98	5,830.32	59.49	2,874	133,834	46.56
공상일시금	586	110,135,73	187.94	11	1,891.60	171.96	597	112,027.33	187.65

종별	1925~1943년도의 누계			1944년도 7월 말 기준			합계		
	인원	금액	1인 평균	인원	금액	1인 평균	인원	금액	1인 평균
폐질(불치병)연금	796	50,273.08	63.15	55	2,915.45	53.00	851	53,188.53	62.50
요양금	44,549	1,474,120.38	33.08	1,119	60,333.57	53.90	45,668	1,534,453.95	33.60
특증금	1,332	413,116.35	310.14	15	4,426.20	295.08	1,347	417,542.55	309.97
의료금	31,273	1,239,279.84	39.62	3,346	117,036.57	34.97	34,619	1,356,316.41	39.17
가족 의료금	4,213	248,249.08	58.92	3,430	53,822.68	15.69	7,643	302,071.76	39.52
상병 수당금	10,955	293,381.69	26.78	93	3,880.49	41.72	11,048	297,262.18	26.90
분만비	4	80.00	20.00				4	80.00	20.00
배우자 분만비	2,816	32,180.00	11.42	1,419	14,220.00	10.00	4,235	46,400.00	10.95
출산 수당금	3	33.94	11.31	1	30.00	30.00	4	63.94	15.98
퇴직 연금	2,713	198,017.28	72.98	882	32,480.15	36.82	3,595	230,497,43	64.11
퇴직 일시금	35,941	2,831,301.88	78.77	1,773	124,968.03	70.48	37,714	2,956,269.91	78.38
유족 연금	12,887	490,877.87	38.09	776	32,071.51	41.32	13,663	522,949.38	38.27
유족 일시금	3,400	1,680,646.56	494.30	116	75,528.47	651.11	3,516	1,756,175.03	499.48
상제금	3,900	212,849.58	54.57	119	8,722.36	73.29	4,019	221,571.94	55.12
재해 위로금	228	8,147.72	35.73	1	67.80	67.80	229	8,215.52	35.87
과오납 환불금		9,668.14						9,668.14	
잡손실		6,812.74						6,812.74	
지불 이자		3,927.57						3,927.57	
잡비		2,529.14						2,529.14	
합계	158,372	9,433,633.00	59.56	13,254	538,225.20	40.6	171,626	9,971,858.20	58.1

비고) 상기 수지 차감 잔액은 20,651,569엔이며, 그 중 4,500,000엔은 은행 예금, 5,576,437엔 26전은 신탁예금, 3,905,819엔 40전은 유가증권(매입가격), 533,313엔 52전은 건물(총독부 동경 출장원 사무소 외), 33,481엔 5전은 연금 전도금, 1,480,000엔은 대부금, 8,412엔 50전은 가불금, 4,557,258엔 74전은 공제조합 저금부에 예탁하였으며, 56,846엔 53전은 수지 미제 차감 잔액이다.

급부

급부 종별	급부 요건 및 급부액
공상 급부	업무 집행상 상해를 입거나 질병에 걸렸을 때 지급한다.
공상 연금	급여 4월분 내지 9월분에 상당하는 금액
공상 일시금	급여 2월분 내지 1년 8월분에 상당하는 금액
요양금	요양에 필요한 상당한 금액
폐질 급부	직무상에 기인하지 않은 질병으로 퇴직한 자에게 지급한다.
폐질 연금	가입 후 10년을 넘은 자에게 급여 3월분 내지 6월분에 상당하는 금액
특증금	급여 3월분 내지 1년분에 상당하는 금액
질병 급부	직무상에 기인하지 않은 조합원의 상병 및 조합원의 피부양자 상병에 대해 지급한다.
의료금	의료비용의 10분의 8에 상당하는 금액
가족 의료금	의료비용의 10분의 5에 상당하는 금액
상병 수당금	급여의 10분의 7.5에 상당하는 금액
산부 급부	분만시 지급한다.
분만비	30엔. 단 조산원에 입원한 경우. 조산부의 처치를 받은 경우에는 15엔
출산 수당금	분만 전후를 통해 70일 내지 77일간 급여의 7.5%에 상당하는 금액
배우자 분만비	조합원의 배우자가 분만했을 때에는 10엔을 지급한다.
퇴직 급부	사망 이외의 사유에 의해 탈퇴했을 때 또는 장기급부하지 않는 조합원이 종별을 변경했을 때 지급한다.
퇴직 연금	가입 후 15년을 초과한 자에 대해 급여 3월분 이상에 상당하는 금액
퇴직 일시금	가입 후 1년을 초과한 자에 대해 급여 20일분 이상에 상당하는 금액
유족 급부	조합원 또는 조합원이었던 자가 사망했을 때 그 유족에게 지급한다.
유족 연금	직무 집행상 상병에 의해 사망한 경우에는 급여 4개월분 이상에 상당하는 금액
유족 일시금	직무상에 기인하지 않은 상병에 의해 사망한 때에는 급여 6월분 내지 1년 6월분에 상당하는 금액
상제금	직무상에 기인하는 상병에 의한 사망자 유족에 대해 급여 3개월분, 기타 경우에는 급여 1.5개월분에 상당하는 금액. 단, 30엔 미만인 경우에는 30엔으로 절상한다.
재해 급부	물, 불, 재해 기타 비상 재앙을 당했을 때 지급한다.
재해 위로금	급여 2개월분에 상당하는 금액 이내

저금부

저금부제도는 만주철도 위탁경영시대에 시작되었다. 당시에는 신원보증금 적립과 보통저금 2종류가 있었는데, 직영으로 전환된 후에도 저금을 권장하를 각 지방국으로 이관하였다.

주철도 경영 당시, 사원 복지 정책의 일환으로 사우회 상담부를
때 그 사업 중 하나로 수산장을 설치하고, 공무 부상자 및 하급 종
에게 간단한 부업을 제공하여 생활 안정에 일조하도록 한 것이 그
다.

는 용산 익제기숙사의 일부를 작업장으로 이용하고, 이를 수산장이
렀다.

초창기에는 종사원수가 사무원 3명, 작업수 24명에 불과했으며, 주로
루 수리나 국용 봉투 제작과 같은 간단한 업무를 하였다. 그러나 점차
가 확장되면서 1921년 11월 용산 백병정에 8만 엔을 투자해 건물면적
평짜리 작업장을 신축, 이전하고 같은 해 12월부터 인쇄부, 재봉부, 편물
수공부, 세탁부를 두었다.

이와 동시에 사업에 필요한 각종 기계 및 기구를 정비한 후 1923년 1월 명
칭을 공려사(共勵舍)로 바꾸었다. 그 후 직영으로 환원되면서 수산부로 명칭
을 바꾸고 사업 범위를 확대하여 국보(局報), 소보(所報), 승차권, 차표 및 기
타 철도국용 인쇄물의 인쇄와 제본 그리고 종사원의 제복, 하복, 작업복, 여
사무원 제복 및 동복도 일부 제작하였다.

1927년 4월 부산에 지부를 설치하였으며, 독립 회계 하에 가마니 제작 및 세탁부 등을 두고 주로 철도국 용품을 제작, 보수하였는데 얼마 후 폐지되었다.

사업 자금은 연 4부 5리의 이율로 저금부에서 융통했으며, 그 금액은 1940년 3월 말 기준으로 12만 엔에 달하였다.

1939년 중의 생산액은,

(1) 인쇄 수공부 220,500여 엔
(2) 재봉부 199,300여 엔

고 종사원의 생활 안정에 도움이 되도록 저금부제도를 유지하고 거치저금과 보통저금 2종류를 두었다.

거치저금은 매월 봉급, 급여 및 연 2회의 정기 상여금에서 일정액 이상을 차감하여 의무적으로 저금하도록 한 후 특수한 사정으로 인하여 생계에 어려움을 겪는 경우를 제외하고는 인출하지 못하게 하였다.

그 금액은 1940년 3월 말 기준으로 예금 인원 38,800여 명, 금액 10,178,000여 엔, 1인 평균 262엔 32전이었다.

이자는 원래 1일 2전이었으나 경제 상황에 따라 점차 저하되어 1936년 10월 이후에는 1일 1전 2리로 개정되었다.

보통저금은 예금 인원 35,400여 명으로, 보통저금 중에서 단체저금(수산부 기타 철도국 내 단체기관)을 취급했다. 초기에는 이자가 1일 1전 4리였으나 거치저금과 동일한 이유로 1일 8리로 바뀌었다.

예입금 운용은 1832년 12월 국장통달 제1030호에 의하여 운용위원회가 설치된 후 국장을 위원장으로, 각 과장을 위원으로 한 운용위원회의의 심의를 거쳐서 실시되었다. 1940년 2월 말을 기준으로 한 대략적인 개요는 다음과 같다.

(1) 소비부 대출 2,000,000엔
(2) 수산부 대출 120,000엔
(3) 주택부 대출 845,000엔
(4) 금융부 대출 390,000엔
(5) 경동철도, 신흥철도, 조선철도회사에 대한 주식 2,928,000여 엔과 3부 이자 공채 2,905,000여 엔을 매입하고, 그 밖의 것을 합쳐 총 9,257,000여 엔을 투자하였다.

원래 철도국 서무과에서 철도국 내 모든 저금관련 사무를 취급하였으나, 1933년 5월 부산 외 5곳에 철도사무소가 설치되면서 각 소관 내 소(所)와 장(場)의 저금관련 사무를 각 철도사무소에서 취급하도록 개정하였다. 또한

1940년 12월 부산, 경성, 함흥에 지방국이 설치되면서 관련 사무를 각 지방국 후생과에서 취급하게 되었다.

금융부

조합원 또는 일반 종사원이 질병 및 기타 비상 재해로 인하여 생계에 어려움을 겪을 경우 저금리로 대출해주었다.

대출금은 연 4부 2리의 이율로 저금부에서 빌렸으며, 1인당 대부 한도는 특별한 경우를 제외하고는 월수입 3개월분 이내로 하였고, 일정 기간 내에 월부 상환하도록 하였다. 예금 이자가 줄어들면서 대출 이자도 점차 내려가 1936년 11월 이후에는 조합원 1전 3리, 비조합원 1전 5리로 변경되었다. 참고로 1940년 3월 말 기준으로 대출자 수는 2,226명, 대출 금액은 427,000여 엔이었다.

소비부

조합원 및 일반 종사원에게 생활필수품을 저가로 공급하여 가계에 도움을 주기 위한 목적으로 설치되었으며, 1919년 4월 만주철도 위탁경영시대부터 시작되었다. 당시에는 제1차 세계대전의 여파로 물가가 급등하면서 종사원의 생활은 매우 어려웠다. 이에 사우회(社友會) 설립에 즈음하여 그 소속기관으로 조변부(調弁部)를 설치하고, 회사가 사업 자금의 무이자 융통, 건물 집기의 무상 대여, 운임 관세 보조 등의 혜택을 제공하면서 사업이 점차 확대되었다.

초기에는 회사로부터 35만 엔의 자금을 빌려 용산에 본부를 설치하고 각지에 배급소를 설립하였다. 그 후 매달 1회 철도연선 벽지에 배급차를 운행하여 이동 배급을 실시하는 등 종사원의 생활 편의를 도모하였다.

당시 일부 소매업자나 상공단체 중에는 조변부의 진출이 지방의 중소상공업자를 압박, 위축시킨다는 이유로 반대 운동을 펼치는 경우도 있었다.

그러나 회사는 이러한 종류의 시설
는 생각을 굽히지 않고 활동을 지속
그 결과 소비부의 업적은 날로 향
비용에 의존했던 부원들의 급여는 물
부비로 부담하면서 점차 회사의 보호에
었다.

직영 환원 이후 공제조합의 부대사업이었던
경하고, 소비부 규정 및 소비부 사무취급절차를

소비부의 사무는 국장의 지휘, 감독 하에 서무
의 조직으로서 용산의 본부와 총주사(總主事)를 두
선의 주요지역에 배급소를 설치하고 배급소 주사가
또한 배급차 운행, 각 배급소의 지방특산물 현지 구입
설치 등 다양한 활동을 펼쳤다.

소비부의 유지 경영을 위하여 배급물품에는 약간의 부
또한 개인별 배급한도액과 배급소의 범위를 정하여 합리적
하였다.

자금은 연 4부 5리의 이율로 저금부에서 융자를 받았는데 1
기준,

대출 총액 200만 엔

배급 금액 826만 엔(1939년 중)

이었다.

중일전쟁 발발 이후 식량, 연료, 피복 및 기타 생필품 배급에 특히 중
두고 차표제도와 같은 다른 제도보다도 먼저 생활필수품에 이를 실시하면
경영에 어려움을 겪었다.

1940년 12월, 3곳의 지방철도국을 설치함에 따라 본부 및 총주사를 폐지하고 기존에 소비부가 부담하였던 종사원 급여를 국비 부담으로 변경하고, 배

(3) 세탁부	14,100여 엔
(4) 기타	4,000엔
	계 437,900여 엔

으로, 대부분 철도국 용품이었으며, 일부 외부 승차권류도 위탁 제작하였다.

1940년 말의 종사원수는 총 380명으로 대부분 조선인 종사원 가족이었다.

수산부의 경영비는 창업 당시 철도국에서 부담하였으나 사업이 점차로 확장됨에 따라 1930년 4월부터 독자적인 경영을 시작하고, 주사 1명의 비용 이외의 모든 경비를 수산부 회계로 처리하였다.

수산부의 각 직장 종사원에 대한 1인 평균 월급(1939년도)은 다음과 같다.

일본인	남자	25여 엔,	조선인	남자	20여 엔,
	여자	17여 엔,		여자	12여 엔

으로 같은 해의 지불 총액은 73,400여 엔이었으며, 1인 1일 평균 공임은 74전이었다. 업무가 확대됨에 따라 철도국 용품 제작도 급증하였으나, 물가와 운임이 급등하면서 숙련공 확보에 많은 어려움을 겪었다.

1942년도 말 공원수가 다음과 같이 증가할 만큼 공장의 규모는 커졌다.

(1) 인쇄 직장	160명
(2) 수공 직장	120명
(3) 봉제 직장	300명
(4) 승차권 인쇄 직장	60명
(5) 세탁 직장	40명
(6) 조달 직장	25명
	총 705명

특히 인쇄 직장에서는 대륙 군사수송열차의 운행 시간표, 군의 암호 전보 변경(2개월마다 변경되었다), 만주철도 및 조선 내 사철의 승차권 이외에도 국우(局友), 공부(公報), 국보(局報), 철도 관련 잡지 등을 인쇄하였다.

1945년 4월에는 소년공(주로 수공 직장) 80명을 채용하고 3년제 야학을 개설하였다. 같은 해 7월 1일 수산부는 30여 년의 역사를 뒤로 하고 '경성사업소'로 명칭을 바꾸었다. 당시에는 종사원이 1,200명에 이르렀는데 얼마 지나지 않아 종전을 맞이하였다.

주택부

철도국의 사업 팽창에 따라 종사원수도 매년 급증하였다. 그러나 이를 수용하는 관사의 증축이 예산 및 자재 등의 문제로 인하여 계획대로 진행되지 않은 탓에 시내에서 출퇴근하는 직원이 매년 급증했다.

중일전쟁과 태평양전쟁을 거치면서 이러한 경향이 점차 심해졌고, 주택 문제는 나날이 심각해졌다.

주택부는 1936년 공제조합의 부대사업으로 설립되었으며, 1940년 2월 말까지 다음과 같은 숙사 증축에 협력하였다.

(1) 1936년도 성진	20호	19,800여 엔
(2) 1937년도 성진	40호	55,200여 엔
(3) 1939년도 평양	100호	228,500여 엔
(4) 1939년도 경성부 합정정	100호	194,800여 엔

위와 같이 숙사를 신축하고 이를 종사원에게 대여하여 주택난 완화에 도움을 주었다.

여기에 필요한 자금은 저금부에서 연 4부 5리의 이율로 융자를 받았는데, 그 총액은 1940년 2월 기준으로 845,000엔에 이르렀다.

그 후 1941년 12월 태평양전쟁 발발로 종사원이 급증하면서, 주택 문제는 더욱 중대한 국면을 맞이하였다. 철도국이 비용을 지불하는 데 한계가 있었기 때문에 공제조합의 자금을 활용하여 주택난을 완화시켜야만 하는 상황에 처하였다.

주택 건설 계획 : 철도국 서무과에서 책정한 대규모 건설 계획의 개요는 다음과 같았으나, 실제로는 일부만이 시행된 채 종전을 맞이하였다.

(1) 경성지방국 관내

㉮ 경성 교외(부곡) 주택 1,000호

(1944년 3월) 경부 본선 수원~군포 구간(부곡 간이역 신설)

독신기숙사	10동 1,200명 수용
교육기관	1동
병원	1동
회관	1동

이 부곡지구 주택계획은 교통국의 중추인 용산, 경성지구를 배후에 두었기 때문에 그 구상이 실로 장대하였으며, 앞에서 기술한 대량 숙사 및 부대시설 외에도 더욱 광대한 용지를 확보하여 동부 구릉지 일대를 농장으로 삼고, 그 일부 초원에 젖소를 방목하여 향후 대형 목장을 건설한다는 내용이 포함되었다.

이러한 농업 목축계획은 당시 부족했던 채소와 우유 등을 경성 · 용산지구에 거주하는 종사원 및 가족에게 중점적으로 배급할 예정으로 주택 건설 계획의 실행과 병행하여 진행되었다. 이를 위하여 일본 미에현에서 전문가를 초빙하여 농지 개간 등에 대한 교육을 시키는 한편, 미에현의 젖소를 여러 마리 들여왔다. 그 결과 1944년 봄 제1기 축사 완성시에는 착유 작업에 들어갈 수 있었다. 그러나 농장 및 목장 경영에 대한 경험이 없었기 때문에 갖가지 시행착오를 겪어야만 하였다. 채소, 우유 모두 수확량이 적어 당장은 당초 계획대로 진행되지 않았지만, 일단 수확된 양은 경성철도병원 입원환자에게 식용으로 제공하기 위하여 매일 트럭으로 운반하였다. 비록 소량이었지만 싱싱한 채소와 신선한 우유는 환자들에게 큰 기쁨을 주었다. 이 계획은 종전 후 대도시 교외의 전원도시계획에 선구자적 역할을 하였다.

1943년도에 주택 200호가 완성되었다.

㉯ 평양지구	주택	120호
	독신기숙사	1동

㉰ 함흥교통국 관내

관사	5동	
주택	200호	
병원	1동	함흥지구
회관	1동	
주택	120호	성진지구
독신기숙사	2동(1,200명분)	

㉱ 부산교통국 관내

청사	5동
독신기숙사	3동(300명분)

이러한 계획은 정세의 변화에 따른 자금난, 자재난으로 인하여 공사의 진척에 큰 어려움을 겪었고, 결국 중단되고 말았다.

제3절 보건, 위생시설

조선은 대륙성 기후와 풍토 등으로 인하여 특수한 질병이 많았다. 앞에서 언급한 바와 같이 철도 업무를 수행함에 있어서 각종 업무에 종사하는 철도 종사원 및 그 가족에 대한 보건 · 위생시설 정비는 무엇보다 중요하였다.

보건, 위생시설의 개요는 이미 기술한 내용과 다소 중복되는데, 이를 정리하면 대체적으로 다음과 같다.

철도병원, 철도진료소, 철도촉탁의

조선철도 창업 당시에는 의료기관이 매우 부족한 상황이었기 때문에 특히 산간벽지에서 건설공사 중에 발생하는 상해 및 질병 치료에 어려움이 많았다.

이에 경인철도는 인천병원에 부상자와 환자의 진찰 및 치료를 의뢰하였으며, 경부철도에서는 동인회장인 오쿠마 시게노부에게 의사 파견을 의뢰하여 각지에 촉탁의를 배치하였다. 또한 경의선을 건설한 임시군용철도감부에서는 여러 명의 육군위생반원이 이를 담당하였으나, 공사 종사원의 이동이 잦아 어려움이 많았던 탓에 나중에는 경부철도와 마찬가지로 동인회에서 파견한 촉탁의에게 이를 담당하게 하였다.

통감부 철도관리국 설치시 촉탁의를 인계해 1909년 3월 동인회와 계약하고 의학박사 사사키 요모시(佐々木四方志)를 철도의장으로 삼은 뒤 초량, 대구, 평양 등 기타 주요 지역에 상시 촉탁의를 배치하여 종사원의 보건 위생 문제를 해결하는 데 힘썼다.

용산철도병원은 1907년 12월 용산동인병원을 설립하고 4등 관사 2호 1동을 병원 건물로 사용하였다. 초대 원장은 이마무라(今村)였으나, 1910년에 사사키 요모시로 원장이 바뀌었다. 1913년 9월 동인회와의 계약을 해제하고 용산동인병원의 명칭을 용산철도병원으로 바꾸었으며, 2층 벽돌 건물을 신축하고 의료설비를 정비하여 사사키 요모시에게 경영을 위탁하였다. 당시로서는 총독부 병원에 버금가는 시설을 갖추었다.

병원 직영 : 1925년 직영 환원 이후 의료기관 정비를 위하여 한층 노력하다 1940년 이후 용산철도의원으로 명칭을 변경하였으며, 1940년 6월 칙령 제223호에 의하여 철도의 및 철도 약제사 관제가 공포됨에 따라 기존의 위탁경영을 해제하고 직영으로 전환하였다.

1929년 1월 2층짜리 벽돌 건물인 본관을 증축하였다. 또한 1936년 9월에는 본관 뒤편에 3층짜리 콘크리트 건물로 된 병동 신관을 건설하고, 각종 의료설비를 완비하여 1938년 6월 이후 경성철도병원으로 명칭을 바꾸었다.

1940년 6월 말 당시의 시설은 다음과 같다.

원장 : 의학박사 와타나베 류(渡辺龍)

진료과목 : 내과, 외과, 안과, 이비인후과, 소아과, 치과, 산부인과, 피부과 총 8과

의국원은 의사 및 조수를 포함하여 총 33명(그 중 의학박사 7명)

약제장 이하 8명

사무계는 사무장 이하 47명

간호부는 간호부장 이하 46명

또한 각과 진료실, 사무실, 약국 외에 X레이실, 시험실, 수술실, 병실(52실), 식당, 간호사 기숙사 등 최신식 설비를 갖추었다. 종사원 가운데 매년 약 30명을 신규 모집하여 간호사와 조산부 양성에 주력하였다.

경성철도병원 이외에도 평양, 함흥, 부산에 종합병원인 철도병원(1943년 12월 기구 개편에 의하여 모두 교통병원으로 명칭이 변경됨)을 설립하였다. 그 개설 내용은 다음과 같다.

평양교통병원 : 1942년 4월 1일(철도진료소로 출발, 1944년 4월 병원으로 승격)

함흥교통병원 : 1943년 2월 1일

부산교통병원 : 1944년 4월 1일

이 밖에도 순천, 청진, 강계에 교통진료소를 두는 등 지방의료기관의 정비에 힘썼다.

진료소는 다음과 같이 설치되었다.

순천교통진료소 : 1937년 8월 개설

청진교통진료소 : 1941년 3월 개설

강계교통진료소 : 1941년 6월 개설

마산교통보양소 : 1941년 11월 개설

온수평온천휴양소 : 1940년 11월 개설

마산철도보양소 : 당시 만연하였던 결핵환자의 수용 및 요양을 목적으로 설립되었다. 1932년부터 부산공무사무소의 교로쿠(鋸鹿) 서무주임과 경성철도병원의 와타나베 원장이 설립에 뜻을 모았으나 실현되지 못하다가 1938년에 점차 구체화되었다.

철도국에서 건축비 및 지축비를 공제조합 자금으로 충당하고 용지는 토지 교환으로 취득하기로 결정하였다. 개설 당시에는 전국에서 모인 약 70명의 환자를 수용하였으며, 계획 입안의 핵심인물인 와타나베 류 소장의 진두지휘 하에 경영되었다.

온수평온천휴양소 : 성진철도사무소의 강력한 요구로 설립되었다. 혜산선, 백무선 등 한랭지에서 근무하는 종사원 및 가족 가운데 신경통 환자가 많이 발생하자 치료를 돕기 위한 휴양시설로 설립하였으며, 설립 자금은 공제조합에서 20만 엔을 융자받아 마련하였다.

지축, 도로는 성진철도사무소의 청년대 봉사작업으로 이루어졌으며, 건물은 함경선 건설 당시의 공사구 임시관사를 이축하여 사용하는 등 시설 완공까지 이루 말할 수 없는 고생을 겪었다. 교통시설로는 금송~고참 구간의 간이역인 온수평역이 생겼다.

촉탁의 : 철도 촉탁의제도는 1904~1905년에 시작되었는데, 앞서 언급한 바와 같이 당시에는 주로 동인회에서 의사가 파견되었다. 1926년 4월 국장 통달 제137호에 철도 촉탁의 규정을 두어 전 노선의 주요 역에 촉탁의를 배치하고 담당 구간을 정하여 종사원 및 그 가족의 진료를 담당하도록 하였다.

촉탁의 조수(조산부) : 의료기관의 혜택을 받지 못하는 지방종사원을 위해 1925년 7월 이후 국우회 사업의 일환으로 순회 위문부를 개설하고, 후에 명칭을 촉탁의 조수로 변경하였다. 그리고 산파 또는 간호사 면허장을 가진 자를 연선의 주요 지역에 각각 1명씩 배치하였다. 매월 1회 지정된 담당구역을 순회하고, 이 밖에도 수시로 의뢰를 받아 출장을 갔는데, 주로 가족 간호 및 분만시에 파견되었으며, 실적도 양호한 편이었다.

전염병 예방과 위생 시험 : 조선의 기후와 풍토 그리고 철도 업무의 특성상 전염병 예방은 무엇보다 중요시되었다.

이에 대한 대책으로 매년 장티푸스, 이질 등의 예방약을 경성철도병원에서 조제하여 전 노선의 종사원에게 저렴한 가격에 배포하고, 또한 각지에 전염병 유행의 징조가 보일 경우, 현업 종사원을 비롯한 전 종사원과 그 가족을 대상으로 경성철도병원과 각지의 촉탁의가 무료 예방접종을 실시하였다.

또한 종사원의 보건위생상 필요한 각종 시험을 경성철도병원에서 매년 정기적 또는 임시로 실시하였다. 사무실 내의 공기 오염 시험, 각 역·구 및 관사의 우물물 시험, 소비부 판매 우유 기타 음식물 시험, 각 역에서 판매 중인 식품의 시험 및 철도국 시설 온천장의 온천수 수질 분석 등이 실시되었다.

제4절 국우회 기타

종사원의 수양, 체육 및 위안을 위한 철도국 국우회가 있었다. 그 연혁은 다음과 같다.

사우회 : 한국철도 창설 당시 위안사업은 이렇다 할 조직이 없었으며, 그저 각지에서 건물의 일부를 빌려 여러 명이 함께 장기, 바둑, 당구 등을 즐기는 정도에 불과했다. 그러나 점차 조직의 필요성이 커지면서 건물, 시설 등에 약간의 보조를 받게 되었고, 이를 철도클럽이라고 부르게 되었다.

한편 1907년 10월에 철도청년회(일본기독교청년회계)가 설립되었고, 1912년 12월에 조선철도청년회가 분리·독립하면서 기관지인 '〈조선철도청년〉'을 발행·배포하게 되었다. 또한 매월 1회의 강연회를 개최하고, 지방 위문 활동 사진 및 순회문고 회람 등 다양한 사업을 진행했다.

1919년 4월 만주철도 위탁경영시대에는 용산에서 철도청년회 및 철도클럽 총회를 개최하여 두 조직을 해산시키는 대신 사우회 창립총회를 열어 사우회를 정식으로 설립하였다.

사우회는 만주철도 경성관리국원이 결성한 조직으로, 회원들의 심신 수련과 생활 향상 및 상호 친목을 도모하여 상부상조하는 것이 목적이었다. 사우회는 회장 아래에 평의원 및 고문을 두었으며, 다음의 5부로 구성되었다.

상담부 – 인사, 가정, 자녀 보호, 간이식당 등
강연부 – 학술, 문예, 종교, 출판, 문고 등
운동부 – 야구, 정구, 궁술, 검도, 스모, 수영, 스케이트, 볼링, 발레 등
조변부 – 구입, 분배, 창고, 출납, 계산 등
오락부 – 장기, 가요, 연예, 원예, 사진 등

이 있으며, 각 부장 외에 서무주임, 회계주임, 설비주임과 각 위원으로 조직되고 별도로 초량 외에 11곳의 지부를 두었다.

당시의 회장은 구보 국장으로, 평의원은 각 과장이 맡고, 그 아래에 각 부장, 서무주임을 두고, 그 밖의 위원은 선거를 거쳐 각 과의 적임자를 배치하였다.

사우회의 경비로는 회비, 각종 요금, 기부금, 잡수입 외에 회사에서 지급하는 보조금이 있었다.

국우회 : 총독부 직영으로 되면서 심신수련 및 친목 도모를 위해 개정되었다. 조직은 대체적으로 사우회에 준하며, 운동부, 문예부, 오락부 및 서무부로 구성되었다.

1933년 6월 회칙을 변경하여 본부 및 부산, 대전, 경성, 경성공장, 평양, 원산, 청진에 각 지부를 두고, 지부 아래에는 클럽을 두었다. 주요 사업은 다음과 같이 4개부로 나뉘었다.

서무부 – 회계, 위안, 수양, 아동보호, 대중목욕탕 경영 등
운동부 – 수상 및 육상 경기, 야구, 정구, 축구, 산악, 무도 등
문예부 – 잡지, 강연, 미술, 음악, 사진 등
오락부 – 당구, 원예, 실내 유희 등

회장을 국장, 각 부장을 각 과장으로 삼고, 각 위원은 부장의 추천을 받아 선정되었다.

국우회의 회비는 본부, 지부 및 클럽 소재지의 경우 5엔부터 20전까지 7등급으로 나눴으며, 기타 회원은 설립 당시에 일률적으로 월 5전의 회비를 납

부하였으나 그 후 1엔부터 10전까지 5등급으로 변경되었다.

1923년 4월부터 동호회 사업과 아동보호사업의 경영이 분리되면서 회사의 보조금이 39,000엔으로 줄어들었다. 또한 사업 경영을 결정하던 총회 결의 제도를 폐지하고, 이를 평의원제도로 변경하였다.

반면 철도국의 보조금은 당초 30,000엔이던 것이 1925년도부터 35,000엔으로 늘어났다.

국우회는 매월 1회 잡지 〈국우〉를 발행하여 전체 회원에게 배포하였으며, 이 밖에도 약 15,000엔을 들여 활동 사진기를 구입하여 지방을 순회하며 종사원들을 격려하였다. 특히 혹한지역과 산간벽지에서 근무하는 종사원 및 그 가족을 위안 · 격려하기 위하여 때때로 철도국 과장이 여러 명의 수행원과 함께 직접 찾아와 위문품을 전달하는 등 특별히 배려하였다. 철도 업무의 특성상 필요한 종사원들의 가족적인 분위기 형성과 일치단결을 위한 매우 적절한 조치였다.

1930년 4월 국우회의 회칙이 아래와 같이 개정되었다. 정세가 변화한 탓에 총독부 직영으로 전환된 직후 시행한 서무, 운동, 문예, 오락의 4부제에 비해 전쟁 수행에 초점을 둘 수밖에 없었으며, 일본 정신의 고취와 직접적인 전력 강화를 위한 훈련 위주로 구성되었다.

그 개요는 다음과 같다.

국우회 회칙(초)

제2조 본회는 조선총독부 교통국 국원 및 공제조합 수산부 종사원으로 조직한다.

제3조 본회는 회원 및 그 가족이 국체의 본의를 투철히 하도록 일본 정신에 입각하여 훈련하고 또한 회원 상호간의 융화와 협력을 도모하여 교통보국을 구현할 것을 목적으로 한다.

제4조 본회에 사무국을 두며, 사무국은 본회 전반에 걸친 사항을 관장한다. 사무국의 사무소는 본국 정비과 내에 둔다.

제5조 본회에 다음과 같은 지방 국우회를 둔다.

경용(경성 용산)지방 국우회

경성지방 국우회(경용지구를 제외)

부산지방 국우회

함흥지방 국우회

제7조 지방 국우회의 업무는 다음과 같은 범위 내에서 실시한다.

(1) 생략

(2) 후생

복지부(위안, 영화, 취주악, 시음, 서도, 바둑, 장기, 대중목욕탕)

원예부

육아부(유치원)

가사부(봉재, 요리, 작법)

무도, 검도부, 유도부, 궁도부, 총검도부, 스모부, 기도부

(3) 훈련

육상 전기부(육상 운동, 체조, 행군)

해양 전기부(수영, 노젓기)

동기 전기부(설상 운동, 빙상 운동)

항공부(비행, 활공, 모형)

기갑부(자동차, 기관차)

사격부(사격)

체력단련부(투구, 배구, 여자)

제8조 지방 국우회에 지부 및 분회를 설치한다.

기타 임원, 회계 등의 경우 운영에 필요한 규정을 정하였다.

철도 강생회 : 강생회(康生會)는 1936년 7월 재단법인으로 설립되었으며, 산업재해자와 정년퇴직자 및 그 가족 또는 재직 중 사망한 근로자의 가족을

직원으로 고용하여 주요 역 구내의 매점 및 열차 내 물품 판매 등을 맡기는 사업을 펼쳤다.

조직은 회장(국장) 아래에 이사(서무, 영업, 경리, 각 과장), 주사 1명(회장 선임), 감사 2명 및 평의원 수 명 및 직원으로 구성되었다.

주로 부산 및 주요 역 구내와 철도국 국우회 및 경성철도병원 내 매점, 기타 지역의 가판대 운영, 짐꾼 또는 경원선과 함경선의 열차 내 물품 판매 등을 담당하였다. 직원 수가 수백 명에 달했으며, 수익금도 연간 수십만 엔에 이르렀다.

이상이 일본 국유철도에 관한 대략적인 내용이었다.

생명 및 징병보험이용조합 : 사업 관청 가운데 가장 위험률이 높은 작업에 종사하는 철도국원 및 그 가족의 복리를 위하여 1935년 3월 '철도국 생명 및 징병보험이용조합'을 설립하여 쉽게 생명보험에 가입하고, 이를 유지할 수 있도록 하였다.

조합은 가입자의 신청과 보험료를 취합하는 한편, 각 계약회사에 대해서는 최고 5%의 수수료를 수수하여 보험료로 상쇄하여 지불하였다.

조합원은 계약회사, 보험종류 및 보험료 등을 자유롭게 선택하였으며, 보험료가 일정 비율로 줄어들었기 때문에 서로 편리하였다. 계약회사는 부국징병(富國徵兵, 후코쿠초헤이)보험을 비롯한 약 10개사로, 사업을 시작한 이후 조합 가입자 총 45,602명에 이르렀으며, 보험료는 총 63,304,400엔(1944년 3월 말)에 달했다.

제4편
국유철도
건설·개량 및 보선

제1장
건설

제1절 건설사업 개요

철도 창업시대

조선철도의 철도 건설 역사는 1892년까지 거슬러 올라간다. 당시 이미 일본 정부와 국민들 사이에서는 대륙의 전진기지라 할 수 있는 조선에 철도를 부설하려는 분위기가 조성되어 있었다. 그러나 각종 정세의 변화로 인하여 시행에 옮기지 못하다 1898년에 비로소 공사를 실시하였다. 민영기업인 경인철도합자회사가 미국인 모스로부터 공사 중이던 경인철도를 매수하여 이를 계속 진행시켰다. 1899년 9월 한양-인천 구간의 일부, 즉 인천에서 노량진 부근까지의 21마일(33.6km) 구간의 임시영업을 시작했고, 이것이 한반도 철도 운영의 효시가 되었다. 그리고 이듬해인 1900년 7월, 한강 교량이 완공됨에 따라 경성(서대문)~인천 구간 26.3마일(역간 거리 25.7마일=41.4km)을 연장하고 직통 운수를 시작하였다.

한편 경부선 경성~부산 구간은 경부철도주식회사 창립위원회의 계획대로 현지 예측 및 실측이 순조롭게 진행되었고, 1901년 6월 경부철도주식회사의 설립과 동시에 건설공사에 들어갔다. 또한 북부의 영등포~명학동 구간, 남부의 초량~구포 구간도 각각 같은 해 9월과 12월에 공사에 착수하였다. 러일전쟁 직전에 진행된 속성공사 등 어려움이 있었으나, 러일전쟁 직후인 1905년 초에 초량~영등포 구간 268.3마일(431.7km)을 개통하면서 이후 군사작전상 중요한 역할을 담당하게 되었다.

경의선의 경우 1904년 2월 임시군용철도감부가 편성되면서 군용 목적으로 용산~신의주 구간 간선 및 재료 수송 지선 건설이 계획되었고, 곧바로 측량에 착수하였다. 이후 각 구간별로 공사가 진행되어 1906년 3월에 간·지선 328마일(527.8km)의 속성공사가 마무리되었다.

마산선의 마산~삼랑진 구간은 원래 1903년 2월 영남철도회사와 경부철도회사의 합작으로 계획되었으며, 삼랑진 부근의 일부 선로는 이미 임시영업이 시작된 상태였다. 그러다 러시아와 일본 사이에 전쟁 분위기가 고조되자 군사작전상의 이유로 1904년 9월 임시군용철도감부에서 낙동강~마산 구간의 공사를 시작하였으며, 1905년 10월 마산~삼랑진 구간의 25.1마일(40.4km)이 모두 개통되었다.

경원선 용산~원산 구간은 한반도의 동서 해안을 잇는 횡단선으로, 당초에는 군용 목적이었다. 1904년 8월 임시군용철도감부에서 철도 부설을 결정하고 곧바로 측량에 들어가 같은 해 말 원산~용산 구간의 양 끝에서 공사를 시작하였으나 공사 도중 통감부 철도관리국으로 이관되었다.

1906년 2월 통감부가 개청되면서 같은 해 7월 통감부에 철도관리국이 설치되었다. 철도관리국은 경부철도(주)를 매수하여 경부선과 경인선을 국유로 삼았으며, 같은 해 9월에는 군용철도였던 경의선·마산선·경원선을 철도관리국으로 이관하여 한국의 철도 통일 경영을 시작하였다.

이관 후 경부선과 마산선은 마무리 공사와 초량~부산 구간의 건설공사를 실시하였고, 경의선은 기존의 속성공사를 보완하기 위하여 지속적으로 설비를 개량하였다. 또한 건설 중이던 경원선은 러일전쟁이 끝난 후 일시적이나마 공사를 서두를 필요가 없어졌고, 예산 문제도 있어 이관 직후 잠시 본 공사를 중지하였다.

압록강 가교공사는 이관 직후 곧바로 세부 조사를 실시하여 1909년부터 3년간 지속적인 사업을 펼치기로 하고 이를 위한 작업에 들어갔으며, 같은 해 8월 한국 측에서 교각 기초공사에 착수하였다. 또한 지방 개발을 위하여 진남포 · 목포항 등 주요 항만을 지나는 신선 건설 계획을 세우고, 1909년 9월 평남선 평양~진남포 구간의 건설공사에 우선적으로 착수하였다. 1910년 5월에는 대전 방면부터 호남선 대전~목포 구간의 측량을 시작하였다.

1909년 12월 16일에 한국철도는 철도원 소관이 되었으나, 한일합병으로 조선총독부가 설치되면서 1910년 10월 1일 철도원에서 분리되어 총독부 철도국 소관이 되었다.

노선명	영업 구간			공사 중 구간			비고
	구간	연장		구간	연장		
		마일	km		마일	km	
경인선	인천~서대문	(26.3)	42.3				토공 만
경부선	부산~영등포	(269.6)	433.8	영등포~남대문	(5.2)	8.5	
경의선	용산~신의주	(328.0)	527.8				
마산선	마산~삼랑진	(25.1)	40.4				
경원선				평양~진남포	(34.4)	55.3	겸이포선 등 지선 포함 공사 중지
평남선							
호남선				압록강 가교			대전 측에서부터 측량 개시 교각 기초공사 착수
	계	(649.0)	1044.3		(39.6)	63.8	

제1차 직영시대

총독부는 진행 중이던 압록강 가교공사를 1911년 11월에 준공하는 한편, 만주철도 안봉선의 광궤 개축과 더불어 오랜 숙원사업이었던 조선~만주 노선을 개통하였다. 또한 1911년 7월 한강 제2교량 공사에 착수하여 1920년 9월 준공하였으며, 영등포~경성(남대문) 구간의 복선 운행을 개시하게 되었다.

평남선 평양~진남포 구간 34.4마일(55.3km)의 전 노선이 1910년 10월에 개통되었고, 호남선은 일부 노선 개통 후 건설공사를 계속하여 1914년 1월까지 본선인 대전~목포 구간 161.6마일(260.0km)과 지선인 이리~군산 구간 15.3마일(24.7km)의 전 노선을 개통하였다.

통감부시대에 공사를 일시 중단했던 경원선의 경우 1910년 10월 용산 방면, 1911년 10월 원산 방면에서 각각 건설공사에 착수하였다. 이후 1914년 8월 용산~원산 구간 138.2마일(222.3km)의 전 노선이 개통되면서 최초의 한반도 횡단철도가 탄생하였다.

이어서 원산을 기점으로 동해를 따라 북상하여 청진을 지나 두만강 상류의 회령에 이르는 약 385마일(약 620km)의 함경선이 1914년 10월 원산 및 청진에서 각각 공사에 착수하였다. 남부는 원산~영흥 구간 33.9마일(54.5km)을 1916년 9월, 북부는 청진~창평 구간 32.2마일(51.8km)을 같은 해 11월에 각각 개통하고, 창평~회령 구간의 노반공사에 착수하였다.

또한 1911년 9월에는 평양 탄전지대에 매장된 무연탄을 개발하도록 1909년에 부설된 경의선 대동강~사동의 약 6.5마일(10.7km) 구간의 전용철도를 한국 정부 농상공부가 철도국 소관으로 삼고, 그 명칭을 평양탄광선으로 정한 뒤 일반 여객 운수를 취급하기 시작하였다.

제1차 직영시대의 건설공사 실적 일람은 다음 표와 같다.

노선명	영업 구간			공사 중 구간			비고
	구간	연장		구간	연장		
		마일	km		마일	km	완성
경부선	영등포~경성	(5.3)	8.5				〃
경의선	압록강 가교	(1.6)	2.6				〃
평남선	평양~진남포	(34.4)	55.3				〃
호남선	(본)대전~목포	(161.6)	260.0				〃
	(지)이리~군산	(15.3)	24.7				〃
경원선	용산~원산	(138.2)	222.3				〃
함경선	원산~영흥	(33.9)	54.5				
	청진~창평	(32.2)	51.8	창평~회령	(25.9)	41.6	
평양탄광선	대동강~사동	(6.6)	10.7				한국 정부 농상공부로부터 이관된 대동강~미림 구간 중
	계	(429.1)	690.1			41.6	

만주철도 위탁경영시대

1917년 8월 1일부터 만주철도의 위탁경영이 시작되자 용산에 남만주철도 주식회사 조선관리국을 설치하고 수탁업무를 시작하였다. 이와 동시에 총독 관방에 철도부를 설치하고 국유철도 건설계획 및 지휘 감독, 선로 조사 등의 향후 계획, 만주철도 위탁경영 업무 및 사철 감독 사무 등을 맡아서 처리하였다. 철도 건설 · 개량 계획은 모두 총독부가 관장하고, 자금은 국비로 지급하였기 때문에 만주철도는 단지 업무를 집행하는 역할에 불과했다. 즉, 철도부의 지휘명령에 따라 크고 작은 모든 업무가 진행되는 복잡한 상황 속에서 업무가 진행되었다.

함경선 건설은 남북 양 방면에서부터 부분적으로 개통을 하면서 공사를 계속 진행하였다. 또한 공사를 신속하게 끝마칠 수 있도록 중부의 성진을 중심으로 길주~단천 구간의 공사에도 착수하였다. 1924년 10월까지 남부는 영흥~양화 구간 101.3마일(163.0km), 북부는 창평~회령 구간 25.9마일(41.9km) 및 수성~수남 구간 44.4마일(71.5km), 중부는 길주~단천 구간 52.6마일(84.7km)을 개통하고, 양화 이북 및 수남 이남의 일부 노반공사에도 착수하였다. 그러나 1923년 9월 1일 발생한 관동대지진의 여파로 진행 중이던 공사가 중단되었고, 또한 공사 미착수 구간은 1924년도 말에 약 50마일(80km)을 남겨두고 부득이하게 본선 완공이 지연되는 사태를 맞이하였다.

그리고 해군의 주요 항구인 진해와 마산선을 경유하는 경부선의 연결 노선을 개설할 목적으로 1921년 12월에 진해~창원 구간 12.8마일(20.6km)의 공사에 착수하였으나, 함경선과 마찬가지로 관동대지진으로 인하여 1924년 3월 공사를 일시 중단하였다.

평양탄광선의 종단인 사동 이동(以東) 지역의 경우 오노다 시멘트제조주식회사가 전용 경편철도선으로 부설한 미평~승호리 구간 7.1마일(11.4km)을 1918년 5월 건설비로 매입한 후 보완 개량공사를 통하여 일부 연장하였으며, 대동강~승호리 구간 14.5마일(23.3km)을 일반 여객 운수에 이용하였다.

평양과 원산을 연결하여 제2의 반도 횡단철도를 형성할 경의선 서포~함경선 고원 구간 약 127마일(약 204km)의 평원선 건설은 제45의회(1920년 12월)의 협찬을 거쳐 1921년에 착수하기로 결정되었으나, 이 또한 관동대지진의 영향으로 예산이 삭감된 탓에 착공되지 못하였다. 1922년도에 서부에 속한 서포 방면의 노선 실측 및 용지 매입이 시작되었으나, 1923~1924년도에 별다른 진전을 보이지 못하다가 1925년 3월 말을 기점으로 만주철도의 위탁경영이 해제되었다.

만주철도 위탁경영시대의 건설공사 실적 일람은 다음 표와 같다.

노선명	영업 구간			공사 중 구간			비고
	구간	연장		구간	연장		
		마일	km		마일	km	
함경선	(남)영흥~양화	(101.5)	163.3	양화~신북청	(14.22)	22.9	일부 공사 중단
	(중)단천~길주	(52.6)	84.7				
	(북)수남~수성	(44.4)	71.5	극동~수남	(9.9)	16.0	공사 중단
	(북)창평~회령	(25.9)	41.6				청진~회령 간 개통
진해선				진해~창원	−12.8	20.6	공사 중단
평양탄광선	사동~승호리	−7.9	12.6				오노다시멘트회사선 매수
평원선							서포 방면의 측량 개시
	계	373.7			59.5		

예정노선 조사 : 총독관방 철도부는 조선철도망 확정에 필요한 노선 조사 사업을 사전에 계획하고, 먼저 65개 노선, 약 5,000마일(8,047km)에 대한 조사를 목표로 1917년도 이후 경상부에 이를 시행하도록 하였다. 그러나 1921년 조선 산업조사위원회의 결의(총독부가 제1차 세계대전 이후의 국정 변화에 맞춰 같은 해 10월 경성에서 일본과 조선의 사회적 권위를 바탕으로 산업 시정 방침의 확립 및 계획 수행상 필요한 각종 주요 사항을 심의한 내용 가운데 조선철도에 관한 사항)에 따라 이듬해인 1922년도부터 임시부 사업으로 이전되었고, 선로 조사 예산이 새로 배정되면서 임시선로조사부로서

의 진용을 정비하게 되었다. 목표 기한을 6년 이내로 잡고 본격적인 조사에 착수하는 한편, 기존의 도량형을 개정하여 미터법에 맞게 준비를 하였다. 그러나 이듬해인 1923년 행정과 재정을 정리하면서 목표 기한을 당초 계획보다 2년을 연장하여 8년을 잡고 연간 약 600마일(966km)을 조사하도록 계획을 진행시켰으나, 1925년 관동대지진의 여파로 긴축 재정에 들어가면서 다시 경상부로 환원되었다. 경상부로 환원된 후 조사반 2곳에서 연간 400마일(644km) 정도를 조사하게 되었다. 1926년도까지 지형조사가 완료된 노선은 23개 본선 연장 약 3,230마일(5,198km)과 비교선 440마일(708km)로 총 3,670마일(약 5,800km)에 이르렀다. 이를 북부, 중부, 남부 지역으로 분류한 노선 내역은 다음과 같다.

북부 노선

- 수성에서 나진, 경흥, 경원, 은성, 종성을 거쳐 회령에 이르는 구간
- 회령~고건원 구간
- 사준진~종성 구간
- 종성~경원 구간
- 길주~혜산진 구간
- 함흥~강계 구간
- 순천에서 희천, 강계를 거쳐 만포진에 이르는 구간
- 정주에서 귀성, 삭주, 청성진을 거쳐 신의주에 이르는 구간
- 신의주 또는 남시에서 다사도에 이르는 구간

중부 노선

- 갈마에서 양양, 울진, 영덕, 포항, 울산을 거쳐 부산진에 이르는 구간
- 경성에서 춘천을 거쳐서 김화에 이르는 구간
- 경성에서 양평, 횡성을 거쳐서 강릉에 이르는 구간

- 경성에서 충주, 안동을 거쳐서 대구에 이르는 구간
- 춘천~장호원 구간
- 수원에서 여주, 원주를 거쳐 횡성에 이르는 구간
- 안동~영덕(동해안) 구간

남부 노선

- 대구에서 고령, 거창을 거쳐 남원 또는 선천에 이르는 구간
- 목포 또는 나주에서 하동에 이르는 구간
- 송정리~보성 구간
- 광주~벌교 구간
- 김천에서 거창, 진주를 거쳐서 삼천포에 이르는 구간
- 이리에서 전주, 남원, 순천을 거쳐서 여수에 이르는 구간
- 이리에서 전주, 선천, 안의, 고령을 거쳐서 대구에 이르는 구간

이 밖에도 협궤선으로 조사된 노선이 총 61마일(98km)에 이르렀다.

또한 지형조사를 완료한 본선의 경제 조사가 순차적으로 진행되어 1989년도까지 다음과 같은 구간이 종료되었다.

구간	거리
갈마~부산진 구간	387마일(623km)
웅기~동관진 구간	97마일(156km)
길주~혜산진 구간	88마일(142km)
순천~만포진 구간	178마일(286km)
진주~전주	156마일(251km)
원촌~담양	
조선 남부 전역 6개 구간	230마일(370km)
계	1,136마일(약 1,878km)

또한 나머지 미조사 구간의 경우 만주철도 위탁경영 해제 이후에도 철도망

5,000마일(8,047km) 달성을 위하여 지형 조사, 경제 조사 등과 함께 계속해서 작업이 진행되었다.

완화곡선 부설 : 열차의 안전운행을 위하여 노선의 직선부와 소반경 곡선부와의 접점에 반경을 따라 상당히 긴 완화곡선을 삽입, 부설하기로 결정하고, 1922년 이후 함경선 실측 때부터 각 건설선의 중심 측량에 이를 실시하였다. 철도의 완화곡선 부설은 조선 국유철도에서 처음 실시되었다. 당시에는 이 곡선에 하이컬러커브라는 명칭을 붙이고 스파이럴 커브를 채용하였으나 얼마 지나지 않아 3차 포물선으로 변경하였다.

철도 용지 매입의 어려움 : 조선철도 건설 개량은 모두 정부의 국채로 지급되었으며, 만주철도는 정부의 위탁사업으로 실시되었으나 철도 용지에 필요한 사유지의 매입에 어려움을 겪었다. 측량 조사를 위한 토지 출입에는 그다지 문제가 없었으나, 용지 매입의 경우 만주철도의 토지 매입에 의심을 품은 토지 소유자를 설득하는 일이 쉽지 않았다. 따라서 한동안 용지 매입 담당자의 명함에 정부 위탁사업, 정부 위탁이라는 직함을 붙였으며, 당시 군수의 개입과 경찰의 협조를 얻어서 토지 소유자의 승낙을 받았다.

용지 매입을 어렵게 한 가장 큰 원인은 바로 묘지 이전 교섭이었다. 이는 비단 만주철도 위탁경영시대뿐만 아니라 모든 시대에 해당되었다. 조선은 예로부터 조상을 지극히 섬기었으며, 주로 양지바른 남쪽 기슭에 묘를 만들었다. 특히 고위 관직자의 묘는 경치가 뛰어난 산 정상에 자리하여 산기슭부터 산 전체를 묘지로 보았다.

이처럼 조상을 공경하는 마음이 강했기 때문에 철도 선로의 선정 과정에서 많은 어려움이 따랐다. 가령 터널은 절대 묘지 아래를 지나서는 안 되며, 묘지의 뒷부분을 지나면 조상의 목을 자르고, 앞부분을 지나면 조상의 다리를 자르며, 묘지 부근을 지나면 소음 때문에 조상이 편히 잠들 수 없다고 여겼다. 부득이하게 묘지 이전을 요구할 경우 일가친척과의 의논이나 묘지 이전 장소 선정, 막대한 이전 비용 등으로 인하여 매우 복잡한 협상 절차를 거쳐야만 하였다. 따라서 선로 선정시에는 가능한 한 묘지를 통과하는 것을 피하였다.

그리고 용지 지적(地籍)은 묘지 외에 택지 · 논 · 밭 및 들판 등으로 구분하였고, 일반적으로 용지 매입 협상에는 장기간이 소요되었다.

제2차 직영(제1기)시대

1925년 4월 1일 만주철도 위탁경영에서 조선총독부의 직접 경영으로 환원된 후 초대 철도국장인 오무라 다쿠이치는 취임 직후 조선 산업을 획기적으로 발전시키기 위한 국유철도 증설계획을 수립하였다. 철도부가 조사한 노선 가운데 비교적 적은 비용으로 큰 효과를 거둘 수 있는 5개 노선, 즉 도문선(웅기~동관진 구간), 혜산선(길주~혜산진 구간), 만포선(순천~만포진 구간), 동해선(원산~포항 구간, 울산~부산진 구간), 경전선(진주~전주 구간, 원촌~담양 구간)의 총 860마일(약 1,383km)을 선정하고, 이러한 신선 건설과 함께 그 사이에 있는 사철 경남선 외 5개 노선 210마일(약 337km)의 매수선 개량을 동시에 진행시키도록 계획하였다. 또한 개정 계획에 속하는 함경선 · 평원선 건설을 포함한 종합적인 계획을 수립하고, 1938년도 완공을 목표로 총 경비 3억 2천만 엔에 달하는 막대한 국비를 투입하는 조선철도 12개년 계획안을 제52의회(1926년 12월)에 제출하였다. 수많은 질의응답을 거쳐서 힘들게 동의를 얻은 이 계획은 1927년도부터 실시되었다.

이는 조선철도 건설사에 새로운 획을 긋는 계획으로, 그 상세한 내용은 별도의 항목에서 기재한 바와 같다.

또한 이를 계기로 1927년 4월 1일부터 모든 견적에 '미터' 도량 형법을 실시하게 되었다.

먼저 이미 계획이 확정된 함경선은 전년도에 이어서 부분 개통을 실시하고 공사를 진행하여 12개년 계획에서 정한 완공 예정 기한 내인 1928년 9월 원산~회령 구간 624.2km가 전부 개통되었다. 착공 이후 15년이라는 긴 시간을 들여 함경도 변방부터 경원선을 거쳐 중앙까지 연결하는 간선철도를 탄생시킨 것이다. 그리고 본선 건설과 함께 회령탄광선 · 북청선 · 차호선 및 이원철산선 4개 지선이 이듬해인 1929년 9월까지 각각 개통되었다.

한동안 중단되었던 진해선 진해~창원 구간 20.6km의 공사는 1925년 12월에 재개되어 이듬해인 1926년 11월 전 노선이 개통되었다.

또한 공사 착수를 미루고 있던 평원선은 1926년 6월 서부의 경의선 서포부터 공사를 시작하여 부분 개통하며 공사를 진행하였다. 1931년 10월까지 서포~장림 구간 96.5km를 개통하고 노반공사도 동서 양 방향에서 착수하였으나, 12개년 계획의 신규 건설선 공사를 우선적으로 실시하면서 계속 지연되어 좀처럼 진척을 보이지 못하다 부득이하게 완공 예정 기한을 연장하게 되었다.

12개년 신규 계획선은 1927년 10월 도문선 건설 기공을 시작으로 순차적으로 공사에 착수하였고, 부분 개통을 실시하면서 공사를 진행시켰다. 그 결과 도문선은 1933년 8월 웅기~동관진 구간 162.8km 전 노선이 개통되는 한편, 광궤 개축공사를 마친 동관진~회령 구간을 통하여 함경선과 연결되었다. 이로 인해 경성~회령~웅기 구간의 거리를 시간적으로 단축하는 데 성공하였고, 이후 북만주 · 러시아 국경과의 교통 연락 및 국방상 중요한 사명을 담당하게 되었다.

그 밖의 신규 계획선도 1931년 6월 만주사변 발발 이후의 제반 정세로 인해 공사 진척에 변화가 있었으나, 1935년도 말까지 다음과 같이 부분적으로 개통되었다. 혜산선은 총 길이 약 141km 가운데 길주~봉두리 구간 99.7km, 만포선은 총 길이 약 303km 가운데 순천~개고 구간 140km, 경전선은 총 길이 약 251km 가운데 북부에 속하는 전주~곡성 구간 약 80.8km, 동해선 북부는 총 길이 478km 가운데 안변~간성 구간 150.7km를 부분 개통하였다. 또한 동해선 남부는 부산진~울산 구간 73km 전 노선이 개통되어 총 707km(신규 계획선 총 길이의 약 38%)가 개통되었다.

이어서 북선(함경도) 개척사업의 일환인 삼림 개발을 위하여 북선 척식 협궤(궤간 0.762m)철도 백무선 백암~무산 구간 약 188km가 제62의회(1932년 6월)의 동의를 거쳐서 같은 해 11월부터 혜산선 백암을 기점으로 공사에 들어갔다. 인적이 드문데다 해발 1,000m가 넘는 한랭지대의 대삼림 고원이 있어 공사가 난관에 부딪혔으나 1935년도 말까지 백암~연암 구간 55.9km를 부분 개통하고, 연암 방면의 노반공사에도 착수하였다.

제2차 직영 제1기의 건설공사 실적은 다음과 같다.

노선명	영업 구간		공사 중 구간		비고
	구간	연장 (km)	구간	연장 (km)	
함경선	(남)양화~단천 (북)길주~수남	93.9 62.9			함경선 전선 개통
지선					
회령탄광선	회령~계림	10.6			완공
북청선	신북청~북청	9.4			〃
차호선	증산~차호	4.9			〃
이원철산선	나흥~이원철산	3.0			〃
천내리선	용담~천내리	4.4			차상전
진해선	진해~창원	20.6			전 노선 개통
평원선	서포~장림	96.5	장림~양덕 토령터널 전후 고원~성내	27.4 5.0 30.0	
도문선	웅기~동관진	162.8			전 노선 개통
혜산선	길주~봉두리	99.7	봉두리~혜산진	42.0	
만포선	(본)순천~개고 (지)구장~용등	140.0 7.4	개고~만포교	163.4	(완성)
경전선	(북)전주~곡성	80.8	곡성~순천	52.4	
동해선	(남)부산진~울산 (북)안변~간성	73.0 150.7	간성~천진	20.9	남부선 전 노선 개통
백무선	백암~연암	55.9	연암~유평동	44.6	
	계	1,076.4		385.7	

조선철도 12년 계획

산업 부진과 대책 : 1917년 7월 만주철도 위탁경영 당시에는 예산문제 등으로 인하여 함경선과 평원선 등의 예정선 건설이 지연되었으나, 사설철도만

은 그 사이에 상당히 발달하였다.

그러나 제1차 세계대전 이후 재정적으로 피폐해지면서 국철과 사철 모두 자금난에 빠졌다. 정부가 채권을 모집하지 않는 정책을 취했기 때문에 철도뿐만 아니라 일반 기업도 활로가 막히면서 민심이 흉흉해졌다. 이러한 상황에서 전조선상업회의소를 비롯한 민간 유지들이 궐기하여 조선의 산업 진흥계획, 철도망 촉진, 항만 개축, 치산치수의 4대 항목을 내걸고 당국에 그 실행을 요구하였다.

총독부에서도 당시 시모오카 정무총감이 산업제일주의의 관점에서 이러한 민간 운동을 받아들였다. 다년간의 현안이었던 산업 증식 및 토지 개량 사업을 비롯하여 이러한 정책의 근간을 이루는 철도 문제를 해결하기 위하여 여러 어려움을 극복하고 만주철도 위임을 해제하였으며, 제1차 철도국장으로 오무라 다쿠이치를 영입하여 새로운 진용을 갖추었다.

12개년 계획 수립 : 오무라 국장은 1925년 6월에 취임한 직후 시모오카 정무총감의 의도대로 철도망 보급을 기획하고 차례대로 조사를 진행하였다. 이미 총독 관방 철도부시대에 조사한 약 2,000km의 예측선에 대해서 신중히 검토한 후 도문선 · 혜산선 · 만포선 · 동해선 · 경전선을 선택하였다. 이들 건설선의 연장과 이것이 기존 각 노선에 미치는 운영상의 영향을 십 수 년 후까지 수치적으로 예상한 뒤, 수지 이익금이 증가하면 건설 이자를 지급할 수 있으므로 신선 건설이 철도 경영에도 유리하다는 자료를 정리하여 같은 해 10월 조선철도 10개년 계획을 작성하고, 일본 정부에 승낙을 받기 위하여 이듬해 11월 관계자와 함께 도쿄로 건너갔다. 도쿄로 가기 전에 오무라 국장은 시모오카 총감과 함께 함경도 변방을 시찰하며 국경 부근이 얼마나 개척이 안 되었는지, 또 얼마나 교통, 특히 철도가 필요한지를 몸소 느끼면서 신선 건설 계획에 박차를 가하였다. 그러나 시모오카 총감은 함경도 시찰에서 돌아온 지 얼마 되지 않아 병마로 세상을 떠났고, 이러한 계획의 앞날에 먹구름이 드리워졌다.

오무라 국장은 도쿄로 건너간 후 각 부서와의 절충에 힘썼다. 또한 신임 유아사(湯淺) 정무총감과 필사의 노력을 기울였으나, 채권을 모집하지 않겠다는 정부의 정책이 워낙 강력하여 결국 내각의 허락을 얻지 못하였다. 오무라 국장은 이듬해인 1926년 정월 동해선과 경전선 시찰을 마친 후 만포선과 혜산선까지 시찰하며 현지의 실상을 자세하게 파악하면서 철도의 건설이 매우 시급하다는 사실을 통감하였다.

제국철도협회는 국제적 관점에서 볼 때 철도의 연장이 조선의 개발 가운데 가장 시급한 문제라고 판단하여 이에 대한 방안을 제시하고 조선 정부와 국민에게 이에 대한 자문을 구하였다.

한편 조선철도협회와 상업회의소 등도 이러한 계획에 합류하여 1926년 3월 위원을 도쿄에 파견하여 촉진건의안을 양원에 제출하였다. 7월에는 조선철도촉진기성회(명예회장 시부사와 에이이치, 회장 고마쓰 겐지로(小松謙次郎)를 도쿄에 설립하고, 각 방면의 관계자들을 설득하여 다각도로 운동을 추진하였다. 그 결과 조선에 시급히 철도를 보급해야 한다는 인식이 점차 일반인들 사이에도 널리 퍼졌다. 제52회 의회에서 반드시 목적을 달성하기 위하여 예산 편성기인 1926년 10월에 와타베 데이이치로(渡部定一郎), 오무라 햐쿠조(大村百藏) 등의 민간 유지가 다시 도쿄로 건너가 시부사와 기성회 명예회장, 고마쓰 회장 등과 함께 와카쓰키 레이지로(若槻禮次郎) 수상, 가타오카 나오하루(片岡直溫) 대장상 등과 회견을 가지며 이에 대해 보다 상세하게 설명한 결과 긍정적인 반응을 얻을 수 있었고, 이에 힘입어 더욱 열심히 운동을 추진하였다.

한편 이토 히로부미 총독은 이 문제에 관하여 특별히 와카쓰키 수상에게 양해를 구하였으며, 유아사 정무총감과 오무라 국장, 구사마 히데오(草間秀雄) 재무국장은 이미 도쿄에 건너가 총독안의 승인을 내각에 강력하게 요구하였다. 그 과정이 결코 순탄치 않았으나, 여러 난관을 극복하고 결국 11월 10일 각료회의에서 원안인 11개년 계속사업과 건설 및 개량비 등 기정 계획

분을 합친 3억 2,155만 엔의 예산 가운데 불과 155만 엔을 삭감하고 기간을 1년 연장한 연장계획안이 승인되었다. 이에 정부는 제52회 의회(1926년 12월)에 예산안 및 조선사업공채법 개정안을 제출하였다.

각종 질의응답이 오가는 양원위원회의 심의를 거치는 동안 정계의 어두운 뒷면에 존재하는 복잡한 사정으로 인하여 수차례 위기를 겪기도 하였으나, 3월 10일에 중의원, 3월 24일에 귀족원 본회의를 무사히 통과하면서 1927년도부터 곧바로 실시되었다. 조선의 획기적인 철도 연장 계획은 바로 이러한 과정을 거쳐서 확립되었다.

계획의 중요성과 그 내용 : 당시의 12개년 계획은 조선 산업의 획기적인 개발과 약진을 알리는 조선철도의 전주곡이었다고 할 수 있다. 당시 일본 정부는 극도의 긴축정책을 취하고 있었고, 조선에 대한 인식도 부족한 상태였기 때문에 이러한 계획을 진행시키기에는 여러모로 어려운 점이 많았다. 이러한 상황에서 진행된 조선철도 12개년 계획은 군사적 필요성에서 출발한 기존의 조선철도와 달리 일본의 인구 · 식량 · 연료 등과 같은 제반 문제의 해결과 조선의 경제 · 문화 개발을 위한 철도가 계획되었다는 점에서 중요한 의의를 갖는다. 또한 기존의 철도 연장 계획의 경우 군사적인 목적을 제외하고는 단지 위급상황에 대처하기 위하여 제한된 예산 내에서 1개 노선씩 순차적으로 연장한 것이 전부였다. 이처럼 막대한 자금을 투입하여 조선 전역에 철도망 건설을 계획한 것은 처음으로, 이는 조선철도 건설 역사에 새로운 획을 긋는 사건이었다.

1927년도 이후 12년 동안 실시된 조선철도 12개년 계획에는 기정 계획선(함경선 및 평원선) 건설을 포함하여 총 3억 2천만 엔의 거액이 투입되었다. 이는 5개 노선 860마일(1,384km)의 신선 부설과 5개 노선 210마일(338km)의 사설철도선 매입 및 이에 따른 개량, 기설선 및 차량의 증비와 개량에 사용되었다. 그 내용은 다음과 같다.

1. 신선 건설

		마일	km
도문선	웅기~동관진 구간	97	(156.1)
혜산선	길주~혜산진 구간	88	(14.16)
만포선	순천~만포진 구간	178	(286.4)
동해선	원산~포항 구간	341	(548.7)
	울산~부산 구간		
경전선	진주~전주 구간	156	(251.0)
	원촌~담양 구간		
	계	860마일	(1,383.8km)

2. 사철 매입

새로 매입하게 된 사설철도는 신선 건설에 따라 그 사이에 놓이게 된 5개 노선(약 210마일/338km)으로, 이를 국유 경영으로 전환할 계획이었다. 또한 매입한 노선 가운데 조선철도회사 소속 경동선 · 전북철도 및 도문철도회사선 143.6마일(231km)은 협궤이므로 매입 후 광궤로 개축할 필요가 있었다.

각 노선의 사정 및 정부의 재정 상태를 고려하여 1927년 이후 5년간 별도의 공채 지급을 통하여 매입할 예정이었다.

	마일	km
조선철도회사 소속 경남선 마산~진주 구간	43.5	(70.00)
전남선 송정리~담양 구간	22.7	(36.53)
(협궤) 경동선 대구~학산 구간	92.0	(148.0)
서악~울산 구간		
전북철도회사선(협궤) 이리~전주 구간	15.5	(24.94)
도문철도회사선(협궤) 회령~동관진 구간	36.1	(58.09)
계	209.8마일	(337.6km)

3. 건설 및 개량비

이 계획에 속하는 건설 및 개량비는 기정 계획에 속하는 89,908,160엔과 신규 계획에 속하는 230,091,840엔을 합하여 총 320,000,000엔으로, 그 내역은 다음과 같다.

건설비	엔
기정 건설비	77,428,932(주 참조)
신규 건설비	
도문선	17,083,358
혜산선	19,274,295
만포선	46,639,379
동해선	63,000,174
경전선	28,145,128
계	174,142,334
합계	251,571,266

개량비	엔
기정 제반 개량비	12,479,228
신규 개량비	
매입선 개량비	15,754,157
기설선 개량비	22,195,349
기설선 차량증비 및 개량비	18,000,000
계	55,949,506
합계	68,428,734
총계	320,000,000

주) 기정 건설비는 함경선과 평원선 건설비를 합한 총액이다.

건설비 및 개량비 총액 3억 2,000만 엔은 1927년도에서 1938년도에 이르는 12년간 연액 1,900~3,000만 엔을 지출한 것이다. (연도별 할당액은 경리편 참조)

총액의 비용별 내역 및 최종 지출(완성년도)은 다음과 같다.

건설비	(금액)	(완성년도)
봉급 및 제급여	5,209,389엔	1938년도
사무비	3,791,970엔	1938년도
특별 급여금	130,000엔	1931년도
함경선	18,017,230엔	1928년도
평원선	44,336,674엔	1935년도
도문선	14,977,177엔	1931년도
혜산선	17,206,199엔	1937년도
만포선	42,137,322엔	1938년도
동해선	55,473,291엔	1938년도
경전선	24,729,914엔	1934년도
차량비	25,562,100엔	1938년도
계	251,571,266엔	

개량비	(금액)	(완성년도)
봉급 및 제급여	1,293,166엔	1938년도
사무비	899,712엔	1938년도
특별 급여금	45,000엔	1931년도
공사비	46,135,856엔	1938년도
차량비	20,055,000엔	1938년도
계	68,428,734엔	
총계	320,000,000엔	

신선 건설에는 비교적 적은 경비로 큰 효과를 낼 수 있는 도문선 등의 5개 노선이 선정되었다. 자연 지형에 맞도록 소곡선, 급구배(急勾配)를 적절히 사용하고 대절취, 고축제, 터널 같은 난공사를 최대한 피하며, 목재가 풍부한 지방에서는 교량 및 기타 건조물을 임시구조로 삼는 등 건설비 절감을 위하여 다각도의 노력을 기울였다. 기설선은 대부분 개통 당시 운수 상태에 맞춰 급하게 공사를 진행시켰기 때문에 이후의 운영 상황에 맞게 개량해야 하는 경우가 많았다. 12개년 계획에는 재정 상황을 고려하여 기설선의 차량 증비, 개량 및 궤도 교체, 선차 연락, 공장 설비, 목재 방부 설비, 통신 설비 개량, 각 역의 확장 가운데 가장 시급한 것만을 포함시켰다.

그 후 일본 정부의 재정과 만주사변 이후의 정세로 인하여 공사가 수차례 지연되면서 완공 연도가 부득이하게 연장되었으며, 종전 당시 동해선 북부 양양~포항 구간과 경전선 남부 진주~순천 구간, 동 지선인 금지~담양 구간이 미완공 상태로 남았다.

조선 국유철도 건설규정 등의 개정(제4장 제3절 참조)

1927년 4월 1일 미터법이 실시되면서 건설규정 및 도면조정 주의사항, 노선 측량 주의사항, 공사수량계산 주의사항 등 제반규정 개정이 함께 통지되었다.

건설규정(1927년 10월, 부령 제98호)의 주요 기준은 다음과 같다.

항목 \ 선로종별	갑종 선로	을종 선로	병종 선로	기사
궤간	1.435m	1.435m	1.435m	
곡선반경(본선)	400m 이상	300m 이상	250m 이상	
구배(본선)	10/1,000 이하	15/1,000 이하	25/1,000 이하	
시공기면 폭(본선)	260cm 이상	230cm 이상	215cm 이상	궤도 중심에서 바깥 가장자리까지
도상 두께(본선)	27cm 이상	18cm 이상	12cm 이상	침목 밑면에서 시공기면까지
궤조(본선)	50kg 이상	37kg 이상	30kg 이상	길이 1m당
(기관차)	v=40km/h	v=40km/h	v=40km/h	차륜 한 쌍의 궤도에
궤도 부담력	22톤 이하	18톤 이하	15톤 이하	대한 정차 중 압력
(화물객차)	13톤 이하	13톤 이하	13톤 이하	
교량 부담력	(E~50) L-2	(E~40) L-18	(E~33) L-15	

또한 건설규정 제7조에 근거한 당시의 선로 종별은 다음과 같다.

갑종 선로 – 경부·경의 각 본선·경인선

을종 선로 – 호남·함경 각 본선·경원·평원·도문·동해·경전·평남·마산·진해·군산·청진·혜산·만포·평양탄광의 각 선

병종 선로 – 갑종 및 을종 이외의 선로

또한 제62회 의회(1932년 6월)의 동의를 얻어서 북선척식 협궤철도 백무선(백암~무산 구간 188km)이 건설됨에 따라 1934년 6월 통달 갑 제525호에 의거하여 '협궤건설표준' 이 제정되었다. 주요 기준은 다음과 같다.

궤간	0.762m
곡선(본선)	100m 이상(부득이한 경우 60m)
구배(본선)	25/1,000(부득이한 경우 40/1,000)
(정거장)	3/1,000
표준하중 선로	v=30m/h에서 9톤
교량	Ln–10

항공사진 측량 실시

지형이 복잡한 지역이나 험준한 산악지대의 철도 선로 선정에 필요한 세밀한 지형도를 작성할 목적으로, 1933년 3월 육군참모본부에 혜산선 합수 부근 지역을 대상으로 한 최초의 항공사진 촬영 및 이에 따른 지형도(축척 1/2,500) 작성을 위촉하였다. 그 결과 단기간에 정밀한 지형도를 입수할 수 있었으며, 현지 조사를 통하여 정확성 또한 확인하였다. 이것이 일본이 최초로 항공사진 측량을 철도 측량에 응용한 사례였다. 1932년 11월에는 만포선 구현령의 인적이 드문 지역을 대상으로 한 지형도의 작성 또한 참모본부에 위촉하여 좋은 성과를 거두었다. 그 당시에는 아직 항공사진 전문 업자가 없었다.

제2차 직영(제2기)시대

1932년 3월 만주국 수립 이후, 일본 · 대륙 간 교통 운수량의 급격한 증가와 조선 내 각종 산업 개발의 촉진에 따라서 전기부터 시행 중이던 각 건설선의 조기 완공을 서두르는 한편, 중일전쟁과 태평양전쟁 발발에 따른 전력증강 · 전시 주요 물자의 생산 증가 등을 위하여 의회의 동의를 거쳐서 다음과 같은 신선 건설을 순차적으로 진행시켰다.

의회	연도	노선명	구간	연장	기사
제69의회	1936년도	중앙선	동경성~영천	346km	1942년 4월 개통
76	1940년도	진삼선	진주~삼천포	31	노반공사 완료
79	1941년도	청나선	청진~나남	87	노반공사 중지
81	1942년도	대삼선	대전~삼천포	212	일부 터널공사 중지
84	1943년도	북청철산선	북청~상본관	42.3	궤도공사 완료
86	1944년도	백두산삼림철도	위연~신무성	92.3	미착수(협궤)

이 가운데 중앙선(경경선으로 개칭)은 1936년 말 공사에 착수하여 1942년 4월 1일 전선 개통하였으며, 북청 철산선은 궤도공사가 완료된 직후 종전을 맞이하였다.

대삼선은 진삼선과 병합한 것으로, 진주~삼천포 구간의 노반공사는 1943년 말에 준공되었다. 그러나 대전~진주 구간의 민령터널(연장 5,000m)의 굴착공사는 전선에 걸쳐서 노반공사 중이던 청라선(일부 임시영업)과 함께 1944년 2월 각료회의에서 결정된 결전비상조치요강에 따라 같은 해에 공사

제81회 의회	1942년도	능의선 능곡~의정부	26.8km	궤도공사 완료
〃	〃	임항선 미평~신월리	4.0	노반공사 중
〃	〃	진해~니동	3.0	〃
84	1943	울산항~울산	8.0	임시영업
〃	〃	적기항~수영	7.0	노반공사 중
〃	〃	인천~부평	18.0	궤도공사 중
86	1944	목포항~삼학도	약 4.0	미착수

가 중지되었다. 그리고 백두산삼림철도는 조사 측량 중에 종전을 맞이하면서 중지되었다.

그리고 개량비 지급 공사로서 의회의 동의를 거친 것은 다음에 나오는 능의선 및 임항선 6개 노선의 신설이었다.

이 가운데 임항선 울산항~울산 구간은 종전시에 임시영업을 시작하였지만, 능의선(경의 · 경원 양선의 단락선)은 궤도공사 완료 직후에 종전을 맞이하였다. 미평~신월리 구간, 진해~니동 구간, 적기항~수영 구간 및 인천~부평 구간의 4개 선로는 노반공사나 궤도공사 중에 종전을 맞이하였으며, 목포항~삼학도 구간은 미착수 상태였다. 한편 전기부터 계속 시행 중이던 건설선은 혜산 · 만포 · 경전 · 동해북부 · 평원 및 백무의 6개 노선이었다.

혜산선 길주~혜산진 구간 141.7km는 1937년 11월에 전선 개통되었으며, 만포선 순천~만포교 구간 303.4km는 1939년 10월에 전선 개통되어 모두 압록강 연안에 도달하였다. 취중 만포선은 만포교를 통하여 만주국 해집선 집안역으로 이어졌으며, 신 국제선으로서 조선 · 만주 교통사에 새로운 축을 형성하였다.

경전선 북부의 전주~순천 구간 133.2km는 1936년 12월 전선 개통된 후, 여수항선과 이어져 여수~순천~전주~이리 구간을 직통으로 연결하면서 조선 남부에서 중앙으로 가는 지름길을 형성하였다. 그리고 지선인 금지(1934년 원촌을 금지로 개명)~담양 구간 36.4km는 1942년 2월까지 노반공사를 끝마쳤으나, 예산 삭감으로 인하여 개통되지 못하였다. 그러나 남부의 진주~순천 구간 79km 가운데 직전~횡천 구간 7.0km 및 하동~섬거 구간 7.3km의 노반공사의 경우, 전자는 이명터널 공사, 후자는 섬진강 교량공사를 주요 공사로 삼고 서둘러 1942년 12월 공사에 착수하였으나, 결전비상조치요강에 따라 1944년 5월에 시공을 중지하였다. 중지 시의 공사 달성률은 각각 40%와 60%로 섬진강 교량의 하부 구조는 거의 완성되었다.

동해 북부선은 간성~양양 구간 41.9km의 노반공사가 준공됨에 따라서 1937년 12월에 개통되었다. 이로써 북부의 영업선은 안변~양양 구간이 192.6km가 되었다. 게다가 1942년 6월까지 노반공사를 준공한 양양~삼척 구간 106.5km 가운데 북평~삼척 구간 12.9km를 1944년 2월에 개통하고, 삼척철도회사에 경영을 위탁하였다. 이는 삼척의 시멘트 및 화학 공업 생산품 등 전시 중의 주요 물자를 삼척철도회사의 선로를 이용하여 묵호항에서 반출하기 위한 것이었다.

그리고 양양~북평 구간 93.6km의 경우 1945년 4월부터 노반의 일부를 보수하는 공사에 들어갔으며, 궤도 재료 수집에 힘써 간신히 양양 남대천 교량 강형(鋼桁) 가설공사에 착수하였으나, 공사 도중 종전을 맞이하였다.

삼척 이남에서는 삼척~오분 구간, 동막~용화 구간, 송라~포항 구간의 3개 구간 연장 34.5km의 노반공사를 1943년 6월까지 끝마쳤으나 개통하지는 못하였다.

평원선은 부득이하게 완공 시기를 연장하였으나, 1936년 11월에 서부의 장림~양덕 구간, 1937년에 12월 동부의 고원~성내 구간을 각각 개통시켰다. 그 후 서산 무연탄을 동해 측으로 반출하고 수송력을 증강시키기 위하여 지세가 험준한 양덕~성내 구간의 일부 구배를 변경하는 등 개축공사를 시행하면서 1939년 4월 동서 양측으로부터 노반공사에 착수하였다. 밤낮으로 공사를 강행한 결과 58.7km의 난공사 구간의 공사를 끝마쳤고, 1941년 4월에는 서포~고원 구간 212.6km를 전선 개통시켰다.

백무선은 연암~연사 구간을 1939년 10월까지 개통하고, 이어서 1944년 12월 연사·무산 구간을 개통하면서 백암~무산 구간 191.6km의 협궤철도를 완성시켰다. 그 결과 혜산선, 무산선과 이어지면서 연선의 임산 및 광산 개발에 도움을 주었다.

〈표 4-1〉 제2차 직영(제2기) 공사 실적표

노선명	영업구간		공사 중 구간		적요
	구간	연장(km)	구간	연장(km)	
혜산선	봉두리~혜산진	42.0			(전선 개통)
만포선	개고~만포교	163.4			〃
(지선)	어용~용문 탄광	7.1			〃
경전선	곡성~순천	52.4	금지~담양	36.4	노반공사 준공
			직전~횡천	7.0	공사 중지
			하동~섬거	7.3	〃
동해선	간성~양양	41.9	양양~북평	93.6	노반공사 준공
	북평~삼척	12.9	삼척~오분	3.4	〃
			동막~용화	8.2	〃
			송라~포항	22.9	〃
평원선	고원~장림	116.1			(전선 개통)
백무선	연암~무산	135.7			〃
경경선	영천~청량리(서울)	345.2			〃 (경경선으로 개칭)
	망우~연촌	4.9			(경원, 경경 양선의 단로선)
대삼선			삼천포~개양	21.9	노반공사 준공
			오동~금당	8.2	공사 중지
청라선	청진~청암	11.1	청암~나진	75.9	청진~청암 구간은 임시 영업
북청철산선			북청~상본관	42.3	궤도공사 준공
능의선			능곡~의정부	26.8	〃
임항선			울산항~울산	8.0	임시 영업
			적기항~수영	7.0	노반공사 중
			진해~니동	3.0	〃
			미평~신월리	4.0	〃
			인천~부평	18.0	궤도공사 준공
계		932.7		393.9	

이 시기의 공사 실적은 〈표 4-1〉과 같으며, 종전시의 미완공 건설선의 공사 상황은 〈표 4-2〉와 같다.

〈표 4-2〉 종전시의 미완공 건설선 공사 현황 일람

노선명	실시계획		개통		미완성 구간						기사
					노반공사			공사 미착수			
	구간	연장 km	구간	연장 km	구간	연장 km	달성률 %	구간	연장 km	실시계획 대비 %	
경전선	(북부) 전주~순천	133.2	전주~순천	133.2							
	(남부) 진주~순천	79.2			직전~횡천 하동~섬거	7.0 7.3	40 60	진주~직전 횡천~하동 섬거~순천	64.9	81.9	
	(지선) 금지~담양	36.4			금지~담양	36.4	100				
	계	248.8		133.2		50.7			64.9	26.1	
동해선	(북부) 안변~포항	478.0	안변~양양 북평~삼척	192.6 12.9	양양~북평 삼척~오분 동막~용화 송라~포항	93.6 3.4 8.2 22.9	100 100 100 100	오분~동막 용화~송라	144.4	30.2	
	(남부) 부산진~울산	73.0	부산진~울산	73.0							
	계	551.0		278.5		128.1			144.4	26.2	
대삼선	대전~삼천포	212.0			삼천포~개양 오동~금당	29.1 8.2	100 40	개양~오동 대전~금당	174.7	82.4	
	계	212.0				37.3			174.7	82.4	
청라선	청진~나진	87.0	청진~청암	11.1	청암~나진	75.9	30				청진~청암 구간은 임시 영업
북청철산	북청~상본관	42.3			북청~상본관	42.3	100				궤도공사 완공
백두산 삼림철도	위연~신무성	93.6						위연~신무성	93.6	100	(협궤선)
능의선	능곡~의정부	26.8			능곡~의정부	26.8	100				궤도공사 완공 (개량비 지급)
임항선	울산항~울산	8.0	울산항~울산	8.0							〃
	적기항~수영	7.0			적기항~수영	7.0	20				〃
	진해~니동	3.0			진해~니당	3.0	90				〃
	미평~신월리	4.0			미평~신월리	4.0	80				〃
	인천~부평	18.0			인천~부평	18.0	100				〃
	목포~삼학도	4.0						목포~삼학도	4.0	100	〃
	합계	1305.5		430.8		393.1			481.6	36.9	

철도건설규정 개정

태평양전쟁이 진행됨에 따라 대륙 철도의 일괄 수송을 위하여 노선 규격을 통일할 필요가 있었다. 조선철도 · 만주철도 · 화북 및 화중철도의 4자간 대륙철도회의에서 협의한 결과, 1942년 1월 기존(1927년 10월 부령 제98호)의 조선 국유철도 건설규정을 개정하였다.

주요 개정 사항은 갑종선 · 을종선 · 병종선의 선로 종별을 폐지하고, 새로운 선로 구간을 1급선부터 4급선까지 4종으로 개정하였다. 기존의 갑 · 을 · 병선의 규격은 대략 2급 · 3급 · 4급에 해당하였으며, 2급선 이상의 상급 규격을 갖는 것을 1급으로 하였다. 신구 종별의 주요 규격을 비교하면 다음과 같다.

종별		단위	신 규정				구 규정		
			1급선	2급선	3급선	4급선	갑종선	을종선	병종선
최소 곡선 반경		m	600	400	300	250	400	300	200
최급구배		1/1000	8	12.5	15	25	10	15	25
표준 설계 하중	궤도		v = 130km/h L-22	v = 100km/h L-20	v = 80km/h L-18	v = 70km/h L~16	v = 40km/h L-22	v = 40km/h L-18	v = 40km/h L-15
	교량		LS-22		LS-18		L-22	L-18	L-15
레일 중량		kg/m	60	50	37	37	50	37	30

제2절 건설선 공사 상황

압록강 가교공사

가교 계획 : 압록강은 조선과 만주 사이의 국경을 흐르는 800km 길이의 강으로, 장백산맥에서 시작하여 여러 지류가 만나 용암포 부근에서 황해로 흐른다. 과거 상류 수백 km 구간에는 뗏목이 다녔으나, 수력발전용 댐인 수풍댐이 건설된 이후 점차 그 수가 감소하였다. 홍수기인 매년 7, 8월과 강이

얼어붙는 겨울철 4개월 등 1년의 절반 정도는 수운을 이용할 수 없는 상태가 계속되며, 봄철 해빙기에는 물위의 얼음덩어리가 부딪히면서 일대 장관을 연출한다. 바로 이 압록강 사이에서 조선과 만주를 이어주는 철도 교량이 만포진, 수풍, 신의주 3곳에 있는데, 그 가운데 제1교라고 할 수 있는 것이 경의선에 이어 건설된 압록강철교이다.

압록강철교의 가설 계획은 이미 1904년 2월에 임시군용철도감부가 수립하였으며, 가설지는 만주 안동현의 하류 약 0.6마일(1.0km) 지점에 선정하였다. 가설지 부근은 평상시 조수간만의 차가 약 13척(4.0m)으로, 유속은 홍수기의 일본 하천과 비슷하며 강바닥이 연약하여 유심(流心)이 끊임없이 이동하고 강바닥의 고저도 일정하지 않은 상태였다.

교량공사는 1906년 3월 경의선 개량공사가 시행됨과 동시에 설계에 착수하였다. 당시 피일교는 이미 준공된 상태였으며, 같은 해 7월 통감부 철도관리국으로 이관된 직후 이 교량의 설계 가운데 와렌트러스 200척×6연+300척×6연을 가설하였다. 교각의 기초에는 모두 잠함공법을 적용하였고, 계속해서 세부 조사를 실시한 결과, 선박의 항행에 적합하도록 중앙부에 개폐식 회전 거더항을 설치하기로 결정하였다(영국의 구축함이 압록강을 이용할 수 있도록 영국이 요청한 결과라는 설도 있다). 교량의 중앙은 단선 철도 노선으로 하고 양측에 폭 8척의 보도를 설치하기로 하였다. 처음에는 복선을 계획하였으나 예산 관계로 단선이 되었다. 양측의 보도는 당시 일본의 데라우치 육군 장관이 비상시에 대포를 통과시킬 생각으로 이후에 추가를 명령한 것이었다. 이리하여 1909년 3월 설계를 끝내고 예산 총액 약 233만 엔을 계상하였으며, 1909년도부터 1912년도까지 3년간의 공사가 시작되었다. 1909년 8월에 조선 측에서 교각 기초공사에 착수하였으나, 공사 중 가교 문제에 관하여 외무성과 청국 간에 수차례 교섭한 결과(일례로 가교협정 성립 전에 착공한 것에 대하여 북경 정부가 항의를 제기하여 큰 문제가 되었으나 야마자 엔지로(山座円次郎) 공사의 조정에 의해 해결되었다) 1911년 3월에 동의를 얻어서 안동현 측부터 공사를 시작하였다. 청일 각서는 같은 해 4월 4일에 조인되었다.

공사 상황 : 이 공사를 위하여 1909년 6월 신의주에서 압록강출장소(1910년 2월에 신의주건설사무소로 명칭을 변경)를 설치하고, 직영공사로 1909년 8월 공사에 착수한 뒤 1911년 10월 말 준공까지 2년 2개월이 소요되었으나, 결빙 및 강우 기간을 제외한 실제 공사기간은 불과 1년 4개월이었다. 공사에 동원된 연간 인부 수는 51만 명, 공사비 총액은 175만 엔(그 중 공비 37만 엔)으로 예산 총액에 비해 약 58만 엔이 절감되었다. 이러한 절감 효과를 얻을 수 있었던 것은 참신한 잠함공법과 적절한 기계 응용 덕분이었다. 군용철도 완공 당시에는 조선과 만주 사이에 조선 측의 신의주 화물역과 안동현 측의 소잔교를 왕복하는 작은 증기선이 왕래하였으나, 겨울철에는 하천 표면이 얼어붙어 자유로운 빙상 교통이 가능하였다. 여름철에는 하루에도 수십 척의 거대한 뗏목이 다녔으며, 양쪽을 오가는 정크선(소형 범선)의 수도 많았기 때문에 양측 연안은 사람들로 상당히 붐볐다.

선정된 가교 지점은 교량 건설에 가장 적합한 조건을 갖추었다. 양 교대의 거리는 3,098척, 경간은 남측부터 200척×6련, 그 앞이 300척×6련이며, 9련 째의 중앙에 회전용 교각이 있고, 이를 중심으로 300척의 트러스가 다리 축에 직각을 이룰 때까지 회전하였다. 따라서 이 사이를 정크선이 돛대를 세운 채 통과할 수 있었다.

거더는 미국 기사 클로포드의 설계에 맞춰 와렌트러스로 하였다. 아메리칸 브리지 컴퍼니가 외주 제작한 부품을 인천까지 배로 수송한 뒤 다시 열차로 현장까지 운반한 뒤 스테이징 위에 설치한 골리앗 크레인을 이용하여 현장에서 조립하였다.

교대와 교각은 조선철도국이 설계하였다. 구체에는 절석 쌓기, 교대 기초에는 콘크리트 말뚝이 사용되었으며 교각 기초의 경우 이시카와지마(石川島) 조선소의 요청에 따라 철강 잠함(케이슨) 내부에 콘크리트 속채움을 실시하였다. 회전 교각은 직경 29척의 원형, 그 밖의 교각은 중앙부가 사각이며, 양 끝단이 반월인 소판형으로 길이 47척, 폭 13척 및 폭 15척 6촌의 2종으로 하였다. 공사에 사용한 시멘트는 미국에서 수입하였다.

잠함 공기탑은 노무자용과 재료용 두 가지가 있었는데, 재료용은 독일제로 꼭대기 부분에 8마력의 권양용 직류 모터를 장착시켰으며, 버킷(용적 1.4입방척)은 링크 체인을 상하로 움직였다.

수심이 얕은 교각 제1호 또는 제6호의 경우 주위에 말뚝을 박고 시트파일을 이용하여 흙막이 공법을 실시하였으며, 축도 위에 잠함을 설치하였다. 수심이 깊은 교각 제7호 또는 제12호의 경우 말뚝박기 비계를 만들고, 그 위에서 잠함을 조립한 후 잠함공법을 이용하여 잠함을 지반 위까지 끌어내리기로 하였다. 이를 위하여 길이 18척, 직경 2촌 정도 크기의 볼트 8개가 지지하는 금구 18조가 준비되었고, 말뚝에는 말구(末口) 1척, 길이 39척짜리 태백산 낙엽송이 사용되었다. 목재류는 상류 부근에서 조달하였다.

공사는 철도국 직영으로 시행되었으며, 직할 청부업자는 하자마구미(間組), 잠함공사 인부로는 천진지역 고력두(苦力頭)[6]인 양국동(楊國東)이 이끄는 중국 잠함부가 담당하였다. 조선인보다 급료가 훨씬 낮은데다 경험도 풍부하여 최대 기압 28lb/□″의 잠함 내 작업도 문제없이 해냈다. 잠함 공기는 침하 개시부터 기초 완료까지 169일, 잠함 기초 공비는 392,638엔이었다.

일본은 1909년 요코하마 축항공사 때 최초로 압기잠함공법을 사용하였는데 뒤를 이어 조선철도에서도 이 공법을 채택하게 되었다. 먼저 시범적으로 경의선 청천강 교량 200m 2련의 교각의 기초 침하에 시도하였으며, 이것이 성공하자 자신감을 갖고 압록강 가교공사에서도 채택하게 되었다.

1911년 7월 강형 조립 중에 대홍수를 만났다. 당시 회전교를 제외한 트러스

6) 고력두(苦力頭) : 제2차 세계대전 이전 중국과 인도의 육체노동자(짐꾼, 인력거꾼, 광부 등)를 가리켜 고력(苦力) 또는 쿨리(Coolie)라고 불렀다. 고력두는 이러한 고력들의 조합인 고력방의 운영자로, 고력의 임금 중 일정액을 받는 대신 취직과 생활 전반을 책임졌다. - 역자 주

의 설치는 모두 끝난 상태였으나, 7월 12일부터 내리기 시작한 비가 18일까지 이어지면서 수량이 크게 불어났다. 떠내려 온 길이 200~300척 정도의 거대한 뗏목이 회전교의 교각과 충돌하면서 스테이징의 일부가 붕괴하였고, 그 과정에서 트러스의 일부가 무너지고 회전장치의 부품도 유실되었다. 외주 제작에는 약 1년이라는 시간이 걸리기 때문에 총독부로서도 난감할 따름이었다. 그러나 며칠 후 안동현 경찰서의 연락을 받고 하류의 용암포 가도 부근에서 기적적으로 전혀 손상되지 않은 채 뗏목 위에 있던 회전용 샤프트를 발견하였다. 이 샤프트는 청일전쟁 당시 포획한 군함 정원·진원의 조타용 샤프트와 거의 비슷하였다. 그리고 붕괴 낙하한 강형은 물이 빠진 후 약 200m 하류에서 발견되어 대부분 회수하였다. 덕분에 불과 1만 엔의 보충재 구입비와 1개월간의 보수 기간을 거쳐 국제 가교공사가 예정 기한 내에 준공될 수 있었다.

회전교는 평일 오전, 오후에 한 차례씩 직각으로 열렸으나, 풍속 25m 이상일 때는 정지하였다. 회전교의 개폐를 위하여 12마력의 석유 발동기를 설치하였으나 45도 개폐에 불과 2~3분이 소요되었기 때문에 안전을 위하여 수동식으로 변경하고, 발동기는 예비 동력으로 삼았다. 그러나 정크선의 돛대가 쓰러지는 사고가 발생하자 교량의 보존을 생각하여 1934년 3월 31일자로 회전을 폐지하였다.

원래 하천을 국경으로 하는 경우 어느 지점을 분계로 할 것인지가 문제가 되는데, 일반적으로 가장 수심이 깊은 곳을 경계로 한다. 압록강 가교는 착수 당시 제9호 교각의 수심이 가장 깊었기 때문에 이를 경계로 회전교를 설계하였는데, 후에 홍수로 인하여 제11호 교각 부근의 수심이 가장 깊어지면서 문제가 발생하였다. 원래 이 가교공사는 조선 측에서 만주철도 측에 연락할 목적으로 설치를 강력하게 주장한 것으로, 가교에 대한 모든 책임은 조선 측에 있으며, 교량의 북측인 안동현 측 교대 석적 북단까지의 건설과 보수를 모두 책임지도록 협정하였다.

압록강철교의 완공과 동시에 안봉선의 광궤 개량공사 및 신의주 · 안동의 신역사도 준공되어 드디어 조선과 만주를 연결하는 철도의 시운전이 시행되는 날이 다가왔다. 1911년 11월 1일 조선과 만주의 관계자들이 모여 먼저 압록강 남안에서 성대한 개통식을 거행한 후, 이어서 안동 측에서 만주철도가 주최한 기념식을 거행하였다. 한 공사 관계자는 만주철도의 열차가 기적을 울리며 신의주역에 들어왔을 당시의 감격은 평생 잊을 수 없을 것이라고 말하였다.

압록강철교는 당시 동양 최고의 철교로, 국경의 명물이 되었다. 그 이유는,

(1) 압록강이 국제 하천인 점

(2) 교량 길이가 당시 가장 길었던 점

(3) 형(桁)의 일부가 회전식이었던 점

(4) 형(桁)의 설계 제작을 미국이 담당한 점

(5) 기초 시공에 일본 최초라고 할 만한 압기잠함공법을 사용했다는 점

등 때문이었다.

경원선 건설

본선의 부설권 문제 : 본선은 평원선과 함께 반도의 동서 해안을 연결하는 횡단선을 이루었으며, 동해의 항로를 거쳐 일본과의 교통로를 형성하였다. 또한 더 나아가 함경도 동쪽 변방지역을 거쳐서 두만강 연안에 이르는 조선 만주 교통의 주요 간선로의 일부로, 경제적으로도 매우 중요한 사명을 띠고 있었다.

본선은 1896년 프랑스인이 경의 · 경목(경성~목포 구간) 양 철도와 함께 그 부설권을 조선 정부에 요구함으로써 점차로 세간의 주목을 끌게 되었다. 이후 조선에 대한 서구열강의 요구가 점차 심해지는 가운데 일본 또한 부설권 획득을 위하여 많은 노력을 기울였다. 그 결과 1903년 부설권 획득을 둘러싼 각국의 경쟁이 치열한 가운데 대한제국과 일본 정부 간에 본선의 건설 출자

계약이 체결되었다.

군용철도 부설과 그 중지 : 때마침 러 · 일 국교가 단절된 탓에 일본 정부는 군사상 필요에 의하여 1904년 8월 경성~원산 간 군용철도 부설을 결정하였다. 또한 경성에서 준양을 거쳐 원산에 이르는 구간에 철도를 부설하고 필요에 따라서 두만강 연안까지 도달하도록 노선을 연장해야 한다고 한국 정부에 통고하였다. 이와 동시에 육군이 측량을 시작하고, 같은 해 11월 임시군용철도감부가 용산과 원산에 건축반을 설치한 뒤 각각 공사에 착수하였다. 그러나 얼마 후 러일전쟁이 끝나면서 이 노선을 서둘러 건설할 필요가 없어지고 말았다. 이 밖에도 여러 장애 요인이 발생하자 예산 관계상 1907년 9월 통감부 철도관리국에 이를 인계한 후 일단 공사를 중지하였다. 그 후 다시 본선 부설이 제기되어 1909년 5월 기존 노선을 따라서 다시 계측하는 한편, 평원선(평양~원산 구간)과 비교 조사를 실시하였다.

본선의 건설 : 당시 일본에서는 전후의 재정 상태를 감안하여 공사가 비교적 쉬운 호남선을 먼저 부설한 후 경원선 부설을 서둘러야 한다는 의견도 있었다. 그러나 다른 한편으로는 북선지역 물자를 중부로 수송하는 일 또한 시급하였기 때문에 두 노선을 동시에 부설하기로 결정하고 제26회 의회(1909년 12월)의 동의를 얻어서 1910년 4월부터 실측에 착수했다. 용산에서 의정부, 철원, 평강을 거쳐 조선 배량산맥 삼방관의 험준한 지역을 지나 석왕사를 거쳐서 원산에 이르는 약 138마일(223km)의 노선을 선정하고, 같은 해 6월 용산에 건설사무소를 설치하여 10월부터 공사에 착수하였다.

당초 본선의 건설 공사비는 약 1,378만 엔으로 1910년도 이후 11년간 지속적으로 지출할 예정이었지만, 한일합병 이후 부설을 서두르면서 이듬해인 제27회 의회의 동의를 얻어 공사 기간을 1911년도 이후 5년으로 단축하였다(이후 제31회 의회에서 1년 연장되었다). 이리하여 1911년 3월 원산에 건설사무소를 설치하는 동시에 실측에 착수하였고, 10월에 원산 측부터 공사를 시작하여 점차 용산 · 원산 양 방면에서 공사를 진행하였다. 용산~세포 구간은 8

공구, 세포~원산 구간은 7공구로 나누어 순차적으로 노반공사를 진행시켰으며, 이와 동시에 정거장 설비와 궤도 부설을 시행하였다. 가끔 수해와 같은 자연재해가 발생하기도 하였으나 비교적 순조롭게 진행되었으며, 각 구간이 준공될 때마다 8회에 걸쳐 양 방면에서 순차적으로 영업을 개시하였다. 1914년 8월 16일 세포~고산 구간 16.2마일(26.0km)의 준공을 끝으로 전선 138.2마일(222.3km)의 영업을 개시하기에 이르렀다.

공사 현황 : 본선 중 용산~복계 구간(약 77마일/124km) 및 고산~원산 구간(약 28마일/45km)은 험준한 지역이 2, 3곳 정도 있었으나, 지세가 대체적으로 평이하였다. 그러나 복계~고간 구간(약 33마일/53km)은 철악산맥이 가로지르고 있어 산악이 험준하고 수목이 우거진데다 인적이 드문 계곡이 많아 폭도나 맹호가 출몰하기도 하여 측량원이 작업 중에 때때로 위험에 노출되기도 하였고, 공사 또한 쉽지는 않았다. 특히 세포~고산 구간(약 16마일/26km)은 완만하게 돌아 원산 쪽으로 흐르는 삼방천의 깊은 계곡으로 토공 · 교량 · 구도 등 난공사가 많았으며, 크고 작은 터널이 15개나 이어져 있어 공사자재의 운반에도 어려움을 겪었다.

이 공사에 소요된 총 공사비는 1,282만 4천 엔이며, 공사 진척의 개요는 다음 표와 같다.

구간	연장		기공 연월	개통 연월일
	마일	km		
용산~의정부	19.4	31.2	1910. 10.	1911. 10. 15.
의정부~연천	24.6	42.6	1911. 4.	1912. 7. 25.
연천~철원	14.9	23.9	1911. 5.	1912. 10. 21.
철원~복계	16.0	25.7	1911. 11.	1913. 7. 10.
복계~검불량	9.7	15.6	1911. 11.	1913. 9. 25.
검불량~세포	7.6	12.2	1912. 5.	1914. 6. 21.
세포~고산	16.2	26.0	1912. 5.	1914. 8. 16.
고산~용지원	4.0	6.4	1912. 4.	1913. 10. 21.
용지원~원산	24.0	38.7	1911. 10.	1913. 8. 21.
계	138.2	222.3		

호남선 건설

건설계획 : 본선은 대전~목포 구간을 잇는 선로로, 그 연선인 충청도·전라도·경상도 3도 일대의 지방은 예로부터 3남이라 불려왔다. 토지가 비옥하고 곡식과 수산물, 여러 공예품이 풍부한 한반도의 보고로 예로부터 지역 주민과 외지인들 사이에서 개발 수단이 계획되었으나 교통 운수 시설이 정비되지 않아 풍요로운 자원을 개척하지 못하고 있었다.

본선 부설은 이러한 개발을 목적으로 1898년 6월 여러 경위를 거쳐 한국 정부와 부설권에 관한 협상이 체결되었다. 그 후 통감부시대에 제26회 의회(1909년 12월)의 동의를 얻어서 경원선과 함께 공사를 시작하였다.

건설 노선은 경부선 대전에서 시작하여 가수원, 두계를 거쳐 논산, 강경평야를 지나 금강 하구와 전주평야의 동쪽을 따라 이리에 이르렀으며, 여기서부터 평야를 횡단하여 김제평야의 동쪽으로 나아가 전라남북도 경계에 우뚝 솟은 노령을 통과하여 광주평야로 들어갔고, 송정리, 영산포 등의 여러 읍을 지나 목포항에 도달하였다. 총 길이는 간선 162.3마일(261.1km)과 별도로 이리에서 군산항에 이르는 15.3마일(24.7km)의 지선을 합한 177.6마일(285.8km)로, 비옥한 평야가 많은 금강·만경강·동진강 및 영산강 등의 유역을 지나기 때문에 식량 자원 개발상 매우 중요한 선로였다.

초기의 본선 부설은 제26회 의회에 의하여 1910년도부터 11년간 계속되는 사업으로서 공사비 약 1,253만 6천 엔을 지출할 계획이었다. 따라서 그 개통이 매우 요원했었기 때문에 최대한 서둘러 영업을 개시한다는 방침 하에 터널이나 대토공 등의 난공사는 뒤로 미루고 정거장 설비도 간략하게 하였으며, 교량이나 기타 공작물도 부득이한 경우를 제외하고는 모두 임시구조로 하여 7년 안에 개통시키도록 계획을 세웠다.

공사 개요 : 본선의 속성공사는 대전~사가리 구간 및 군산 지선과 사가리~목포 구간으로 양분하고, 전자는 다시 8공구, 후자는 5공구로 나누어 1910년 5월 대전 방면부터 측량을 시작한 후 같은 해 6월 대전에 건설사무소를

설치하여 10월부터 공사를 개시하였다. 그러나 1910년 8월 한일합병조약 체결과 함께 한반도 개발을 위한 본선 부설이 더욱 시급해지면서 제27회 의회(1910년 12월)의 동의를 거쳐서 건설비 지출 연한을 1911년도 이후 5년으로 단축하였다. 이에 따라 1911년 3월 목포에 건설사무소를 설치하고 목포~사가리 구간의 측량을 개시하는 한편, 같은 해 10월 목포 방면부터 공사에 착수하였다.

이후 각 공구별로 순조롭게 공사가 진행되었으며, 1911년과 1912년에 대전 방면에서 큰 수해가 발생한 것 이외에는 별다른 문제가 발생하지 않았다. 노반 준공 후 순차적으로 구간 영업을 실시하여 공사에 착수한지 약 5년이 지난 1914년 1월 11일 정읍~송정리 구간 35.5마일(57.1km)의 준공을 마지막으로 전선이 영업을 개시하였다. 그러나 위에서 언급한 바와 같이 공사를 서두른 탓에 곳곳마다 불완전한 부분이 있어서 건설 잔여 공사 계획에 따라 1912년 10월부터 순차적으로 개축을 실시하였다.

이 공사에 소요된 총 공사비는 약 1,317만 5천 엔이었다.

본선의 공사 진척의 개요는 다음과 같다.

구간	연장		기공 연월	개통 연월일
	마일	km		
대전~연산	24.8	39.9	1910. 10.	1911. 7. 10.
연산~강경	13.4	21.5	1911. 3.	1911. 11. 15.
강경~이리	16.8	27.1	1911. 3.	1912. 3. 6.
이리~군산	15.3	24.7	1911. 6.	1912. 3. 6.
이리~김제	11.1	17.8	1911. 12.	1912. 10. 1.
김제~정읍	16.2	26.0	1911. 12.	1912. 12. 1.
정읍~송정리	35.5	57.1	1911. 12.	1914. 1. 11.
송정리~나주	8.7	14.0	1912. 10.	1913. 10. 1.
나주~학교	13.3	21.4	1912. 4.	1913. 7. 1.
학교~목포	21.9	35.2	1912. 10.	1913. 5. 15.
계	177.6	285.8		

평남선 및 평양탄광선 건설

평남선 건설 : 본선은 평양~진남포 구간을 잇는 노선으로, 처음 임시군용철도감부가 부설계획을 세우고 1905년 8월 측량을 실시하여 용지의 일부를 매수하였으나 선로를 부설하지 못한 채 계획이 중단되었다. 그 후 일본 자본가 사이에서 대동강의 수력을 이용한 전력회사를 세워 평남 가도 상에 전기철도를 겸영할 계획도 있었으나, 이 또한 실현되지 못하였다.

1908년에 이윽고 국유철도를 부설하기로 결정하였다. 공사비는 제24회 의회(1907년 12월)에서 188만 6천 엔이 계상되었으며, 1908년도 이후 3년으로 나누어 지출하는 데 동의를 얻었다. 선로 경과지는 평양에서 평남가도를 따라 서쪽으로 뻗어나가 태평에 이르렀으며, 대동강변을 따라 약 1.2마일(약 2.0km)을 내려가다가 오른쪽으로 꺾어 지양을 지나 진남포의 동단에 도달하는 코스로 총 선로 길이는 34.4마일(55.3km)이었다.

1909년 7월 용지 매수에 착수하고 선로는 5공구로 나누어 같은 해 9월부터 공사를 시작하였다. 이듬해인 1910년 2월 평양에 건설사무소를 설치하였으며, 노반공사는 같은 해 5월까지 거의 마무리되었기 때문에 곧바로 궤도를 부설하는 동시에 도상 정비에 노력하여 10월 16일 전선 개통을 맞이하였다. 본선은 속성공사로 진행되었기 때문에 소교량 및 구교를 제외하고 비교적 큰 교량 · 하수구 · 흙막이 등은 모두 임시구조로 하고 정거장 설비도 영업상 크게 지장이 없는 정도에 그쳤다. 그리고 개통 후 1910년 말부터 교량 및 기타 개축에 들어가 1913년 말에 대부분 마무리를 지었다. 진남포 정거장 확장 및 해륙 연락 설비공사가 1914년에 거의 완성되고 서선(西鮮, 평안 · 황해도)의 운수교통에 신기원을 열었다.

본선의 건설 공사비는 약 138만 엔이었다.

평양탄광선 건설 : 본선은 경의본선 대동강역에서 분기하여 승호리에 이르는 14.5마일(23.3km)의 단거리선으로, 연선에 매장된 무연탄 개발에 이용되었다. 초기에는 채탄장에서 대동강 연안까지 궤간 2척 6촌의 경편 마차 철도

를 부설하여 2량 내지 3량의 탄차를 끌고, 수상으로 겸이포 또는 진남포로 수송하는 방법으로 무연탄을 반출하였다.

1909년 한국 정부 노상공부는 공사비 5만 7천 엔을 투자하여 대동강신호소(지금의 대동강역) 부근에서 분기하여 미림에 이르는 약 7여 마일(11km)의 전용철도를 부설하고 통감부 철도관리국에 열차 운행을 위임하였으나, 총독부에 철도국이 설치되면서 소관이 이관되었다. 당시 연선이었던 사동은 평양탄전의 중심지로서 이미 하나의 시가지를 형성하고 있었기 때문에 본선은 1911년 9월 1일 이후 평양~사동의 6.6마일(10.7km) 구간에 일반 여객 운수 취급을 개시하고, 이어서 오노다 시멘트 제조회사가 전용 경편철도선으로 부설한 미림~승호리 구간 7.2마일(11.6km)을 1918년 5월 건설비 83만 8천여 엔에 매입하였다. 그 후 보완 개량공사를 거치면서 영업 구간이 다소 연장되었고, 평양~승호리 구간이 평양탄광선으로 일반 운수 영업을 개시하였다.

진해선 건설

건설계획 : 본선은 진해의 해군 요항과 경부 및 마산선과의 연결을 목적으로 계획되었다. 1910년 7월 통감부 철도관리국과 참모본부에서 파견된 육군대좌 나카지마 마사타케(中島政武)가 공동 답사한 후, 이어서 같은 해 10월 예측을 실시한 결과 제40회 의회(1917년 12월)에서 부설이 결정되었다. 공사비 241만 7천 엔으로 처음에는 1918년도 이후 5개년 사업으로 계획하였으나, 만주철도 위탁경영 하에서 1920년에야 실측을 종료하고, 곧바로 초량공무사업소 소관 아래에서 공사에 착수하였다. 그 후 물가 폭등에 따라 1922년도에 36만 8천 엔, 1923년도에 159만 2천 엔의 예산을 추가로 증액하면서 1924년도까지 3년 연장 동의를 거쳐서 공사를 지속하였다.

공사개요 : 본선은 진해와 가까운 장벽산맥에 장대한 장복산터널을 뚫고 지나서 상남 부근의 평야를 거쳐 북진하다가 진창 가도와 교차하여 동해 정천, 무군천 등의 교량을 건너서 마산선 창원에 도달하는 연장 12.8마일

(20.6km)의 구간이다. 장복산터널의 길이는 1,811m로 당시 조선에서 두 번째로 긴 터널로, 1921년 12월 남구에서 시작하여 이듬해 11월 1월에 북구에서도 공사를 시작하였다. 하지만 전력에 의한 수지식 전기 착암기로 작업을 하였기 때문에 약 2년 후인 1924년 3월 26일에서야 도갱이 관통되었다. 전기 착암기를 사용한 것은 이번이 처음이었다. 때마침 발생한 관동대지진의 여파로 함경선과 마찬가지로 예산이 연기되어 부득이하게 작업이 중지되었다. 그러나 1925년 12월 다시 착수하여 이듬해인 1926년 10월 노반공사를 계속 진행시켰으며, 육군 철도연대의 노력으로 궤도 부설을 끝마친 덕분에 같은 해 11월 11일에 전선이 개통되었다.

육군 철도연대의 활약 : 궤도 부설은 지바철도 제1연대 및 쓰다누마(津田沼) 제2연대에서 파견한 총 600명의 연습 임시철도대 병사를 대상으로 한 광궤 철도 부설 실시 작업훈련의 의미도 있었다. 40일간의 예정으로 선발대 90명이 8월 22일 창원에 도착하였으며, 본대 이케다(池田) 중좌 이하 500여 명이 8월 30일에 도착하여 다음날인 31일 창원에서 진해 방향으로 작업에 착수한 결과, 병사들의 질서정연한 행동 하에 공사가 성공적으로 마무리되었다.

본선의 건설은 쓰시마 해전으로 유명해진 요항 진해를 뒤편에서부터 연결했을 뿐만 아니라 철도연대가 일부 건설에 참여했다는 점에서 눈여겨볼 만하다. 무더운 여름철 날씨 속에서도 엄격한 규율 하에 연일 10여 시간씩 작업에 종사하는 등 병사들의 헌신적인 고생이 뒤따랐다. 이들의 상황은 철도국원에게도 상당한 충격을 주었다. 9월 21일 야간작업에서는 교량이 낙하하여 구리타 도요고로(栗田豊五郎) 상등병 외 3명이 순직하는 사고가 발생하였음에도 작업에 매진한 결과 10월 12일 모든 작업을 종료할 수 있었다. 철도 연대는 10월 14일 진해를 떠나 귀대하였다.

본선의 건설 공사비는 373만 6천 엔이었으며, 그 중 철도연대 위탁 공사비는 1만 3천 엔이었다.

함경선 건설

선로 개요 : 본선은 반도 횡단철도인 경원선의 종점 원산에서 시작하여 함경도 해안을 따라서 북상하며, 영흥, 함흥, 북청, 성진, 나남 등 주요 도시를 거치며, 청진에서 더욱 북진하여 국경인 회령에 이르는 노선이다. 길주, 회련 등의 탄전지대를 지나며, 해안의 산간벽지를 개척하여 조선 중앙부에서 함경도에 이르는 약 391마일(약 629km) 길이의 선로이다. 더 나아가 간도, 길림 방면과의 첩로를 형성하고 동북 만주지방의 풍부한 자원을 개척하는 중대한 사명을 띠고 있다. 이에 앞서 러일전쟁 당시였던 1905년 9월, 일본 육군이 군수품 수송을 목적으로 청진~회령 구간과 윤성~종성 구간에 경편철도를 긴급 부설하였는데, 이것이 본선의 시초라 할 수 있다.

선로 예측 조사 : 1908년 통감부에서 본선 건설에 대한 계획을 수립하고 현지 답사대를 파견하여 연선 상황을 관찰하였다. 답사대 일행은 같은 해 6월 11일 경성을 출발하여 부산에서 배를 타고 원산에 상륙하여, 원산을 기점으로 신포, 청진, 나진, 웅기 등의 항구를 비롯하여 연선 상황 및 배후지 방면의 여객과 화물, 물자 집산 상태를 조사하였다. 이들 지방이 전후의 일시적 호황이 아니라 건전한 발전을 이루고 있다는 사실을 확인하고, 같은 해 7월 15일 예상 이상의 성과를 거두며 제1차 답사를 끝내고 경성으로 돌아왔다. 그 후 1910년 8월 16일부터 10월까지 원산~청진 간 약 333마일(536km)에 대한 2차 답사를 실시하였다. 이어서 1913년 5월, 함경선 국부 조사를 위해서 북부와 남부로 나누어 조사대를 편성하였고, 같은 해 7월에 두 조사대가 모두 조사를 끝마치고 돌아왔다. 이보다 앞선 1912년 9월 12일 회령~종성 간, 청진 지선 및 함흥~원산 간 철도 선로 조사를 위한 조사대가 편성되어 9월 23일부터 회령~종성 구간 조사에 착수하였다. 10월 6일에 이를 종료하고 11월 17일까지 함흥~원산 구간의 선로도 조사하였다.

건설 예산과 연장 : 예측 조사를 추진한 결과 마침내 제31회 의회의 동의를 얻어 원산~영흥 구간 및 청진~회령 구간 총 95마일(152km)을 제1기 건설선

으로 하고 1914년도 이후 5개년 사업으로 추진할 것을 결정하였다. 나머지 대부분의 구간, 즉 윤성~영흥 구간 297마일(478km)에 대해서는 제40회 의회(1917년 12월)에서 1918년도 이후 8개년 사업으로 총 공사비 5,737만 4천 엔의 예산을 투입하는 데 동의를 얻었으나, 정부의 재정 긴축 방침으로 인하여 전자는 제41회 의회에서 2년, 후자는 제46회 의회(1922년 12월)에서 3년이 각각 이월되었고, 이후 관동대지진의 여파로 부득이하게 예산이 감축, 이월되었다. 제52회 의회(1926년 12월)에서는 조선철도 12개년 계획 가운데 기정계획으로 1928년도 준공을 목표로 1927년도 이후의 공사비 지출액 1,801만 7천여 엔의 동의를 얻었다.

공사 상황 : 북부 청진 방면에서는 1914년 4월 선로 실측에 착수하고, 같은 해 6월 청진에 건설사무소(1916년 10월 출장소로 명칭을 바꿈)를 세우고 10월에는 청진 이북의 창평까지 32.2마일(5.18km)의 노반공사에 착수하여 1916년 11월 이를 개통하였다.

또한 창평~회령 구간의 노반공사에도 착수하였다. 한편 남부에서는 1914년 4월 원산출장소(1915년 4월 원산건설사무소로 명칭을 바꿈) 소관 하에 원산~영흥 구간 33.8마일(54.5km)의 선로 실측을 종료하고, 이를 두 공구로 나누어 북부와 마찬가지로 같은 해 10월 노반공사에 착수하였다. 영흥은 태조 이성계의 고향으로, 그 근교에 조상의 묘지가 있었다. 고종은 그곳에 가보고 싶었으나 교통이 불편하여 뜻을 이루지 못하고 있어서 조속히 철도가 개통되기만을 기다렸다. 이에 이 구간을 신속하게 완공하기로 결정하고, 노반을 정비하고 예산 관계상 모두 임시교량을 설치하였으며, 궤도류도 철거품을 재활용하는 등 예산 절감에 힘썼다. 1915년 8월 원산~문천 구간을 개통하고, 1916년 9월에는 문천~영흥 구간을 개통하기에 이르렀다. 1916년 늦은 가을에 고종 일행이 열차를 타고 영흥을 방문하였으나, 고종은 다리가 약하여 묘소까지 가지 못하고 영흥역 플랫폼에서 멀리 영흥천 하류 우안의 울창한 숲을 향하여 절을 올리고 무사히 돌아왔다.

만주철도 위탁경영으로 전환된 이후에도 공사는 계속 진행되었다. 남부는 영흥에서 점차 북진하여 신북청까지 약 117km의 노반공사에 들어갔고, 북부는 1923년 10월까지 윤성에서 남하하여 극동에 이르는 약 88km의 노반공사에 착수하였다. 본선을 신속하게 완공하기 위하여 1920년 2월 중간 지점인 함경북도 성진에 공무사무소를 신설하고, 길주~단천 간 약 85km를 소관 구역으로 삼고 노반공사에 착수하였다. 1923년 9월에 발생한 관동대지진의 여파로 국가의 재정이 축소되면서 철도 건설 또한 그 영향을 받게 되었다. 일부 공사가 중지되었으며, 1924년 2월에는 성진공무사무소를 폐지하고 원산공무사무소(1920년 2월 건설사무소로 변경)가 파출소로 변경되는 등 본선의 건설공사는 난관에 부딪혔다. 그러나 중지 구간은 그 후 2년 이내에 공사를 재개하였으며, 나머지 구간도 순차적으로 공사가 진행되었다. 남부에서는 반송~군선 구간의 일부를 제외하고는 단천까지 전체적인 노반공사에 착수하였으며, 북부에서는 1926년 10월까지 극동~길주 구간의 노반공사에 들어갔다.

만주철도 위탁경영에서 총독부 직영으로 전환된 직후인 1925년 10월, 원산공무사무소가 폐지되고 경성공무사무소로 소관이 이관되자 사무소와 공사현장이 점차 멀어지면서 상호간의 제반 연락 및 공사 추진에 있어 여러 불편한 점들이 발생하였다. 이러한 현상을 완화시키기 위하여 함경남도 군선에 경성공무사무소 파출소를 설치하고 공무사무소장의 권한 가운데 일부를 대행시켰다.

개통의 경우, 남부에서는 1914년 8월 원산~문천 구간 개통을 시작으로 노반공사의 준공에 맞춰 순차적으로 구간을 개통하여 1927년 12월까지 원산~반송 간 256.3km를 개통하였다. 북부에서는 1916년 11월 청진~창평 간의 구간 개통을 비롯하여 1917년 11월 청진~회령 간 93.4km를 전선 개통하였으며, 이어서 윤성 이남에 속하는 군선까지의 250.6km를 1927년 12월까지 구간 개통하였다. 이 사이 중부의 길주~단천 간 84.7km는 1924년 10월 이미 중부선으로 개통되었으나, 북부선과의 연결이 지연되어 일부 구간을 자동차로 연결하거나 중도에 배편을 이용하는 등 북부와 중부의 연결에 큰 불편을 겪었다.

마침내 나머지 구간인 반송~군선 간 23.9km가 준공됨에 따라 1928년 9월 1일 공사 개시 후 15년이라는 오랜 세월을 거쳐 원산~회령 간 전 구간인 624.2km가 개통되었다.

이 선로는 주로 해안지역을 지나기 때문에 어려운 공사가 많았으며, 특히 거산(1,382km) · 고참(1,609m) 등의 대형 터널공사와 성천강 · 북청 남대천 · 단천 남대천 등의 대형 교량공사, 산악 지대와 해변을 지나는 구간에 축조한 장대하며 높은 해안 축조, 호안 옹벽공사 등은 난공사 중의 난공사였다. 해안의 험난한 지대의 대규모 폭파를 위하여 당국에서는 처음으로 칼릿(Carlit) 폭약을 사용한 폭파 작업을 실시하였으며, 터널공사에 대규모 발전소를 건설하는 등 새로운 기술과 첨단 시설 투입을 아끼지 않았다.

또한 공사 자재의 수송을 위하여 각 공사의 청부업자가 각각 현장의 일부에 경편궤도를 부설하였으며, 우차 · 마차 및 화물 자동차 등 모든 운반 기구를 동원하였다. 특히 육상 교통이 불편한 중남부 지역의 해안 부근의 경우 원산~성진 구간의 해상에 원산공무사무소 소속의 구환(소형 증기선)을 투입하여 시멘트 및 기타 공사 자재를 적재한 단평선(團平船)을 예인하여 공사 현장 부근에 양륙하는 등 모든 노력을 기울였다. 특히 1921년~1925년경에는 조선 내 시멘트의 생산량이 적었기 때문에 함경선 건설공사에는 주로 일본의 오노다 시멘트나 아사노(淺野) 시멘트 회사 제품을 직접 해상을 통하여 공사 현장 근처의 가장 가까운 항까지 운반하였다. 동해 연안에는 원산 · 서호진 · 신포 · 차호 · 성진 및 청진항을 제외하면 좋은 항구가 부족했기 때문에 해륙 교통이 불편한 중앙부의 공사 현장의 경우 양화, 신창, 군산 등 먼 해안에 30~50m 길이의 목조 가교 및 시멘트 임시창고를 축조하고 앞바다에 정박 중인 화물선에서 단평선으로 운반하여 임시창고에 보관했다. 그리고 발췌검사를 거쳐서 품질을 확인한 후 각 공사 청부업자에게 지급한 공사 현장도 있었다.

이 밖에도 물가와 임금의 폭등 및 경비 긴축에 따른 예산 편성의 어려움, 노동력 부족으로 인한 공사 지연 등 장기간의 공사 기간 동안 많은 어려움을 겪었다. 한편 변방 한촌 지역 가운데는 공사가 한창 진행된 시기에 일시적이지만 전에 없던 활기를 띤 곳도 있었다.

본선이 전부 개통된 1928년 9월 1일은 대재해가 발생한 날이기도 하였다. 함경선 일대는 이틀 전부터 태풍과 호우로 인하여 하천이 범람하고 대형 산사태 등이 발생하여 교통이 단절된 지역이 속출하였다. 경성에서 출발한 첫 열차는 당일에 청진에 도착할 예정이었으나 도중에 탈선하여 며칠이나 도착이 늦어졌다. 수해로 인한 피해는 청진~회령 구간이 가장 심각하였으며, 고무산역은 대형 산사태로 인하여 구내 전체가 2~4m나 매몰되면서 긴급 복구에 수많은 건설 · 보선 종사원이 투입되었다. 전선 개통식은 10월 1일 나남의 기병연대 구내에서 성대하게 개최되었다.

본선 건설은 46개 공구로 나누어 노반공사를 실시하였고, 23차례나 구간 개통을 실시하였다. 공사비는 나머지 공사를 포함하여 약 9,141만 엔에 달하였다.

본선 각 구간의 공사 진척 상황은 다음과 같다.

구간	연장		기공 연월	개통 연월일
	마일	km		
원산~문천	12.5	20.1	1914. 10.	1915. 8. 1.
문천~영흥	21.4	34.4	1914. 11.	1916. 9. 21.
영흥~함흥	43.0	69.3	1918. 6.	1919. 12. 1.
함흥~서호진	11.0	17.7	1921. 10.	1922. 12. 1.
서호진~퇴조	11.4	18.3	1921. 11.	1923. 9. 25.
퇴조~양화	36.0	58.0	1922. 7.	1924. 10. 11.
양화~속후	8.8	14.1	1923. 9.	1925. 11. 1.
속후~신북청	5.5	8.8	(제1회)1923. 10. (제2회)1925. 7.	1926. 11. 1.

구간	연장		기공 연월	개통 연월일
	마일	km		
신북청~반송	9.7	15.6	(거산터널)1925. 10. (도로)1926. 11.	1927. 12. 1.
반송~군선	14.8	23.9	1926. 9.	(전통)1928. 9. 1.
군선~단천	19.6	31.5	1926. 5.	1927. 11. 1.
단천~일신	14.0	22.5	1922. 6.	1924. 10. 1. 이 구간은 개통시부터 1927년 12월 1일까지 함경중부선이라고 하였다.
일신~성진	12.4	19.9	1919. 10.	
성진~길주	26.3	42.3	1922. 9.	
길주~용동	24.2	38.9	(선로)1926. 4. (고참터널)1925. 10.	1927. 12. 1.
용동~극동	5.0	8.0	1926. 4.	1927. 8. 1.
극동~수남	909	16.0	(제1회)1923. 10. (제2회)1925. 7.	1926. 12. 1.
수남~주을	22.5	36.2	1922. 5.	1924. 10. 1.
주을~종성	7.6	12.2	1919. 9.	1921. 11. 1.
종성~나남	5.1	8.2	1918. 6.	1920. 10. 1.
나남~윤성	9.3	14.9	1918. 6.	1919. 12. 1.
청진~윤성	5.6	9.0	1914. 10.	1916. 11. 5.
윤성~창평	26.6	42.8	1914. 10.	1916. 11. 5.
창평~회령	25.8	41.6	1916. 7.	1917. 11. 25.
계	387.9	624.2		

지선 건설 : 본선 건설과 함께 각 지선 또한 순차적으로 건설되었는데, 그 가운데 회령탄전을 개발하는 회령탄광선은 1928년 8월, 함경남도 오지인 풍산 · 갑산 방면을 연결하는 북청선은 1929년 9월, 이원철산 광석을 반출하는 광산선 및 차호선도 마찬가지로 1929년 9월 각각 개통되었다. 또한 천내리에서 시멘트를 개발하기 위하여 부설한 오노다 시멘트회사 천내리선은 1927년 11월 이후 이 회사의 건설선을 빌려서 영업하였다.

각 지선의 구간, 거리 및 기타 개요는 다음과 같다.

노선명	구간	연장		기공 연월	개통 연월일
		마일	km		
회령탄광선	회령~계림 1932년 계림 · 신학 간 1.1km 추가		10.6	1926. 5.	1928. 8. 11.
북청선	신북청~북청		9.4	1928. 10.	1929. 9. 20.
차호선	증산~차호		4.9	1928. 9.	1929. 9. 20.
이원철산선	나흥~이원철산		3.0	1928. 9.	1929. 9. 20.
천내리선	용담~천내리		4.4	임대 영업선	1927. 11. 1.

평원선 건설

연선 개요 : 본선은 경의선 서포를 기점으로 동쪽으로 뻗어나가서 순천, 양덕을 거친 후 다시 평안남도와 함경남도의 경계에 위치하는 거차령을 통과하여 동쪽으로 내려가 성내를 거쳐서 함경선 고원에 도달하는 약 132마일(213km) 길이의 구간이다. 서선의 요지인 평양과 동해안의 요지인 원산을 연결하는 한반도 중부의 제2차 횡단선이기도 하다. 우라니혼(裏日本, 일본의 동해 빗면 지역에 대한 호칭) 항로를 이용하여 일본 측과 이어지며 진남포항을 거쳐서 해로에서 멀리 떨어진 대련 · 청도 및 상해에까지 이르는 선로로 경제교통상 매우 중요한 역할을 하였다. 또한 연선의 서부지방은 평야지대가 많아서 농산물이 풍부하며, 장림읍 부근에는 넓은 삼림이 자리 잡고 있으며, 성천군 및 동부의 고원군 지역에는 풍부한 천연자원이 곳곳에 산재하여 금, 은, 무연탄 등 가동 중인 광구도 10여 개나 되었다. 그러나 평안남도와 함경남도의 경계지역은 험준한 산악지대로 인적이 매우 드문 불모지였다.

건설계획 : 본선의 건설에 대하여 일찍이 임시군용철도감부에서 경원선과 비교 조사를 실시하였으며, 일반 민간에서도 1903년 이후 원산, 평양, 진남포의 각 거류민 유지 사이에서 철도 부설운동 등이 있었다. 그러나 경원선 건설을 먼저 실시하면서 부득이하게 본선 건설이 지연되다가 제45회 의회(1921년 12월)에서 경비 4,652만 엔으로 1922년도 이후 9개년 사업으로 동의를 얻었다. 그러나 이후 정부의 전년도 예산 답습 방침과 유럽의 전후 경제적 불

황, 관동대지진의 여파 등으로 인하여 1922년도에 서부에 속하는 서포~동남리 구간 4.5마일(7.2km)의 선로 실측 및 용지 매입에만 착수할 수 있었다. 1923~1924년도가 지나서야 1925년도에 동남리~순천 간 19.8마일(31.8km)의 실측을 실시하였으며, 1926년 5월 서포~사인장 구간의 노반공사에 착수하였다. 이어서 제52회 의회(1926년 12월)의 조선철도 12개년 계획에서 기정 계획선 건설로서 1927년도 이후 지출액 중 4,433만 6천 엔의 공사비를 얻어 1935년도 준공하는 데에 동의를 얻었다.

공사개요 : 건설공사는 동서 양 방면에서 착수하였다. 서부는 초기에 평양공무사무소 소관이었으며, 1926년 5월 서포~사인장 구간을 3개 공구로 나누고 노반공사에 착수하여 1927년 11월 이를 개통하였다. 이후 순차적으로 공사를 진행하여 순천 · 신창 · 장림까지 3차례의 구간 개통을 한 후 1931년 10월 장림에 도달하였다. 1933년 8월 장림~양덕 간의 노반공사에 착수하여 1936년 11월에 서포~양덕 구간 133.9km를 개통하였다.

또한 동부는 초기에 경성공무사무소의 소관에 속하였으며, 1929년 4월 고원~성내 간을 실측하고, 1931년 4월 구제 사업의 일환으로 같은 구간 30.0km를 3개 공구로 구분하여 노반공사에 착수한 결과 1933년 초에 준공되었다. 그러나 예산 등의 이유로 궤도공사에는 착수하지 못하다가 한참 후인 1937년 12월에 개통되었다.

잔여 구간인 성내~양덕 사이에는 백두연봉에서 분기한 낭림산맥이 뻗어 있는 산악지대로 험준한 계곡이 자리 잡고 있었다. 특히 고원군 수동 · 운곡 양 경계면에 있는 600m 정도의 토령(흙으로 이루어진 산의 정상)을 돌파하기 위해서 연장 2,770m의 장대한 터널을 뚫어야만 하였다. 이에 1935년 9월에 미리 직동 공사구간을 설치하고 터널공사에 착수하였다. 터널 굴삭공사에는 자가용 발전소를 설치하였으며, 전기 암삭기를 사용하여 공사를 진행시켰다. 또한 공사 재료 반입을 위하여 성내 측부터 화물 자동차 도로를 개설하는 등 부대 준비 공사에 많은 노력과 시간을 소비하였다. 그 결과 터널 전후의 노반공사와 함께 1937년 11월에는 무사히 터널공사를 끝마칠 수 있었다.

철도 12개년 계획에 포함된 신규 건설선 공사가 우선적으로 진행됨에 따라 미착수 구간 건설의 착공이 다소 지연되었으나, 서선 지역의 무연탄을 동해 측으로 반출하게 됨에 따라 수송력도 함께 증강할 필요가 있어 갑자기 본선 완성을 서두르게 되었다. 원래 본선의 이 구간은 지형적인 요인으로 인하여 부득이하게 선로 최급 구배를 50분의 1로 설계하였으나, 수송력 증강을 위하여 양덕에서 고원을 향하는 상행 구배를 60분의 1로 완화하도록 변경하였다. 또한 평양건설사무소장 지휘 하에 조속히 계측을 마치도록 노력한 결과 1939년 4월 전 구간에 걸친 노반공사가 시작되었다. 이 구간은 계측 결과에 따라 5.0km를 늘려서 총 길이 58.7km가 되었으며, 깊은 계곡을 건너는 수많은 대형 교량과 험준한 지역을 통과하는 크고 작은 십여 개의 터널이 있었다. 특히 도계에 있는 거차령터널은 길이 1,160m로 전후에는 6만㎥의 대형 제방을 쌓는 등 공기를 좌우하는 난공사가 많았다. 또한 연선 일대는 인구가 매우 희박하여 천을 · 거차 정거장 주변에는 단 한 채의 민가도 없을 정도였다. 공사 현장도 교통이 매우 불편하여 건설업자로부터 경원시되어 지명경쟁입찰이 난항을 겪었는데, 결국 특명청부를 받아 밤낮으로 돌관공사를 실시하는 등 청부업자의 헌신적인 노력 끝에 난공사 구간도 정해진 기한까지 맞출 수 있었다.

궤도공사는 노반 완성 후에 순차적으로 공사를 진행하였으나, 60km에 이르는 구간의 긴급 속성공사로 인하여 횡목, 궤도, 침목, 자갈 등 주요 자재의 수집 및 반입에 이루 말할 수 없는 어려움을 겪었다. 또한 궤도 요원 확보를 위하여 전 구간 각 보선구에서 300명에 달하는 선로수를 보조 인력으로 동원하여 추위와 싸워가며 밤낮으로 궤도 인연 작업을 계속하였다. 그 결과 이듬해 정월 초순에 천을 정거장 출구 부근에서 동서 양 방면 궤도의 연결식을 거행하였으며, 최소한의 역 설비와 통신 설비를 정비하고 철도 측과 청부업자 측의 헌신적인 노력 끝에 드디어 1941년 4월 1일에 개통하였다.

4월 1일 양덕소학교 교정에서 거행된 개통식에는 미나미 지로(南 次郎) 총독, 철도국을 대표한 에자키(江崎) 건설과장, 함경남도와 평안남도의 도지사 및 그 밖의 관계자 다수가 참석하였다. 특히 이 자리에서 어려운 공사를 헌신적으로 수행한 니시모토구미(西本組, 미쓰이스미토모건설의 전신) 건설회사의 니시모토 겐지로(西本健次郎) 사장에게 철도국으로부터 표창장이 수여되었다.

본선은 1926년 5월 착공 이후 만 16년의 오랜 세월과 약 3,761만 엔의 공사비를 들여 건설하였다. 완성 예정년도보다 5년이나 지연되었으며, 제45회 의회의 동의를 얻은 지 20년이나 경과하였다. 또한 함경선에 비하여 총 길이가 3분의 1밖에 되지 않는 본선은 비록 정세의 변화에 따른 영향을 많이 받았다고는 해도 너무나 긴 세월이 소비되었다. 결국 전선 개통 후 4년 만에 종전을 맞이하였다.

본선의 동부는 공사를 시작할 당시 경성공무사무소 소관이었으나 1935년 8월 성진건설사무소 소관으로 이관되었으며, 서부는 평양공무사무소의 소관이었으나 1933년 5월 이후 철도국 건설과가 직접 관할하게 되었다. 또한 신설된 개천파출소가 만포선 건설과 함께 본선 공사를 담당하다가 1935년 8월 이후에는 다시 평양건설사무소 소관으로 이관되었다.

본선은 전 구역을 26개의 공구로 나누어서 순차적으로 노반공사를 추진하였으며, 6차례의 구간 개통을 통하여 전 구간이 개통되었다. 그 진척 상황은 다음과 같다.

구간	연장		기공 연월일	개통 연월일
	마일	km		
서포~사인장		25.0	1926. 5. 6.	1927. 11. 1.
사인장~순천		22.3	1927. 5. 20.	1928. 10. 15.
순천~신창		19.7	1927. 11. 8.	1929. 11. 1.
신창~장림		29.5	1929. 2. 15.	1931. 10. 1.
장림~양덕		27.4	1933. 8. 17.	1936. 11. 1.
양덕~성내		58.7	1935. 9. 20.	(전 구간 개통)1941. 4. 1.
성내~고원		30.0	1931. 4. 21.	1937. 12. 16.
합계		212.6		

도문선 건설

선로 개요 : 본선은 북선 지역의 주요 항구인 웅기를 기점으로 두만강 우측 연안에서 북쪽으로 올라가 아오지~훈계~온성 및 남양을 거쳐서 이번 매수선인 구 도문철도회사선 종단의 동관진에 이르는 162km 길이의 선로로, 이를 도문동부선이라고 한다. 반면 동관진에서 함경선의 종단인 회령에 이르는 58km 길이의 매수선을 도문서부선이라고 한다. 이를 광궤로 개축하여 동부선에 연결시키면 국경 철도로 사용할 수 있어 12개년 신규 계획선 가운데 일본의 국책상 가장 의미 있는 선로였다. 웅기를 기점으로 하는 국경 일대는 간도, 훈춘 및 소련령과 접하는 삼국의 접양지로서 예로부터 군사 · 정치적으로 매우 중요한 지역이었다. 또한 연선 각지의 유망한 탄전과 농지의 생산물과 두만강 상류 처녀림의 임산물 외에도 맞은편 평야의 농산물과 훈춘 부근의 석탄 등을 반출할 수 있어 국가경제 발전에도 기여할 수 있는 중요한 선로였다.

조사 측량 : 1917년에 이 지역을 답사, 예측한 후 수차례의 조사를 거듭하고 경과지를 비교 · 연구한 결과 1925년의 조사를 끝으로 12개년 계획의 신규 건설선을 건설하기로 결정하였다.

먼저 1927년 웅기 정거장 부근부터 실측을 시작하였다. 웅기에서 신아산까지의 최단 거리는 웅기산을 장대터널로 관통하여 청학동으로 나오는 것이었으나, 공비 및 공기 관계상 웅기에서 해안을 따라서 우회하여 두만강변을 마주보고, 과거 장고봉 사건으로 유명해진 증산을 거쳐서 청학동으로 나와서 신아산으로 가는 코스를 정하였다. 강변을 따라 북쪽으로 올라간 뒤 실측 완료 구간을 따라서 순차적으로 노반공사에 착수하였다. 하마구치 내각 당시 일시적으로 긴축 재정에 들어간 적도 있으나, 1930년에 도문선 속성공사 방침이 결정된 이후 실측에 전력을 다하였다. 강변을 따라 험준한 지세가 펼쳐진 훈계~동관진 구간의 경우 선로 선정 당시 장작림(장쭤린)이 정책을 펼치던 시대였기 때문에 맞은편 강가로 건너가지 못하고 오직 조선 측에서만 작업을 할 수밖에 없었다. 길도 없는 단애를 올라가고 깊은 계곡까지 들어가는 등 측량원의 고생이 극심하여 국경지대의 선로 선정에 어려움을 겪었다. 또한 국경의 불모지에서는 여름철에는 습지의 모기떼와 파리떼, 독사, 겨울철에는 혹독한 추위와 싸우며 조사 측량을 하였다.

공사개요 : 본선의 건설공사는 웅기 정거장 전후 및 웅기 해안 하역장 확장공사 외에 전선을 10개의 공구로 나누고, 1927년 10월 웅기~아오지 구간의 노반공사에 착수하였다. 순차적으로 공사를 추진하여 구간 개통을 하면서 1931년 10월까지 웅기~온성 간 129.6km를 개통하였다. 그러나 갑자기 만주사변이 발발하여 본선과 만주 측 길돈선(길림~돈화 간)과의 연락이 필요해지자 남양까지의 공사를 서두르게 되었다. 온성~풍리 구간을 같은 해 9월에 착공하고 풍리~동관진 구간은 결빙기에도 불구하고 3개 공구로 나누어 같은 해 12월에 공사를 진행하였다. 그 결과 온성~풍리 간 10.6km는 1932년 11월, 풍리~남양 간 3.9km는 12월에 각각 개통하였다. 만주국 경도선(신경~도문 간)에도 연결되었으나, 당시의 남양역은 아직 역사가 건축되지 않아 한때 객차를 대신 이용하였다.

남은 구간인 남양~동관진 구간은 제반 준비를 정비하여 해빙과 동시에 공사를 재개하였고, 이듬해인 1933년 8월 1일 도문서부선의 광궤 개축선 상삼봉~동관진 구간과 동시에 운수 영업을 개시하였다. 이로써 전 구간이 개통되어 웅기 방면에서 경성에 이르는 직통열차의 운행이 가능해졌고, 북선 방면의 교통 또한 새로운 태세를 갖추게 되었다.

연선에 인적이 드문 탓에 공사 기간 중 물자와 노동자 수집에 어려움을 겪었다. 특히 결빙기에는 영하 30도에 이르는 혹한으로 인하여 콘크리트공사는 물론이고 건조물 시공도 대부분 중지되었다. 신속한 개통을 위하여 가건물 등을 세워 추위를 막거나 부동제를 사용하는 등 상당한 희생을 감수하며 공사를 진행시켰다. 해빙기에는 지하수가 새어나왔는데, 특히 습윤 지대는 온통 진흙탕이 되었다. 또한 농번기에는 노동자 부족 문제가 심각해졌으며,

공사 도중 조선인 노동자를 보호하기 위하여 외국인 노동자의 고용을 제한하면서 외국인 노동자가 전체 노동자의 10%로 감소하여 한때 작업 능률이 크게 저하되기도 하였다. 또한 만주와 소련의 국경지대에서 도적의 습격이 잦아졌고, 1930년경에는 공사 청부업자 가운데 희생자까지 발생하는 등 민심이 불안해졌다. 도적을 막기 위하여 철도국 종사원에게 호신용 권총을 대여할 정도로 사태가 악화되자 노무자 가운데 도망자가 발생하는 등 여러 장애요소가 발생하였다.

궤도용 제반 재료는 웅기 해안 인입선에 양륙한 후 운반할 계획이었기 때문에 우선 1929년 2월에 해안 인입선의 궤도를 부설하는 한편, 중량품 양륙지에 증기 기중기 및 동비 기중기를 신설하여 횡목 · 화차 · 기관차 등을 양륙한 후 순차적으로 각 현장에 송치하였다. 제1회 궤도 부설은 웅기건설공사계(1933년 이후에는 공사구로 변경)에서 실시하였으나, 웅기보선구 설치 후에는 보선구에서 이를 실시하고 역사, 관사 및 통신 시설을 정비한 후 순차적으로 구간 영업을 개시하였다.

본선은 초기에 청진출장소의 소관이었으나, 기구 개편 이후 1933년 5월부터 청진철도사무소의 소관이 되었으며, 같은 해 10월 1일 함경선 윤성 이북 및 그 밖의 경영 일체를 만주철도에 위탁하였다.

본선의 공사 진척 개요는 다음과 같다.

구간	연장 km	기공 연월일	개통 연월일
웅기역 전후	~	1928. 9. 1.	1929. 11. 16.
웅기~신아산	15.0	1927. 10. 20.	1929. 11. 16.
신아산~훈계	39.9	1929. 2. 20.	1930. 10. 1.
훈계~온성	24.7	1930. 6. 25.	1931. 10. 21.
온성~풍리	10.6	1931. 9. 1.	1932. 11. 1.
풍리~남양	3.9	1931. 12. 20.	1932. 12. 1.
남양~강양	6.9	1931. 12. 20.	1933. 8. 10.
강양~동관진	11.8	1931. 12. 20.	1933. 8. 1.
계	162.8		

또한 두만강에는 기존의 상삼봉교 이외에도 남양 도문교와 훈춘 도문교까지 총 3개의 조선~만주 국제교가 가설되었다. 압록강 교량이 남만주와의 교통에 신기원을 연 것처럼 두만강에 가설된 세 개의 교량 또한 북선과 북만주 및 동만주를 철도로 직접 연결하여 두 지역의 운수 교통에 새로운 장을 여는 중대한 사명을 띠었다. 대략적인 내용은 다음과 같다.

삼봉교량 건설 : 두만강은 백두산 남동쪽 산기슭에 있는 압록강과의 분수령에서 발원하는 약 500km 길이의 강이다. 조선 · 만주 · 소련 3국의 국경을 지나 웅기 북방의 서수라 부근에서 동해로 들어가는데, 하구 부근의 하폭이 넓어서 선박이 거슬러 올라갈 수 있으며, 결빙기가 아닌 기간에는 상류지방의 삼림지대에서 많은 뗏목이 내려왔다.

1923년 만주 측에서 천도철도(天圖鐵道)를 개통하면서 당시의 도문철도(협궤, 후에 모두 광궤로 개축)와의 연락을 위한 교량의 필요성을 느꼈으나, 당시 만주가 장작림의 세력 하에 있었기 때문에 협상이 쉽지 않았다. 1925년 가을 무렵 천도철도 사장 이이다 노부타로(飯田延太郎)가 길림의 관헌과 교섭을 거듭한 결과, 같은 해 12월 교량 건설에 대한 동의를 얻을 수 있었다. 이후 중일 양국 정부가 지속적으로 교섭을 벌인 결과 1926년 6월 9일 간도 주재 일본 총영사와 중국 연길도윤(관직명)이 구체적인 협정을 체결하면서 양국 공동사업으로 교량을 가설하게 되었다. 그 후 설계와 공사 감독 일체를 당시의 철도국기사 청진출장소장 사이토(齋藤)에게 일임하고, 같은 해 10월 5일 공사에 착수하였다. 이듬해인 1927년 9월 30일에 공사를 마치고 교량의 명칭을 상삼봉교로 붙였다가, 1933년 8월 1일에 다시 삼봉교로 바꾸었다.

교량은 종성군 상삼봉과 그 맞은편 길림성 개산둔(지방) 사이에 가설되었으며, 교량 건설은 불안정했던 양국 간의 정세를 개선시키고 중국과 일본의 실질적인 경제협력을 더욱 긴밀하게 하였다. 또한 국부적이기는 하지만 양국 간의 우호관계가 크게 발전하였으며, 훗날 길회선이 완공될 수 있는 발판을 마련하였다.

가교 설계 과정 중에는 다각적인 조사 및 연구를 통하여 강판 횡목 10여 개를 연결하는 것이 가장 적합하다고 판단한 후, 협정 조항에 따라 인도교와 협궤철도를 병행하는 교량 설계에 착수하여 공사를 완성시켰다. 그러나 향후 광궤 개축 가능성을 고려하여 교대 · 교각 및 강형 등을 광궤 철도에도 사용 가능한 것으로 교체하였다.

한편 공비를 최대한 절약해야 하는 상황에 처하자 고심 끝에 평소에는 흔히 접할 수 없는 형태의 교대와 교각을 고안하고, 전부 콘크리트로 축조하고, 철도교 강형의 양쪽에 인도교를 설치하였으며, 인도교와 철도교와의 경계에는 위험 방지용 철책을 설치하였다.

기초 굴삭에는 상자틀 침하 방법을 채용하였으나 겨울철에 수면이 얼어붙기 때문에 얼음을 부숴가며 상자틀 침하 작업을 계속하였다. 극한 시에는 최저 기온이 영하 28도, 한낮에도 영하 14~15도에 이르는 상황 속에서 작업 노동자에게 방한 장화를 지급하는 등 여러 조치를 강구하며 토사 및 암반 굴삭 등 수중작업을 계속 진행시켰다. 이 때문에 잠수부가 작업 후 한때 정신을 잃기도 하였다. 또한 해빙기에는 물 위에 떠다니는 얼음덩어리를 쉴 새 없이 제거하고, 증수기에는 힘들게 구축했던 비계가 유실되는 등 수많은 어려움을 겪었으나, 이러한 난관을 극복하고 이듬해인 1927년 9월 20일에 강형의 가설을 끝마쳤으며, 9월 30일에 보도 및 기타 상부 구조공사를 완료하며 모든 공사를 마무리하였다.

10월 16일에 성대한 개통식을 거행한 후 11월 15일부터 일반적인 연락 운수를 개시하였다. 이 교량의 건설비는 총 30만 엔이었으며, 공사에 참여한 인부는 약 2만 8천 명에 이르렀다. 이 교량은 그 후 도문선 및 만주 측 조개선 개축에 의해서 1934년 4월 광궤 철도교로 개축되었으며, 그 중심점을 만주와 일본 철도의 분계로 삼았다.

남양 도문교량 건설 : 이 교량은 만주사변 후의 동아시아의 정세 변화에 맞춰 가설된 것으로 압록강 · 삼봉교 가설 당시처럼 복잡한 외교 절차를 거치지 않은데다, 관련 설비와 기술 모두 삼봉교 건설 당시보다 현저하게 발전하였기 때문에 비교적 순조롭게 진행되었다. 만주국 철도 전체를 위탁경영하고 있던 만주철도가 본 교량 건설을 담당하였으며, 도문선 전선 개통 전인 1932년 8월 6일 공사에 착수하였다. 당시 만주철도는 경도선(신경~도문간)의 건설을 마치고, 도가선(도문~가목사 구간) 건설을 진행하고 있었다.

교량은 함경북도 온성군에 소재한 도문선 남양역과 맞은편인 길림성 연길현 도문역 사이에 가설되었으며, 형(桁)에는 일본 요코가와(横河) 교량제작소 및 가와사키(川崎) 차량 제작회사가 제작한 단선 상로 강판형이 사용되었다. 교대 기초공사에는 콘크리트를 사용하고 교각 기초 시공법에는 상자틀 침하공법을 채용하였으나, 상자틀 부족으로 인해서 일부는 널말뚝 공법으로 보완하였다. 착공 후 약 8개월이 지난 1933년 4월 철도교공사가 끝나고, 6월 20일에 공도(보도)가 준공되었다. 총 공사비는 42만 3천 엔이었다.

훈춘 도문교량 건설 : 도문선 개통 후인 1934년 9월 훈춘철로유한공사가 훈계역 구내를 기점으로 만주국 길림성 훈춘에 이르는 길이 12.8km, 궤간 0.762km, 증기 · 경유 병용의 사설 협궤철도를 건설한 후 1935년 11월에 개통하였다. 그러나 이를 광궤로 개량하고 훈춘에서부터 선로를 연장할 필요가 있었다. 이에 1938년 6월 새로 건립된 동만주철도회사가 이를 매입하여 광궤 선로로 개축하고 1939년 11월 개통하였다. 그러나 기존의 교량이 새로운 철도에 적합하지 않자 훈춘 도문교량을 가설하게 되었다. 이 교량은 1939년 5월 20일 공사에 착수하여 10월 25일에 준공되었으며, 공사에 사용된 총 경비는 39만 3천 엔이었다.

참고로 동만주철도회사는 미개발 지역을 개척하기 위하여 1942년 말까지 본 지선과 함께 약 73km의 선로를 개통하였다.

혜산선 건설

연선의 개요 : 본선은 함경선 길주역을 기점으로 길주 남대천을 거슬러 올

라가 재덕 · 합수 · 백암을 거쳐서 본선 중앙부의 함북 · 함남 양 도계에 걸쳐 있는 남설령까지 이어지며 운총천을 따라 내려가 압록강변의 혜산진에 이르는 약 141km 길이의 선로이다. 또한 백암에서 분기하여 두만강 기슭의 무산에 이르는 탁식 철도가 개통됨에 따라 북한의 대삼림과 지하자원을 개발하고 만주 내부지역까지 도달하는 동맥선의 역할을 하게 된 국방 · 경비상 매우 중요한 선로이다.

조사 측량 : 1926년 9월부터 11월에 걸쳐서 본선의 조사를 실시하였으나, 합수 부근의 지형이 백암 방면과 고저차가 심하여 조사에 많은 어려움을 겪었다. 이어서 1929년 제1회 실측을 길주에서 시작하였으나, 합수 일대가 한낮에도 어두운 밀림으로 뒤덮여 있는데다, 백암의 고지대까지 험준한 지형이 이어져 선로 선정이 거의 불가능하였다. 이에 육군 참모본부에 의뢰하여 1929년 5월 항공사진을 촬영하여 지형 측량을 실시하고, 그 결과를 바탕으로 지도상에서 선로를 선정하고 합수 및 남계에 반환선을 설정하였으며, 그 중간 지점을 루프선 형태의 긴 터널로 연결하여 높은 고지대에 도달하는 노선을 설정하였다. 이후 설정된 노선의 현지 측량을 실시하여 본선을 결정하는 등 새로운 기술을 사용하였는데, 이는 일본이 항공사진 측량을 철도에 응용한 첫 사례이기도 하였다. 이리하여 선로가 해발 약 1,500m의 고지대인 백암에 도달한 후 북진하여 본선 가운데 가장 긴 2,213m 길이의 남설령터널의 중앙부인 해발 1,622m까지 올라간 후 다시 아래로 내려와 운총천을 수차례 오가며 혜산진에 도달함으로써 실측이 종료되었다. 남설령 이후의 인적이 드문 밀림 지대에서 조사원은 항상 호신용 단총을 차고 숙사와 어려운 식량난을 견디면서 작업을 수행하였다.

공사개요 : 이 공사는 1931년 5월 1일 길주~수북 간 제1공구의 노반공사 착수를 시작으로 구간 개통을 반복하다가 검산~혜산진 구간 제15공구 준공을 마지막으로 1937년 11월 1일 전선을 개통하였다. 그러나 가파른 경사와 곡선이 많은 선로인 탓에 견인력이 강한 산타페 기관차를 처음으로 건조하여

운행하였다.

연선은 한랭지대에 속하여 겨울철에는 영하 30도까지 내려가 하천뿐만 아니라 지표의 일부분이 얼어붙었고, 특히 합수 부근의 계곡에서는 만년설이 발견될 정도였다. 교량 · 터널 등의 구조는 주로 콘크리트 또는 철근 콘크리트를 사용하였는데, 이러한 기후에서는 겨울철 구조물 시공이 거의 불가능하였기 때문에 결빙 기간에는 각 공구 모두 토공공사에 집중하였다가 해빙기를 기다려서 전반적인 시공에 매진하였다. 해빙기 직후에는 눈이 녹으면서 발생한 거대한 얼음 덩어리로 인하여 수차례나 피해를 입었고, 본선 오지의 삼림지대에서는 장마 기간 중에 한 달 가까이 비가 오는 경우도 있어 공정에 차질이 생겼다. 또한 공구의 준공 기한이 가까워지자 각 공구마다 노동자 부족으로 인하여 임금이 폭등하면서 노동자 모집에 어려움을 겪었다. 이에 합수 부근 및 남설령의 장대터널 시공의 경우 자가 발전을 이용하여 기계 굴삭 방식을 채택하였으며, 공사에 필요한 자재 운반을 위하여 재덕~합수 간에 경편 궤도를 부설하였고, 남설령에는 케이블을 설치하여 부족한 수송로를 보충하였다.

궤도의 부설공사는 당국의 직영으로 실시하였고, 자재 운반은 각 공구 모두 순차적으로 영업 종단역 구내에서 담당하였으며, 자재를 건축 열차에 적재한 후 현장까지 수송하였다. 최종 개통 구간인 봉두리~혜산진 간 궤도 부설공사 중 만주지역의 비적인 김(金) 두목 일당이 국경을 넘어서 혜산진의 상류인 보천보(압록강 최상류의 읍)의 경찰을 습격하고 무기와 탄약을 약탈하는 사건도 발생하였다. 국경지대의 경우 비적들이 국경을 넘나들며 습격하는 일이 잦았는데, 다행히 큰 피해 없이 건설공사를 마칠 수 있었다. 또한 영업개시를 위하여 선로 각 구간의 궤도 연장과 함께 역사와 관사를 짓고 통신설비를 정비하였으며, 총 4차례에 걸쳐서 구간을 개통하여 12개년 계획의 준공 예정 기한 내인 1937년 11월 1일에 전선을 개통하였다.

본선 건설은 원래 청진출장소의 소관이었으나 1933년 5월 출장소가 폐지되면서 본국 건설과의 직할이 되었으며, 합수에 건설과 파출소를 개설하여 그곳의 소관 업무로 삼았다. 그 후 1935년 8월 성진건설사무소가 설치되면서 소관으로 이전되었다.

본선은 15개 공구로 나누어서 노반공사를 진행하고 4차례에 걸쳐서 구간 개통을 실시하였다. 공사 진척 상황은 다음 표와 같다.

구간	길이(km)	기공 연월일	개통 연월일
길주~재덕	26.2	1931. 5. 1.	1932. 12. 1.
재덕~합수	31.0	1931. 11. 15.	1933. 11. 1.
합수~백암	12.8	1932. 6. 22.	1934. 8. 1.
백암~봉두리	29.7	1932. 9. 11.	1935. 9. 1.
봉두리~혜산진	42.0	1934. 8. 1.	1937. 11. 1.
계	141.7		

만포선 건설

연선의 개요 : 본선은 평원선 순천역을 기점으로 북상하여 천동을 지나고, 개천으로 나와서 안만(안주~만포진 구간) 가도를 따라 청천강변을 북상한 후, 희천을 지나 구현령 고개를 넘어서 독노강변을 따라 내려온 다음, 다시 강계를 지나고 오른쪽으로 돌아 국경 만포진에 이르는 303km 길이의 노선으로 조선과 만주를 연결하는 주요 국책선이다.

본선의 남부 연선 중에는 덕천 · 맹산 · 순천 · 개천 및 영변의 오군에 이르는 평남 북부탄전을 비롯하여 금, 은, 동, 철 및 기타 각종 광산이 풍부하며, 북부에는 독노강의 원천을 이루는 낭림산맥의 대삼림이 있으며, 주변에 무연탄과 흑연 광산이 흩어져 있다.

본선의 연선 가운데 희천 이북은 지형적으로 산악지대나 심한 낭떠러지 혹은 깊은 계곡이 많다. 특히 희천군과 강계군의 경계에 위치한 구현령은 해발 815m로 남북 양 기슭의 직선거리가 불과 7km인데 반하여 고저의 차가 무려 295m에 이르는 등 지세가 매우 험준하고 복잡하여 공사 구간 가운데 가장 어려움을 겪을 것으로 예상되었다.

계획과 조사 : 1910년경에 이미 본선의 경제적 가치와 국방 및 경비상의 중요성을 인식하고 조사를 계획하였다. 당시(1914년경) 예정 경과지는 경의선 맹중리에서 시작하여 박천, 희천, 강계를 거쳐서 만포진까지 이어지는 선로였다. 1922년경 희천~만포진 구간의 선로 조사를 다시 실시하였다. 또한 구현령 전후 구간의 경우 정밀도는 다소 떨어졌으나, 등고선 지형도상에서 반환선이나 루프선 등 각종 선형에 대해서 비교 연구하였다.

1927년 봄에 열린 제52회 의회에서 철도 12개년 계획의 신규 건설선으로 본선을 건설하는 데 동의를 얻고, 이듬해인 1928년부터 순천~개천 간의 실측에 착수하여 순차적으로 공사를 진행하였다. 그러나 1931년 9월 유조호 사건을 계기로 만주사변의 발발과 만주국 수립이 이어지면서 일본과 만주의 관계에 급격한 변화를 초래하였다. 그 결과 본선의 중요성이 더욱 강조되었고, 완공을 서두르게 되었다. 게다가 만포선 전선 개통 여부가 구현령 부근의 난공사 구간에 달려있었기 때문에 본선의 착공은 초미의 관심사가 되었다. 따라서 험준하고 복잡한 현지의 지형을 고려할 때 노선 선정에 보다 상세하며 정확한 비교 연구가 필요하였다. 이를 위하여 신속 정확한데다, 혜산선 합수 부근에서 실시하여 확실한 효과를 거두었던 항공사진 측량 방식을 채택하기로 결정하고, 1932년 9월 육군 당국에 작성을 위촉하여 승낙을 얻었다.

평양 비행 제6연대 및 참모본부 육지측량부의 협력 하에 같은 해 11월부터 작업을 개시하여 엄동설한을 견뎌내며 연말까지 축척 2,500분의 1의 정밀한 등고선 지형도를 완성시켰다. 이 지형도를 이용하여 이듬해인 1933년 초부터 도면상에서 선로를 선정하였으며, 공사기간이 긴 장대터널을 피하고 선로 기울기를 1/50, 1/40, 1/30로 구분하며, 최소 곡선반경을 300m로 하는 6개의 안을 선정하였다. 시공 · 운전 · 보수상의 관점에서 종합 비교 연구한 결과, 선로 기울기를 1/40로 하는 안을 채택하고, 이어서 같은 해 6월 말에 해안 실측에 착수하였다. 이 실측에서는 고개를 사이에 둔 양 산기슭 간의 거리와 방향을 정확하게 측정하기 위하여 32점의 대삼각점과 선형에 따른 보조 삼각점 14점을 두고 노선 부근 일대를 삼각망으로 덮어 3개의 기선으로 측정하였으며, 선로 중심선 설정용의 삼각점을 35곳에 두고 중심 측량의 근간으로 삼았다.

선로는 남쪽 기슭의 개고개 정거장(역명을 개고로 고침)을 나와서 청천강의 지류인 명문천을 4차례 건넌 다음, 큰 원을 그리며 반대편으로 돌아서 좌안의 산복을 끼고 계곡을 건너서 좌우로 수없이 굽이굽이 돌아 올라간다. 구현령 고개까지 크고 작은 20개의 터널을 지난 다음, 고개 바로 아래에 위치한 2,377m 길이의 장대터널(당시 조선철도 중에서는 최장)을 통과한 후 북쪽 산록의 구현 정거장까지 약 17km의 거리를 실측하였다.

측량 대원 20명이 6월 말에 현지의 개고개에 도착한 이후 점차 더위가 심해져 대원들은 30도를 웃도는 폭염과 싸우면서 인적이 드문 산 속에서 힘든 작업을 계속해야만 하였다. 수백 미터의 산 정상까지 올라가 쉴 새 없이 측정 작업을 하기도 하고 가시덩굴을 헤치고 독사의 공격을 받으면서 숲을 가로지르는 일도 있었다. 밤에는 산 속 초가집에서 석유 등불의 희미한 등불 아래에서 늦게까지 일분일초를 아껴가며 삼각망과 중심선을 계산하거나 도면 조정과 같은 실내 작업을 계속하였다. 무더운 여름을 보내고 이른 아침 서리가 내리는 10월 초가 되자 약 100일간 열심히 목표를 달성한 측량 대원 일동은 단 한 사람의 낙오자도 없이 무사히 산에서 내려왔다.

구현령 이원의 실측은 독노강변을 따라 내려와 강계를 거친 후 삼걸령 고개를 넘어 만포진에 이르기까지 비교적 순조롭게 진행되었다.

국제교인 만포교 가설 지점 선정은 만주와 일본 당국이 수차례의 기술적 교섭을 벌인 끝에 결정되었다.

공사 상황 : 1931년 4월 순천~천동 간의 노반공사가 시작되었으며, 희천까지는 비교적 지역이 평탄하여 공사가 순조롭게 진행되었다. 그러나 희천을 지난 구현령 남쪽 기슭은 청천강 상류의 명문천을 따라서 안만가도까지 매우 좁은 계곡이 이어져 있어, 선로가 강을 건너서 능선을 여러 번 지나쳐야만

하였다. 따라서 크고 작은 터널과 교량이 매우 많고 호안 옹벽이나 도로 교체 지점이 많아 공사 구간이 매우 복잡해졌다.

이어서 본선 중 가장 어려운 코스인 개고개~구현 간의 약 17km 구간은 이를 4개 공구로 나누어 1934년 7월 1일 일제히 공사에 들어갔다. 가장 긴 구현령터널 공사를 위하여 개고개에 화력발전소를 설치하고, 중유 발동기 450HP 2대를 사용하여 9월부터 송전을 시작하였다. 이러한 전력은 공기 착암기와 콘크리트 혼합기 등의 동력, 터널 안팎의 조명 및 재료 운반용 전기기관차의 축전지 충전용 등에 사용되었으며, 공사의 진척을 위하여 일부 터널 굴삭작업에는 전동 착암기를 병용하였다. 발전소 시설은 당국이 관리하였으나 운전 비용 일체는 공사 하청업자가 부담하였다. 또한 대규모 절취 지점에는 폭파 작업을 실시하는 등 신기술과 기계를 총동원하여 난공사 구간을 극복한 결과, 공기 1년 10개월 만인 1936년 5월에 준공하였다.

개고개는 원래 11가구의 민가가 흩어져 있는 작은 마을이었다. 그러나 당국의 사무실과 종업원의 임시관사가 들어서고 공사가 시작되면서 많은 근무자가 모여들자, 이를 상대로 각종 상점이 문을 여는 등 공사가 한창일 무렵에는 인구 1만 명을 넘는 작은 읍이 될 만큼 활황을 이루었다.

구현령 너머는 1934년 이후 순차적으로 공사에 착수하여 독노강변의 구릉지를 지나 비교적 순조롭게 공사를 추진하였다. 만포 진입로 부근의 삼걸령터널(연장 2,445m) 공사에는 구현령 공사 당시 사용했던 발전기 1대를 이설하여 전력을 공급하였다.

노반공사 준공에 맞춰 궤도를 구성하고, 역사 · 관사 및 통신 등의 제반시설을 정비하여 제1회 순천~천동 구간을 1932년 11월에 개통하였으며, 총 7회에 걸쳐서 순차적으로 구간을 개통하였다. 1939년 2월에 만포진에 도달하였으나 만포교의 준공을 기다려 9월 28일 개통식을 거행하고, 같은 해 10월 1일부터 만주국 매집선과의 직통 운수를 개시하여 일본과 만주 교통사의 한 페이지를 장식하였다. 만포 정거장은 매집선의 시발역인 관계상 특별히 제반 시설을 완비하였다.

공사 자재의 경우 침목 일부를 현장에서 구입한 것을 제외하고는 시멘트와 같은 대부분의 자재를 화물 자동차, 우차 또는 건축열차를 이용하여 운반하였다. 공사 기간 중에는 한때 개고개에 시멘트 창고를 두고 수시로 필요한 곳에 배급하였다.

본선은 전 구간을 33개 구간으로 나누어서 노반공사에 착수하였으며, 순천 측부터 순차적으로 공사를 진행하였다. 궤도 연장 공사는 대부분 가장 가까운 보선구에서 실시하였으나, 개고개~전천 구간은 개고개에 궤도공사구를 설치하여 실시하였다.

본선은 당초 평양공무사무소 소관이었으나 1933년 5월 공무사무소가 폐지됨에 따라 본국 건설과 직할이 되었다. 직할이 됨과 동시에 개천에 건설과 파출소를 설치하여 그 소관 업무로 삼았으며, 공사가 진행됨에 따라 1934년 10월 개고개로 이설하였다. 1935년 8월 평양 건설사무소가 설치되면서 건설과 개고개 파출소는 폐지되었다.

만포교 건설 : 만포선 건설과 함께 만주철도 측에서 건설 중이던 매집선(매하~집안 간)과 연락하기 위하여 만포 교량 가설이 필요해졌다. 그러나 당초 만포선 건설 예산에 계상되지 않았기 때문에 만주사변 이후 조선 · 만주의 교통 강화를 위하여 만포역에서 압록강 교량 중심에 이르는 선로 건설비에 필요한 추가 예산 95만 엔을 1935년도 제67회 의회에 제출하고, 그 동의를 얻었다. 그 결과 1937년 6월부터 만포터널 전후 공사 및 만포 교량공사를 각각 시작하여 1939년 8월에 준공하였다. 1934년 28일 조선총독과 나카무라(中村) 조선군사령관, 만주 측에서는 만주국 교통부장관(대리 마쓰이 차관), 관동군 관계자 및 기타 양 철도 관계자의 입회 하에 집안 측에서 만포 · 매집양선의 궤도 연결식을 거행하고, 이어서 만포역 구내에서 간소한 개통식을 거행하였다. 10월 1일부터 연대 운행이 개시됨에 따라 남만주 중부에 이르는 새로운 국제선이 탄생함으로써 조선 · 만주 교통에 새로운 획을 그었다.

이 공사 중 만포역과 만포교 부근의 심한 고저차를 완화시키기 위하여 역과 교량 사이에 환상선을 부설하여 우회 하강하였으며, 원곡선의 중간에 만포터널을 뚫었다.

만포 교량은 24.4m(상로판형) 17련 및 45.0m 마름모꼴 단순 트러스(방탄구조) 3련의 교량 연장 587m이며, 트러스 가설에는 가설용 트러스를 이용하고, 판형에는 비계를 설치 · 시공하였다. 공사에 필요한 각종 자재 가운데 만주국에서 반출하는 것은 보세로 취급하였으며, 노동자 등은 대부분 만주인이었다. 공사비는 총독부와 만주국이 절반씩 부담하였으며, 다른 국제 교량과 마찬가지로 교량 중앙을 경계로 보수를 분담하였다. 교량 가설에 관한 교섭은 압록강 교량 및 상삼봉교 가교 당시에 비하여 매우 간소해졌다.

설비와 기술이 발전하면서 공사는 비교적 순조롭게 진행되었으나, 공사 중에는 맞은편 집안 지역에 비적이 자주 출몰하여 하청업자와 종업원들이 만포 측으로 피난하는 사태가 발생하였으며, 당국 종업원도 한때 권총이나 일본도를 소지한 상태로 공사를 진행하였다. 또한 만포역 구내에는 기관차고, 강계에는 보선구과 기타 현업기관을 두었으며, 추운 날씨에 대비하여 청사 · 관사 등에 방한 설비를 하고, 특히 독신자가 거주하는 익제 기숙사에는 대규모의 난방시설을 설치하였다.

본선 구간 개통의 개요는 다음과 같다.

구간	연장 km	기공 연월일	개통 연월일
순천~천동	32.6	1931. 4. 26.	1932. 11. 1.
천동~개천	6.3	1932. 9. 1.	1933. 7. 15.
개천~구장	24.1	1932. 6. 6.	1933. 10. 15.
구장~희천	46.8	1932. 6. 6.	1934. 11. 1.
희천~개고	30.2	1933. 8. 17.	1935. 10. 1.
개고~전천	63.1	1934. 7. 1.	1936. 12. 1.
전천~강계	47.5	1935. 6. 22.	1937. 12. 1.
강계~만포	49.3	1935. 8. 16.	1939. 2. 1.
만포교 및 그 부근	3.5	1937. 6. 19.	1939. 10. 1.
계	303.4		

지선 건설 : 본선 건설에 맞춰 구장 동부의 용등굴 부근을 개발하기 위하여 용등선 구장~용등 간의 7.4km를 부설하여 1934년 4월 1일에 개통하였으며, 용문탄광의 무연탄 반출을 위하여 용문 탄광선 어룡~용문탄광 구간 7.1km를 부설하여 1941년 9월 1일에 개통하였다.

압록강에 가설된 국제 철도교는 총 3개로, 경의선과 안봉선을 잇는 압록강교, 만포선과 매집선을 연결하는 만포교 그리고 수풍댐 발전소가 건설됨에 따라 압록강교와 만포교의 중간에 가설된 청수철도교가 있다. 청수철도교에 대한 설명은 아래와 같다.

청수철도교 건설 : 수풍댐 발전소는 압록강 수력 발전 계획의 7지점 가운데 최초로 건설되었으며, 최대 출력(약 60만 kw)을 가진 발전소였다. 신의주에서 약 80km 상류(만포교에서 약 200km 하류)에 위치한 평안북도 삭주군 수풍에 있으며, 약 100m 높이의 제방이 맞은편 만주국 동변도 관전현 비갈구강변까지 이어졌다. 1937년 가을 공사에 착수하여 1943년 말까지 전체 발전 능력을 완성하였다.

댐 발전소는 교통이 매우 불편한 지역에 위치하여 대공사에 필요한 시멘트 · 철재 · 기계류 및 각종 자재와 물자를 수송하기 위해서 한 번에 대량의 화물을 수송할 수 있는 철도를 부설할 수밖에 없었다. 이러한 이유와 국방상의 문제도 고려하여 조선 및 만주의 압록강 수력 발전회사가 조선 측에 평북철도회사, 만주국 측에 압북철도회사를 설립하고 압록강을 지나 조선과 만주를 연결하는 철도를 건설하였다.

선로는 경의선 정주역을 기점으로 정주 · 노성 · 삭주 3개 군을 종단하여 북상한 후 압록강변의 수풍 및 청수에 도달하였으며, 압록강에 국제 철도교를 가설하고 맞은편 장강에서 동변도 관전현의 중앙을 지나 북상한 후 장순 · 관순을 지나서 만주 국유철도 안인선의 관수동역에 도달하는 약 200km 길이의 노선이다. 선로 구배, 곡선 반경 및 구조물의 기준은 조선철도국 건설 규정에 따른 갑종 선로로 하였다.

청수철도교는 길이 약 600m(경간 60m 트러스 2련 및 18m 판횡목 24련)로, 압록강 중심점을 분계점으로 조선 측을 평북선(약 120km), 만주국 측을 압북선(약 80km)이라 하였다.

평북선은 1937년 9월에 착공하여 1939년 10월에 준공되었고,

압록선은 1939년 4월에 착공하여 1941년 준공 예정이었으며,

청수철도교는 1938년 5월에 착공하여 1939년 6월에 준공되었다.

청수는 댐 하류 약 6km 지점에 위치했으며, 5km 하류 맞은편 장순 하구 부근은 콘크리트 골재의 채취지로, 수풍댐 콘크리트 용적 약 350만㎥에 사용된 대부분(약 80%)의 조골재를 채취하여 본선 화차로 운반하였다.

또한 수풍댐의 콘크리트 타설은 1939년도부터 가장 활발해질 것으로 예상됨에 따라 1939년 홍수기 이전에 청수철도교를 완성시켜야만 예정된 시기 안에 수풍댐을 완공시킬 수 있었다. 따라서 이 철도교는 단적으로 말하면 수풍댐 발전소 공사용 콘크리트의 조골재 운반을 위한 철도교이기도 하였다.

교각의 높이는 기초 푸팅 위 18m이며, 하상의 지질은 옥석이 많은 자갈층으로 암반까지는 하심부의 트러스 교각이 가장 깊은 곳이 7m, 그 밖의 장소는 7m 이하이다. 10월부터는 수량 감소로 조선 측은 대부분 육지화되어 공사가 비교적 용이하였다. 따라서 하심부 공사는 뒤로 미루고 육지부 작업만 진행하여 12월 중순까지 하심부를 제외한 80%가 완성되었으며, 갈수기에 접어들면서 하심부 작업에 착수하였다.

겨울철에는 영하 35℃까지 기온이 내려가므로 골재 난방을 위하여 조선 고유의 온돌식 난방을 채택하였으며, 콘크리트를 반죽하기 위하여 보일러를 설치하여 뜨거운 물을 공급하였다. 이리하여 1939년 1월 하순까지 하심부의 콘크리트 작업을 종료하고, 곧바로 트러스 횡목을 가설하기 위하여 스테이징 비계 조립에 착수하였다.

트러스 강재는 겨울철에 신의주 부근에서 가교 지점까지 약 90km의 긴 거리를 얼음 위로 운반하였으며, 트러스 조립은 2월 말에 시작하여 3월 중순에

끝마쳤다.

판형은 평북선 수송을 위하여 4등분으로 분해한 상태였기 때문에 수연식 가설법을 변경한 2경간 연결 매달기식을 채용하여 1939년 6월까지 가교공사를 전부 끝마쳤다.

동해선 건설

선로 개요 : 본선은 북부 경원선 안변역을 기점으로 동해안을 따라 남하하여 통천 · 고성 · 양양 · 강릉 · 영덕 등의 소도시를 거쳐서 포항에 이르는 478km 길이의 구간과 남부 경부선 부산진역에서 출발한 후 동래를 거쳐 북진하여 울산에 이르는 73km 길이의 구간을 합쳐 총 551km를 건설하는 한편, 매수 궤도선인 전 조선철도회사 소속의 경동선 포항~울산 간을 광궤로 개축하여 연결하였다.

동해안은 좋은 항구가 부족하고 육상 교통이 불편하여 개발이 지연되었으나, 본선 건설로 인하여 강원도 · 경상북도의 풍부한 해산물과 통천 · 삼척 · 영일의 석탄과 광산물, 태백산맥의 임산물의 개발 및 수송이 용이해졌다. 이로써 미개발 지역의 연선을 개척하는 것은 물론이고 함경선과 연결되어 반도의 동부 종관선을 형성함으로써 철도 12개년 계획의 신규 건설선 가운데 가장 긴 주요 간선이 되었다.

조사 측량 : 본선은 1922년에 북부의 갈마~양양 구간, 이듬해인 1937년에 포항~영덕 구간을 각각 예측하였으며, 1940년에 드디어 양양~울진 구간을 측량하고, 다른 측량반이 남부의 부산진~포항 구간 및 영덕~울진 구간을 조사 측량함에 따라 전 구간의 조사 측량을 완료하였다. 그리고 1927년에는 본선의 건설계획이 제52회 의회를 통과하였으며, 같은 해에 북부는 안변 방면에서 실측을 시작하여 순차적으로 이를 추진하고, 남부는 1930년 1월에 부산진~울산 간을 실측하였다.

북부선 공사개요 : 1928년 2월 안변~흡곡 간 약 31km의 노반공사에 착수

하여 순차적으로 공사를 진행하였으며, 안변~양양 간 약 192km를 19개 공구로 나누어서 노반공사를 실시하였다. 1929년 9월 안변~흡곡 간의 구간 개통을 시작으로 노반공사 준공 시점에 맞춰 통천 · 두백 · 장전 · 외금강 · 고성 · 간성까지 총 7차례에 걸쳐 구간 개통을 하였으며, 1937년 1월에는 양양까지 개통하였다. 이 연선 부근에는 세계적인 명승지인 금강산이 있고 해금강과도 접해 있는데다, 특히 고성~양양 간 연선은 해산물과 임산물 개발 촉진에 크게 공헌하였다.

이 구간 가운데 간성~양양 간의 연안은 지형학상 융기 지대에 속하며 곳곳에 표사로 인한 사구와 늪지가 있으며, 또한 산간 지대의 지질은 신생대에 속하는 삼기층 내에 있기 때문에 전자는 제방 침하를 초래하고, 후자는 암추가 선상(扇狀) 지대의 포행을 일으키는 경우가 많으며, 제방 및 흙깎기 시행에 어려움이 매우 많았다.

1936년 8월에는 사상 초유의 대호우가 발생하여 큰 피해를 입었다. 사람과 가축의 피해도 많았지만 공사에 미치는 영향 또한 막대하였다. 특히 속초~양양 구간은 유역이 협소한 해안 부근에 집수 면적이 광대한 산악부의 대유수가 일시에 밀려온 탓에 전 구간이 한꺼번에 큰 피해를 입었으며, 애써 준비한 공사 재료는 물론 일부 토목공사가 완성된 구간도 순식간에 모두 유실되어 버렸다. 이로 인하여 한동안 공사가 중단되기도 하였으나, 종업원들이 밤낮을 가리지 않고 복구에 힘쓴 덕분에 공사가 다시 진행되었다. 이 구간은 두 차례나 피해를 입는 바람에 축조 중인 토사 1,000㎥이 유실되었으나, 당국에서도 이러한 재해 상황을 감안하여 시공기면의 상승, 법면 보호 공사 신설, 교량 경간 증대, 연약 지반에서의 교량 및 기타 기초공의 설계 방침을 변경하는 등 각종 조취를 취하였으며, 특히 교량 기초갱에는 장척물을 사용하였다. 당시 겪었던 재해는 실로 막대하였으나 그 후에는 비교적 큰 재해가 발생하지 않아 예정 기한 안에 준공하고, 간성~양양 간도 1937년 12월에 무사히 개통할 수 있었다.

양양 이남의 노반공사는 계속해서 1937년 5월 이후 순차적으로 공사를 시작하고, 강릉 · 옥계 · 흑호 · 북평 · 삼척을 거쳐서 오분까지 약 110km 구간을 11개 공구로 나누어서 공사를 진행하여 1942년 6월까지 노반공사를 준공시켰다. 이 구간 중 정동진~옥계 구간의 1,825m 길이의 터널은 사문암 사이에 흑연층이 있어 지질이 약한 탓에 굴착 도중 약한 지질층의 갱내 압출이 심하여 대부분 역권법을 시행하는 등 어려운 공사를 진행시켜 간신히 완성하였다.

또한 오분 이남의 공사를 서두를 목적으로 태백산맥의 자락이 심한 낭떠러지를 이루어 바다로 이어지는 험준한 지세인 동막~용화 간 8.2km 지점에 성상터널(1,121km) 및 사래터널(1,020m) 굴착공사를 진행시켰다. 공사는 2개 공구로 나누어 1940년 1월에 착수하여 1943년 7월에 준공하였으며, 북부선 종단의 포항~송라 간 22.9km의 노반공사도 1940년 4월에 착수하여 1942년 9월에 준공하였다.

이처럼 양양 이남에서는 140km에 이르는 노반공사를 끝마쳤으나, 시국이 긴박해지면서 궤도 자재 · 교량 횡목의 조달이 어려워져 궤도공사를 개시하지 못하고 노반은 길 위에 방치되었다.

그러나 가끔 삼척에 있는 오노다 시멘트 공장 및 생선 기름을 원료로 하는 화학공업 KK의 공장으로부터 생산품을 반출하기 위하여 사철 삼척철도(도계~묵호 간)의 종단 묵호항을 이용하였다. 이를 위하여 이 철도의 접속역인 당국의 북평에서 삼척까지의 12.9km 구간을 서둘러 개통할 필요가 있었고, 이에 급히 궤도 자재를 조달하여 공사를 시작하였다. 1944년 2월 11일에 영업을 개시하였으나, 경영은 삼척철도회사에 위탁하였다.

이어서 북평~삼척 구간 개통과 함께 양양~북평 구간의 개통을 촉진하고 공사에 필요한 최소한의 자재를 입수하기 위하여 백방으로 노력하였다. 1945년 4월 양양에 궤도공사 구간을 개설하고 기설 노반 수복을 위하여 노력하는 한편, 궤도 자재와 교량 횡목이 모이는 것을 기다려 간신히 양양 남대천 교량의 횡목 가설 작업에 착수하였다. 그러나 착공 직후인 8월 15일 종전으로 인하여 공사는 모두 중단되었다.

본선 건설 당시에는 경성공무사무소 소관이었으나 1933년 5월 공무사무소가 폐지되면서 원산철도사무소 소관으로 이관되었다. 1938년 1월에 강릉건설사무소가 개설되면서 다시 이곳으로 이관되었다가 1943년 1월 강릉건설사무소가 폐지되면서 경성건설사무소 강릉파출소 소관이 되었다. 단, 북부선 최종단인 송라~포항 간 공사는 지리적인 이유로 안동건설사무소 소관이 되었다.

본선의 완공 예정년도는 1938년이었으나, 만주사변 이후 불안정한 정세로 인하여 부득이하게 연기되어 1937년도까지 전 노선의 약 40%만 영업을 개시하였다. 종전 당시 공사 미착수 구간은 약 30%였다. 또한 양양 이남은 구간 개통을 실시하지 않았기 때문에 노반공사용 각종 자재 운반을 위하여 일부 해상 수송까지 이용했으나, 육상 수송은 점차 그 거리가 늘어나고 도로의 상태도 좋지 않아서 수송 효율을 크게 저해하였다.

종전시 북부선의 공사 진척 상황은 다음 표와 같다.

종별	구간	연장 km		%
영업개시	안변~양양 북평~삼척	192.6 12.9	205. 5	43.0
노반공사 준공	양양~북평 삼척~오분 동막~용화 송라~포항	93.6 3.4 8.2 22.9	129. 1	27.0
공사 미착수	오분~동막 용화~송라		144. 4	30.0
계		478.0		100

남부선 공사개요 : 본선의 공사구간은 동해안을 따라 북상하여 천도 동래와 해운대를 거친 후 임진왜란의 격전지로 유명한 울산에 도달하는 73km 구간이었다.

1930년 7월 총독부 사회과가 구제사업의 일환으로 알선한 인부를 채용하여 부산진~해운대 간 3개 공구가 일제히 공사에 착수하여 순차적으로 진행하였으며, 2차례 구간을 개통하여 1935년 12월에는 울산까지 전부 개통하였다. 한편 매수선인 전 조선철도회사 소속 경동선 울산~경주 및 경주~대구 간의 광궤 개량공사가 완공됨으로써 1938년 말에는 이 구간 일대가 광궤에서 운행할 수 있게 되었다.

연선의 기후는 대체적으로 온화한 편으로 겨울철에도 평균 기온이 영하로 떨어지는 일이 없어 콘크리트공사와 그 밖의 공사도 비교적 순조롭게 진행되었다. 그러나 후반부 공사가 진행되었던 1935년 여름에 남한 지방에 대홍수가 발생하여 흙깎기 · 교량 등의 제반 공사가 피해를 입어 부득이하게 공정이 지연되었으나, 다행히 종업원의 부단한 노력 끝에 완공할 수 있었다.

본선의 공사는 원래 부산공무사무소 소관이었으나, 1935년 5월 공무사무소가 폐지되면서 본국 건설과 직할이 되면서 울산에 건설과 울산파출소를 두고 소관 업무를 담당하게 하였다.

북부선 · 남부선의 구간 개통 상황은 다음 표와 같다.

북부선 개통

구간	연장 km	기공 연월일	개통 연월일
안변~흡곡	31.4	1928. 2. 2.	1929. 9. 11.
흡곡~통천	29.6	1930. 5. 6.	1931. 7. 21.
통천~두백	14.7	1931. 5. 1.	1932. 5. 21.
두백~장전	17.5	1931. 5. 1.	1932. 8. 1.
장전~외금강	7.8	1931. 10. 19.	1932. 9. 16.
외금강~고성	10.4	1931. 10. 19.	1932. 11. 1.
고성~간성	39.3	1932. 10. 11.	1935. 11. 1.
간성~양양	41.9	1935. 11. 28.	1937. 12. 1.
북평~삼척	12.9	1939. 11. ~	1944. 2. 1.
계	205.5		

남부선 개통

구간	연장 km	기공 연월일	개통 연월일
부산진~해운대	18.9	1930. 7. 10.	1934. 7. 16.
해운대~좌천	22.3	1930. 10. 1.	1934. 12. 16.
좌천~울산	31.8	1932. 10. 14.	1935. 12. 16.
계	73.0		

경전선 건설

노선의 개요 : 본선은 전북철도회사선(이리~전주 간)의 전주를 기점으로 남하하여 전주~순천 간의 도로를 따라서 임실 · 남원 · 김지에 이른 후 두 노선으로 갈라진다. 첫 번째 노선은 전라남도로 들어가 곡성을 지나 섬진강의 상류를 건넌 후, 송상 고개를 관통하여 순천에 이른다. 그 다음 동쪽으로 방향을 바꾸어 남해 연안과 가까운 광양을 거쳐서 섬진강을 건넌 후, 하동 · 직전을 지나서 조선철도회사 경남선(마산~진주 간)의 진주와 연결된다. 두 번째 노선은 금지(원촌을 변경)에서 서쪽으로 나아가 조선철도회사 전남선(송정리~담양 간)의 담양과 이어지는 선로로 지선을 합한 총 길이가 251km이다. 사철인 전북철도회사선과 조선철도회사 경남선 · 전남선을 매입함으로써 남한지방의 종횡단선을 형성하게 되었다. 그 결과 군산 · 목포 · 여수의 여러 항구와 내륙을 연결하고, 경남 · 전남 · 전북 3도의 풍부한 해산물을 오지에 수송하였으며, 기타 연선의 농산물, 임산물, 광산물 등을 개발하였다.

계획과 조사 측량 : 본선은 철도 12개년 계획의 신규 건설선 가운데 1934년도 완공을 예정하고 있었다. 먼저 본선 중 전주~순천 구간을 경전북부선, 진주~순천 구간을 경전남부선으로 정하고 교통 형태의 조사 · 정비 차원에서 전라남북도의 종단선인 북부선부터 공사에 착수하였다. 첫 번째 실측은 1927년 10월 전주 방면에서 남원까지 실시되었다. 그 후 정부의 긴축 재정 정책으로 인하여 도중에 완공 연도가 연장됨에 따라 실측 개시도 지연되었으나, 지선은 1935년, 남부선은 1940년도에 실측을 실시하였다. 공사 착수 직전에 수차례 계측을 거쳐서 가장 우수한 노선을 선정하였다.

공사의 개요 : 먼저 북부선 공사를 완공한 후 지선 공사에 착수하였고, 태평양전쟁 발발 후에는 시국의 정세에 따라서 일부 남부선의 주요 공사에 착수하였으나 완공하지는 못하였다.

북부선의 연선 지역이 1928~1929년도에 큰 가뭄을 만나 지방 경제가 극도로 피폐해지자 지역 주민 구제를 위한 구휼 구제 사업의 일환으로 1929년 4월 전주~용암 간 약 15km의 노반공사에 착수하였으며, 1936년 12월 최종 공구인 송원~순천 간을 준공하면서 전주~순천 간 133.2km의 북부선이 개통되었다.

이 구간의 노반공사는 이를 11개 공구로 나누어 순차적으로 시행하였고, 각 공구의 공사가 모두 순조롭게 진행되었다. 그 가운데 곡성~순천 간을 잇는 송상의 1,060m 길이의 터널공사와 터널 전후에 위치한 대형 제방은 상당한 난공사로 전력과 기타 기계 설비 및 최신 기술이 요구되었다. 또한 공사 착수 당시에는 구휼 구제 사업의 일환으로 농민에게만 사역을 시켰는데, 이로 인하여 농번기에 인부 모집이 예정대로 되지 않은 적도 있었으나, 공사의 진척을 방해할 정도는 아니었다.

또한 궤도 부설공사는 노반공사의 준공에 맞춰 점차 직영으로 공사를 추진하여 1931년 10월 전주~남원 구간을 제일 먼저 개통하였으며, 순차적으로 궤도를 구성하고 역사와 관사 및 통신 시설을 정비하여 2차례의 구간 개통을 거쳐 전 구간을 개통하였다.

본선 건설은 당초 대전공무사무소 소관이었으나 1933년 5월 공무사무소가 폐지되면서 대전철도사무소로 이관되었다.

개통 구간의 공사 진척 상황은 다음과 같다.

구간	길이 km	기공 연월일	개통 연월일
전주~남원	60.5	1929. 4. 18.	1931. 10. 1.
남원~곡성	20.3	1932. 10. 14.	1933. 10. 15.
곡성~순천	52.4	1933. 11. 14.	1936. 12. 16.
계	133.2		

지선 금지~담양 간 36.4km의 노반공사는 이를 2개 공구를 나누고, 순천 철도사무소 소관 하에 1939년 11월 착수하여 순조롭게 진척되어 1942년 2월까지 각각 준공하였으나, 당시 정세로 인하여 궤도 자재 등의 조달이 어려워서 개통하지는 못하다 종전을 맞이하였다.

남부선 진주~순천 구간, 직전~횡천 간(7.0km) 및 하동~섬거 간(7.3km)에는 장대 터널 · 장대교량 및 대형 제방 등의 난공사가 있어서 장기간의 시공기간이 예상되었다. 이에 다른 구간보다 앞선 1942년 11월 경성건설사무소 소관 하에 노반공사에 착수하였으나, 이듬해인 1943년 9월부터 진주건설사무소 소관으로 이관되었다. 긴박한 정세로 인하여 공사 자재 및 노무자 모집이 계획대로 진행되지 못하는 상황에서 공사 진척을 위하여 애를 썼으나, 결전 비상조치 요강에 따라 1944년 5월 31일자로 공사를 중지하였다.

직전~횡천 구간의 노반공사는 이명터널(약 1,700m)을 주요 공사로 하고 터널 전후의 토공공사 등을 포함하여 하청 공사비 1,748천 엔으로 가지마구미(鹿島組)와 공사 계약을 체결하였으며, 당국은 직전에 공사구를 설치하고 공사에 착수했다. 공사 중지 시점까지 토공공사는 대략 완료된 상태였으며, 터널공사는 진주 측에서 수굴 공법, 순천 측에서 기계굴삭 공법으로 굴삭을 개시하였으나 도갱 관통을 하지 못한 채 끝나고 말았다. 공구 전체의 공사 완성률은 약 40%였다.

하동~섬거 구간의 노반공사는 섬진강 교량(45×4련, 24.4×9련, 연장 약 400m), 불암터널(1,400m) 및 하동 정거장 부근의 대형 제방(100만 ㎥)을 주요 공사로 하청 공사비 3,427천 엔을 들여 공사 계약을 체결하였다. 당국은 하동에 공사구를 설치하고 공사에 착수하였다.

섬진강 유심부의 지질은 대전석을 포함한 자갈층이었기 때문에 45×4련의 5개의 교각 기초에는 압기잠함공법(깊이 31.7m~27m)을 이용하였고, 다른 교각의 기초공사에는 케이슨 공법(깊이 15m~20m), 또한 양측 교대 기초공사에는 일반 개착 공법을 사용하였다. 공사 중지시의 미완성 부분은 잠함

1.5개, 교각 구체 콘크리트(높이 13m) 12개 가운데 5개로, 다른 교대와 교각은 모두 완료되어 공사 달성률이 약 70%에 이르렀다.

불암터널은 양쪽에서 기계굴삭 공법으로 굴삭을 시작하였으나, 공사가 중지될 때까지 도갱을 관통하지 못하였으며, 하동 정거장 부근의 대형 제방 역시 작업이 상당히 진행된 상태였으나 공구 공사 전체의 달성률은 약 60%였다. 두 공구 모두 공사 중지에 따른 보안 설비, 뒷정리 등을 마치고 1944년 말에 공사구를 폐쇄하였다.

직전과 하동의 공사는 원래 경성건설사무소 소관이었으나 1943년 9월 진주건설사무소로 이관되었다.

백무선 건설

건설계획 : 본선은 조선철도 12개년 계획과는 별도로 북한 삼림 개척을 목적으로 하는 북한 개척 사업의 무산~백암 간 척식 철도 부설비 가운데 627만 엔을 들여 1932년부터 6년 동안 공사를 완료한다는 제62회 의회(1931년 12월)의 동의를 거쳤다. 그러나 제70회 의회에서 물가 상승 및 기타 사유에 따라 예산액을 964만 엔으로 증액하고 완공 연도를 지연하였다. 또한 제75회 의회에서 수송력 증강 및 1938년 8월에 발생한 수해에 따른 미착수 구간의 선로 변경 등에 필요한 경비 449만 엔을 추가하고 1943년도로 완공 시기를 늦췄으며, 제76회 의회에서 다시 계획 변경에 따른 경비 107만 엔을 추가하였다. 그리고 제79회 의회(1941년 12월)에서 1942년도 이후의 예산은 다른 건설선과 마찬가지로 건설비로 처리하게 되었다.

본선은 혜산선 백암에서 시작되어 두만강변 무산에 이르는 약 191km 길이의 노선으로, 궤간 0.762m, 최급구배 1,000분의 33, 최소 곡선반경 70m의 협궤철도이다. 서두 · 연면 양 수역 일대의 광대한 삼림지대를 횡단하면서 조선과 만주의 국경 지역에 매장되어 있는 천연 자원을 개발하고 동북 만주 일대의 교통 정비에 이바지하였다.

조사 · 측량 : 본선의 조사는 1927년도 백암~유평동 구간부터 착수하여 이듬해인 1928년도 유평동~무산 구간 예측을 마지막으로 종료되었다. 본선의 부설 목적이 삼림 개발에 있었기 때문에 주로 인적이 드문 대삼림지대에서 작업을 하느라 큰 어려움을 겪었다. 그러나 삼림지대에 서식하는 해충의 습격을 받거나 맹수의 위협을 받으면서도 무사히 조사를 완료하였다. 실측 과정에서는 더 큰 어려움이 따랐으나 1932년 5월 백암 방면에서 제1차 실측을 실시한 이후 수차례에 걸쳐 실측을 하였으며, 일부 수해에 따른 노선 변경 계측을 실시한 이후 전 구간의 작업이 종료되었다.

공사의 개요 : 본선의 공사는 1932년 11월 백암 방면에서 연암까지 약 56km 길이의 구간을 3개 공구로 나누어 동시에 노반공사에 착수하였으며, 순차적으로 공사를 진행하여 1939년 10월에는 연사까지 약 136km 구간을 개통하였다. 연사 이후의 노선은 1938년 8월에 발생한 대홍수로 인하여 부득이하게 계획이 변경되었으며, 예산 문제로 착공이 지연되었다. 그러나 연사~무산 간 54.8km의 노반공사는 1943년 11월까지 완료되었다. 또한 경제적 어려움으로 인하여 조달이 어려워진 궤도 자재의 조달에 힘쓰고 돌관공사를 실시하여 1944년 12월 1일에 무산까지 전 노선이 개통되었다.

본선 일대는 해발 1,000m 이상의 고산 철도로, 특히 기점인 백암 부근은 해발 1,400m 이상이며, 북계수역은 무려 해발 1,720m로 조선에서 가장 높은 곳에 위치한 고지 정거장이었다. 겨울철에는 영하 40도의 찬바람이 불고 5월에도 얼음이 녹지 않아 공사 기간이 매우 짧은 탓에 작업에 어려움이 많았다. 또한 인적이 드문 지역으로 노동자 모집이 쉽지 않아 예상 밖의 어려움을 겪었으나, 이러한 어려움을 극복하며 공사를 진행시켰다. 공사 착수 당시에는 도로가 정비되어 있지 않아서 공사 자재의 수송을 우마에 의존해야만 하였다. 이후 혜산선이 백암까지 개통되면서 한동안은 이를 이용하여 운반할 수 있었다. 공사 자재 가운데 목재는 매우 풍부하여 대부분 현지에서 조달하였으며, 교량 교각용 자재와 기타 건조물은 대부분 임시구조로 지었다. 그러나 서두수 및 연면수의 교량은 콘크리트를 이용한 본구조로 건설하였다. 궤도 부설공사도 계획 당시에는 23kg 레일을 이용할 예정이었으나 제작 관계상 30kg 레일을 사용하게 되었다.

본선 건설은 당초 청진출장소 소관이었으나 1933년 5월 본국 건설과 직할이 되면서 건설과 합수파출소로 이관되었고, 1935년 8월에는 성진건설사무소, 1938년 1월에는 성진철도사무소, 1942년 8월 이후에는 청진건설사무소 소관이 되었다. 본선은 전 구간을 13개 공구로 나누어 노반공사를 실시하였고, 4차례의 구간 개통을 거쳐서 전선을 개통하였다. 그 상황은 다음과 같다.

구간	길이 km	기공 연월일	개통 연월일
백암~산양대	33.8	1932. 11. 16.	1934. 9. 1.
산양대~연암	22.1	1932. 11. 16.	1935. 9. 1.
연암~유평동	44.6	1933. 8. 2.	1936. 10. 15.
유평동~연사	36.3	1936. 10. 1.	1936. 10. 1.
연사~무산	54.8	1936. 10. 1.	1944. 12. 1.
계	191.6		

경경선(중앙선) 건설

건설계획 : 본선은 공사비 6,513만 엔을 들여 1941년도에 완공하기로 제69회 의회(1936년 5월)의 동의를 얻었다. 12개년 계획 이후의 신규 계획선인 본선을 동해 중부선 영천을 기점으로 북상하여 의성, 경북, 안동, 영주를 거친 다음 낙동강과 한강의 분수령을 이루는 죽령을 관통하고, 단양과 제천을 거쳐서 치악, 원주, 양평에서 경성(동경성)에 이르는 약 345km 길이의 노선이다. 건설계획 당시에는 선로 명칭을 중앙선이라고 하였으나, 1938년 12월 1일 영천~우보 구간의 제1차 영업개시 때 경경선으로 명칭을 바꾸었다. 공사비는 제81회 의회(1942년 12월)까지 수차례에 걸쳐서 2,209만 엔으로 예산을 증액했다.

본선 건설의 주요 목적은 동해 중부선의 광궤 개축과 함께 한반도 제2의 종관철도를 형성함으로써 경상북도 · 충청북도 · 강원도 · 경기도의 오지 연선 일대의 풍부한 광산 · 농산 및 임산 등의 개발에 이바지하며, 지방 산업 발달을 촉진함과 동시에 급증하는 조선~만주 간 여객 · 화물 수송을 완화시키는 것이었다.

조사 · 측량 : 본선 건설을 위하여 1923년 이후 경원선 서빙고를 시작으로 이천, 충주를 거쳐서 단양, 예천, 경북 안동, 의성, 대구를 연결하는 노선과 청량리(이후 동경성으로 개칭), 양평을 거쳐서 장호원, 충주를 연결하는 노선 등 여러 노선을 조사하였다. 1935년에 이르러 청량리, 양평, 원주, 제천 등의 도시를 연결하고 단양, 영주, 경북 안동, 의성을 거쳐서 영천을 잇는 중앙 종관선인 본선 건설을 계획하였다. 실측은 1936년 죽령과 치악에 위치한 장대터널 부근에서 각각 시작하여 기타 여러 곳에서 동시에 착수하였으며, 같은 해에 노반공사를 개시하였다.

북부선 공사개요 : 1936년도부터 남북의 양 기종점 부근 및 중앙부의 죽령터널 및 치악터널과 그 부근의 여러 곳에서 공사에 착수하였으며, 단양 이남을 남부선, 단양 이북을 북부선이라고 하였다.

북부선은 경원선 동경성을 기점으로 동진하다가 동남쪽으로 방향을 바꾼 후 양평 가도를 따라가다 북한강을 건넌 다음, 양수 부근에서 남쪽으로 방향을 바꾸어 남한강을 따라 양평을 지났다. 다시 원주를 거쳐서 치악으로 빠진 다음, 제천을 지나 남한강의 상류를 거쳐서 단양으로 나온 후 남부선과 연결되었다. 같은 해 7월 경성건설사무소를 경성부 청량리에 개설하고, 그 소관 구역인 동경성~단양 간을 19개 공구로 나누어서 공사를 실시하였다.

공사는 1936년 11월 동서울~이패 간 제1공구의 노반공사를 시작으로 순차적으로 진행되었으며, 1939년 4월에는 양평, 1940년 4월에는 원주, 1941년 7월에는 제천에 이르는 총 155km를 무사히 개통하였다. 이어서 제천 이남의 단양에 이르는 약 36km의 노반공사를 1941년 3월까지 준공하였으나 궤도, 강형류의 조달에 어려움을 겪어 궤도공사에 착수하지 못하였다.

이 구간은 특히 북한강 교량(상로 거더 24.4m±2련, 30m×10련, 마름모꼴 단구 트러스 62m×3, 총 길이 580m)을 급속 가설하고, 37kg 궤도 20m의 장척레일을 이용한 궤도연장 작업에서 1일 평균 길이 1.5km의 기록을 달성하였다.

북한강 교량의 기초공사에는 압기잠함공법을 사용하였고, 전력은 경성전기(주)로부터 공급받았으며, 변전소 및 압축소는 당국이 건설하였다. 남한강 교량(상로 거더 12.2×2련, 24m×4, 총 길이 150m)의 기초공사 또한 하청업자의 자가 발전을 이용하여 같은 공법으로 시공하였다.

치악터널(3,650m) 및 그 근방의 금대 제2터널(1,961m의 루프형)의 굴삭공사는 본선 공사와는 별도로 1937년 1월부터 착수하였고, 봉천과 제원 가도 사이에 발전소를 두어 450HP 중유 발동기 3대로 양 갱구에서 굴삭작업을 실시하였다. 금대 제2터널은 1939년 4월 20일, 치악터널은 같은 해 8월 1일에 각각 준공하였다.

또한 원주~반곡 간의 깊은 계곡 사이에 걸쳐진 길아천 고가교(상로 거더 10m×6련, 16.5m×1, 강 거더 20m×8련, 총 길이 236m)는 조선 최초로 높이 40m에 이르는 트러스 교각을 설계, 시공하는 등 최신 기술을 총동원하여 건설에 매진하였다.

또한 본선에서 경원선까지 직통하는 단락선으로, 망우역(동경성역의 다음역)과 경원선 연촌역을 연결하는 4.9km 길이의 선로를 본선 전 구간 개통시까지 부설하였다.

남부선 공사개요 : 남부선은 동해 중부선 영천을 기점으로 북상하여, 의성 · 경북안동 · 영주를 거쳐서 소백산맥 죽령 고개에 4,500m(당시 조선 최장) 길이의 터널을 지나, 루프선형의 대강터널(2,000m)을 내려온 다음, 단양으로 나와서 북부선에 연결되는 선이다. 1936년 12월 경북 안동에 안동건설사무소를 설치하여 남부선을 소관하고 본선을 19개 공구로 나누어 공사를 실시했다.

1937년 11월에 먼저 영천~신령 구간의 노반공사를 2개 공구로 나누어 착수하여 1938년 12월 우보까지 개통하고, 공사를 계속 진행하여 1940년 3월에는 경북 안동, 1941년 7월에는 영주까지 총 127.7km를 개통하였다. 이 구간의 영업개시와 대구~영천 간의 광궤 개축으로 인하여 지방 교통이 편리해졌으나, 공사 기간 중에는 당시 정세로 인하여 궤도 조달이 어려운 탓에 일부 구간의 개통이 연기되거나 교량 거더 제작이 지연되는 일도 있었다. 그 결과 궤도가 조달되지 않은 구간은 임시거더를 사용하여 공사를 진행한 뒤 나중에 가교 교체 작업을 하는 등 공사에 많은 지장을 주었다. 또한 20m 장척레일 부설시에는 초기에 철도성이 특허권을 보유한 장척레일 부설기를 시범 사용하였으나, 결과가 좋지 않아 철도성과 협의 하에 광궤용으로 설계를 변경하고, 궤도 인발용 롤러를 당국 공장에서 제작하여 레일 부설을 진척시켰다.

이어서 나머지 구간인 영주~단양 구간의 죽령 및 대강의 장대터널은 모두 1940년 5월까지 완공되었고, 터널 전후의 노반공사는 1941년 2월에 끝마쳤다. 이 구간의 궤도 부설공사는 영주까지의 개통 공사가 끝난 직후 착수하였으나 강재 조달에 어려움을 겪으면서 공사가 좀처럼 진척되지 못하였다.

중일전쟁의 영향으로 단기간에 결실을 맺을 수 없는 건설공사가 예산 및 물자 동원 등의 문제로 인하여 취소되기 시작하였다. 그 결과 영천~제천 구간인 62km의 궤도를 구성하여 경경선 전 구간을 개통시키기 위해서는 상당한 시간이 걸릴 것으로 예상됨에 따라 이 구간의 궤도공사는 지연될 위기에 빠졌다. 이에 당국은 군부와의 절충을 거듭한 끝에 원활한 자재 조달을 통하여 보통 4~5개월이 걸리는 관통공사를 2개월로 앞당겨 경경선 전 구간을 개통한다는 조건 하에 1941년 7월 군부의 양해를 얻었다.

이에 안동건설사무소는 제천~단양 구간까지 소관으로 하여 영천과 제천 양측에서 궤도공사를 진행하는 동시에 궤도 재료와 강형 조달 준비에 착수하였다. 이 구간 중 공기를 좌우하는 최난관 작업은 남한강 교량의 거더 가설 작업으로 궤도가 교대 뒤까지 도착하는 것을 하루라도 앞당기기 위하여 제천에 궤도공사구를 설치하고 숙련공을 배치하여 레일이 도착하기를 기다렸다. 레일 조달이 다소 지연되었으나 9월 10일 마침내 레일 견인 작업을 개시하였으며, 이후에도 지연되는 레일의 도착을 기다려 불철주야로 작업을 계속한 끝에 30km를 부설하여 11월 10일 남한강 교량 제천 측 교대까지 도달하였다. 그러나 11월 초순에 도착할 예정이었던 강형이 하순에 도착한 탓에 거더 가설 작업은 12월 1일부터 시작되었다.

반경 800m의 곡선 안에 있는 남한강 교량(12m×2련, 24m×4련)의 교각의 높이는 하저에서 20여 미터로, 가설공사에는 수연식 연결 공법을 이용하였으나, 높은 곳에서 영하 수십 도의 매서운 한풍을 맞으며 작업을 하기란 쉽지 않았다. 그러나 작업원 전원이 이를 잘 참고 견뎠으며, 세심한 주의를 기울인 덕분에 1942년 1월 20일 무사히 공사를 완료하였다.

연장 작업은 곧바로 단양 정거장까지 들어간 다음, 구내 남측에서 미리 부설한 남부선 궤도와 연결하는 것으로, 2월 8일 에자키(江崎) 건설과장과 관계자가 참석한 가운데 궤도 연결식이 거행되었다. 참석자들은 이날 기념으로 금도금된 침목정을 박고 만세삼창을 한 후, 청주를 마시며 공사의 성공을 기원하였다. 그러나 유감스럽게도 관통공사를 서둘러 진행시킨 탓에 죽령터널 남쪽 입구에서 기관차와 핸드카가 충돌하고 제천 방면에서 자갈 열차가 탈선하는 등 대형사고로 인한 사상자가 발생하였다.

궤도 연결공사 후에도 궤도의 정비, 역사 및 관사 설비, 통신 시설 등 모든 설비를 갖추고 같은 해 4월 1일 경북 안동에서 야마다(山田) 철도국장 주최하에 다수의 관민이 참석한 가운데 경경선의 전 구간 개통식이 거행되었다. 당시의 정세로 인하여 궤도 자재 등의 조달에 어려움을 겪으면서 전 구간 개통이 예정보다 지연되었으나, 1936년 12월 착공하여 1942년 4월 1일까지 5년 4개월 만에 345km 길이의 전 구간이 개통되었다.

죽령터널과 대강터널 및 그 전후 구간은 1937년 4월부터 중유 발동 기관 450HP의 직결 365KVA 발전기 3대를 설치하고 착암기 등을 이용하여 1940

년 5월에 공사를 끝마쳤다. 발전소 시설은 당국이 설치하였고, 운영은 하청업자가 담당하였다. 또한 이하~옹천 구간의 금계터널(연장 2,730m)은 남선합동전기로부터 전력을 구입하여 기계 굴삭기로 굴삭작업을 진행하였으며, 공사를 서두르기 위하여 하청업자가 기계 설비를 맡아 공사를 진행시킨 공구도 많았다.

또한 경북 안동 부근의 성락천 교량(상로 거더 30m×3련, 상로 와렌형 트러스 62m×2련)은 지형상 시공기면이 고수위보다 상당히 높은 곳에 위치하여 조선철도 최초로 상로 트러스을 사용하였다.

본선의 구간 개통 상황은 다음 표와 같다.

구간	길이 km	기공 연월일	개통 연월일
영천~우보	40.1	1936. 12. 18.	1938. 12. 1.
우보~경북 안동	48.9	1937. 8. 7.	1940. 5. 1.
경북 안동~영주	38.7	1938. 2. 1.	1941. 7. 1.
영주~제천	62.3	1937. 4. 1.	(전 구간 개통)1942. 4. 1.
제천~원주	46.8	1937. 1. 10.	1941. 7. 1.
원주~양평	55.9	1938. 2. 16.	1940. 4. 1.
양평~동경성(청량리)	52.5	1936. 11. 3.	1939. 4. 1.
계	345.2		

대삼선 건설

건설계획 : 본선은 제76회 의회(1940년 12월)에서 공사비 총액 1,185만 엔의 동의를 얻은 진삼선 삼천포~진주 간(31km) 선로와 제81회 의회(1942년 12월)에서 공사비 총액 9,479만 엔의 동의를 얻은 대전~진주 구간 선로를 합병한 대전~삼천포 간의 연장 212km의 선로이다.

대삼선은 경상남도 삼천포항을 기점으로 북진하여 사천을 거쳐서 경전남부선 개양에 이르고, 진주에서 경남강을 따라 북상하여 청산, 함양을 거쳐서 경상남도와 전라북도의 경계에 위치한 민령의 큰 고개를 관통한다. 이후 장계를 나와 진안을 거쳐 다시 북상한 다음, 충청남도 금산을 거쳐서 경부선 대전에 이르는 선로이다. 남한 중부 산악 지대를 종주하고 삼천포항의 개량과 맞물려 새롭게 남한 연락로를 형성할 뿐만 아니라 경부선과 병행하여 한반도의 중요한 수송 간선을 이루는 중요한 선로이기도 하다. 대삼선의 건설은 중일전쟁 이후 급증하는 화물 여객 수송을 완화하고, 기설선과 환상선을 이루어 남한지방의 운수 교통을 원활하게 함으로써 연선의 목재 · 납 · 형석 등의 개발 및 각종 산업의 발전에 이바지할 것으로 예상되었다.

당초에는 경부선 금천에서 거창, 함양, 진주를 거쳐서 삼천포에 이르는 172km 길이의 금삼선 건설 계획도 세웠으나, 당시의 정세를 감안하여 비교, 검토한 결과 대삼선으로 결정하였다.

조사 측량 : 본선의 대략적인 조사는 1925년까지 끝마치고 이후 지속적으로 예측을 실시하였으며, 실측은 1941년도 이후 삼천포~개양 구간 및 진주~대전 구간의 일부에서 실시하였다. 진주 이남은 지세가 평탄하였으나, 진주 이북은 첩첩산중으로 가로막혀 있어 작업에 상당한 어려움을 겪었다.

공사개요 : 본선의 공사 착수 구간은 삼천포~개양 구간과 대전~진주 구간의 중앙부에 있는 장대터널 부근 지역이다.

삼천포~개양 간 21.9km는 경성건설사무소 소관으로, 이를 2개 공구로 나누었으며, 삼천포와 사천에 2곳의 공사구를 설치하여 1941년 9월 노반공사에 착수하였다. 이 지역은 논밭이 많으며 기복이 적은 평탄한 구릉지대로 공사가 비교적 용이하였으나, 불안한 정세로 인하여 노무와 자재 조달이 어려운 시기였기 때문에 1943년 말까지 공사를 준공하고, 곧바로 궤도 부설공사 준비에 착수하였다. 그러나 궤도 자재 조달이 점차 어려워지면서 궤도공사에 착수하지 못한 채 종전을 맞이하였다.

진주~대전 간 약 190km 구간의 중앙부는 경상남도와 전라북도의 경계에 있는데, 이곳에 해발 약 1,000m인 민령의 높은 고개를 관통하는 민령터널 공사를 시작하였다. 터널은 5,000m 길이의 조선 최대 장대터널로, 터널 완공이 본선의 개통 시기를 좌우하기 때문에 고개의 남쪽 기슭의 금당과 북쪽

기슭의 오동을 연결하는 8.2km 구간의 노반공사를 먼저 시작하였다. 1943년 8월 15일에 공사를 시작하고, 1946년 11월 15일을 준공예정일로 잡고 공사비 800만 엔에 하청공사 계약을 체결하였다.

공사를 착수한 지 얼마 지나지 않아 건설규정이 개정되면서 이에 따른 선로 기울기 및 곡선 완화, 향후 복선계획 등을 고려한 터널 중심선 이동 및 기타 사유로 인하여 자재 반입 통로의 신설, 작업 갱과 사갱 굴삭 등의 준비 작업에 상당한 시일이 소비되었다. 이로 인하여 터널은 1943년 11월 하순에 이르러서야 대전 측 갱구에서부터 저설 도갱 굴삭을 시작하였다.

태평양전쟁이 점차 치열해지면서 공사용 자재 중에서도 특히 배급을 제한하던 목재, 중공강 등의 조달난과 수송용 트럭의 연료(목탄) 공급 부족 등 각종 악조건을 극복하고 전 종업원이 공사에 매진하였으나, 결전비상조치법에 따라 마침내 1944년 9월 10일 전 공사가 중지되었다. 이에 공사 중지에 따른 보안 대책을 강구하고 같은 해 10월 31일자로 하청공사 계약을 해제하였다.

공사 중지 당시 터널공사의 진척 상황은 도갱 굴삭(대전 측 갱구, 진주 측 작업갱 및 사경 분을 포함) 716m, 기타 절확(切擴) 구간이 다소 있었으나, 공사 중지 후 현장 보안을 위하여 대전 측 갱구 부근 93m 구간을 되메우기 하였다.

하청 공사비는 계측에 따른 설계 변경으로 인하여 1,042만 엔으로 증가하였으나, 공사 달성률은 토공 관련 약 41%, 터널 관련 약 8%로 전체적으로는 불과 13%에 그쳤다.

이 공사는 경성건설사무소 소관으로, 현장 기관으로 장계공사구가 개설되었으며, 1943년 9월부터는 삼천포공사구와 함께 진주건설사무소 소관이 되었다. 공사 하청 계약 해제 후의 잔무 정리를 끝마치고, 이듬해인 1945년 1월 6일 장계공사구를 폐쇄하였다.

청라선 건설

건설계획 : 본선은 제79회 의회(1941년 12월)에서 공사비 총액 4,619만 엔

의 동의를 얻어 건설되었으며, 함경북도 청진항에서 시작하여 해안선을 따라 동북쪽으로 나아가 부거 · 방진을 거쳐서 나진항에 도달하는 87km의 선로이다. 북선선과 이어져 북선 3항인 청진, 나진, 웅기를 연결하는 가장 빠른 경로로 북선지역의 수송력을 크게 증가시키는 동시에 연선 일대에 매장되어 있는 지하자원과 풍부한 수산물의 개발 및 수송을 더욱 원활히 하는 국방상의 중요한 선로이다.

연선 개황 : 본선은 대략적인 예측선을 따라서 실측을 추진하였다. 기점인 청진에서 한동안 청회선을 따라서 북상하여 청암 부근에서 동북쪽으로 향하다가 해안가 산맥을 따라 나진에 도달하였는데, 큰 하천이 거의 없는데다 주요 교량인 연진천 · 낙산천의 교량 또한 길이가 100m~120m에 불과하였다. 그러나 크고 작은 터널이 10곳이나 있었으며, 취중~청암(연장 4,510m), 망양(2,400m), 복호덕(1,100m), 낙산(800m) 등의 장대터널을 관통한 후 나진(만주철도가 건설한 웅라선의 종점)에 이르러서는 웅라선을 거쳐 당국이 건설한 도문선으로 이어졌다. 연선의 지질은 대체적으로 석회암층이 많았으며, 특히 청암 부근에는 양질의 석회암이 매장되어 있었다.

공사 개요 : 공사는 당초 경성건설사무소 소관이었으며, 청암공사구를 설치하고 1942년 6월 장대터널인 청암터널 굴삭에 착수하였다. 그러나 같은 해 8월 1일에 개설한 청진건설사무소의 관할로 이관된 후, 순차적으로 공사를 진행하여 1943년 5월경까지 전 구간(10개 공구)의 노반공사에 착수하였다. 터널을 제외한 대부분의 공사는 비교적 용이한 편이었으나, 연선의 인구가 희박하여 노무자 모집과 시국 · 공사용 자재 조달이 쉽지 않았다. 특히 교량의 T자형 철근 콘크리트용 봉강, 터널 지보공용 통나무, 거푸집, 중공강철못 등은 모두 할당제였기 때문에 특히 조달에 큰 어려움을 겪었다. 이러한 가운데 열심히 공사에 매진하였으나 1943년 5월 말에 급작스러운 결전비상조치요강으로 인하여 청진~청암 간 약 12km 구간을 제외한 청암 이후의 노반공사가 모두 중지되었다. 장대터널은 아직 도갱 관통에 이르지 못하였고,

토목공사는 제1공구 청진~청암 간의 노반 형태가 거의 정비된 정도에 불과하였다. 그 밖의 다른 공사 모두 대부분 진행 중인 상태였기 때문에 공사 중지 당시의 달성률은 전 구간을 통틀어 약 30%였다. 참고로 전 공구의 공사 하청 계약액은 약 2,550만 엔(국 지급 재료비 미포함)이었다. 또한 공사 중지로 인하여 공사 하청업자에 대한 보상금 지불의 경우 공사용 가설물의 상각 및 현장 반입 자재의 사용 수량과 그 반출비 사정 등에 상당한 시간을 요하였으나 상세하게 조사서를 작성하여, 미군이 조선은행을 압수하기 직전까지 당시 금액으로 240만 엔을 모두 지불하였다. (참고로 이틀 뒤인 1945년 9월 6일에 조선은행권의 무효가 공포되었다)

노반공사 준공이 가까워진 청진~청암 간은 군의 지령에 따라 청암터널의 절확 지점을 군수품 저장에 이용하였고, 청암터널 부근의 석회암을 청진제철소의 제철 원료로서 반출하기 위하여 매서운 추위 속에서도 이 구간 11.1km의 궤도 부설 돌관공사를 청진보선구에서 실시한 후, 간이시설을 갖춰 간신히 1945년 3월 화차 수송 임시영업을 개시하였다.

1945년 8월 1일에는 청진건설사무소가 폐지되고 함흥건설사무소 청진출장소가 설치되었다.

북청철산선 건설

건설계획 : 본선은 함경선 지선 북청선의 종점인 북청역을 기점으로 북청 남대천을 따라 북진하다 삼지 부근에서 우측으로 꺾어서 철산에 도달하는 연장 42.3km의 선로로, 전시 상황 속에서 긴급한 철광 증산 요청에 대응하는 동시에 연선 일대의 주요자원 개발을 목적으로 제84회 의회(1943년 12월)에서 공사비 2,036만 엔, 1945년도 내 준공 예정으로 동의를 얻었다.

공사개황 : 북청 철산은 연간 생산량이 100만 톤에 이르는 철산으로 전시 중에 긴급한 개발 요청에 따라 서둘러 실측을 끝마친 후, 이를 2개 공구로 나누고 건설업자 나카무라구미(中村組)에게 특명을 내려 1944년 3월부터 노

반공사에 착수하였다. 현지 조달이 요구되는 공사용 잡품류는 함경남도 도청의 협력을 최대한 얻었으며, 주야로 관통공사를 실시한 결과 공사가 비교적 순조롭게 진행되어 예정대로 1945년 7월까지 궤도 부설을 끝마쳤다. 광석 운반도 가능하였으나 광산 측의 반출 계획이 예정보다 지연되면서 결국 광석을 운반해 보지도 못한 채 종전을 맞이하였다. 본선의 계획 및 조사는 경성건설사무소에서 실시하였으나 공사는 함흥건설사무소 소관이었으며, 1944년 4월 현지에 북청 및 삼지의 2개 공사구를 설치하여 시행하였다.

백두산 삼림철도 건설

당시의 긴박한 정세로 인하여 목재 수요가 급격히 증가하자 철도용 재료의 공급이 부족해지고 보선용 침목의 조달 또한 매우 어려워졌다. 이에 혜산선 위연(혜산진역의 앞 역)에서 백두산 기슭의 신무성까지 압록강 상류를 따라서 93km의 협궤철도선을 긴급 부설하고 목재 및 기타 지하자원의 개발 증산에 힘썼다.

1944년 12월 제86회 의회에서 건설공사비 382만 엔의 동의를 얻은 후 눈이 녹기를 기다려 1945년 7월 함흥건설사무소 소관으로 조사 측량을 개시하였으나, 얼마 지나지 않아 종전이 되었다.

능의선 건설

본선은 경의선 능곡과 경원선 의정부를 연결하는 26.8km 길이의 선로로, 경원선 열차를 용산, 경성을 경유하지 않고 직접 경의선 수색조차장까지 오게 하는 단락선(短絡線)이다. 또한 경의선에서 남하하는 화물과 여객을 본선을 경유하여 경원선 · 경경선의 단락선(연촌~망우 구간)을 이용, 경경선을 지나 부산항 및 기타 항구까지 이어주는 경부선의 바이패스 노선으로서의 효과도 노렸다. 제84회 의회의 동의를 얻어서 긴급 개량비 지불 공사로 경성 건설사무소 소관 하에 1944년 2월 노반공사에 착수하였다.

공사는 전 구간을 4개 공구로 나누어 진행되었으며, 노반공사를 신속하게 진행하여 완공한 후 이어서 궤도공사에 착수하였는데, 궤도 자재의 신제품 조달이 불가능한 탓에 사철 철거품 등을 모아 사용하였다. 철도 당국 및 육군 공병대의 협력을 받아 의정부와 능곡의 끝에서부터 궤도 부설을 시작하고 밤낮으로 작업을 계속한 끝에 다행히 궤도 연결을 완료하였으나, 완료 직후 종전이 되어 개통되지는 못하였다.

임항선 건설

미평 · 신월리선 : 본선은 여수선 미평에서 신월리에 이르는 4km 길이의 노선으로, 종점인 신월리 해안 일부에 사석공을 실시하고 잔교를 축조하기 위하여 제81회 의회(1942년 12월)의 동의를 얻은 후 공사비 총액 685만 엔을 들여 1943년 8월 공사에 착수하였다. 그러나 전쟁 상황이 시급해지면서 1945년 2월 잔교 공사가 약 50% 달성된 시점에서 공사를 중지하고, 200m 길이의 터널 2개를 포함한 노반공사도 완공을 코앞에 둔 상태에서 종전을 맞이하였다.

진해 · 니동선 : 본선은 해군의 요항인 진해에서부터 니동 군수공장이 있는 원포리까지를 연결하는 3km 길이의 노선으로, 제81회 의회의 동의를 얻은 후 공사비 484만 엔을 들여 1943년 12월에 착공하였다. 종전 당시 궤도공사가 거의 끝난 상태였으나 개통되지는 못하였다.

울산항 · 울산선 : 본선은 동해남부선 울산과 울산항(장생포)을 연결하는 8km 길이의 선로이다. 이전부터 울산항 건설에 어느 정도 착수한 상태이기는 하였으나, 태평양전쟁이 더욱 치열해지면서 시모노세키~부산 간 항로의 안전 확보가 어려워지자 부산의 항만업자가 야마구치현 유야(油谷)와 울산항 간의 신항로를 개통하였고, 철도 당국이 이에 부응하기 위하여 제84회 의회(1943년 12월)의 동의를 얻어 공사비 395만 엔으로 울산~장생포 간의 철도 건설에 긴급 착수하게 되었다.

1944년 6월 부산건설사무소 소관으로 노반공사에 착수하였고, 공사 진척을 위하여 힘썼다. 그러나 해안가 연안에 크고 작은 호수가 무수히 많아 지질이 약한 탓에 성토 침하가 심하여 수차례 성토한 끝에 마침내 같은 해 말에 노반공사를 끝마칠 수 있었다. 이어서 궤도 부설을 개시하였으나 이듬해인 1945년 3월 중순에 발생한 호우로 인하여 성토 높이 약 3m의 축제 구간 약 150m가 침몰하고 궤도·침목이 뜨는 피해를 입었다. 복구에 힘쓴 결과 궤도공사는 다행히 울산항 개축공사 낙성 전에 끝마칠 수 있었으나, 완공 직후 종전이 되면서 유야~울산항 간 항로의 운영은 실행되지 못하고 철도는 임시영업을 개시하는 데 그쳤다.

적기항·수영선 : 수영선 본선은 부산 적기항과 동해남부선 수영조차장(건설 중)을 연결하는 7km 길이의 군용 임항선으로, 제84회 의회(1943년 12월)의 동의를 얻어서 공사비 총액 933만 엔을 들여 부산건설사무소 소관 하에 1945년 5월 관통공사에 착수하였다. 그러나 노반공사 달성률이 약 20%인 채로 종전을 맞이하였다.

인천 부평선 : 본선은 인천과 부평의 육군병기창 부평분창에 이르는 18km 길이의 선로로, 군의 요청에 따라 건설되었다. 제84회 의회(1943년 12월)의 동의를 얻은 후 공사비 총액 853만 엔을 들여 경성건설사무소 소관 하에 1944년 4월 긴급 노반공사에 착수하였다. 빠르게 공사를 진행시켜 종전 당시 궤도공사를 거의 끝마친 상태였다.

목포 삼학도선 : 전매화물의 급증에 발맞춰 목포항의 화물 중계 하역 능력을 향상시킬 목적으로 목포항의 맞은편에 위치한 삼학도에 새로운 항만 시설을 축조하게 되었다. 본선은 바로 목포와 삼학도를 연결하기 위하여 기획된 선로로, 목포역에서부터 약 4km 길이이다. 1944년 12월 제86회 의회에서 개량비 지불 공사(120만 엔)로 동의를 얻었으나, 공사 시행 준비 중에 종전을 맞이하였다.

– 제2권으로 계속

〈한국 철도 연보〉

연 월 일	주요 사항
1877. 2.	수신사 김기수, 일동기유(日東記游)에서 일본 철도 시승기 소개
1889.	주미 대리공사 이하영이 귀국 즈음 세밀한 철도 모형도를 갖고 와서 고종을 비롯한 백관귀족들에게 관람시키고 철도의 필요성 역설
1894. 7.	의정부 공무아문(工務衙門)에 철도국을 둔 것이 우리나라 공식 철도 업무 수행을 위한 최초의 기구
8. 1.	청일전쟁이 일어나자 일본은 서울~인천 간 군용철도를 부설하려고 철도기사 센고쿠 미츠구(仙石貢) 등을 보내 경부 · 경인철도를 답사케 함
8. 20.	일본에 의해 조일잠정합동조관(朝日暫定合同條款)이 강제 체결됨
1896. 3. 29.	조선 정부, 경인철도 부설권을 미국인 제임스 R. 모스에게 특허
7. 3.	경의철도 부설권을 프랑스 피브릴르 회사 대표 그릴르에게 특허
7. 17.	국내 철도 규칙 7조를 제정 공포, 궤간을 4척 8촌 5푼(1,435mm)의 표준궤간으로 결정(농상공부 관할)
1897. 1. 15.	궤간을 시베리아철도와 동일한 5척(1,524mm)으로 개정
3. 22.	모스가 인천 우각현(牛角峴, 소뿔고개)에서 철도 공사 착공  1897. 3. 22. 경인철도 기공식
5. 12.	모스가 5만 불의 교부금을 받고 경인철도를 자신이 건설하여 경인철도인수 조합(일본 자본)에 양도키로 계약
8. 24.	조선 정부, 경부철도 부설권을 일본인 회사에 특허
1898. 5. 10.	모스, 경인철도를 경인철도인수조합에 양도(1,702,452원 75전)
6. 3.	박기종(朴淇綜)이 부산~낙동강 하단에 이르는 부하철도(釜下鐵道) 부설권을 취득
7. 6.	농상공부에 철도사(鐵道司) 설치 관제 공포, 얼마 후 철도국으로 개정
9. 8.	대한제국은 경부철도주식회사 발기인 대표자와 경부철도합동조약을 체결하

	고 부설을 허가
9.	국내 철도 규칙 중 궤간 5척을 다시 4척 8촌 5푼으로 환원
1899. 4. 23.	경인철도인수조합, 인천에서 다시 기공식 거행
5. 17.	서대문~청량리 간 전차 개통
6. 18.	경인철도 기설구간에 '모갈 탱크(Mogul tank)' 기관차를 시운전
6. 30.	프랑스 피브릴르 회사의 경의철도 부설권 소멸
7. 8.	한국 정부, 경의철도 부설권을 박기종이 창립한 대한철도회사에 특허
9. 18.	노량진~인천 간 33.8㎞(21마일)의 경인철도가 최초로 개통되어 가운수영업 개시. 인천역에서 개통식 거행(증기기관차 4대, 객차 6량, 화차 28량, 역 수 7개, 직원 119명).  1899. 9. 18. 경인철도 개통식(인천역)
1900. 4. 1.	궁내부에 철도원 설치(철도 업무가 농상공부로부터 철도원에 이관)
7. 5.	한강교량 준공
7. 8.	노량진~서대문 간의 선로가 준공되어 경인 간 직통운전 개시
9. 13.	궁내부에 서북철도국을 설치하고 경의 · 경원철도 부설권을 관리케 함
11. 12.	경인철도 개업식(전통식)을 서울 서대문역에서 거행
1902. 5. 8.	한국 정부의 서북철도국, 경의철도 기공식을 서울 서대문 밖에서 거행
6.	박기종, 마산~삼랑진 간 철도부설을 위한 '영남지선철도회사' 조직
11. 28.	박기종, 영남지선 부설권을 철도원으로부터 인허
12. 10.	경인 · 경부 양 철도 합병조약 체결
12. 18.	박기종, 마산선 부설권을 농상공부로부터 인허
1903. 2. 27.	일본 대본영의 내명으로 경의선 용산~개성 간을 사관(士官) 30여 명과 철도기사 이시카와, 가토 등이 측량 실시
7. 30.	대한철도회사 박기종, 경의철도 서울~평양 간 부설권을 인허 받음

9. 8.	대한철도회사 부회장 박기종, 일본과 경의철도에 대한 출자계약 체결
11. 1.	경부철도회사에서 경인철도를 매수하여 합병
1904. 2. 21.	일제, 서울~의주 간 군용철도 부설을 위한 임시군용철도감부 편성
3. 12.	일제, 경의선 부설에 대한 출자계약 일방적 해약통지와 동시에 군용철도 삼랑진~마산 간 노반공사 및 용산~개성 간 노반공사 착공
8. 27.	일제, 경원선을 군용철도로 부설하기로 결정
9. 14.	마산선을 군용철도로 부설 착수함을 일본공사가 한국 정부에 통고
1905. 1. 1.	경부선 경성~초량 간 전구간(445.6㎞) 운수영업 개시
1. 26.	평양~신의주 간 궤조부설 준공
2. 5.	경의선 용산~개성 간 개통
3. 1.	임시군용철도감부에서 인천에 철도리원양성소 설치(국내 최초의 철도 종사원 양성기관. 한 · 일인 각 40명 모집. 운수과, 기차과)
3. 10.	군용철도 경의선 용산~신의주 간에 1일 2왕복의 지정열차 운전 개시
3. 24.	경성역을 서대문역으로 개칭(남대문역은 그대로 사용)
5. 1.	초량~서대문 쌍방 간 1일 1회의 직통 급행열차 운전 개시(14시간 소요)
5. 25.	경부철도 개통식을 남대문역 구내에서 거행
5. 26.	마산포~삼랑진 간 직통운전 개시
9. 11.	경부철도와 일본 철도의 연대운수 개시
11. 10.	경부철도와 군용철도인 경의선 용산~평양 간의 연락운수 개시
12. 22.	일제, 통감부를 설치하여 국내 철도 통합운영 추진
1906. 1. 4.	경인선에서 일반 공중의 편승 및 탁송화물 취급 개시
2. 1.	통감부 개청
3. 11.	경부철도매수법 공포
4. 3.	경의선 용산~신의주 간 직통운전 개시
4. 16.	초량~서대문 간 급행열차 운행(소요시간 11시간)
7. 1.	통감부 철도관리국 설치 • 경부철도를 관영으로 하고 통감부 철도관리국에 인계(총연장 1,020.6㎞, 매수가 20,123,800원)
1907. 4. 20.	부산~남대문역 간 융희호(隆熙號) 운행
7. 1.	일본 각지의 각 역과 여객 수·소화물 및 화물의 연대취급 개시

9. 20.	전선 각 역과 만주 안동역(현 단둥) 간에 여객 및 화물 연락수송 개시
12. 1.	서울의 동인병원을 매수하여 철도국 서울진료소로 발족
1908. 4. 1.	열차 운전시각을 한국 표준시에 의하도록 결정(일본보다 약 30분 늦음) • 부산역 영업 개시와 동시 부산~초량 간 개통 • 부산~신의주 간 직통 급행열차 융희호 운행 개시
10. 2.	순종황제의 제례(융릉, 건릉) 참배와 권업모범장 순람을 위해 남대문~대황교 임시정거장(수원) 간 궁정열차 운전
1909. 3. 16.	통감부 철도관리국제를 폐지하고 통감부 철도청을 설치
10. 21.	남만주철도 주요 역과 여객 수화물의 연락운수 개시
12. 16.	한국 철도를 일본 철도원의 소관으로 이관하고, 한국철도관리국이 설치되어 통감부 철도청 폐지
1910. 8. 29.	경술국치
10. 1.	조선총독부 철도국이 설치되어 철도원 한국철도관리국 폐지
10. 15.	용산~원산 간 경원선 철도 기공식 거행
10. 16.	평남선(평양~진남포 간 55.3km) 영업 개시
11. 6.	평남선 진남포에서 전통식 거행
1911. 6. 1.	한강교량(A선) 준공
12. 1.	경부선 야간열차 융희호 매일 운행으로 개정
1912. 1. 1.	열차 운전시각을 일본과 같이 중앙표준시간에 의하기로 결정
5. 1.	한 · 만 상호간에 급행열차 및 침대권의 직통 취급 개시
6. 15.	부산~중국 신징(新京, 지금의 창춘) 간 직통 급행운전 개시
1913. 5. 1.	일본~만주 간 여객 연락운수 취급 개시
6. 10.	한국 철도와 시베리아 경유 유럽 주요 도시 간 여객 및 수·소화물 연락 운수 개시
10. 1.	만철선 경유 한 · 중 간 여객 연락운수 취급 개시 • 호남선 목포~송정리 간 개통
1914. 1. 1.	일본~만주 간 화물 연락운수 취급 개시
1. 11.	정읍~송정리 간 준공으로 호남선(대전~목포 간) 전통
1. 22.	호남선 전통식을 목포에서 거행
9. 16.	경원선 전통식을 원산에서 거행
11. 1.	한국~만주~러시아 간 여객 연락운수 취급 개시
1915. 10. 15.	남대문역을 개 · 증축하여 경성역으로 개칭 영업 개시

1917. 7. 31.	한국 철도경영을 남만주철도주식회사에 위탁. 동일부로 철도국 관제를 폐지하고 만철은 서울에 관리국 설치
1918. 5. 12.	유럽 전란의 영향을 받아 한국 직통열차 취급 중지
1919. 3. 31.	서대문역 폐지
1921. 11. 1.	사설철도 충북선 조치원~청주 간 개통
1922. 7. 1.	남조선 철도 광주선 송정리~광주 간 개통, 경전선 송정리~순천 간 134.6㎞ 개통
1923. 1. 1.	남대문역을 경성역으로 역명 변경
7. 1.	남조선철도주식회사 호남선 송정리~광주 간 14.9㎞ 개통
12. 1.	조선철도주식회사 경남선 마산~진주 간 70㎞ 개통
1924. 8. 1.	금강산전철선 철원~김화 간 28.6km 개통
1925. 4. 1.	남만주철도주식회사에 의한 위탁 경영을 해제하고 조선총독부의 직접 경영으로 환원하여 철도국 설치 • 직영 환원 시 철도 총연장 : 2,092㎞, 역 수 : 231개, 종사원 : 13,000명
9. 30.	경성역(현재의 서울역 구 역사) 신축 준공
10. 15.	경성역, 신역사에서 영업 개시  1925. 10. 15. 준공 당시의 구 서울역사
10. 25.	경성역 구내식당(서울역 그릴 전신) 개업
1926. 4. 1.	철도국 서울진료소를 경성철도병원으로 개칭, 직영으로 함
4. 25.	축현역을 상인천역으로 역명 변경
1927. 7. 1.	한국 최초로 '터우 6' 형 기관차를 경성 공장에서 제조
8. 1.	시베리아 경유 아세아, 유럽 각국 간과 여객 및 수·소화물의 연락운수 개시
1928. 8. 30.	아시아 · 유럽 국제여객 및 수화물 연락운수 취급 범위를 프라하, 빈, 로마까지 연장
1929. 6. 15.	아시아 · 유럽 연락열차 부산~중국 신징(新京) 간에 한국 철도 1, 2등차 직통운행
1930. 4. 1.	영업이정을 킬로정으로 개정(미터법 사용)

1931. 6. 15.	아세아 · 유럽 연락운수에 영국이 가입하여 런던행 여객 및 단체취급 개시
7. 1.	금강산전철선 금강구~내금강 간 개통되어 철원~내금강 간 개통(116.6㎞)
8. 1.	조선경남철도 충남선 남포~판교 간이 개통되어 천안~장항 간 전통
1934. 11. 1.	부산~펑톈 간 직통열차 '히카리'를 신징까지 연장하고, 또 새로 부산~펑톈 간에 직통열차 '노조미' 설정
1935. 10. 1.	직영 환원 10주년 기념사업으로 철도박물관 설치
1936. 7. 1.	청량리~춘천 간 건설공사 착공
11. 3.	중앙선, 청량리 방면에서 건설공사 착수
1937. 1. 1.	소비에트연방 경유 부산, 서울, 평양과 에스토니아, 라트비아, 리투아니아, 독일, 폴란드 간에 화물 연락운수 개시
8. 6.	조선경동철도(주)에서 수원~인천항 간 개통으로 인천항~여주 간 전통
9. 18.	철도기념일 제정
1938. 5. 1.	영등포역을 남경성역으로, 청량리역을 동경성역으로 바꿈
1939. 7. 25.	경춘철도 성동~춘천 간 93.5㎞ 개통
11. 1.	부산~북경 간에 직통 급행여객열차 1왕복 '흥아호' 증설, 종래의 부산~북경 간 직통 급행여객열차는 '대륙'이라 명명
1942. 4. 1.	중앙선 전통으로 운수영업 개시
4. 30.	경성~평양 간 복선 개통
1943. 5. 15.	평양~신의주 간 복선 완성으로 경성~신의주 간 복선 전통
1945. 8. 16.	일본 집권층과 철도 업무 접수를 위한 한국 직원 간 대책협의(종사원 79,000명 중 일본인 23,000명)
9. 6.	미 육군 해밀턴 중령 군정청 교통국장에 취임(12월 1일까지 재임)
10. 27.	일본인 종사원 모두 사직시킴 **〈광복 당시 철도 현황〉** 영업 킬로미터 : 6,362㎞, 기관차 : 1,166대, 객차 : 2,027량, 화차 : 15,352량, 역 수 : 762개소, 종사원 : 100,527명 **〈남한 철도 현황〉** 연장 킬로미터 : 3,738㎞, 영업 킬로미터 : 2,642㎞, 기관차 : 488대, 객차 : 1,280량, 화차 : 8,424량, 동차 : 29량, 역 수 : 300개소, 종업원 : 55,960명
1946. 1. 1.	교통국을 운수국으로 개칭

4. 30.	**〈남한의 선로연장〉** 표준궤 : 정부 소유 2,074.0㎞, 민간 소유 416.5㎞, 계 2,490.5㎞ 협 궤 : 정부 소유 86.7㎞, 민간 소유 125.3㎞, 계 212.0㎞ 합 계 2,702.5㎞ **〈차량보유현황〉** 기관차 472대, 객차 1,060량, 화차 8,466량
5. 17.	사설철도 및 동 부대사업 일체를 국유철도에 합병함(군정령 제75호)
5. 20.	경성~부산 간에 특별급행 1 · 2열차 조선해방자호 운행
9. 23.	적색계열에 의한 철도 총파업(10. 1. 해제)
1947. 3. 19.	미국제 기관차 30대 최초로 부산항에 도착
8. 9.	러시아 열차에 객차 2량 연결, 경성~평양 간 2회 운행
11. 1.	경성역을 서울역으로 개칭
1948. 8. 15.	대한민국 정부수립으로 운수부를 교통부로 개편
9. 7.	과도정부 운수부 및 그 부속기관의 행정권 일체를 동일 오후 1시 30분을 기하여 대한민국 교통부장관이 인수
1950. 6. 25.	동란 발발로 전시 수송체제로 전환(수송본부 설치)하고 비상차량 동원
7. 20.	딘 장군 구출결사대 열차 세천~대전 간서 피습(김재현 기관사 등 승무원 3명 사상, 미군 30여 명 전사)
8. 3.	구미, 약목, 왜관역 철수와 동시에 왜관~약목 간 낙동강철교 폭파
10. 8.	개성 수복 • 부산~서울 간 철도 완전 개통으로 복귀, 첫 열차 운행(제112열차) • 서울, 용산지구 철도기관 완전 수복
1951. 1. 4.	서울지구, 중공군 개입으로 완전 철수

1946. 조선해방자호 운행

1950. 6·25전쟁 당시 낙동강철교

	〈6·25전쟁 피해상황〉 터널 : 4,935m(6%), 궤도 : 329,480m(7.5%), 신호 및 보안장치 : 20%, 급탄설비 : 38개소(40%), 전기 신호 장비 : 56%, 역 건물 : 131,471㎡(41%), 공장설비 : 27%, 기관차 : 51%, 교량 : 9,351m(12%), 노반 : 100,000m(3%), 급수시설 : 26개소(25%), 전신전화 시설 : 50%, 전력설비 : 56%, 선로 부대건물 : 39%, 자재 : 80%, 객차 : 50%, 화차 : 34%
6. 12.	한강교량(A선) 복구공사 준공
1952. 6. 30.	한강교(B선) 복구
1953. 3. 16.	교통부 철도건설국 설치
5. 25.	사천선~개양 사천 간 10.5㎞ 개통
9. 18.	경의선 문산역, 경원선 신탄리역에 ‘철마는 달리고 싶다’ 푯말 건식
1954. 4.	디젤기관차 UN군에서 4대 인수(전란 중 UN군이 반입 사용하다가 ICA 원조 계획에 의거 이양
1955. 6. 1.	동란 이후 UN군에서 장악하고 있던 철도 운영권을 인수
8. 15.	서울~부산 간 특급 통일호 운행(운행시간 9시간 30분)
9. 15.	문경선 점촌~가은 간 22.5㎞ 개통
1956. 1. 16.	영암선 전통식을 동점역 구내, 영월선 개통식을 영월역 구내에서 거행  1956. 1. 16. 영암선 개통
6. 14.	충남선을 장항선으로, 경기선을 안성선으로, 경전남부선을 진주선으로, 경전서부선을 광주선으로 각선 명칭 개정
1957. 3. 9.	함백선 영월~함백 간 22.6㎞ 개통으로 60.7㎞ 전통
7. 5.	한강교량(복선) C선 복구공사 완성으로 개통식 거행(동란 후 7년 만에 성사) • 한강교량 A, B선 노후로 1957. 7. 5.부터 C선만을 사용. 1969. 6. 28. A, B선 개량 완전 복구

8. 30.	부산~서울 간 특급 통일호, 종전 운행시간 9시간을 7시간으로 단축
11. 10.	직통열차 26개 열차에 좌석지정제 실시
1958. 2. 20.	대전 디젤전기기관차 공장 개설
1959. 2. 27.	국산 신조객차 제작 개시
8. 20.	국산 신조객차(1, 2, 3호) 운행식
1960. 1. 26.	서울역서 승객 압사사고 22시 55분 서울발 목포행 여객열차 개표 시 3번 타는 곳 계단에서 인파에 떠밀려 압사 31명, 부상자 다수 발생
2. 16.	경부선 특급 무궁화호 서울~대전 간 시운전
2. 21.	서울~부산 간 특급 무궁화호 6시간 30분에 운행 개시
7. 8.	경부선에 PC침목 부설 개시(1958년 시험 제작)
1961. 6. 30.	능의선 능곡~가능 간 26.5㎞ 개통(7월 5일 개통식 거행)
1962. 1. 1.	철도법 공포(전문 97조 2부칙)
5. 15.	서울~부산 간 특급 재건호 6시간 10분에 운행 개시
12. 21.	중요 여객열차에 여자 안내원 승무(재건호, 통일호, 31, 32, 9, 10열차의 2등차 및 침대차)
1963. 5. 17.	영암선, 철암선, 삼척선, 동해북부선을 통합하여 영동선으로 명명함
5. 30.	황지본선 통리~심포리 간 8.5㎞ 개통으로 인클라인의 필요성이 사라짐  1963. 5. 30. 황지 본선 개통
8. 12.	서울~여수 간 직통 급행열차 풍년호 운행
8. 20.	능의선(서울교외선) 가능~의정부 간 5.4㎞ 개통으로 운수영업 개시
9. 1.	철도청 발족. 초대 철도청장에 박형훈, 철도청 차장 임승일 취임
12. 31.	철도청 휘장 새로 제정
1964. 1. 16.	재단법인 철도협력회 설립

5. 1.	월간 종합 교양지 <한국 철도> 창간
11. 26.	'철도의 날' 제정(대통령령 제1992호)
1965. 1. 27.	철도간호학교 제1기 졸업식 거행
1966. 1. 19.	예미역 구내에서 정선선 개통식 거행(예미~증산~고한 간 30km)
1. 27.	경북선 점촌~예천 간 28.9km 개통식
3. 21.	경부간 화물열차 수출호 첫 운행
4. 1.	중앙선에 건설호, 호남선에 증산호 특별 화물열차 운행
7. 21.	특급 맹호 서울~부산 간 첫 운행 • 주월 한국군 사령관 채명신 장군에게 '맹호' 열차 명명판 증정
7. 27.	'철도의 노래' 제정(이은상 작사, 김동진 작곡)
7. 30.	철도여행 기념 스탬프 제정
11. 1.	미국 존슨 대통령 특별열차 이용
11. 9.	경북선 예천~영주 간 29.7km 개통식 영주에서 거행
1967. 1. 20.	태백선 증산~정선 간의 24km 개통식 정선역에서 거행
3. 30.	철도고등학교 개교
8. 31.	서울역 타는 곳에서 증기기관차 종운식 거행  1967. 8. 31. 증기기관차 종운식(서울역)
9. 1.	특급 비둘기호 서울~부산진 간 첫 운행. 소화물 전용 급행열차 운행
1968. 2. 7.	경전선 개통식 거행. 진주~순천 간 80.5km 진주선과 광주선 순천~송정리 간을 경전선에 통합
6. 1.	중앙선 C.T.C(열차 집중 제어장치) 시운전 실시(망우사령실)
10. 22.	중앙선 망우~봉양 간 C.T.C 및 경부선 영등포~대전 간 A.B.S장치 개통식
1969. 2. 10.	특급 관광호(특1등, 1등 8량, 식당차 1량, 발전차 1량, 도합 11량) 서울~부산 간 첫 운행. 경부, 호남, 전라선의 특급열차 3등 폐지

2. 14.	서울 서부역사 준공, 영업 개시
2. 21.	특급 청룡호를 보통급행으로 격하 운행(소요시간 6시간 50분)
4. 5.	열차자동정지장치(A.T.S) 경부 간 설치 완료(공비 2억 7,400만 원)
5. 15.	열차 무선전화 경부, 호남선에 개통(예산 1억 7,556만 원)
6. 20.	문경선 진남신호소~문경 간 10.6㎞ 개통, 여객열차 3왕복 신설 운행
6. 28.	서울~인천 간 복선 38.7㎞ 개통. 한강 A, B철교 복구공사 준공
1970. 12. 23.	철도청, 용산 청사에서 교통센터로 이전
1971. 4. 7.	수도권 전철화 착공(경인, 경수 간)
9. 15.	광복 이후 처음으로 570개 여객열차 다이아 전면 개정 • 철도청 컴퓨터 가동식 거행(유니백 9400)
1972. 2. 15.	서울 시내 안내전화를 '칙칙폭폭' 으로 설치(42-7788, 22-7788, 93-7788)
3. 17.	최초의 전기기관차 도입(66량) 1972. 3. 17. 전기기관차 도입
3. 31.	수려선(협궤선) 수원~여주 간 73.4㎞ 폐선
4. 29.	교통부, 교통센터로 이전
9. 18.	컨테이너 화물수송 개시 1972. 9. 18. 컨테이너열차 운행
1973. 2. 28.	정암터널 4,505m 순수 국내 기술진에 의거 관통

6. 20.	중앙선 전철 청량리~제천 간 155.2km 개통
1974. 1. 23.	100만 킬로미터 무사고 첫 주파자(이동진 기관사) 탄생
7. 17.	수도권 전동차 경인선에서 시운전
8. 15.	수도권 전철 86.7km 개통(구로~인천 간 27.0km, 서울~수원 간 41.5km, 용산~성북 간 18.2km) 서울 지하철 1호선 서울역 앞~청량리 간 7.8km 개통  1974. 8. 15. 수도권 전철 개통
8. 15.	특급열차 명칭 변경. 경부선 : 관광호를 새마을호로, 특급열차인 상록 · 비둘기 · 통일 · 은하호를 통일호로 호남선 : 태극, 백마호를 풍년호로, 전라선 : 풍년호를 증산호로 중앙선 : 십자성호를 약진호로, 장항선 : 부흥호로 개칭
1975. 1. 5.	철도청, 서울역 서부역 신청사로 이전
4. 5.	철도승차권 전화예약제 실시
9. 18.	서부역 역사 준공식. 국산 컨테이너열차 경부간 첫 운행
10. 1.	노량진 철도시발기념비 제막
10. 24.	수도권 C.T.C 사령실 신축 준공
12. 5.	북평역에서 산업선 전철 전통식(중앙, 태백, 영동선 총 320.8km) 태백선 고한~백산 및 영동선 철암~북평 간 85.5km 개통  1975. 12. 5. 산업선 전철 준공

1977. 4. 6.	국내 최초로 국산 전동차 1편성 제작 시승운행(대우중공업 제작)
11. 11.	이리역 구내에서 화약 적재열차 폭발로 호남, 전라선 불통(사망 59명, 중경상 1,300여 명 발생. 철도인 16명 순직, 50여 명 중경상)  1977. 11. 11. 이리역 화약적재열차 폭발사고
12. 15.	마산시 도시계획 촉진책으로 구마산, 마산, 북마산을 폐합하여 마산 3역 통합 역사 준공 영업 개시
1978. 5. 5.	대통령의 뜻에 따라 제주도 및 흑산도에 증기기관차와 객차 영구 전시
11. 10.	이리역 역사 신축 준공
1979. 9. 18.	국산 디젤기관차 첫 운행식(현대차량에서 미국 GM과 기술제휴로 제작)
1980. 4. 10.	국산 새마을호 신형동차 대우중공업에서 제작
8. 10.	김포선 폐선, 경춘선 성북~성동 구간 폐선
10. 17.	충북복선 개통식
11. 1.	국산 우등 전기동차 운행식(110㎞/h, 전기식 자동제어 3860HP, 55% 국산화, 대우중공업 제작)
1981. 1. 1.	부산시, 지하철건설본부 설치
9. 1.	서울특별시 지하철공사 창립
10. 1.	새마을호 승차권 전산발매 실시. 부산~경주 간 증기관광열차 운행  1981. 10. 1. 승차권 전산발매 개시
10. 15.	철도기념관 개관(철도 창설 82주년 기념)

11. 18.	국립서울병원 신축 준공
1982. 9. 25.	서울~수원 간 최초의 직통 전동열차 운행
10. 22.	철도순직부원비 용산에서 충북 옥천군 이원면으로 이전
1983. 11. 28.	고 김재현 기관사 동작동 국립묘지에 안장
1984. 1. 1.	열차 명 개칭(새마을호→새마을호, 우등→ 무궁화호, 특급→통일호, 보통→비둘기호)
7. 1.	서울철도병원 민영화로 중앙대학교에 위탁 경영
7. 20.	남부 화물기지 내 컨테이너기지 준공
11. 26.	경춘선(청량리~춘천)에 무궁화호 2왕복 신설 운행(1시간 39분대 운행)
1985. 6. 11.	새마을호 승차권 검표제 폐지
7. 19.	부산지하철 1호선 1단계 구간 범내골~범어사 간 개통
11. 15	호남선 이리~정주 간 43.9㎞ 개통식
1986. 2.	철도고등학교 폐교
7. 12.	최신 유선형 새마을호 서울~부산 간 2왕복 운행
9. 2.	경원선 복선전철 성북~의정부 간 13.1㎞ 개통
1987. 7. 6.	전후동력형(푸시풀) 새마을호 경부선에 1왕복 운행
1988. 1. 26.	철도박물관 개관(부지 6,173평, 본관 864평, 옥외차량전시장 586평, 전시품 3,569점, 투자비 2,541백만 원)
7. 1.	매표소 '표 파는 곳'을 '표 사는 곳'으로 표기
7. 1.	부산교통공단 창단(부산지하철 운영기관)
7. 12.	한일 공동승차권 발매 개시
7. 26.	철도기관사 파업(7. 27. 정상운행)
1989. 3. 25.	서울역 민자역사 전면 개관
4. 29.	전후동력형 새마을호 중련 운행(16량 편성, 서울~부산 간 1왕복)
9. 18.	승차권 전화예약제 실시(철도회원카드 가입자 대상)
10. 1.	지하철-버스 환승승차권제 실시
10. 16.	고속전철 국제심포지엄 개최(22일까지. 스위스그랜드호텔)
1990. 7. 1.	여객열차 차실명 변경(특실→태극실, 보통실→일반실)
1991. 2. 1.	수도권 모든 전철역에 자동개집표기 설치가동
5. 4.	영등포 민자역사 완공 및 완전 개관

8. 1.	용산~성북 간 경원선 열차운행 개선(디젤동차에서 전동차로 대체운행)
11. 23.	경인 복복선 기공식 및 영등포~구로 간 3복선 개통식 거행
1992. 3. 10.	한국고속철도건설공단 창립 현판식
6. 20.	경부고속철도 착공(1단계 천안~대전 간 57.8㎞ : 천안 장재리)
6. 30.	경부고속전철 기공식
7. 10.	경부선 CTC 전통(총 614억 원 투입)
12. 1.	수도권 전철 여성전용차량 시범운용
1993. 1. 11.	철도청 교통방송실 설치 운영(교통정보 실시간 제공)
5. 20.	새마을호열차 개표 · 집표 생략(전국 15개 주요 역)
9. 1.	태극실 → 특실로 명칭 환원
10. 28.	철도기술연구소 설립 현판식
11. 1.	고속철도 심포지엄 개최
12. 10.	개표 · 집표 업무 생략 확대 실시(새마을호는 모든 역에서 개집표 생략. 무궁화호 및 통일호와 비둘기호는 집표만 생략)
12. 17.	서울역문화관 개관
1994. 3. 15.	서울도시철도공사 창립(서울지하철 5, 6, 7, 8호선 담당)
4. 1.	과천선 복선전철 전구간 개통(금정~사당 간 15.7km)
8. 1.	새마을호 열차 내 검표제도 폐지, PC통신을 통한 철도정보안내 서비스 개시
8. 3.	중국산 증기기관차(SY-11호 텐더형) 도입
8. 21.	증기기관차 주말관광열차로 운행 재개(무궁화호 객차 4량 편성) 교외선 서울~의정부 간 48.3㎞, 2000. 6. 31.까지 운행
12. 16.	경부고속철도 객차모형 전시(12. 16.~1995. 1. 14. 서울역 광장)
1995. 4. 28.	대구지하철 공사현장에서 가스폭발사고로 101명 사망, 145명 부상
5. 1.	열차승차권 신용판매 실시(14개 역 20개 창구)
11. 20.	대구광역시지하철공사 창립
12. 31.	마지막 협궤선, 수인선(水仁線) 열차 고별운행
1996. 1. 30.	일산선 복선전철 지축~대화 간 19.2km 개통
2. 1.	철도청 심벌마크 변경
2. 27.	정동진역 해돋이 관광열차 운행(TV드라마 '모래시계' 방영, 관광객 급증)
3. 4.	전철 승차권을 대신할 RF카드 이용 자동운임시스템 운영계약 체결

1997. 3. 13.	탄력운임제 실시
3. 28.	영동선 영주~철암 간 87km 전철 개통
4. 1.	철도박물관 서울역관 개관
5. 26.	한중 공동승차권 발매협약 조인
6. 16.	경원 · 교외선 통근형 통일호 열차 운행 개시
11. 26.	세계 최초 냉동 · 냉장 컨테이너열차 운행
11. 26.	대구지하철 1호선 1단계 구간 진천~중앙로 간 10.3km 개통
1998. 4. 15.	인천지하철공사 창립
1998. 5. 1.	열차운전실명제 시행(새마을호 우선 시행) 부산~후쿠오카 간 초고속여객선 '제비호' 취항
6. 22.	전철용 RF교통카드(또는 국민패스카드) 확대 시범운영
7. 31.	철도청 서울청사 퇴청식 거행
8. 8.	철도청 정부대전청사 개청식
9. 15.	한국고속철도건설공단 신청사 현판식
9. 25.	'깨우미(Train Call) 서비스' 도입(새마을호 특실 이용자 대상)
12. 13.	환상선 눈꽃순환열차 첫 운행
12. 15.	새마을호 자유석제도 및 KORAILPASS(자유이용권)제도 시행
1999. 7. 20.	승용차와 승객을 함께 싣고 가는 '복합수송열차(CarRail)' 성북~강릉 간 첫 운행
8. 1.	철도 민영화 추진팀 운영
9. 11.	한국 철도 100주년 기념승차권 발매 개시
9. 14.	사이버객차와 바둑객차 운행 개시
9. 16.	서울역사 야간 경관조명 점등식
9. 18.	한국 철도 100주년 철도의 날 기념식 거행  1999. 9. 18. 한국 철도 100주년 맞이

10. 6.	인천지하철 1호선 박촌~동막 간 개통
12. 1.	일본식 철도 용어를 쉬운 우리말로 개정(예 : 대합실→맞이방, 개표→표 확인, 홈→타는 곳 등)
2000. 1. 1.	철도청 대대적 조직 개편 • 5개 지방 철도청을 폐지하고 17개 지역관리 역 체제로 • 본청 4국 2본부 2담당관 1과 체제에서 11본부 3실 체제로 개편
1. 1.	기차표 발매 실명제 실시(매표담당자의 이름을 기차표에 인쇄 발매)
1. 20.	버스카드(RF교통선급카드)로 수도권 전철(인천지하철 제외) 이용 개시
2. 1.	한중 공동승차권 발매(3월 1일 승차분부터)
2. 26.	한국 철도 캐릭터 '치포치포(CHIPOCHIPO)' 발표
4.	국내 최초 〈한국 철도지도〉 발간
5.	철도회원 전용 홈페이지(www.barota.com) 개설
7. 1.	교외선 관광열차용 증기기관차 운행 중지
7. 14.	한국 철도 1백년 기념 조형물 제막 • 새로운 세기의 철도 Ⅰ : 서울역 광장 설치, 매립형 • 새로운 세기의 철도 Ⅱ : 철도박물관 설치, 지구모형
9. 18.	경의선 철도·도로연결 기공식 2000. 9. 18. 경의선 철도·도로 연결 기공식
11. 14.	비둘기호 열차 마지막 운행(정선선 증산~구절리 간 운행되던 비둘기호 운행 중단)
2001. 2. 5.	철도고객센터 개관 • 철도안내전화, 철도회원예약전화를 각각 1544-7788과 1544-8545로 통합
3. 23.	승차권 인터넷결제 및 바로티켓팅 서비스 실시
9. 30.	경의선 철도 임진강역까지 연장 운행
2002. 2. 12.	망배 특별열차 운행 및 도라산역 현판식 거행 • 1952년 이후 임진강 철교를 넘은 최초의 여객열차

2. 20.	김대중 대통령 및 부시 미국 대통령 도라산역 방문(대통령 전용열차 '경복호' 첫선)  2002. 2. 20. 한미정상 도라산역 방문
4. 11.	임진강~도라산역 개통 및 열차운행
4. 12.	KTX 국산 제작 1호차(KTX 13호) 출고 기념식 • 대당 가격은 약 4,000만 달러(약 520억 원)
5. 1.	철도청 어린이 홈페이지 키즈코레일(kids.korail.go.kr) 개설
5. 2.	중앙선 덕소~원주 간 복선전철 기공식
9. 18.	경의선 및 동해선 철도 · 도로 연결 착공식 • 총사업비 1,804억 원을 투입, 군사분계선 DMZ 내 경의선 및 동해선 철도와 도로를 북측과 연결
2002. 11.	광주광역시도시철도공사 창립
11. 30.	고양고속철도차량기지 준공
2003. 1. 24.	고속철도 CI 선포식 : 심벌을 코레일로 바꿈
2. 18.	대구지하철 중앙로역 화재참사로 192명 사망, 148명 부상
4. 30.	경부선 수원~병점 간 복선전철 개통식
5. 13.	경부고속철도 개통 대비 영업선 1단계 시운전 개시
6. 14.	경의선 · 동해선 남북철도 연결식(비무장지대 군사분계선 철도 연결지점)
6. 28.	전국철도노동조합 파업 돌입(6. 28.~7. 1.) • 요구사항 : 철도공사법 국회통과 반대
7. 29.	철도산업발전기본법 제정
8. 13, 14.	경부고속철도 첫 시운전 실시(고양기지 출발 대전역까지 운행)
9. 19.	살신성인 철도 공무원 김행균 팀장 옥조근정훈장 수훈
10. 23.	KTX 차량 최초 인수(KTX 7호)
11. 16.	고속철도 열차 이름을 KTX(Korea Train eXpress)로 최종 확정 발표

11. 17.	고속철도 경부선구간(서울~부산 전구간) 시험운행 완료
11. 28.	KTX 국내 생산분(34편성) 제작 완료 출고식
12. 26.	8200대형 신형전기기관차 도입
12. 31.	한국철도공사법 제정(한국철도공사 설립과 사업범위 등에 관하여 규정)
2004. 1. 1.	고속철도 서울역(신역사) 준공식
1. 1.	한국철도시설공단 설립. 초대이사장 정종환
1. 7.	한국철도시설공단 창립 기념식
3. 24.	호남선 복선전철 준공식 및 고속열차 개통식 목포역 광장에서 거행
3. 24.	고속철도(KTX) 승차권 첫 예매 실시
3. 26.	KTX 차량 최종 인수(KTX 46호)
3. 30.	경부고속철도 1단계 개통식 서울역 광장에서 거행  2004. 3. 30. 경부고속철도 1단계 개통식
3. 31.	고속철도 개통을 앞두고 통일호 열차 전면 운행 중단(마지막 운행)
4. 1.	경부고속철도 1단계 개통 • 1992년 착공 12년 만에 개통, 약 13조 원 투입
4. 14.	KTX 이용객 100만 명 돌파
4. 28.	광주지하철 1호선 1구간 녹동~상무 간 개통. 승강장에 스크린도어 적용
7. 1.	신교통카드 시스템 도입 • 대중교통 환승할인 시행(전철/지하철+서울버스) • 운임체계 개편(구역제+이동구간제→거리비례제)
8. 20.	KTX 이용객 개통 142일 만에 1,000만 명 돌파
10. 27.	'아름다운 철도원' 김행균 씨, 적십자 박애장 금장 받음
10. 30.	한국 현대시 100년 기념 KTX 특별열차 운행
12. 1.	경춘선 신남역을 김유정역으로 바꿈. 사람이름을 딴 첫 번째 역

날짜	내용
12. 16.	한국형 고속전철 시속 350km/h 시험운행 성공 • 구간 : 천안~신탄진 구간, 속도 : 352.4km/h 기록, 국산화율 87%  한국형 고속전철 HSR350X
2005. 1. 1.	한국철도공사 출범(초대사장 신광순 전 철도청장) • 철도산업발전기본법에 따라 발족, 정부가 100% 전액출자한 공기업  2005. 1. 1. 한국철도공사 출범
1. 5.	한국철도공사 창립 기념식 • 공사기 전달, 비전선포, CI 상영, 현판식 등 공사창립 선포
1. 20.	경부선 병점~천안 간 8개 역, 47.9km 연장 개통
4. 1.	홈티켓 서비스 시행(KTX 열차 및 회원)
5. 1.	홈티켓 서비스 전면 확대 시행(무궁화호, 새마을호)
7. 1.	정선선 아우라지~구절리 간 레일바이크 운영
8. 1.	KTX 특송 서비스 본격 시행
9. 8.	영동선 동해~강릉 간 45.1Km 전철화 개통
10. 7.	승차권 없이 KTX 타는 e-Ticket 서비스 개시
10. 27.	서울특별시지하철공사, 사명을 '서울메트로' 로 개명
10. 27, 28.	제14차 시베리아횡단철도 국제운송협의회(CCTST) 서울총회 개최
12. 10.	KTX 개통 20개월 만에 이용고객 5,000만 명 돌파, 서울역에서 기념행사
12. 16.	중앙선 청량리~덕소 간 7개 역, 17.2km 개통

12. 27.	경부선 병점~천안 간 복선전철 개통
12. 28.	용산역 민자역사 완공
2006. 1. 1.	부산교통공사 창립(부산지하철 운영기관)
3. 1.	전국철도노동조합 파업(3. 1.~3. 4.) • 요구사항 : 해고자 복직, KTX 승무원 정규직화, 구조조정 철회
3. 15, 20.	남, 북, 러 철도 운영자 회의 및 제1차 한 · 러 철도 운영자회의
3. 16.	대전도시철도 1단계 구간 판암~정부청사 간 12개 역 개통
3. 16.	경의선, 동해선 CIQ 준공
5. 1.	철도 소화물사업 전면 폐지
7. 1.	철도공사 조직개편 : 기능통합형 17개 지사체제, 3개 철도 차량관리단
8. 23.	철도경영 개선 종합대책 수립 발표 • 2015년 흑자 전환 목표로 공사와 정부가 공동노력
9. 1.	SMS티켓 서비스 시행(KTX 패밀리회원 대상)
12. 8.	경부선(조치원~대구) 전 구간 전철화 개통식
12. 15.	경원선 의정부~소요산역 간 9개 역, 24.4km 연장 개통
12. 15.	경부고속선 시흥~광명역 간 4.7km 개통, 용산~광명 간 셔틀 열차 운행
12. 22.	철도교통관제센터 개통(5개 지역관제실을 관제센터로 통합)
2007. 1. 3.	SMS티켓 서비스 확대(새마을호 이상, 일반고객)
3. 21.	이철 사장, UIC(국제철도연맹) 아시아지역 총회 초대의장에 선출
3. 23.	공항철도 1단계 구간 인천국제공항역~김포공항역 간 개통
4. 17.	대전도시철도 2단계 구간 정부청사~반석 간 10개 역 개통
4. 19.	사내방송 'KORAIL TV' 개국
4. 21.	KTX 이용고객 1억 명 돌파(개통 1,116일 만에 달성) 

2007. 4. 21. KTX 이용객 1억 명 돌파

5. 7.	한국철도공사의 커뮤니케이션 명칭을 코레일로 일원화
5. 17.	남북철도 연결구간 열차시험운행 2007. 5. 17. 남북철도 연결구간 열차 시험운행(개성역에 도착한 경의선 행사열차) • 경의선(문산 ⇔ 개성, 27.3km) : 문산역 구내에서 기념행사 후 개성역까지 왕복운행 • 동해선(제진 ⇔ 금강산, 25.5km) : 금강산역에서 기념행사 후 남측 제진역까지 왕복운행
6. 1.	경부선 기존선 구간(김천, 구미 경유) KTX 운행 개시
7. 1.	구 서울역사 문화재청에 귀속됨
7. 1.	대중교통 환승할인 확대 시행(전철/지하철+서울버스+경기버스)
7. 16.	바다열차 개조 완료 • 개조 수량 : 1편성(3량), 강릉~동해~삼척시에서 각각 3억 원씩 출연
8. 17.	용산역세권개발 합의 기자회견
8. 23.	KTX 시네마 개관식
10. 2, 4.	이철 사장, 2007 남북정상회담 수행원으로 북한 방문
12.	KTX 캐릭터 'KTX-Mini' 탄생
12. 10.	남북출입사무소 도라산 물류센터 준공
12. 11.	경의선 문산~봉동 간 화물열차 개통식 및 화물열차 운행 개시  2007. 12. 11. 남북화물열차 운행

12. 13.	용산역세권 국제업무지구 개발사업 협약 체결식
12. 28.	장항~군산 간 철도 연결 개통식
2008. 1. 28.	UIC(국제철도연맹) 아시아사무국 서울 사옥에 설치
2. 14.	WCRR 2008 성공 개최를 위한 전진대회 개최
3. 20.	포항~삼척간(동해중부선) 철도 건설사업 기공식 • 동남권~동해안권과의 연계로 환동해권 국가기간 철도망 구축
5. 18.	제8차 세계철도학술대회(WCRR 2008) 및 UIC 정례회의 참석자를 위한 환영 리셉션
5. 19.	제8차 세계철도학술대회(WCRR 2008) 및 UIC 정례회의 개막식 • 제2차 아시아경영위원회와 제3차 아시아총회 개최
5. 20.	제4차 UIC 집행이사회 개최 제72차 UIC 총회 개최  2008. 5. 20. UIC 총회 성공 개최
5. 21.	국제철도연수센터(IRaTCA) 개소식
5. 21.	WCRR 2008 폐막식
9. 2.	수도권 통합요금제 확대 시행을 위한 공동협약 체결
9. 20.	대중교통 환승할인 확대 시행 • 전철/지하철+서울버스+경기버스+광역/좌석버스
10. 1.	대구광역시지하철공사, 사명을 대구도시철도공사로 변경
11. 6.	철도 100년을 위한 100인 선언대회 개최
11. 25.	신규고속차량 제1호 편성 낙성식 • 국산 상용고속차량 제1호 개발 완료
12. 1.	경의선 문산~판문(봉동) 간 화물열차 운행 중단
12. 15.	장항선 천안~신창 간 6개 역, 19.4km 개통식
2009. 1. 13.	모바일승차권 운영 개시(휴대전화로 철도승차권 예매와 발권까지 원스톱으로 처리되는 서비스)

3. 26.	간선형 전기동차(EMU,150km/h) 최초 도입
4. 1.	KTX 개통 5주년 기념 55,555번째 고객 선정 및 축하행사
5. 8.	사단법인 한국철도협회 창립총회
5. 15.	코레일 허준영 사장, UIC 아시아총회 의장 당선
6. 1.	간선형 전기동차 '누리로' 서울~온양온천~신창 구간 첫 영업운행
7. 23.	호남선 고속철도 착공식 거행
7. 24.	서울지하철 9호선 개통식(개화~신논현 간)
9. 12.	국내 최초 에코레일 자전거열차 첫 운행
9. 17.	공항철도㈜ 주식매매계약 체결식
11. 17, 20.	세계고속철도 워크숍 및 UIC 아시아총회 개최 • 제6차 UIC 아시아경영위원회(7개국 대표 30여 명 참석) • 제8차 UIC 아시아총회(UIC 아시아회원 19개국 대표 60여 명 참석) • 제1회 UIC 세계고속철도교류 워크숍 개최
11. 30.	공항철도㈜, 코레일공항철도㈜로 사명 변경
12. 19.	KTX 이용객 2억 명 돌파
2010. 3. 2.	한국형고속전철 KTX-산천 상업운행 개시  경부고속철도 2단계 구간을 운행 중인 KTX-산천
11. 1.	경부고속철도 2단계 구간 개통(동대구~신경주~울산~부산 신선건설 124.2㎞)  2010. 10. 28. 경부고속철도 2단계 구간 개통식

12. 5.	허준영 사장, UIC(국제철도연맹) 아시아총회 의장에 재추대  2010. 12. 5. UIC 아시아총회 의장 재선출
12. 13.	부산신항만선 개통
12. 15.	경전선 복선전철 개통 및 KTX 운행
12. 21.	경춘선 복선전철 개통(상봉~춘천 간 81.3km)
12. 29.	코레일공항철도 전 구간(인천국제공항~서울역) 개통